陕西人文社科文库出版项目

国家社科基金"陕西道教碑刻搜集、整理与研究"
（项目号：14CZJ012）阶段性成果

张方／著

明代全真道的
衰而复兴
——以华北地区为中心的考察

中国社会科学出版社

图书在版编目（CIP）数据

明代全真道的衰而复兴：以华北地区为中心的考察/张方著.
—北京：中国社会科学出版社，2018.7
ISBN 978 - 7 - 5203 - 2134 - 1

Ⅰ.①明…　Ⅱ.①张…　Ⅲ.①全真道—道教史—研究—
华北地区—明代　Ⅳ.①B956.3

中国版本图书馆 CIP 数据核字(2018)第 037813 号

出 版 人	赵剑英
责任编辑	郭晓鸿
特约编辑	席建海
责任校对	刘　娟
责任印制	戴　宽

出　　版	中国社会科学出版社
社　　址	北京鼓楼西大街甲 158 号
邮　　编	100720
网　　址	http://www.csspw.cn
发 行 部	010 - 84083685
门 市 部	010 - 84029450
经　　销	新华书店及其他书店

印　　刷	北京明恒达印务有限公司
装　　订	廊坊市广阳区广增装订厂
版　　次	2018 年 7 月第 1 版
印　　次	2018 年 7 月第 1 次印刷

开　　本	710×1000　1/16
印　　张	24.25
插　　页	2
字　　数	310 千字
定　　价	99.00 元

前　言

　　全真道派，也称"全真教"或"全真道"，是创立于金朝中期的一个道教新兴派别。由王重阳创始于陕西，传教于山东，经马钰等七大弟子的弘扬，尤其是丘处机西行觐见成吉思汗之后，风行于我国北方地区。在发展过程中，全真教又与南方张伯端创立的金丹道南宗合流，最终成为与正一道并立流传至今的道教两大派别之一。全真道以道家哲学为依托，吸收、融摄儒学和佛学的思想营养，打破前期道教追求肉体长生和热心外丹的局限，转而追求真性的保全，提倡内丹学和性命双修，开创了道教发展的新阶段。道家全真学与宋明儒家道学、佛家禅学并立为中国思想史上的三个理论高峰，对中国社会生活和精神文化产生了深远的影响。①

　　全真教在元代后期开始由鼎盛走向衰落。明朝建立以后，统治者重用来自南方的正一道，全真道丧失了上层社会的发展空间，道士们多隐修于山野，云水于江湖，少见于正史记载，其流传于世的道书典籍也比较少。直到清代，龙门律宗从江南兴起，全真教道书典籍之编

---

　　① 牟钟鉴：《全真教研究的过去、现在与未来》，卢国龙《全真弘道集》，青松出版社2004年版，第319页。

撰才再度兴盛起来。但是，以《金盖心灯》为主的龙门律宗文献对于全真教在明代的传承与发展记述得比较模糊，尤其关于诸真宗派的形成问题，或语焉不详，或纰漏百出，难有自圆其说的结论。早在清光绪年间，广东省罗浮山道士陈教友所撰的《长春道教源流》就对《金盖心灯》记载的龙门派传承提出了质疑。他认为全真教诸真宗派或起源于明代，龙门派实源于华山靳贞常、姜善信一系。同时，他对明代全真道史料也进行了梳理，辑出了一些明代全真道士的传记。但由于所得甚少，陈教友发出了这样的疑问："当明之世，全真之显著者多出南方，而北方无闻焉，岂元末北方大乱，于时宫观残毁、徒众星散，遂尔失传耶？"①

我国学术界对全真道研究始于 20 世纪 40 年代，早期研究学者陈垣、姚从吾、孙克宽等人主要的研究领域集中在史料文献丰富的金元时期。80 年代以后，我国道教研究蓬勃发展。任继愈、卿希泰分别主编了两种道教通史性著述《中国道教史》，前者用一节来描述明代全真道，指出明代全真道不受朝廷重视，政治低落，在传教方面颇为消极。教派略有分化，丹书时有出现，说明该派道教尚有发展活力。② 后者将明代全真道分为两个时期："明初中期全真道相对沉寂，内丹学说继续发展"与"明中后期的继续沉寂到清代王常月龙门中兴"，将明代后期与清代前期放在一起论述。③ 陈兵的论文《明代全真道》论述了全真道在明代传播情况，探讨了全真道沉寂的原因，认为明代全真道虽然衰落，但属于全真一系的张三丰等人的著述在内丹学方面有

① （清）陈教友：《长春道教源流》，《藏外道书》，巴蜀书社 1990 年影印本，第 31 册，第 119 页。

② 任继愈主编：《中国道教史》，中国社会科学出版社 1999 年版，第 840 页。

③ 卿希泰主编：《中国道教史》，四川人民出版社 1996 年版，第三卷，第 463 页；第四卷，第 77 页。

所建树，内炼思想和道风在道教内外有颇大影响。① 这些对明代全真
道的研究均是粗线条的，认为明代全真道整体上处于沉寂和衰落的状
况。王志忠的《明清全真教论稿》是第一部专门论述明清全真道的著
作。它以全真道的衰落到明清之际全真道的中兴为主线，把视野扩展
到整个中国政治、经济、文化发展的历史进程中。此书延续了卿希泰
《中国道教史》对明代全真道的分期，细化了前人的研究，但对资料
的发掘方面并无太大突破。② 由于明代史料的匮乏，以上涉及明代全
真教的研究部分主要参考了清代《金盖心灯》的记载，但此时学者们
也发现《金盖心灯》记载的诸多疑点。例如：卿希泰先生主编的《中
国道教》中怀疑以赵道坚为龙门派宗师之说恐系伪托，认为《钵鉴》
与《金盖心灯》所述早期全真道历史并无事实根据。③ 王志忠在《龙
门派源流考略》一文中考证丘、赵之间传心印、付衣钵之事在时间上
绝无可能，并猜测龙门派是在嘉靖帝的崇道背景下，全真道士在秘密
授受过程中逐渐形成的全真教改革派。④ 丁培仁在《〈金盖心灯〉卷一
质疑》一文认为虽然蒙元初期全真道士已有宗派意识，但从赵道坚到
七代王常月之说不可信，龙门律宗"三坛大戒"应从清代开始，二十
字派字谱恐怕也是王常月将过去全真道士所使用的法名经选择串起来
作为字辈。⑤ 近年来，尹志华《清代全真道传戒初探》⑥《清初全真道

---

① 陈兵：《明代全真道》，《世界宗教研究》1992 年第 1 期。
② 王志忠：《明清全真教论稿》，巴蜀书社 2000 年版。
③ 卿希泰主编：《中国道教》，知识出版社 1994 年版，第一卷，第 200 页。
④ 王志忠：《龙门派源流考略》，《世界宗教研究》1997 年第 2 期。
⑤ 丁培仁：《〈金盖心灯〉卷一质疑》，陈鼓应《道家文化研究》第 23 辑，生活·
读书·新知三联书店 2008 年版，第 411 页。
⑥ 尹志华：《清代全真道传戒初探》，赵卫东《全真教研究》第一辑，齐鲁书社
2011 年版，第 237 页。

新探》①　等论文对《金盖心灯》记载的清初王常月传戒的事迹提出了诸多疑点，认为清初全真道的复兴，不是某一个人倡导的结果，也不存在以某个教团、某个地区为中心的全真道复兴运动，不宜过分夸大王常月对清初全真道龙门派复兴的影响。王卡《雍正皇帝与紫阳真人——兼述龙门派宗师范青云》一文运用档案资料考察了清初天台山道教历史，对《金盖心灯》记载雍正之前的天台山龙门派的历史提出了质疑。②　这些研究基本上否定了《金盖心灯》作为龙门派早期历史的可靠性。

　　《金盖心灯》的记载已遭到学界普遍质疑，明代全真道的历史亟待重新认识。因此，一些学者试图利用金石、方志及文物资料，来追寻全真诸宗派在各地起源与发展的真实面貌，如樊光春《碑刻所见陕西佳县白云观全真道龙门派传承》一文分析了龙门派在陕北从万历年间至如今不断的传承过程，认为这一系龙门派不是来自龙门律宗一系，有可能是姜善信、马真一一系。③　其《明清时期西北地区全真道主要宗派梳理》一文通过田野调查与文献检索，从整体上将西北地区明代以后全真诸宗派的传承与分布进行了概括与梳理。④　杨立志的《明代武当山全真道碑刻考略》⑤　与梅莉《清初武当山全真龙门派的中兴与

---

① 尹志华：《清初全真道新探》，赵卫东《全真教研究》第二辑，齐鲁书社 2011 年版，第 163 页。

② 王卡：《雍正皇帝与紫阳真人——兼述龙门派宗师范青云》，《宗教学研究》2013 年第 1、2 期。

③ 樊光春：《碑刻所见陕西佳县白云观全真道龙门派传承》，陈鼓应《道家文化研究》第 23 辑，生活・新书・新知三联书店 2008 年版，第 261 页。

④ 樊光春：《明清时期西北地区全真道主要宗派梳理》，赵卫东《全真道研究》第一辑，齐鲁书社 2011 年版，第 218 页。

⑤ 杨立志：《明代武当山全真道碑刻考略》，熊铁基《第二届全真道与老庄学国际学术研讨会论文集》，华中师范大学出版社 2013 年版，第 224 页。

武当山宫观复修》① 根据武当山田野调查发现的碑刻考证武当山全真龙门派的传承，并探讨他们与明皇室的关系。赵卫东的《泰山三阳观及其与明万历宫廷之关系》依据碑刻对明后期三阳观的兴衰、沿革及三阳观果老祖师派与万历宫廷之关系做了详细的梳理。② 其《沂山东镇庙及其宗派传承》一文通过对碑刻中的道士名录研究，发现明嘉靖末年，华山派道士唐教玉在此创立了"邱祖又派"，佐证了《诸真宗派总簿》记载的邱祖又派的真实性。③ 吴亚魁的《江南全真道教》一书利用方志文献对江南地区全真教进行总体研究，他使用的"江南"概念充分考虑了江南地区地理的完整性、经济的一体性及独特的文化心理因素，以环太湖地区的"六府一州"作为考察对象。书中的一章对江南明代全真道进行了详细梳理。④ 王育成的《明代彩绘全真宗祖图研究》一书通过对现存的两套明代彩绘全真祖师图像及附文的研究，认为明代全真道虽然很少有人腰缠紫金，入朝伴君，但社会地位在当时人的心目中并不低，尤其是在读书人及部分皇室贵族的思想中，全真道就是道教的代表，在明代社会依然具有强大的影响力。⑤ 郭武《有关全真道宗派"字谱"研究综述》总览了国内外关于全真教宗派研究，指出目前全真教宗派研究存在原始材料发掘不足、解读程度不够等问题，认为诸真宗派研究的突破不仅需要新的支撑材料，而且需

① 梅莉：《清初武当山全真龙门派的中兴与武当山宫观复修》，熊铁基《第一届全真道与老庄学国际学术研讨会论文集》，华中师范大学出版社 2009 年版，第 302 页。
② 赵卫东：《泰山三阳观及其与明万历宫廷之关系》，陈鼓应《道家文化研究》第 23 辑，生活·读书·新知三联书店 2008 年版，第 280 页。
③ 赵卫东：《沂山东镇庙及其宗派传承》，赵卫东《全真道研究》第二辑，齐鲁书社 2011 年版，第 274 页。
④ 吴亚魁：《江南全真道教》，上海古籍出版社 2012 年版，第 122 页。
⑤ 王育成：《明代彩绘全真宗祖图研究》，中国社会科学出版社 2003 年版，第 5 页。

要新的认识方法。① 他的《明清净明道与全真道关系略论——以人物
交往及师承关系为中心》一文通过考察明清时期几组道教信徒的交往
情况及师承关系，发现他们多数身兼净明道与全真道传承。一些全真
道士因生活在净明道文化圈，而渐信净明之说，但并不愿意完全放弃
原来所学而试图融合两派学说。一部分道士采取创立新宗派以统摄全
真、净明两家学说，另一部分道士未能创立新的宗派，而是两派道士
和谐共处于同一道观。② 张广保的《明代全真教的宗系分化与派字谱
的形成》一文从整体上对元、明时期全真教的宗派传承与谱系进行了
考察，认为金元时期，全真教内部已有分化，但无派字诗，明代是派
字诗形成的关键时期，并推测全真派字谱形成于明初期偏后。③ 他的
《明代初期（1368—1434 年）全真教南北宗风研究》以内丹修炼为主
线，以宫观存在状况及高道活动为铺陈，对明初南北全真教的存在状
况、传教宗风进行研究。认为明初全真教丧失其在元代的政治地位后，
重新回复了创教初期传统清修宗风，仍然以内丹修炼、传播为中心在
社会中广泛活动。由于在内丹修炼中，教徒必须经历云游访道、坐钵
一节，所以，在全真道各宫观之间存在着密切联系。④ 以上这些研究，
为明代全真教研究开辟了新的路径，极大地推动了我国道教学术研究
的发展。

这一时期，西方学术界对全真道的研究重心主要放在清代，但在

---

① 郭武：《有关全真道宗派"字谱"研究综述》，熊铁基《第二届全真道与老庄学
国际学术研讨会论文集》，华中师范大学出版社 2013 年版，第 248 页。
② 郭武：《明清净明道与全真道关系略论——以人物交往及师承关系为中心》，赵卫
东《全真道研究》第二辑，齐鲁书社 2011 年版，第 142 页。
③ 张广保：《明代全真教的宗系分化与派字谱的形成》，赵卫东《全真道研究》第
一辑，齐鲁书社 2011 年版，第 189 页。
④ 张广保：《明代初期（1368—1434）全真教南北宗风研究》，青松出版社 2010 年
版。

研究过程中也会涉及明代的诸多问题。在法国学者劳格文主编的《宗教与中国社会》第二卷中，莫尼卡、高万桑等学者的文章就开始探讨了全真道宗派（尤其是龙门派）及体现其宗派认同、辈分排行的"字谱"之形成等问题。2001 年高万桑又与康豹在《中国宗教杂志》编辑出版了一期有关全真教及其宗教认同形成的专刊。高万桑的博士学位论文《近代道教的创造：全真教》中表明全真道在元代已有了显著的认同。由于全真教宫观制度的延续性承认全真祖师传统（派字谱），传戒仪轨，以及在正宗内丹的传承方面，全真教具有"无可比拟的威信"，这种认同延续至今。而意大利学者莫尼卡却不认可这种认同理论，她写的《一部全真道藏的发明：〈道藏辑要〉及清代全真认同》一文批判了高万桑把《道藏辑要》作为全真道藏的说法，对所谓全真认同的延续性提出了质疑。① 她的《清代全真三坛大戒仪式的创立》认为龙门律宗的"三坛大戒"实际上是中世纪早期道教经典的汇编，"天仙戒"不仅复制了传统灵宝经文的天启式结构，而且还取法了居士的扶鸾坛的设计模式，因此，"三坛大戒"与元代全真道没有关系，所谓的"全真认同"是不存在的。② 在她的《龙门派及其在清代争议的历史》中甚至提出了《金盖心灯》记述的龙门派历史是"边缘"的南方全真道士为了融入北方正统教团而编造的。③ 她的这一观点略显偏激，从目前发现的资料来看，明代龙门派的传承是确实存在的，但

①　［意］莫妮卡：《一部全真道藏的发明：〈道藏辑要〉及清代全真认同》，赵卫东《问道昆嵛山：齐鲁文化与昆嵛山道教国际学术研讨会论文集》，齐鲁书社 2009 年版，第319 页。

②　［意］莫妮卡：《清代全真三坛大戒仪式的创立》，赵卫东《全真道研究》第二辑，齐鲁书社 2011 年版，第 204 页。

③　Monica Esposito，"The Longmen School and its Controversial History during the Qing Dynasty"，John Lagerwey：*Religion and Chinese Society*，Vol. 2，Chinese University of Hong Kong press，2004.

是她否认龙门律宗的经典、仪式与元代全真道有联系等观点，还是颇有见地。此外，他们还对我国的一些全真宫观做了田野调查。例如，高万桑的《济源的古全真道教——碑文和田野笔记》①、康豹的《多面相的神仙——永乐宫的吕洞宾信仰》② 等，都是利用田野调查的考古资料对全真道的区域历史进行研究，其中亦有涉及明代全真道在当地活动的一些情况资料。

日本对全真道的研究开展很早。20 世纪 20 年代，一些日本学者对华北地区全真道宫观开展田野调查。其中，小柳司气太曾入住全真教总部白云观，对全真教徒的宫观生活、仪式运作进行实地考察，他写的《白云观志》中涉及了明代净明道刘渊然一系与全真道之间的关系。③ 近些年，对明代全真道研究涉及最多的日本学者是森由利亚。他的《全真教龙门派系谱考》一文指出《金盖心灯》对赵虚静律师和伍冲虚律师的记载有虚构的成分，王常月属龙门派，而伍冲虚属龙门别派。作者进一步指出要尊重关于龙门派的创立要晚于邱处机这样的论点，在引用《金盖心灯》作为龙门历史的有效资料时要采取审慎的态度；④ 《〈太乙金华宗旨〉的成立与变迁》一文考定《太乙金华宗旨》最早为净明道经典，后来被全真道龙门派借用，并认为《金华宗旨》的"回光"说"酷似清初位于毗陵的全真教龙门派（朱云阳派）

---

① Goossaert Vincent, "Le taoïsme Quanzhen ancient à Jiyuan（nord du Henan）: Inscriptions et notes de terrain", *Matériaux pour l'étude de la religion chinoise*, Vol. 3, 1999, pp. 181 - 203.

② [美] 康豹：《多面相的神仙——永乐宫的吕洞宾信仰》，齐鲁书社 2010 年版。

③ [日] 小柳司气太：《白云观志》，《藏外道书》，巴蜀书社 1990 年影印本，第 20 册。

④ [日] 森由利亚：《全真教龙门派系谱考》，《道教文化への展望》，东京平河出版社 1994 年版，第 180 页。

的思想"；①《〈邱祖语录〉关于明末清初全真教龙门派系谱观的补足考察》一文对《邱祖语录》的作者与时代做过考证，认为《邱祖语录》非丘处机及弟子所著，而是明代以后龙门派弟子伪造；②《明代全真道与坐钵》一文对明代全真教常用打坐方式——坐钵进行了详尽的材料收集，并依据明代的史料文献对钵堂的起源，以及坐钵与内丹法的关系予以讨论。③

此外，一些国外华人学者对明代全真道的研究也颇有建树，如澳大利亚学者柳存仁的《全真教和小说西游记》《陆西星吴承恩事迹补考》等文从全真教角度看出《西游记》中包含不少道教内丹修炼的主题，提出作者可能是某位全真教徒或者曾经深受全真教的影响。他的这一创新性的论断极大地影响了国内的《西游记》研究。还有他的《明儒与道教》《王阳明与道教》《王阳明与佛道二教》等论文探讨了道教对明代精英阶层思想的影响，也属于这一领域的拓荒之作。④ 黄兆汉的《明代道士张三丰考》首次以专著的形式对张三丰的生平、行迹、道派及著述进行考论。⑤ 近年来，美国学者王岗在国内做了不少田野调查，他的《明末清初云南本地龙门派》一文对昆明虚凝庵的碑文进行了考察，发现虚凝庵在明嘉靖年间就已有龙门派"真"字辈道士活动，而且一直传承至 20 世纪中期；⑥《明代江南士绅精英与茅山

---

① ［日］森由利亚：《〈太乙金华宗旨〉の成立と变迁》，《东洋の思想と宗教》第十五号，早稻田大学东洋哲学会 1998 年版，第 43 页。
② ［日］森由利亚：《〈邱祖语录〉关于明末清初全真教龙门派系谱观的补足考察》，山田利明、田中文雄《道教の历史と文化》，东京雄山阁 1998 年版，第 257 页。
③ ［日］森由利亚：《明代全真道与坐钵》，卢国龙《全真弘道集》，青松出版社 2004 年版，第 126 页。
④ ［澳］柳存仁：《和风堂文集》，上海古籍出版社 1991 年版。
⑤ ［澳］黄兆汉：《明代道士张三丰考》，台湾学生书局 1988 年版。
⑥ 王岗：《明末清初云南本地龙门派》，近现代中国社会和文化中的全真道国际学术研讨会论文，美国加利福尼亚大学伯克利分校 2007 年版。

全真道的兴起》一文探讨了明代茅山全真道派"阎祖派"与明代文坛"后七子"王世贞及江南士人集团的护教有着直接的关系。① 《明代王侯与道教关系探究：以兰州和昆明为例》一文利用碑刻与地方史料探讨了肃王、黔国公等明代王侯与地方道教之间的关系，指出王公在明朝受到严格的藩禁，虽经济上十分宽裕，但缺少人身自由，崇道者甚多，成为明代道教最庞大的信仰资助群体。② 其新出版的《明代藩王与道教》一书在之前的基础上从道教仪式、内丹炼养、道书印刷、宫观修建、文字护教等方面对明代藩王与道教的关系做了系统的研究。③

经过上述中外学者的艰辛探索，目前学术界对明代全真道的历史面貌基本上达成了以下共识。第一，明初、中期以降，陆续有全真龙门和其他道教宗派活跃于中国南北，《诸真宗派总簿》所载的许多派字诗在明代已经存在并流传。关于明代全真道整体衰落与沉寂之说需要修正。第二，明代全真教在各地的复兴不是来自某一个源头，而是各自有独立的传承系统。这些系统的发展，大都早于清初王常月的龙门律宗，所谓"龙门中兴"的局面并非完全源自王常月的传戒活动。但是，从整体上来看，对明代全真道的研究仍然还有很大的空间。首先，明代全真道的整体线条还比较模糊，材料发掘仍显不足。尤其是全真道诸真宗派起源等关键问题，目前发现的材料都在明代中后期，缺乏早期的直接而有力的证据，研究结果多是猜测与推论，缺乏令人信服的说法。其次，区域之间的研究不平衡，目前，山东、陕西、四

① 王岗：《明代江南士绅精英与茅山全真道的兴起》，赵卫东《全真道研究》第二辑，齐鲁书社 2011 年版，第 26 页。
② 王岗：《明代王侯与道教关系探究：以兰州和昆明为例》，黎志添《道教研究与中国宗教文化》，香港中华书局 2003 年版。
③ Richard G. Wang, *The Ming Pringe and Daoism*, Oxford: Oxford University Press, 2012.

川、湖北、浙江等地对道教田野的调查开展得比较充分，也有较多的地方史料被披露出来。而作为金元全真道传播的重要区域山西、河南等地区对全真道的研究还比较薄弱。据笔者实地调查，有很多原始材料还未被研究者所利用。最后，目前学术界倾向明代中期以后，全真教即活跃于大江南北的论断。但对明代全真道兴起的原因，以及具体过程，还探讨不足。

有鉴于此，本书在充分吸收前人研究的基础之上，继续从方志文献、文人文集及宗教典籍中寻找新线索，同时利用近两年来笔者在河南、山西等地调研的新碑铭资料，以明代华北地区的全真道为探讨中心，对明代全真教衰而复兴的历史过程进行研究。

本书主要分为三部分。

第一部分为宏观描述。共两章：第一章为明代全真教衰而复兴的历史背景，主要通过明代宗教政策的变化，以及社会各阶层对全真道的态度，分析明代全真道复兴的外在原因；第二章在总结前人研究的基础上，检索各地的道教碑铭与方志资料，对明代全真道在全国的分布概况进行描述，从宏观的角度展示明代全真道衰而复兴的全貌。同时，笔者利用在许昌市天宝宫、卫辉市比干庙等地调查的碑刻资料为太一道与真大道融入全真道提供了新的依据，并以许昌市天宝宫的资料为中心讨论了明代全真华山派字谱的形成过程。

第二部分为微观探讨。此部分为本书的核心部分，主要是以明代华北地区的龙门派为中心探讨全真教兴起的具体过程。共三章：第三章将笔者新发现的碑石资料与方志文献相互印证，发现在明前期有一支龙门派起源自北京市房山区隆阳宫，在正统年间进入全真祖庭北京白云观管理钵堂，后又传播到河南省境内的王屋山与陕西省境内的终南山。这支龙门派与净明道刘渊然一系关系密切，对研究明代龙门派的形成与传播具有重要的参考价值；第四章利用笔者在山西晋中市、太原市、吕梁市等地的调查资料，通过对明代这一地区的几支龙门派的研究，来探讨明代中后期全真道在民间社会走向复兴的内外部原因。第五章以全真道士周玄贞为例探讨明代晚期皇权与全真道的关系，说明了全真道此时已得到了统治者的支持，政治地位较之以前大为提高。

第三部分为第六章。主要是在融汇前人研究的基础上，结合本论文的明代全真教史料，对明代全真教发展的基本特征进行概括，并阐述全真教在发展过程中对明代世俗社会，以及其他道派产生的影响。

最后，本书在附录部分附上文中使用的一些碑刻全文，以供读者参考。这些碑文大部分是笔者在山西、河南等地考察时，根据原碑所录。由于笔者水平有限，加之部分碑刻漶漫严重，错误和疏漏在所难免，敬请诸位方家不吝指正。

目　　录

第一章　明代全真道衰而复兴的历史背景

第一节　元代全真教的由盛转衰

蒙元时期，全真教发展势头迅猛。特别是在丘处机应诏西行觐见成吉思汗之后，全真教得到了蒙古统治者的大力支持。成吉思汗赐予了丘处机掌管天下道教、修建宫观，以及减免全真教徒赋役三大特权。丘处机及弟子们开始在华北地区大建宫观，广收门徒，"从是而后，黄冠之人，十分天下之二，声势隆盛，鼓动海岳；虽凶暴鸷悍、甚愚无闻知之徒，皆与之俱化"，[①]全真教进入了其发展的鼎盛时期。当时全真宫观遍布北方各地区，"东至海，南薄淮汉，西北历广漠，虽十室之邑，必有香火一席之奉"。[②]金元之际著名文学家元好问形容当时全真道徒："耕田凿井，从身以自养，推有余以及之人，视世间扰扰者，差

---

① 陈垣编纂：《道家金石略》，文物出版社 1988 年版，第 471 页。
② 同上书，第 476 页。

若省便然。故堕窳之人，翕然从之，南际江淮，北至朔漠，西向秦，东向海，山林城市，庐舍相望，什佰为偶，甲乙接受，牢不可破。"①而且，此时全真教内人才济济，才俊之士辈出。披云真人宋德方继丘处机遗志，集合了教内一批文化精英，历时六年，编成（元）《玄都宝藏》。这次《道藏》编修完全是全真教以一派之力量来进行的，充分展示了全真教拥有的强大实力，也是全真道鼎盛期的标志之一。

全真教的鼎盛局面自丘处机起，历经尹志平、李志常两任掌教，大约持续了三十余年后，开始由盛转衰，其标志性事件是全真教在与佛教徒辩论中的失败。宪宗五年（1255），全真道与佛教就《老子化胡经》的真伪在御前展开辩论。佛教一方以少林长老福裕为首按图征诘，力证《化胡经》和《老子八十一化图》之妄，同时历数全真道侵占佛教寺院、损毁佛像、打碎石塔等罪状，要求归还佛寺500余处。最终，以李志常为首的全真道徒被迫烧毁经板，退还佛寺37处。②紧接着在宪宗八年（1258），佛、道之间又爆发了一场空前规模的大辩论。在佛教徒的猛烈批驳下，以全真掌教张志敬为首的道教一方再次败北。朝廷下令全真教焚毁道经四十五部，归还佛寺二百三十七所。③全真道遭此重创，发展势头戛然而止，开始走向衰落。到至元十八年（1281），由于佛教徒奏称在保定、真定、太原、平阳、河中府、关西等处仍有《道藏》伪经刻板未焚毁。元世祖诏正一天师张宗演、全真掌教祁志诚、大道教掌教李德和、杜福春等，及其文臣、僧录司教禅诸僧，一同于长春宫考订《道藏》经板真伪。考订的结果认定道藏："虽卷帙数千，究其本末，惟《道德》二篇为老子所著，余悉汉张道

---

① 陈垣编纂：《道家金石略》，文物出版社1988年版，第475页。
② （元）释祥迈：《至元辨伪录》卷3，《大正藏》，台北新文丰出版公司1983年版，第52册，第768页。
③ 同上书，第776页。

陵、后魏寇谦之、唐吴筠、杜光庭，宋王钦若等辈，撰造演说，凿空架虚，罔有根据。"① 最终除老子《道德经》及有关斋醮祠祭的道书允许保存外，其余道经均要焚毁。全真道所编纂《道藏》的经板和大部分经书皆未逃脱焚毁的厄运。这次焚经对我国道教文化造成了不可挽回的重大损失。据陈垣研究"今本《阙经目录》，即明正统刊藏时校元藏所阙经目录"，② 共阙 794 种、2500 卷，相当于半部"明"《正统道藏》被烧绝了。自此以后，全真道景况更是江河日下，步履维艰。

全真道在极盛时期开始衰落，其外部因素主要是元代统治者宗教政策的改变。当时，全真道发展势头迅猛，不仅在下层群众中拥有众多的信徒，且在前朝士大夫托庇门下，元统治者担心其势力过大会威胁自己的政权，因而"放弃了成吉思汗以来的对全真道大力扶植的政策，转而采取有限的支持和加以适当地抑制政策"。③ 此外，元代皇室崇奉的是萨满教和藏传佛教，全真道徒散播老子化胡言论，损害了他们的宗教信仰。所以，在第二次佛道辩论中佛教一方即由藏传佛教的那摩国师为首。失去元代统治者的支持，全真道在佛道辩论中屡遭失败便不足为奇了。

除了外部政治环境的变化之外，全真教内部此时也出现了很大问题。这一时期的全真道已改变早期清静淡泊、自耕自食、崇尚苦修的教门宗风，转而追求一种奢靡享乐的生活方式。元人王磐描述道："今也掌玄教者，盖与古人不相侔矣。居京师住持皇家香火焚修，宫观徒众千百，崇墉华栋，连亘街衢。京师居人数十万户，斋醮祈禳之事，日来而无穷。通显士大夫泊豪家富室，庆吊问遗，往来之礼，水流而

---

① （元）释祥迈：《至元辨伪录》卷5，《大正藏》，台北新文丰出版公司1983年版，第 52 册，第 776 页。

② 陈垣：《南宋初河北新道教考》，中华书局 1962 年版，第 28 页。

③ 卿希泰、唐大潮：《道教史》，江苏人民出版社 2006 年版，第 240 页。

不尽，而又天下州郡黄冠羽士之流，岁时参请堂下者，踵相接而未尝绝也。小阙其礼则疵衅生，一不副其所望，则怨怼作，道宫虽名为闲静清高之地，而实与一繁剧大官府无异焉。"① 此时的全真道不仅丢弃了其祖师的立教宗旨，全真教首领更是蜕变为寄生的仙侣贵族。"弃安贫守贱，居华丽宫观，过安乐生活，可以说是使全真教地位下降的首要原因。"②

元代后期，蒙古统治者就全真道问题在政策上出现了一些松动，使全真教从艰难的处境中解脱出来，稍有复苏，但终不复当年之盛。

第二节　明初的宗教控制政策与全真道的沉寂

明代立国以后，推行休养生息政策，提倡节俭，反对奢华。明太祖朱元璋深知寺观、僧道过滥对国家经济带来的危害，再加之明初社会环境中宗教的不安定因素，他决定整肃宗教，对佛道教活动进行控制。明初政府推行的宗教控制政策包括重设宗教管理机构、实行度牒制度及寺观合并制度。

一　宗教管理机构的设立

元代政府在中央设立集贤院，主管提调学校、征求隐逸，召集贤良，兼管道教、阴阳、占卜等事，全真掌教一般被授予"同知集贤院事"职衔。地方上，元代政府曾设立道录司、道正司、威仪司等，后

① 陈垣编纂主编：《道家金石略》，文物出版社 1988 年版，第 615 页。
② 任继愈：《中国道教史》，中国社会科学出版社 1999 年版，第 724 页。

期又将这些机构撤销，改由民管。明朝建立以后，政府成立了善世院与玄教院，分管佛道教。① 洪武十二年（1379），礼部又上奏"天下寺观僧道数多，未有总属。爰稽宋制，设置僧道衙门，以掌其事，务在恪守戒律，以明教法"②。到了洪武十五年（1382）时，礼部正式设立僧录司和道录司管理僧道事务，善世院、玄教院皆革除。据《明实录》记载：

> 在京曰僧录司、道录司，掌天下僧道。在外府州县设僧纲、道纪等司，分掌其事。俱选精通经典，戒行端洁者为之。僧录司左、右善世二人，正六品；左、右阐教二人，从六品；左、右讲经二人，正八品；左、右觉义二人，从八品。道录司左、右正一二人，正六品；左、右演法二人，从六品；左、右至灵二人，正八品；左、右玄义二人，从八品。府曰"僧纲司"，掌本府僧教。都纲一人，从九品；副纲一人，未入流。道纪司掌本府道教，都纪一人，从九品；副纪一人，未入流。州曰"僧正司"，僧正一人；道正司，道正一人。县曰"僧会司"，僧会一人；道会司，道会一人，俱未入流。凡天下府州县寺观僧道名数，从道录司核实而书于册。其官一依宋制，不支俸给，吏牍以僧道为之，仍以佃户充从者。凡各寺观住持有缺，从僧道官举有戒行、通经典者，送僧录、道录司考中，具申礼部奏闻方许。州县僧道未有度牒者，亦从本司官申送，如前考试，礼部类奏出给。凡内外僧道二司，专一检束天下僧道，恪守戒律清规。违者从本司理之，有司不得

---

① 《明太祖实录》卷29，"中研院"历史语言研究所1962年校印本，第500页。
② （明）释大闻：《释鉴稽古略续集》卷2，《续修四库全书》，上海古籍出版社2002年影印本，第1288册，第24页。

与焉。若犯与军民相干者，方许有司惩治。①

这一政策对明代全真道影响很大。在元代，道教分"全真""正一""玄教""真大""太一"等派，各派均设掌教自治。全真教掌教还兼任同知集贤院事，政治地位较高。明政府则将天下道士分为"全真""正一"两派，两派道士皆归道录司统一管辖，其衙门设在两京朝天宫。而明太祖朱元璋又非常重视道教的斋醮科仪，认为正一道的斋醮"为孝子慈亲之设，益人伦，厚风俗，其功大矣哉"，全真则"修身养性独为自己"②，应该到深山中去修炼。所以，他所选进朝天宫的高道绝大多数为正一派道士，如正一天师张正常、高道张友霖、傅若霖、邓仲修等。这些朝天宫正一高道，不但参与国家祭典的制定与运作，还担任皇帝处理宗教事务的顾问，是国家道教事务的主要管理者。③ 而且，明政府还规定地方道教管理机构的各级道官选拔都必须先送朝天宫道录司应考，然后具呈礼部。因此，明代史籍中记载的正一、演法、至灵、玄义等高级道官乃至道纪一级的地方道官都鲜有全真道士的身影。这样一来，全真道士被排除出道教的管理阶层，受正一道士的管辖。

明初道教管理机构的设立，使全真道被排除于道教管理阶层，丧失了政治地位，逐渐走向了沉寂。全真道士多闲隐于山林，云游于江湖，鲜有正史记载者。但是，从另一个角度来看，它也使得全真道摆脱了元代后期腐化奢靡的风气。明代，在民间社会传承发展起来的全

---

① 《明太祖实录》卷144，"中研院"历史语言研究所1962年校印本，第2262页。

② 《御制玄教立成斋醮仪文序》，《道藏》，上海书店出版社1988年版，第9册，第1页。

③ 张广保：《明代的国家宫观与国家祭典》，赵卫东《全真道研究》（第二辑），齐鲁书社2011年版，第6页。

真道士恢复了创教初期的清修传统，生活艰苦，戒行精严，一扫淫靡之气，使人耳目一新。这一时期全真道内部教派分化，丹道理论时有新见，仍然展现了其发展活力的一面。

二　明初的寺观合并政策

洪武六年（1373），朱元璋颁布了严厉的宗教控制政策"寺观合并"谕令，规定："府、州、县止存大寺观一所，并其徒而处之，择有戒行者领其事，若请给度牒，必考试精通经典者方许。又以民家多以女子为尼姑、女冠，自今年四十以上者听，未及者不许。"① 这一措施对当时佛、道两教影响很大，使全国寺观的数量锐减。但是，这条法令起初在地方上执行得并不彻底。洪武二十四年（1391），明太祖又对礼部下达清理释、道二教的敕书：

> 自今天下僧道，凡各府州县寺观虽多，但存其宽大可容众者一所，并而居之，毋杂处于外，与民相混。违者治以重罪。亲故相隐者流，愿还俗者听。其佛经翻译已定者，不许增减词语。道士设斋醮，亦不许拜奏青词。为孝子慈孙演诵经典，报祖父母者，各遵颁降科仪，毋妄立条章，多索民财，及民有效瑜伽教，称为善友，假张真人名私造符箓者，皆治罪。②

敕书首先重申了洪武六年（1373）的寺观合并政策，说明此前该政策并没有被严格执行。因此，随后颁行的《大明律》还对违反此政策的行为制定了处罚办法，规定："凡寺观，除现在处所外，不许私自创建增置。违者杖一百，还俗。僧道，发边远充军；尼僧女冠，入官

---

① 《明太祖实录》卷86，"中研院"历史语言研究所1962年校印本，第1537页。
② 《明太祖实录》卷209，"中研院"历史语言研究所1962年校印本，第3109页。

为奴。"① 朱元璋有鉴于包括自己在内的元末农民军利用宗教起事推翻政权的教训，故而制定了如此严厉的管控佛道教政策。除此之外，他在洪武二十四年（1391）的敕书中又增加了限制"瑜伽僧""火居道士"等僧道职业者与民杂居的法令。其目的就是要完全将僧道与世俗生活隔离开来，防止一些隐于僧道之间的不法分子利用宗教密谋侵害国家政权和社会稳定。

为了能更深入地控制佛、道教，朱元璋紧接着在洪武二十七年（1394）又下令："天下僧寺道观，凡归并大寺，设砧基道人一人，以主差税。每大观道士编成班次，每班一年高者率之。余僧道俱不许奔走于外及交构有司，以书称为题疏，强求人财。其一二人于崇山深谷修禅及学全真者听，三四人勿许。仍毋得创庵堂。若游方问道，必自备道里费，毋索取于民。"② 砧基道人的任务就是监管寺院财务，并负责寺院的税赋事务。设立这一职务是为了防止寺观田赋的流失，并使得出家人能够有条件隐居于寺观，不必卷入社会事务之中。同时又规定僧道不得出走于外，不得与官员联系，进一步阻断僧道与社会的联系。

明初这一系列围绕寺院宫观而制定的宗教控制政策对于佛、道两教的影响很大，大量佛道寺观荒废，多余的寺观建筑被政府改作他用。③ 直到正统年间（1436—1449），仍有一些废弃寺观田产无僧道管理，政府"令有司取勘寺观田地，无僧道管业者，发与佃人耕种，计亩征粮。勿令别寺观僧道兼管收租，有误粮税。寺观废者，毋得重修"④。此外，我们注意到，寺观合并政策的目的除了限制宗教过度发

---

① 《大明律》卷 4，怀效锋点校，法律出版社 1999 年版，第 46—47 页。
② 《明太祖实录》卷 231，"中研院"历史语言研究所 1962 年校印本，第 3372 页。
③ 松元善海在对民初社学的研究中，估计 95% 的社学是以改头换面的寺院为校址，松元善海：《中国村落制度史的研究》，东京岩波书店 1977 年版，第 475 页。
④ 《明英宗实录》卷 65，"中研院"历史语言研究所 1962 年校印本，第 1248 页。

展之外，还包含国家对宗教的有效控制，即所有的寺观都需要官方的赐额认可。因此，法律虽然不允许私自创建增置寺观，但是只要得到皇帝赐额特许者即可。例如，正统六年（1441），政府"令新创寺观曾有赐额者，听其居住。今后再不许私自创建"①。这便说明朝廷虽然禁止私自创立寺观，但仍有政府赐额的新创寺院。

就道教而言，明代寺观政策对全真道的限制要明显大于正一道。首先，寺观合并政策使得正一、全真混处一观，而政府一般又任命正一道士为道官进行管理，受影响最大的还是全真道。其次，政府虽禁止私自创建道观，但能得到政府赐额即可，深得皇室重用的正一道士显然比全真道士更容易拿到政府赐额。此外，这一政策中还明确规定隐居山谷清修的全真道士不得在三人以上，不得创建庵堂。这是专门针对全真道士及禅僧制定的限制政策，也不利于全真道的传承与发展。

三　明初的度牒制度

度牒是国家颁给僧道的身份凭证，由礼部发出。持有度牒才能算是国家承认的合法僧道，可享受免除徭役赋税的特权。度牒制度始于唐代，历经宋元，是国家控制僧道发展的重要手段，明代承袭了此制。但为了避免僧道伪滥，明太祖朱元璋下诏废除前代出卖度牒以增加财政收入的政策，对现有僧道由政府发给度牒，并著为令。② 洪武五年（1372），明政府统计："天下僧、尼、道士、女冠，凡五万七千二百余人，皆给度牒，以防伪滥。"③ 但是，我们在洪武六年（1373）的寺

---

① 《明会典》卷104《礼部六十二》，《文渊阁四库全书》，上海古籍出版社1987年影印本，第617册，第569页。
② 《明太祖实录》卷77，"中研院"历史语言研究所1962年校印本，第1416页。
③ （明）俞汝楫：《礼部志稿》卷86，《文渊阁四库全书》，上海古籍出版社1987年影印本，第597册，第605页。

观合并法令中又看到："若请给度牒，必考试精通经典者方许。"① 可见，当时也并不是所有的僧道都授予了度牒，只有那些"精通经典"的僧道才能得到官方的认可，而那些未授予度牒的僧道也并没有规定取缔。因此，明初的度牒制度并没有从根本上控制僧道人口的数量，僧道人口的整体状况，政府还是难以掌握。例如，洪武二十五年（1392），京师百福寺隐匿徒逋卒，往往易其名姓为僧，游食四方，无以为验其真伪。于是，明太祖下令僧录、道录司造《周知册》，颁于天下寺观。凡遇僧道，即与对册，其父兄贯籍告度日月有不同，即为伪冒。② 洪武二十七年（1394），明太祖又下令"凡所至僧寺，必揭《周知册》以验其实，不同者获送有司。僧道有妻妾者，诸人许捶逐，相容隐者罪之，愿还俗者听。亦不许收民儿童为僧，违者并儿童父母皆坐以罪。年二十以上愿为僧者，亦须父母具告有司奏闻方许。三年后赴京考试，通经典者始给度牒，不通者杖为民。有称白莲、灵宝、火居及僧道不务祖风者，妄为论议沮令者，皆治以重罪"。③ 这是明初政府控制僧道人口采取的最严厉的措施。凡僧道均要赴京考试，通经典者给予度牒，不通经典者皆命还俗。对没有度牒而私自簪剃者，洪武三十年（1397）《大明律》规定："若僧道不给度牒，私自簪剃者，杖八十。若由家长，家长当罪。寺观住持及受业师私度者，与同罪，并还俗。"④ 由此一来，度牒便成为僧道合法身份的唯一凭证，国家可以依靠度牒的颁发来控制僧道数量的增加。

---

① 《明太祖实录》卷86，"中研院"历史语言研究所1962年校印本，第1537页。

② 关于颁布《周知册》一事，《明实录》记载为洪武二十五年，《明会典》记载为洪武五年。鉴于洪武五年尚未建立僧录司、道录司，《明会典》记录时间有误。《明太祖实录》卷223，"中研院"历史语言研究所1962年校印本，第3268页。《明会典》卷95，《文渊阁四库全书》，上海古籍出版社1987年影印本，第617册，第879页。

③ 《明太祖实录》卷231，"中研院"历史语言研究所1962年校印本，第3372页。

④ 《大明律》卷4，怀效锋点校，法律出版社1999年版，第46—47页。

明初的度牒制度与寺观合并法令一样，对全真道的影响要远大于正一道。为了限制僧道人口的增长，明政府的度牒是采取限时限额颁发的。最初规定度牒每三年颁发一次，到了景泰年间（1450—1456）改为每十年颁发一次。而且，并不是所有符合条件的人员都给予度牒，需要有地方道教管理机构向道录司限额推荐。永乐年间，政府规定："愿为僧道者，府不过四十人，州不过三十人，县不过二十人。限年十四以上，二十以下，父母皆允，方许陈告有司，行邻里保勘无碍，然后得投寺观，从师受业。俟五年后，诸经习熟，然后赴僧录司、道录司考试。果谙经典，始立法，不通者，罢还为民。"① 由此可见，在度牒颁发过程中，道录司与各级地方道教管理机构起了很大的作用。而正一道士又在道教管理机构中处于领导地位，在取得限额度牒方面会比全真道士更有优势。此外，除了政府每次颁发的限额度牒之外，还有皇帝赐予度牒的特殊情况，如宣德九年（1434），正一天师张懋丞治愈太子之疾，一次便得到度牒五百。景泰元年（1450），天师张元吉入朝，代宗命给度牒一千。查阅史录，道教赐牒都是皇帝赐予正一高道的，未见有赐予全真道的记载。

第三节　明中期以后宗教政令的废弛与全真教的复苏

朱元璋颁布的一系列宗教控制政令奠定了明代宗教政策的基调。以后诸帝基本延续了其所制定的宗教控制政策，但是在政策的执行及

---

① 《明成祖实录》卷205，"中研院"历史语言研究所1962年校印本，第2109页。

效果方面却远逊于前。以寺观合并法令为例，这一严厉的宗教政策对明代佛、道教的发展产生了巨大的影响。但是，朱元璋一去世，要求取消这一政策的呼声就开始出现。明成祖即位以后，便下令"凡历代以来，若汉、晋、唐、宋、金、元及本朝洪武十五年（1382）以前寺观有名额者，不必归并，其新创者悉归并如旧"。① 这一政策实际上放宽了对佛道寺观的限制，使一些历史悠久的寺观不至于消亡。尤其对全真道而言，许多金元时期著名全真宫观得以留存下来。虽然这些宫观有可能被正一道士管理，但还是为全真道的生存赢得了空间。

洪武三十年（1397）颁布的《大明律》规定："凡寺观，除现在处所外，不许私自创建增置。违者，杖一百，还俗。僧道，发边远充军；尼僧女冠，入官为奴。"② 此项法律制定得非常严厉，但后世执行起来大打折扣，难以起到遏制的效果。例如，正统十年（1445），英宗谕曰："洪武以来，寺院庵观已有定额，近年往往私自创建，劳扰军民，其严加禁约。以前盖造者遇有损坏，许令修理，今后不许创建。敢有故违者，所在风宪官执问，治以重罪。"③ 对于此前所建的寺观既往不咎，还允许修理，只是强调以后不许再建了，可见明英宗对私建寺观行为的宽容态度。正是政府对新建寺观的有令不行，导致寺观修造之风愈来愈盛行。宪宗即位之初敕礼部臣曰："京城内外寺院已多，而内外有势力之人往往效尤，增修不已。或豪夺民居，或诡称古额，假名为祈福，而实自欲徼福；假名为民禳灾，而实因以生灾。今后更不得妄自增修，辄求赐额。尔礼部官宜以朕此意通行晓示。"④ 此外，在一些偏远山区私修寺观者更是数不胜数。成化年间（1465—1487），

守备偏头关的都指挥使上奏："山西奇岚州等处边方，山岭深峻，树林蓊郁。中多游民，私立庵堂，擅自簪剃，招集无赖为非。乞移文所司，出榜禁约。仍督守臣，凡新创寺观，拆毁入官，无牒僧行道童发还原籍。"① 这种情况直到弘治年间，政府对寺观奏讨皇帝赐额事加以禁止，同时对国家祭祀体系进行了清理，寺观修造之风才略为减弱。但从总体上来说，明政府对于佛道寺观的控制呈现出越来越松的趋势。

政府放宽对佛道寺观的控制，对于全真道的发展来说，无疑是利好的。首先，大量金元时期创建的全真宫观避免了被合并的命运。其次，政府对私建寺观行为的控制不严，使全真道在民间社会得到了进一步的传播与发展。笔者翻阅山西、山东、陕西等地的道教碑刻资料发现，在明代中后期，出现了很多由全真道士住持的观庵，这些观庵有的是士绅乡民集资修建的，有的是全真道士自己募集资金筹建的，其中大部分并没有得到政府的赐额。此外，明初政府在宗教政策上虽然对佛道寺观控制较严，但其官方祭祀系统中却延入了许多佛教、道教以及民间信仰的神灵。② 而对于那些没有进入官祀系统的民间神祠，明政府的政策亦十分宽松，如洪武二年（1369），朱元璋"命天下凡祀典神祇，有司依时致祭。其不在祀典而常有功德于民、事迹昭著者，虽不致祭，其祠宇禁人撤毁"。③ 对于那些有功于民的神灵，虽没进入祀典，但其祠宇还是受到了官方的保护，这就为全真道后来的复苏留下了广阔的空间。到了明代中后期，全真道士大量进入官祀或民祀的

---

① 《明宪宗实录》卷 170，"中研院"历史语言研究所 1962 年校印本，第 3087 页。

② 朱元璋登基伊始，即命中书省下郡县访求应祀神祇，令有司岁时致祭，所以明代信仰祭祀之神多不胜记，如金阙玉阙真人、真武大帝、萨王二真君、关公、城隍神、五通神、晏公、三官、吕祖等。任继愈主编：《中国道教史》，中国社会科学出版社 1999 年版，第 786—794 页。

③ 《明太祖实录》卷 38，"中研院"历史语言研究所 1962 年校印本，第 760 页。

神庙祠宇，从而迅速在民间社会扩张了自己的势力。

如果说明初对寺观的控制政策到了明代后期还能起些作用的话，那么度牒制度到后期则是完全废滥了，对其冲击最大的就是对度牒买卖的解禁。

明朝立国之初，为了防止像前代一样僧道伪滥，严禁出售度牒。但是，这种状况仅仅维持到了景泰年间。景泰二年（1451），刑部左侍郎罗绮往四川督运粮储，见四川之民劳瘁已极，上奏请求"各司典吏有能运米七十石赴播州，或运三十石赴贵州者，送吏部授以冠带，照资格选用。军民能如例运米者，授以冠带，俾荣终身。文臣无赃犯者，运米二十石赴贵州，给与诰敕。僧道赴彼纳米五石者，给与度牒……从之"①。景泰四年（1453），因剿捕播州"贼人"，粮饷不足，户部郎中徐敬再度奏请恢复前例……僧道欲给度牒者五石。② 这二次的纳米授度牒之事虽为救急，却开启了明代买卖度牒之先例。到了成化年间（1465—1487），由于灾害连年，监察御史焦显又奏请："各处僧道例该成化二年（1466）关领度牒，前此亦有奏请，令其纳米者，今乞申饬所司，查其见在曾经报勘起送者，填写度牒，遣官赍赴巡视淮扬都御史林聪处，定与地方，每度一人，令其纳米十石，其未有勘结者，许赴都御史处告投，纳完俱与牒……上皆允之。"③ 此后，明政府的度牒买卖便一发不可收拾。按《明实录》记载，成化年间，政府纳米售牒达十余次，仅成化二年一次即出售度牒六七万之多。明初制定的度牒完全遭到破坏，度牒开始成为政府财政收入的一个重要来源。④ 嘉

① 《明英宗实录》卷206，"中研院"历史语言研究所1962年校印本，第4422页。
② 《明英宗实录》卷230，"中研院"历史语言研究所1962年校印本，第5020页。
③ 《明宪宗实录》卷26，"中研院"历史语言研究所1962年校印本，第524页。
④ 赵轶峰：《明代国家宗教管理制度与政策研究》，中国社会科学出版社2008年版，第283页。

靖十八年（1539），世宗又准“僧道照国初额设定数，每僧道一名，纳银十两，在内于两京工部，在外于各布政司，直隶于各府上纳类解，免其赴京。其两京给度，在京准二千名，南京一千名。”① 此举将度牒定价为银两，并将度牒出售权下放于地方，度牒的出售遂成定制，这成为明代宗教政策的一次重要变局。

出卖度牒政策从根本上动摇了明初制定的宗教控制政策。从此以后，度牒成为朝廷财政的一个稳定来源，而僧道人口也就从根本上失去了控制。只要捐钱就可以买到道士身份，而不再需要地方道官推荐或进京参加考试。这样一来，明初度牒制度对全真道士的种种限制与不利也不存在了。因此，嘉靖以后也是全真道快速发展的时期。此外，随着度牒制度的泛滥，政府对度牒的控制就更加无力了，无度牒的僧道人口开始膨胀。据王士性《广志绎》记载：“中州僧从来不纳度牒，今日削发则为僧，明日长发则为民，任自为之。”② 笔者推测，在一些偏远地区也会有很多全真道士并没有购买度牒，但此时政府发售的空头度牒太多太滥，对僧道人口已经无从严格管理了。

除此之外，明代中期以后，全真道士做道官的情况也有所改善。明代地方道教管理系统并不是随着道录司的建立而同时完成的，是根据地域情况不同而陆续设立的，如宣德年间（1426—1435），政府应刘渊然之请设立云南、大理、金齿三府道纪司。而在正一道发展薄弱的北方地区，一些地方道官也开始由全真道士担任，如从成化年间（1465—1487）开始，辽州道正司就一直由紫微观的全真道士担任。正德年间（1506—1521），介休后土庙的龙门派道士开始担任介休县道

---

① 《明会典》卷104《礼部六十二》，《文渊阁四库全书》，上海古籍出版社1987年影印本，第617册，第568页。

② （明）王士性：《广志绎》卷3，中华书局1981年版，第44页。

会。还有一些全真道士并没有得到礼部的任命，但由于深受地方长官的信任，而被任命为护印道士，代理道官职务，如永宁州龙王山的龙门派道士杜静桐在万历年间即被任命为护印道正司。

第四节　明代皇室对全真道的态度

一　朱元璋与全真道

宋元以来，理学思想在社会中占据统治地位。明初，思想学术上仍承袭元代。朱元璋立教著政，尊崇程朱理学，"令学者非《五经》《四书》不读，非濂、洛、关、闽之学不讲，而天下翕然向风矣"①。因此，朱元璋在对待全真道的态度上也深受理学思想的影响。他在《御制玄教立成斋醮仪文序》中云："禅与全真务以修身养性，独为自己而已；教与正一专以超脱。特为孝子慈亲之设，益人伦，厚风俗，其功大矣。"②他认为全真的内丹修炼独为自己，而正一道斋醮科仪益人伦、厚风俗，对于国家与社会的作用更大，这些是从社会伦理道德层面来说的。理学家更加重视伦理道德，对个体生命并不太关注。南宋理学家真德秀在给夏元鼎的《悟真篇讲义》作序时，曾言："予顷闻道家言，学仙至难，唯大忠大孝，不竢修炼而得。其说渺茫荒恍，

---

① （明）高攀龙：《高子遗书》卷7，《文渊阁四库全书》，上海古籍出版社1987年版，第1292册，第441页。

② 《御制玄教立成斋醮仪文序》，《道藏》，上海书店出版社1988年版，第9册，第1页。

未易测知，然使天上真有仙人，必忠臣孝子为之，非可幸而致也。"①
元代大儒方回亦云："其内丹之法本是所禀父精母血升之降之，炼其气
以夺造化，于仁义道德蔑一毫之修，有以凡化仙之术，而无以贤希圣
之心，可乎？"② 刘履在注解朱熹诗时曾言："《参同》本言内丹，特借
服食之事为喻耳，此言仙家长生之术，学之甚易。但恐不合吾圣门原
始反终之道，虽得偷生，岂能无愧于心乎。"③ 因此，朱元璋重用正一
道的斋醮科仪主要是从关注伦理道德的理学思想来考虑的，并不意味
着他厌恶全真道的内丹修炼，或者嫌隙全真道与元政府的关系。他所
制定的一系列的宗教控制政策则是为限制佛、道教的弊端，也并非针
对全真一教。他在晓谕僧纯一敕书中云：

> 尔沙门纯一，既弃父母以为僧，当深入危山，结庐以静性，
> 使神游三界，下察幽冥，令生者慕而死者怀，景张佛教，岂不修
> 者之宜？世人因是而互相仿效，虽不独处穷居，人皆在家为善，
> 安得不世之清泰，因尔僧之所及也？尔不能如是，上干朝堂，欲
> 气力以扶持，意在鼎新佛寺，集多财以肥己。孰不知财宝既集，
> 淫欲并生。况释迦非大厦而居六载，大悟心通。方今梵像巍巍，
> 楼阁峥嵘，金碧荧煌，华夷处处有之，此释迦之所感若是欤？集
> 财而建造欤？尔僧无知，不能修内而修外，故不答特设之。今脱
> 尔行令有司，资路费往寻名山，悟善己道以善人，他日道光必烛

---

① （南宋）真德秀：《悟真篇讲义序》，《道藏》，上海书店出版社 1988 年版，第 3
册，第 32 页。

② （元）方回：《桐江续集》卷 31，《文渊阁四库全书》，上海古籍出版社 1987 年影
印本，第 1193 册，第 645 页。

③ （元）刘履：《风雅翼》卷 14，《文渊阁四库全书》，上海古籍出版社 1987 年影印
本，第 1370 册，第 225 页。

寰宇，可不比佛之为道哉！①

由此可见，朱元璋对那些钻营于朝廷权势中，仗势谋财的假和尚深恶痛绝，并批判了大肆修造寺观的奢靡之风。为了发挥宗教真正劝化人心的作用，他鼓励僧人远离俗世去山林中修行。对于全真道，亦下旨云："其一二人于崇山深谷修禅及学全真者听，三四人勿许，仍毋得创庵堂。"② 此谕令固然有防止全真道聚集山野妨害政权之意，但更主要的是它遵循了早期全真道"道伴不过三人""茅屋不过三间"③ 的清规。朱元璋认为全真与禅一样都应该隐居于山林之中独自清修。因此，他对于隐居山林，持戒自守的全真道士还是相当推崇的，如著名高道张三丰，其隐居方外，云游四海，踪迹不定。人们遍访不得，其名愈高。朱元璋闻之，器重其隐仙风范，于洪武十七年（1384）下诏征张三丰入朝，不赴。又下诏命张三丰弟子沈万山、丘玄清征请张三丰，未获。洪武二十四年（1391），又命正一天师张宇初寻访张三丰，仍无所获。全真道士丘玄清，初从黄得祯在陕西重阳宫出家，洪武初游武当，遂礼张三丰真人为师。朱元璋闻其贤，诏授监察御史，洪武十八年（1385）超擢太常卿。丘玄清其人持重有守、祀事严洁，朱元璋曾以二宫女赐之，他固辞不受。朱元璋见其戒行精严，愈加器重，坊间由此还流传有丘玄清为拒绝赏赐而自宫的故事。④

---

① 钱伯城主编：《全明文》卷8，上海古籍出版社1992年版，第106—107页。

② 《明太祖实录》卷231，"中研院"历史语言研究所1962年校印本，第3372页。

③ （元）段志坚编：《清和真人北游语录》卷2，《道藏》，上海书店出版社1988年版，第33册，第162页。

④ 《明太祖实录》卷225载："（丘玄清）为人持重有守，上尝赐以媛女，玄清固辞不受，上益重之，至是以疾卒。"并未见有丘玄清自宫的记载。丘玄清自宫的说法最早来自王世贞，《皇明异典述》卷5记载："太常寺卿丘玄清，以全真道人玄清尝为监察御史，以二宫人赐之，遂自宫。"又见《万历野获编补遗》卷3记载："全真道人邱元（玄）清以是日闱，故名闱九。邱初从黄得祯出家，洪武初以张三丰荐为五龙宫住持，有司又以贤才荐为御史矣。上以二宫人赐之，邱度不能辞，遂自宫。今观其遗像，真俨然一妪也。"

二 明代其他帝王与全真道

明成祖朱棣为燕王时，曾重修了全真祖庭北京白云观，并且在纪念丘处机诞辰的燕九节，亲临白云观降香。明仁宗为世子时，亦曾在燕九节诣观瞻礼，建金箓大斋。① 可见他们对全真祖师丘处机的崇敬之意。明成祖对于"隐仙"张三丰也非常景仰。永乐四年（1406），成祖遣给事中胡濙赍玺书香币经访张三丰，遍历荒徼，积数年不遇。他在给张三丰的御书中说："朕久仰真仙，竭思亲承仪范，尝遣使致香奉书，遍诣名山虔请。真仙道德崇高，超乎万有，体合自然，神妙莫测。朕才质疏庸，德行菲薄，而至诚愿见之心，夙夜不忘。敬再遣使，谨致香奉书虔请。拱俟云车凤驾，惠然降监，以副朕拳拳仰慕之怀，敬奉书。"② 可谓对张三丰推崇备至。永乐十年（1412），成祖特命道录司右正一孙碧云于武当山为张三丰创建道场。③ 道录司左右正一乃是明中央政府具体管理道教的实际首脑。还有全真道人王宗道，其游嵩华时遇张三丰真人，拜执弟子礼。成祖闻之，亦诏见并给全真度牒，赐金冠鹤氅，使之奉书爇香遍入名山访求张三丰。④

明中期后，理学思想的统治地位开始动摇，内丹术此时在士大夫中广为流传，皇室对内丹术亦十分推崇。明宪宗追求长生，对内丹修炼饶有兴致。他十分喜爱全真道士李道纯、蔡志颐、高宗周等人编集的《全真群仙集》。此书原为诸多全真内丹著作的摘录，明宪宗不但

① 陈垣编纂：《道家金石略》，文物出版社1988年版，1256页。

② （明）任自垣：《大岳太和山志》卷2，《藏外道书》，巴蜀书社1990年影印本，第32册，第827页。

③ 同上。

④ （明）何乔远：《名山藏·方外记》，江苏广陵古籍刻印社1993年影印本，第5971页。

重新编订此书，亲作《御制群仙集序》《御制群仙集后序》，而且还根据该书有关的全真祖师的编次，以及全真内丹功法，亲令宫内画师为该书增绘大量彩色插图。① 他在书序中写道："朕常留意于斯久矣，故于万机之暇，来辑群仙之秘枢，披阅前人之奥旨，而有飘然出尘之想，冰壶秋月之怀，乐然忘倦，深味于斯言，信有关于世也。"② 此外，宪宗听闻全真道士李守真善清谈，有养生术，遂征至京师召见，问长生之术，守真答曰："清净而已。"宪宗授其太常博士，不拜，留居显佑宫二年。恳求还山，诏许之，勅曰："全真道士李守真，尔以淳和之资，嗜清净之教，葆养有素，嘉誉声闻，召至京，栖真于显佑宫既二年矣，累命以官，恳辞不受。朕深嘉其恬澹，特赐冲虚妙悟道人太极涵真子李隐仙，以褒旌之。"③

明世宗崇尚道教，好求方术，邵元节、陶仲文皆曾以方士得一品之恩。晚年，世宗求仙方灵露益急，遣官四处招方士，广搜方书。据《明史》记载："帝晚年求方术益急，仲文、可学辈皆前死。四十一年冬（1562），命御史姜儆、王大任分行天下，访求方士及符箓秘书。"④崂山全真道士孙玄清闻此，应诏前往。赴京师白云观，坐钵堂一年，造《释门宗卷》，具本呈进御览，世宗敕封其为"护国天师府左赞教玄清真人"。此后，孙玄清将《灵宝秘诀》《金液大还丹集》等丹书口诀通过太常卿龚中佩进献明世宗，又获宠褒。⑤

万历时期是明代全真道发展的鼎盛时期。明代后期，正一道腐化

---

① 王育成：《明代彩绘全真宗祖图研究》，中国社会科学出版社 2003 年版，第 6 页。
② 同上书，第 39 页。
③ 道光《滕县志》卷 11，《中国地方志集成》（山东府县志辑），凤凰出版社 2004 年影印本，第 75 册，第 317 页。
④ 《明史》卷 370《列传一九五》，中华书局 1974 年版，第 5292 页。
⑤ 郭清礼：《金山派始祖孙玄清生平考述》，《中国道教》2011 年第 4 期。

与衰落，明穆宗采取了打击、抑制道教的措施，诏革了正一真人的名号，止以裔孙张国祥为上清观提点。明神宗即位以后，虽然恢复了张国祥正一真人印号，但不许其朝觐。可见，神宗对正一道的态度宽中有紧，并不宠信。① 与此同时，全真道的处境却大为好转。深受神宗宠幸的郑贵妃多次派太监至三阳观请全真道士咎复明作清醮，佑保其身体康泰，皇子平安。说明当时全真道士的影响力已经上达宫廷。② 万历二十三年（1595），崂山太清宫被佛教毁宫建寺，全真道士耿义兰将御状递给神宗。神宗降旨毁寺复宫，并斥巨资重修太清宫，颁赐《道藏》一部为镇山之宝，敕封耿义兰为"扶教真人"，钦赐御伞御棍、金冠紫袍，永镇道场。③ 可见，神宗对于全真道的发展是非常扶持的。在万历时期，最受皇帝器重的全真道士还应属山东五峰山的龙门派道士周玄贞。他不但参与编修《万历续道藏》，奉旨开道场讲《道德经》，还为皇室修斋建醮，主持放灯施食典仪，一些与皇室相关的道教宫观修建也由其代为监领（详见第五章）。更有甚者，神宗的母舅李玄成也出家做了全真道士，其在武当山凝虚观开创全真丛林，传龙门道派。明神宗曾在此设国醮，请李玄成启建金箓斋七昼夜，修设普天大醮三千六百分位，这也是规格最高的皇家醮仪。④ 由此来看，万历时期（1573—1619），全真道士已经取代了正一道士在皇室的作用。在神宗母亲孝定李太后命人所抄的三教功德书《宝善卷》中，全

---

① 《明神宗实录》卷90，"中研院"历史语言研究所1962年校印本，第1858页。

② 赵卫东：《泰山三阳观及其与明万历宫廷之关系》，陈鼓应《道家文化研究》（第23辑），生活·读书·新知三联书店2008年版，第298页。

③ （民国）周宗颐：《太清宫志》卷5，高明见编著《道教海上名山——东海崂山》，宗教文化出版社2007年版，第268页。

④ 杨立志：《明代武当山全真道碑刻考略》，熊铁基《第二届全真道与老庄学国际学术研讨会论文集》，华中师范大学出版社2013年版。

真教的宗祖与儒教祖师孔子、佛教的释迦牟尼比肩而立。① 《宝善卷》
把全真道作为儒、释、道三教中道教的代表，而非明代兴盛一时的正
一道，说明了全真道作为道门的主流的意识，已得到了上至王公重臣，
下至一般士大夫的广泛认同。

三　明代藩王与全真道

明王朝建立以后，为了防止发生争权夺位的争斗，同时加强对地
方官吏的监督，朱元璋推行分封制，把皇子皇孙分封到各地做藩王，
宗室按照级别给予优厚的俸禄及待遇。为了避免藩王割据，尾大不掉，
他又规定各地藩王没有封地和臣民，不得干预地方事务，平时活动要
受监督。宗室不得参加科举考试做官，也不得经商赚取钱财。朱棣夺
位之后，又剥夺亲王的军事指挥权，进一步限制藩王在王府之外的行
动，对于违法的藩王予以申饬。因此，明代藩王虽然有着优越的政治
和经济地位，但不能参政带兵，整日无所事事。许多藩王便寄情于佛、
道教之中，寻求心理上的慰藉。王岗在对明代藩王与道教的关系研究
后指出："藩王在明朝受到严格的藩禁，虽经济上十分宽裕，但缺少人
身自由，崇道者甚多，成为明代道教最庞大的信仰资助群体。"② 这其
中有一些藩王的崇道活动与全真道有紧密联系。

明代藩王对全真教支持，首先表现在对全真宫观的资助方面。洪
武年间（1368—1398），燕王朱棣曾在北京重修全真祖庭白云观。晋恭
王朱㭎也在太原出资为元通观增修了供奉全真祖师的五祖七真殿。③
正德年间（1506—1521），郑懿王朱祐槟命王屋山龙门派道士张太素在

---

① 王育成：《明代彩绘全真宗祖图研究》，中国社会科学出版社2003年版，第37页。
② Richard G. Wang, *The Ming Pringe and Daoism*, Oxford：Oxford University Press,
2012, pp. 3 -31.
③ 道光《阳曲县志》，《中国方志丛书》，台北成文出版社1976年影印本，第107页。

怀庆府修建玉清宫、玉皇阁。周府胙城王孙因有疾祷于天坛有感，遣使赍书币，请张太素崇修王屋山天坛顶之三清殿。① 山西介休后土庙为全真龙门派传承，正德年间，庆成王府出资资助后土庙重修献楼。② 陕西耀州药王山静明宫，明代为全真华山派住持宫观。嘉靖年间秦王命内相张公沂捐金马若干，于殿前展地砌基，广一丈五尺，袤十丈，殿内增塑三清、四帝、二后，子孙神祠内增塑众神，殿西创建上帝殿两楹，以仰答神庥，章秦王祷祀之诚。③ 还有韩王王妃，因在静明宫求子应验，遂施白金以增辉殿宇，门庭焕然改观。④ 甘肃崆峒山问道宫，为成化年间（1465—1487）全真道士王道成所居之地，后为全真龙门派道士霍真祥住持。万历年间，韩藩王室主持募资重修，又在宫后增建王全真阁。现存雷祖殿前万历年间石牌坊仍刻有韩王的题刻。⑤ 云南昆明的凝真观为全真龙门派传承，历代云南黔国公与其关系十分密切。⑥

其次，明代有许多藩王崇信与重用全真道士。例如，杨汝真，自幼刻苦修全真之道。后遇异人授以奥理。入蜀彭县，来往苟仙、杨平二观，蜀藩闻其道，尝敬礼之。⑦ 黄一真，内乡奉仙观道士，往来镇平五朵山，师全真李崇朴。南阳宗藩唐王常命为道官，主南阳北观，

---

① （明）何塘：《柏斋集》卷8，《文渊阁四库全书》，上海古籍出版社1987年影印本，第1266册，第581—582页。

② 张晋平编著：《晋中碑刻选粹》，山西古籍出版社2001年版，第180页。

③ 嘉靖二十三年《重修孙真人祈嗣神岩记》，碑石现存陕西耀县药王山。

④ 嘉靖三十年《重修静明宫殿门记》，碑石现存陕西耀县药王山。

⑤ 仇非：《新修崆峒山志》，甘肃人民出版社1996年版，第66、77页。

⑥ 王岗：《明代王侯与道教关系探究：以兰州和昆明为例》，黎志添《道教研究与中国宗教文化》，香港中华书局2003年版，第182页。

⑦ （明）何乔远：《名山藏·方外记》，江苏广陵古籍刻印社1993年影印本，第5978页。

常往来玉清宫、大谷屿玉仙宫。① 明代藩王府一般都设有香火院，有的藩王便任用全真道士来管理。例如，山东青州修真宫，明正德年间为全真道士张守安住持，其人清心寡欲，居养淡薄，晨昏香火，暮礼朝恭，奉道至诚，兼充衡府家庙司香烛道士。② 山东泰山三阳观，为明代全真道士王三阳所建，嘉靖年间（1522—1566），德王殿下作为香火院，命典服松冈马公市庄宅一区，地三十亩，作为焚修道众衣粮之资。③ 山西高平仙姑万寿宫，明正德年间（1506—1521）受明宗室隰川王令旨为本府香火院。④ 另外，还有一些藩王任用全真道士举办斋醮仪式。例如，刘宗道，学道终南山重阳万寿宫，后住三原通玄观。洪武三十三年（1400），庆王召其祷雨，克应命。绘像制赞以赐其归。⑤ 寿阳五峰山全真道士郭静中以祈雨法术闻名，万历年间（1573—1619），山西大旱被征至晋阳，时晋裕王朱求桂好道，特在桧柏园创建宫观延其居住。⑥

最后，还有一些明代的藩王热衷于全真的内丹炼养术。万历年间，吉安王朱常淳拜全真道士伍守阳为师，起法名为朱太和，学习伍柳派内丹功法。⑦ 伍守阳传授给朱常淳内炼秘诀《百日炼口诀》与《五龙捧圣口诀》。最后，他还将自己的著作《仙佛合宗语录》，以及龙门派

---

① （清）陈梦雷编：《古今图书集成·博物汇编·神异典》卷256《神仙部》，中华书局1984年影印本，第62376页。

② 赵卫东主编：《山东道教碑刻集》（青州、昌乐卷），齐鲁书社2010年版，第185页。

③ 赵卫东：《泰山三阳观及其与明万历宫廷之关系》，陈鼓应《道家文化研究》（第23辑），生活·读书·新知三联书店2008年版，第298页。

④ 常书铭主编：《三晋石刻大全》（高平卷上），三晋出版社2010年版，第101页。

⑤ 嘉靖《重修三原志》卷6，《中国地方志集成》（陕西府县志辑），凤凰出版社2007年影印本，第8册，第76页。

⑥ 史景怡主编：《寿阳碑碣》，山西古籍出版社2007年版，第413页。

⑦ （明）伍守阳：《仙佛合宗语录》，《藏外道书》，巴蜀书社1992年影印本，第5册，第639页。

一起传授给了朱常淳。宁藩瑞昌王府辅国将军朱拱树信奉道教，修炼内丹。据王世贞《瑞昌王府三辅国将军龙沙公暨元配张夫人合葬志铭》记载，朱拱树"习养生，然不事服饵、御内、烹炼之术，超然有谐于《参同》《悟真》之微指者"①。显然，朱拱树深得全真南宗的内丹之旨。明代靖江王后裔朱约佶以内丹著称，将内丹修炼体悟著为《观化集》一卷，集中所载诗，皆论内丹之旨。② 他在内丹修行方面的成就还为诸多文人所推崇，王世贞曾非常希望拜朱约佶为内丹导师。③此外，还有许多藩王热衷于全真"南宗"内丹著作的编辑与印刷。④如宁王朱权所编辑的《海琼玉蟾先生文集》《上阳子金丹大要》等；赵王宗室朱载玮编辑的《金丹正理大全》《葆真通》《诸真玄奥集成》等。《金丹正理大全》总共收录了 19 部宋元内丹著作。朱这部集成中，除对《金液还丹印证图》的注解和收集 19 部道书外，他还编辑了其他 5 部宋元时期的内丹著作。⑤ 秦藩奉国中尉朱敬鑑曾手书张伯端的《金丹四百字》并将其镌刻于碑石上。⑥ 周宪王朱有燉，道号锦窠道人、全阳道人，曾阅读过《黄庭经》《金丹四百字》及托名吕洞宾的《劝世吟》等道教内炼经书，并参与过抄写道经。⑦

综上所述，明代皇帝与诸藩对全真道崇奉的目的各不相同，有的

---

① （明）王世贞：《弇州山人续稿》卷 70，《文渊阁四库全书》，上海古籍出版社 1987 年影印本，第 1283 册，第 10—11 页。

② （明）朱约佶：《观化集》，《四库全书存目丛书补编》，齐鲁书社 2001 年影印本，第 77 册，第 682 页。

③ （明）王世贞：《弇州山人续稿》卷 70，《四库全书》1283 册，上海古籍出版社 1987 年版，第 23—24 页。

④ Richard G. Wang, *The Ming Pringe and Daoism*, Oxford：Oxford University Press, 2012, pp. 68 – 71.

⑤ （明）朱载玮编：《金丹正理大全》，国家图书馆出版社 2014 年影印明刻本。

⑥ 陈垣编纂：《道家金石略》，文物出版社 1988 年版，第 1297—1298 页。

⑦ （明）朱有燉：《诚斋录》，《续修四库全书》，上海古籍出版社 2002 年影印本，第 1328 册，第 26—27 页。

敬其戒严清修，劝化人心；有的需其内丹修炼，延命养生；还有的用其修斋建醮，祈福禳灾。全真道在明代统治者面前，虽不如正一道那样受到重用，但仍然有自己的生存空间。特别是明中期以后，随着国家宗教政策的废弛，全真道开始走向复兴，逐渐得到了上至王公重臣，下至士绅百姓的广泛认同。明皇室也抛开了对全真道的偏见，开始任用全真道士主持皇家的斋醮科仪，资助全真道士修建道教宫观，从政治与经济两个方面助推了全真教的发展。

第二章　明代全真教派的流传概况

第一节　明代初期全真道流传概述

明朝建立以后，朱元璋以南京朝天宫为基地，诏请四方高道参与国家祭典的制定与运作，① 国家的道教管理机构道录司也设于朝天宫内。南京朝天宫在明代初期成为全国道教的中心宫观。当时，在南京朝天宫内设有一座全真堂，作为全真道士的活动基地。（明）葛寅亮《朝天宫重建全真堂记》云：

> 宫内旧有全真堂，在山之阴。成化己亥（1479）修葺，商文毅公记内可考，今堂废不知何年。其耆宿犹能传述，谓当时之盛。黄冠白羽，群至如归，栖以丹室，课以金书，或闭关面壁、吐故

---

① 张广保：《明代的国家宫观与国家祭典》，赵卫东《全真道研究》（第二辑），齐鲁书社 2011 年版，第 6 页。

纳新，各习其业。而参访之侣，亦谓京师白云观习静修真，不失遗制，乃留都故丰镐地，五方瞻仰，堂辄一废不振。①

可见，明代初期，以南京朝天宫全真堂作为全真道士的活动中心，还是非常兴盛的。明政府迁都北京以后，全真堂还曾有过修葺，但后来逐渐衰落废弃。宣德八年（1433），明宣宗在北京又重新创建了一座朝天宫，将道录司设于其中，但没有再设立全真堂。② 此时，北京白云观习静修真，不失遗志，取代南京全真堂，成为都城的全真教活动中心。

北京白云观是长春真人丘处机藏蜕之所，元代大长春宫的附属建筑。③ 大长春宫是元代全真教掌教的驻跸之所，地位显赫，惜毁于元末的战火之中。明初，梁潜《同游长春宫遗址序》云："今其宫既毁，独其遗址存据平陆，巍然以高。"④ 洪武二十七年（1394），时为燕王的明成祖朱棣以白云观为中心对大长春宫进行重建，工程竣工于次年正月十九日，恰逢丘处机降诞之辰，朱棣亲临白云观降香。此后，白云观之名便替代了元大长春宫。经此朝代更替，全真教的传承在白云观也就中断了。永乐四年（1406），明成祖任命正一派道士李时中为白云观住持。但是，大约在宣德、正统年间，白云观又开始传续全真道派。来自北京房山隆阳宫的全真道人开始进入白云观管理钵堂，他们以钵堂为中心与全国各地的全真道士交流炼养经验，传播全真信仰。

---

① （明）葛寅亮：《金陵玄观志》卷1，《续修四库全书》，上海古籍出版社2002年影印本，第719册，第143页。

② （明）刘侗、于奕正：《帝京景物略》卷4，北京古籍出版社1983年版，第184页。

③ 元太祖二十二年（1227），丘处机归真于大长春宫，嗣教弟子尹志平易其宫东甲第为观，号曰白云。越明年，构建处顺堂于内，以藏师父仙蜕。陈垣编纂：《道家金石略》，文物出版社1988年版，第458页。

④ （清）于敏中：《日下旧闻考》引梁氏《泊庵集》，北京古籍出版社1981年版，第1583—1584页。

白云观逐渐成为全国全真道士的活动中心。此时的白云观虽仍为正一道（或净明道）管理，但恢复了全真教的活动（详见第三章）。

　　元末明初，在北方像大长春宫一样毁于战火的全真宫观不在少数。例如，安徽亳州太清宫被元代全真教尊为玄元祖庭，由丘处机弟子张志素经营数十年，建殿堂廊庑百余楹。① 至正十五年（1355），红巾军首领刘福通立韩林儿为帝，建都亳州，拆宫材以建宫阙，太清宫由此被毁。后来太清宫虽又经重新修葺，但规模简陋，到清末时仅有正殿五楹。② 云州金阁山崇真观（位于今河北省赤城县）为全真教第十任掌教祁志诚所建，亦是其归真之所。崇真观常有异香漂浮，且楼阁、石洞风景宜人，闻名遐迩。此观同样毁于元明之交。明初镇边大将杨洪，复建寺宇于此，请于朝，赐名灵真。③ 元代盛极一时的河南开封大朝元万寿宫为全真太古栖云一门的总部。至正十八年（1358），刘福通攻占汴梁后废之，唯存斋堂。洪武初改为宝泉局铸钱之所，后移局于蔡河湾而斋堂悉已颓毁。洪武六年（1373），虽重新恢复道观建制，改额为延庆观，设道纪司于内，但已物是人非，不再是之前的传承了。④ 由此可见，元明交替之际的战争对北方全真道的打击非常之大。道观残毁以后，道众四方星散，许多全真宫观的传承便中断了。因此，陈教友在著《长春道教源流》之时，曾感叹道："当明之世，全真之显著者多出南方，而北方无闻焉，岂元末北方大乱，于时宫观残毁、

---

　　① 陈垣编纂：《道家金石略》，文物出版社 1988 年版，第 603 页。

　　② 光绪《鹿邑县志》卷 5，《中国地方志丛书》，台北成文出版社 1976 年影印本，第 189 页。

　　③ 乾隆《赤城县志》卷 7、卷 8，《中国地方志丛书》，台北成文出版社 1976 年版，第 112、137—138 页。

　　④ （明）李濂：《汴京遗迹志》卷 10，《文渊阁四库全书》，上海古籍出版社 1987 年影印本，第 587 册，第 621 页。

徒众星散，遂尔失传耶?"①

　　相对战乱频仍的中原地区，地处西北的全真宫观保留情况要相对
好一些。例如，著名的重阳万寿宫（位于陕西省西安市户县祖庵镇）
就留存下来了。重阳宫是全真教创始人王重阳炼化与归葬之地，被全
真教尊称为"祖庭"，在元代全真教的发展中占有举足轻重的地位。
重阳宫是元代全真教一个重要的传教中心，其住持提点兼管陕西五路
西蜀四川道教。元明更替之际，重阳宫幸免于难，并在永乐年间得到
了大规模的维修。正统十年《重修祖庭碑》云："祖庭，重阳王祖师
演道之地。自金元抵国朝，崇奉惟谨，殿堂门庑，穷极华丽，而玉皇
一阁尤伟。中更多故，废兴相仍，昔日者未免为风雨所凌，倾圮不振，
苟不葺而新之，则何以启后人之崇敬，延道脉于悠久哉。"② 可见，入
明以后重阳宫虽破败不振，但还是延续下来了。因此，明初有许多全
真高道慕名来重阳宫学道修炼，例如：

　　　　李德困，号古岩。金台人。自幼入陕西重阳万寿宫出家，《道
　　　德》《南华》三教经书，得其要旨。壮年游武当，于紫霄宫礼高
　　　士曾仁智为师，授以清微雷法，明先天之礼，知体用之源，行之
　　　有年。徒居元和观。洪武二十三年（1390），湘王殿下来谒武当天
　　　柱峰，见师有修炼之功，益嘉之，赐住荆州府长春观。③

　　　　卢秋云，光化人。从终南山大重阳万寿宫高士游，悟全真之
　　　理，后历江右诸名山，入龙虎谒天师于上清宫，佩领教符，复归

---

① （清）陈教友：《长春道教源流》，《藏外道书》，巴蜀书社 1992 年影印本，第 31
册，第 119 页。
② 刘兆鹤、王西平编：《重阳宫道教碑石》，三秦出版社 1998 年版，第 136 页。
③ （明）任自垣：《大岳太和山志》卷 7，《藏外道书》，巴蜀书社 1992 年版，第 32
册，第 928 页。

武当五龙宫，住持有年矣。一日，退隐于紫霄南岩之巅。从此杜门不出，以道自任，若将终身焉。永乐八年冬，无疾而化。①

单道安，均州人。从南岩张真人学，精究道法，执弟子礼，殷勤弗怠。真人升举之后，潜藏于叠字峰，屏绝人事，服气养神，固有年矣。洪武初，游方遍览西华、终南诸名山，道化盛行，济人为大。仍居圜堵于重阳万寿宫，以平昔所授玄秘付与门人，厌弃而去。弟子李素希携冠履，瘗于五华仙茔。②

刘宗道，三原浮阳乡人，洪武十八年（1385），学道终南山重阳万寿宫，后住邑之通玄观。三十三年（1400），岁旱，庆府召宗道祷雨，克应命。绘像制赞以赐其归。越明年，无疾而卒。③

金元时期，全真教曾在重阳宫周围"兴复佑德、云台二观，太平、宗圣、太一、华清四宫，以翼祖观"，④ 最终形成了一个庞大的终南全真宫观体系。这些辅翼宫观也有一部分在元明替代中幸存下来，如永乐年间住持重阳宫的全真道士侯圆方，便出自重阳宫辅翼四宫之一的宗圣宫。侯圆方"受业经台宗圣宫，深悟全真之旨"。⑤ 永乐年间（1403—1424）"同礼部尚书胡濙，驿驰天下名山洞府，寻访张三丰仙翁。久而复命将归，给领《道藏经》，并护敕宗圣、重阳等宫，统理道众。⑥"在侯圆方的主持下，重阳、宗圣等宫得以重新修建，一度恢复了元代的盛况。正统年间（1436—1449），其徒唐袭淳承继道统住持

---

① （明）任自垣：《大岳太和山志》卷7，《藏外道书》，巴蜀书社1992年影印本，第32册，第928页。

② 同上书，第925页。

③ 嘉靖《重修三原志》卷6，《中国地方志集成》（陕西府县志辑），凤凰出版社2007年影印本，第8册，第76页。

④ 陈垣编纂：《道家金石略》，文物出版社1988年版，第689页。

⑤ 刘兆鹤、王西平编著：《重阳宫道教碑石》，三秦出版社1998年版，第136页。

⑥ 王忠信编：《楼观台道教碑石》，三秦出版社1995年版，第163页。

宗圣宫。直到清康熙年间（1662—1722），侯圆方的法裔仍在重阳、楼观一带传承不绝。①

此外，重阳宫附近的咸宁（西安市）丹阳万寿宫在明初也十分兴盛。明正统《十方丹阳万寿宫图》中载有"大十方丹阳万寿宫住持西安府道纪司都纪康崇真"的题名。② 可见，此时丹阳万寿宫不但为十方丛林，而且还是西安府道纪司所在地，地位比重阳万寿宫还要重要。丹阳万寿宫之名并不见于元代前期史料，直到至正十七年（1357）《重修崆峒山大十方问道宫碑》中始载有"甘肃平凉士绅闻奉元丹阳宫道人姜公力扶玄门，延请其前去主持崆峒山问道宫重建之事"。③ 另见（清）毕沅《关中胜迹图志》云："丹阳万寿宫：在咸宁县治西南，祀马丹阳，雍正八年（1730）修。又在关外五里许，别有万寿宫，今称牛皮洞，有至正间董仙碑迹。"④ 可见，清代咸宁有两座丹阳万寿宫，一座在城内，为雍正年间所修。而另一座在关外，又称"牛皮洞"，有元至正年间董仙碑。因此，咸宁关外牛皮洞当为元明时期丹阳万寿宫旧址。

丹阳万寿宫与明初著名全真道士何道全有着密切的关系。何道全，浙江四明人，自幼修道，号无垢子。云游东海之上，厥后西来终南，居于圭峰之墟而道成。洪武己卯（1399），卒于长安医舍。⑤（明）《正

---

① 樊光春：《明清时期西北地区全真道主要宗派梳理》，赵卫东《全真道研究》（第一辑），齐鲁书社 2011 年版，第 222 页。

② 陈垣编纂：《道家金石略》，文物出版社 1988 年版，第 24 册，第 1314 页。《道家金石略》中此碑时间缺失，其碑载有"西安府道纪司都纪康崇真，副都纪张志坚"，而重阳宫正统十年《重修祖庭碑》中亦载有"西安府都纪康崇真，副记张志坚"，可见两碑立碑时间应该相近。陈法永主编：《重阳宫志》，三秦出版社 2012 年版，第 604 页。

③ 陈垣编纂：《道家金石略》，文物出版社 1988 年版，第 812 页。

④ （清）毕沅：《关中胜迹图志》卷 7，《丛书集成续编》，台北新文丰出版公司 1988 年版，第 235 册，第 585 页。

⑤ （明）何道全：《随机应化录》，《道藏》，上海书店出版社 1988 年版，第 24 册，第 24 册，第 128 页。

统道藏》曾收其《随机应化录》二卷，为门人贾道玄将其语录编辑而成。何道全在明初陕西道教界非常活跃，曾在西安府的多处道观坐环与讲道。其仙逝后，当地官绅赠以羽化之仪礼，葬群仙之茔。关于何道全的师承，其在《随机应化录》中称先师为"牛皮董先生"。据雍正《陕西通志》引贾志所载：

> 董仙，不知其名。往来城市，言事多征验。夕宿咸宁金花落土洞中，冬夏不着衣，惟裹牛皮，人呼为"牛皮董"。每询其自不答，自作词云："摧残形体不穿衣，只是裹牛皮。跣足傲寒饥，便悟彻重元上机。十年吃饭，十年还尽，一志更无移。行满跨云归，并不管人间是非。"后僵死洞中，身首俱另，乡人瘗之。嗣后又见在王渠蒙溪庵，裹牛皮如故，正德间遍辞乡人，不知所之。①

按上文《关中胜迹图志》，丹阳万寿宫今称"牛皮洞"，且有元至正年间董仙碑迹。因此，牛皮董先生应该是元末丹阳万寿宫的全真道士。丹阳万寿宫祀马丹阳，牛皮董先生极有可能是全真马丹阳一系法裔。何道全师承牛皮董，他也应该是丹阳万寿宫的全真道士。据《随机应化录》记载：洪武十九年（1386）九月，何道全与全真道人董孤云、王夷山、何懒云三人赴丹阳万寿宫做主钵。期间，有邓指挥、何御史、李校尉等人向其请教道法，还问及"牛皮董先生坐环之理"。后来，何道全又在华阳峪望乡台（户县化羊峪）、长安北关元君祠等地坐环入静。② 由此可见，咸宁丹阳万寿宫也是陕西全真道士的一个活动中心。

---

① 雍正《陕西通志》卷65，台北华文书局1969年影印本，第1909—1910页。
② （明）何道全：《随机应化录》，《道藏》，上海书店出版社1988年版，第24册，第134—138页。

元代中期以后，流传于南方地区的金丹道南宗逐渐完成了与全真道北宗合流，一些南宗道士开始以全真教的名义在南方地区活动。明初活跃于江南地区有倪玄素、梅志暹、彭素云、王道渊等人。倪玄素，号无德，杭州人。其从杨古岩老仙，习全真家风，深知明心见性之理、坐环炼丹之要。古岩之学，出金蓬头之派也。元至正间，倪玄素避苗寇乱，与同学俞心渊随师至吴下，于府城西白莲泾畔，立栖止之所，住逾年。师化去后，于洪武年间，买地建佑圣道院，即今之南濠九天阁、玄武殿，创造一新，以奉香火。于是守全真教，学正一宗，往来武当山中，遇至人教以禹步飞冈之法、五雷金晶之书，修持不息。①倪玄素出自南宗金蓬头一脉，金蓬头师从李月溪，李月溪又是白玉蟾弟子，此系乃南宗嫡传。同样出自金蓬头一脉的南宗道士还有梅志暹，其于明初重修吴山十方大重阳庵。据周鼎《重阳庵记》记载："国初有丛林归并之制，独重阳在全真道流班首，则文席必重望之士以居，而志暹预焉。……冉之席，刘碧虚继之，继刘之席为江铁庵氏，继江之席为杨古岩氏、孙守素氏，继守素者为钟本清氏，本清之继则志暹焉。"②梅志暹属杨古岩一系，而杨古岩其学正出自金蓬头。彭素云则是在江南地区颇有影响的全真南宗道士，他于洪武年间创建了松江真圣堂与松江崇真道院等道观。③《松江府志》载："彭真人，名宏大，法名通微，号素云先生。河南汝阳人。游郡之紫潭见全真刘月渊讲道德经，真人坐听，终日而归，日不绝诵。父知其志，乃命出家于紫潭，事刘月渊为师。……至正甲申（1344），朝礼武当山。时太和张真人主紫霄宫，素云服劳执役，汲水斫柴，苦行三年，方得真人授炼气栖神

---

① （明）李诩：《续吴郡志》，《中国方志丛书》，台北成文出版社1983年影印本，第363—364页。
② 吴亚魁：《江南道教碑记》，上海辞书出版社2007年版，第48—50页。
③ 同上书，第126—128页。

之旨。"① 由此可见，彭素云还曾师从武当张守清，兼有清微派传承。后来，彭素云游历至松江，立观度人，传授弟子有周堃云、郭得全、鲁谷溪等人。此外，南昌修江有全真道士王道渊，其内丹著作在明初影响很大。王道渊，名玠，号混然子，撰有《道玄篇》《还真集》《升玄护命经注》《青天歌注》等。其学说近于南北二宗合流的李道纯，表现出南方全真道学说的面貌。② 正一天师张宇初对其极为推崇，亲为《还真集》作序，称："信达乎金液还丹之旨，其显微敷畅可以明体会用矣。使由是而修之，虽上遡紫阳、清庵，亦未知孰后先也。"③ 明赵彟《效颦集》曾云："洪武屠维单阏（1399）春季月，余游学于闽浙。道经武昌，泊舟金沙洲侧。闻南州羽士混然王全真，精于修炼之术，尝著《还真集》《回风混合歌》及《怀仙吟》，皆以启迪后来修真之士。余亦随众谒之，观其神清气朗，衣冠伟然，若凌云之苍松，冲霄之孤鹤。诚非凡流之儗，真神仙中人也。"④ 可见，在明初的南方地区，王道渊声望颇高。王道渊生平与师承均不详，"明"许孟和《重修上凤山希夷庙记》曾载："石州三阳山宋希夷先生蝉蜕之所……旧庙元季毁于兵，国朝洪武甲子（1384）天真观道人王混然与道者张仲谦重建祠以祀之。"⑤ 石州天真观，又名凤山道院，今位于山西省吕梁市离石区。元时，凤山道院为石州玄都万寿宫（宋德方所建）下院。如果碑记中的王混然是王道渊的话，其应兼有北宗传承。

明初，全真教的活动中心除了在以重阳宫为中心的终南山地区之

---

① 崇祯《松江府志》，《日本藏中国罕见地方志丛刊》，书目文献出版社 1991 年影印本，第 1193 页。

② 任继愈主编：《中国道教史》，中国社会科学出版社 1999 年版，第 840 页。

③ （明）张宇初：《还真集序》，《中华道藏》，华夏出版社 2004 年校点本，第 27 册，第 695 页。

④ （明）赵彟：《效颦集》，古典文学出版社 1957 年标点本，第 108 页。

⑤ 光绪《永宁州志》卷 28《序记》，第 6—8 页。

外，还有当时的道教重镇武当山。全真道进驻武当山是从元代开始的。至元十二年（1275），全真道士汪贞常、鲁大宥在武当山修复五龙、紫霄坛宇，开始传承全真道派。后来，汪贞常弟子张道贵又师从清微派黄舜申学习清微道法，并将清微道法传于鲁大宥的弟子张守清。张道贵、张守清一系虽出自全真，但又传习清微符箓，故此支当为全真与清微融合的道派，又称"武当清微派"。① 此派在元末明初的武当山传承不绝，单道安、黄明佑、张信甫等高道均出自张守清门下。另外，明代武当山全真道的发展与明廷钦重张三丰也有一定关系。张三丰是辽东懿州人，其传奇的生平和神秘莫测的行迹引起了明代皇室对神仙的向往。从太祖、成祖一直到英宗都遣人寻觅其踪迹，但久觅不获。据《明史·张三丰传》记载"张三丰尝游武当诸岩壑，语人曰：'此山异日必大兴。'时五龙、南岩、紫霄俱毁于兵，三丰与其徒去荆榛，辟瓦砾，创草庐居之，已而舍去。"② 永乐中，成祖遣人寻访张三丰不遇，敕云："真仙老师鹤驭所游之处，不可以不加敬，今欲建道场以伸景仰钦慕之诚。"③ 遂命孙碧云重建武当玉虚宫以为祝厘之所。张三丰在武当山最著名的弟子是丘玄清。据任自垣《大岳太和山志》记载：

> 丘玄清，西安之富平人。自幼从黄冠师黄德祯出家，读书造理。洪武初年，来游武当，见张三丰真仙，举为五龙宫住持。宽襟大度，撑拓教门，固有年矣。一日，有司以贤才荐于朝，除授监察御史，上赐室，力辞弗受，转太常卿，诰封二代，宗祖蒙休。每遇大祀天地，上宿斋宫，咨以雨旸之事，玄清奏对，立有应验，

---

① 卿希泰：《武当清微派与武当全真派》，《社会科学研究》1995 年第 6 期。

② 《明史》卷 299《张三丰传》，中华书局 1974 年标点本，第 7641 页。

③ （明）任自垣：《大岳太和山志》，《藏外道书》，巴蜀书社 1992 年影印本，第 32 册，第 827 页。

上愈重深敬焉。平昔公余,《黄庭》《道德》不辍于口,闲则凝神坐忘。一夕谓门徒曰:"我当谢天恩,弃尘世,去也。"翌日,沐浴更衣,端坐瞑目,倏然长逝,寿年六十七岁。朝廷遣礼部侍郎张智行御祭礼,葬还五龙宫黑虎洞之上。①

丘玄清自幼师从黄得祯学全真道。洪武四年(1371),至武当山,礼张三丰为师,举为五龙宫住持。有司又以贤才,荐为监察御史,超擢太常卿,开创了明代道士在朝中担任显职的传统。丘玄清有弟子燕善明、马善宁、蒲善渊,均居武当山修道,其中蒲善渊还担任均州道正一职。② 另外,有据可考的张三丰弟子还有卢秋云、刘古泉、杨善澄、周真德、王宗道等人,③ 其中有五人修炼于武当。卢秋云、刘古泉、杨善澄、周真德被称为明初"太和四仙",受命张三丰住持武当山五龙、紫霄、遇真等宫,为武当山全真道的发展做出了奠基性的贡献。

除张三丰一系的全真道士之外,明初的武当山还零星居住着其他全真道士,这些道士中也不乏声名藉甚者。例如:

李孤云,河南人,气性纯粹,容貌朴实。自幼志慕清虚,明全真理。洪武初,来武当五龙宫住,与乡人李幽岩结方外友,日积月深,玄理造诣,青山白云之际,无不徜徉自得。一日,谓幽岩公曰:"华胥之乐,何不早归。吾当先去也。"寿九十有二,冠剑藏于桃源洞。

彭祖年,西蜀人,少业儒,明道学,词翰俱美,至乎天文、

---

① (明)任自垣:《大岳太和山志》,《藏外道书》,巴蜀书社 1992 年影印本,第 32 册,第 929 页。

② 同上。

③ [澳]黄兆汉:《明道士张三丰考》,台湾学生书局 1988 年版,第 106 页。

地理、阴阳、度数、卜筮、医术，无不研究。从汪真人入大都，侍弟子礼。方归终南山太平官，以道法济人，其阴功及世不浅浅哉。洪武初，仍来武当栖遁高养，如如自乐，心无所为，以此身若不系之舟，幻我何有穷焉。一日，召门人曰："此之谓也。"少焉，端坐蜕去。寿八十三。

周自然，金台人，自幼入全真教，及长，游于四方，一以道化俗，次以药济人。洪武初，来住武当五龙行官，居民见其道明药效，无不敬慕之。年将耄耋，貌若童稚。行止自若，心性怡然。一日，以所藏道书、医术付与门弟子曰："吾当委顺而去。"翌日，更衣沐浴，遽然长逝，葬于桃源洞。①

李孤云于洪武初年来武当山五龙宫，他与五龙宫住持李素希为同乡，结为方外友。李孤云在当时也是很有影响的道士，湘王朱柏有《赐五龙李孤云》诗一首："烟山苍苍烟树紫，行来日钭逢真士。逢真士，石为食，碧莎鹤唳清光寒。"②彭祖年十分博学，兼通儒学。另外，他的辈分很高，他与武当清微派开创者张道贵同是汪贞常的弟子。周自然精通医术，常以药济人，深得民众敬慕。另外，武当山全真道士集中的宫观还有八仙观、太常观、大道庵等。永乐十年，敕建八仙观，"以全真道士王守贞、赵福缘、王道晖等焚修"。③ 永乐十六年，重修太常观，"全真道士殷宏道兴道，徐永道焚修"。④ 还有大道庵，位于太玄观附近，"大道香火，玄帝仙像，以全真张道清、杨道缜等焚修"。⑤

---

① （明）任自垣：《大岳太和山志》，《藏外道书》，巴蜀书社 1992 年影印本，第 32 册，第 926—929 页。
② 同上书，第 838 页。
③ 同上书，第 940 页。
④ 同上书，第 941 页。
⑤ 同上书，第 943 页。

第二节　明初高道张三丰对全真道的影响

明初，张三丰以其隐仙风范受到了明统治者推崇，声望弥高。社会上兴起了寻访张三丰的热潮，道教圣地武当山因张三丰的驻留而更加兴盛。但是，作为自唐代吕洞宾以来民间社会最富魅力的活神仙，张三丰的影响显然不止武当山地区。他的踪迹与传说遍布全国各地，为沉寂的明代全真道注入了新的发展活力。

一　张三丰与全真道的关系

张三丰的生平和修道隐遁事迹都充满着神秘色彩，留下了许多难以考证的记载。从目前留存的记载中并未发现张三丰道派身份，其仅以游方高道身份收徒授道。因此，其道派宗属也有些模糊不清。任继愈主编《中国道教史》认为："张三丰当时似未创宗立派，但他门下形成了一个与全真教义教制、宗风都有所不同的道派。张三丰的学说与陈抟一派有渊源关系，但陈抟一派，亦与全真道同源，张三丰的学说、行径更多源自全真道者，张三丰一派当属元明间新出的全真支派。"① 卿希泰主编《中国道教史》中亦言："其隐仙风格，上承陈抟，而更显示出全真道风格之一面。……从张三丰的隐逸之风看，其思想行径与陈抟确有渊源关系。《道统源流》谓张三丰于元代师陈致虚，不知何据。"② 黄兆汉《明代道士张三丰考》从张三丰弟子入手，认为张三丰的弟子丘玄清、卢秋

---

① 任继愈主编：《中国道教史》，中国社会科学出版社2000年版，第842页。
② 卿希泰主编：《中国道教史》（第三卷），巴蜀书社1996年版，第467页。

云、王宗道都或多或少与全真道有关，既然弟子是全真道士，那么他们的老师张三丰也应该是全真道士，否则与理是说不通的。^① 从明代当时的情况上来看，官方是将张三丰归为全真一派的，张三丰的弟子王宗道被明政府授予了全真度牒。另据（明）葛寅亮《朝天宫重建全真堂记》记载："夫修真者，孤处云居，栖岩屋树，遗谢世罗，纵情独往，草衣木食不为苦，餐风饮露不为槁，彼何屑矍风尘，眷留都会一方幅地居之？考之国初，圣祖楗图一时，周颠仙、冷协律、张三丰、尹蓬头皆以霞绡云佩之姿，从驾临阵，浮波立浪。"^② 可见，在当时民间社会将周颠、冷谦、尹蓬头与张三丰等人都归为全真。

关于张三丰的师承，陕西宝鸡金台观现存明天顺六年《张三丰遗迹记》中记载："真仙陕西宝鸡人，大元中于吾河南开封府鹿邑太清宫出家。吾先世开封之柘城县人。柘城与鹿邑近犬牙相住，吾家离宫仅十五里。"^③ 此碑书于天顺六年，堪称最早谈及张三丰师承的文字记录，可靠性较高。（明）陆深的《玉堂漫笔》沿袭了这种说法，后来的《明史稿》中也采用了这一说法，但言"不可考"。从各地记载张三丰行迹来看，张三丰确在明初活动于河南、安徽一带。例如，乾隆《江南通志》记载："明张古山，颍州人，生而端重，父母欲为娶妻不从，入迎祥观为道士，久之召为武当山提点，能言未形事，后入山采药不知所终。相传张三丰游颍，古山师事之，遂得其术。今迎祥观有混元衣，体制特异，或云三丰所留也。"^④ （明）任自垣《敕建大岳太

---

① ［澳］黄兆汉：《明道士张三丰考》，台湾学生书局 1988 年版，第 123 页。
② （明）葛寅亮：《金陵玄观志》卷1，《续修四库全书》，上海古籍出版社 2002 年影印本，第 719 册，第 50 页。
③ 姜守诚：《张三丰宝鸡行迹考》，《东方论坛》2008 年第 2 期。
④ 乾隆《江南通志》卷 175，《中国地方志集成》（省志辑），凤凰出版社 2011 年影印本，第 4 册，第 354 页。

和山志》载："张古山，颖上人，居太行王屋山天坛。养素葆和，勤修至道。永乐十五年，朝廷闻其道行，赐大岳太和宫提点。永乐十六年秋，于清微宫解化。葬于桧林庵。"① 顺治《河南通志》又载："明张三丰，辽东人，或云宝鸡人。洪武初往来襄、邓、许、颖之间，尝居汝州炼真宫，人莫之识已而去，又寓汴延庆观。"② 颍州与汴梁皆去鹿邑不远，因此，元中期，张三丰在鹿邑太清宫出家的可能性还是比较大的。

鹿邑太清宫在金末毁于战火。后奉蒙元海都太子之命，丘处机弟子张志素与郝大通弟子王志谨在亳州万户张柔的协助下开始重建太清宫。不久，王志谨物故，张志素独立承担重建工程。太清宫竣工后，朝廷特旨赐张志素"应缘扶教崇道大宗师"，命住持太清宫。③ 张志素为随丘处机西行的"十八宗师"之一，教内威望极高，他在太清宫经营十余年，广收门众，太清宫道侣云集，玄教日兴。元末，红巾军刘福通建都亳州，拆太清宫建宫阙，太清宫再次被毁。由此看来，张三丰如出家于鹿邑太清宫的话，应为丘处机弟子张志素的法裔。他在元末太清宫被毁之后，开始四处游历。因此，陈教友在《长春道教源流》中将张三丰归入丘处机后全真法嗣是有一定道理的。④

二　张三丰行迹与明代全真道观

张三丰作为明代著名的隐仙道士，明清之际很多地方文献记载了他的行迹。通过对这些文献的考察，我们发现张三丰驻留的很多地方

---

① （明）任自垣：《大岳太和山志》卷2，《藏外道书》，巴蜀书社1992年影印本，第32册，第931页。

② 顺治《河南通志》卷70《仙释》，第20页a。

③ 景安宁：《道教全真派宫观、造像与祖师》，中华书局2012年版，第192页。

④ （清）陈教友：《长春道教源流》，《藏外道书》，巴蜀书社1990年影印本，第31册，第127页。

都与全真道有着密切的联系。

元末，北方的全真教道观在战火中遭遇毁灭性打击。道观残毁，道众四方星散，许多宫观的全真传承就此中断了。除了战乱因素之外，明初统治者的政策与态度也是导致全真传承减少的原因之一。朱元璋实行道观合并政策，废止大量道观，将各派道士集中于一个道观，道教的管理者往往是正一道士，使得道观属性难以确定。同时，朱元璋认为全真道修身养性独为自己，正一道益人伦、厚风俗。全真道士应潜隐深山修炼，并不得创建庵堂。明政府发放的全真度牒也远远少于正一度牒。这使得很多元代时的全真道观失去了明显的全真道特征。但是，与此不同的是，这些有着张三丰驻留传说的道观，在明代大都还是保留了全真传统，这应该与明统治者对张三丰的崇敬活动有很大关系。

首先，北方地区最著名的张三丰遗迹应属陕西省宝鸡市的金台观。金台观的修建与张三丰有着直接关系。民国《宝鸡县志》引旧志言："张三丰修道之所，元末邑人杨轨山等修。明宣德八年侍郎张用澣重修，嘉靖二十九年里人赵世凤修观。"① （明）张岱《夜航船》中记载："张三丰，居宝鸡县金台观。洪武二十六年九月二十日，自言辞世，留颂而逝。民人杨轨山等置棺殓讫。临葬发视之，三丰复生。"② 观内（明）张用澣撰《张三丰遗迹记》云："真仙与吾高祖荣相识，常往来于家，托为施主、最亲密，亦爱重吾父叔廉公勤学。元末，吾父避兵来邑，占籍为是邑人。真仙洪武中亦来邑之西关玉阳观，与道士李白云老先生交甚厚，旅寓数月……予时虽幼稚，闻斯言常记之于心。兹适分巡宝鸡，公暇乃游真仙旧时修真洞。"③ 可见，无论是杨轨山还是

---

① 民国《宝鸡县志》，《中国方志丛书》，台北成文出版社 1970 年影印本，第 243 页。
② （明）张岱：《夜航船》，刘耀林校注，浙江古籍出版社 2012 年版，534 页。
③ （明）张用澣：《张三丰遗迹记》，碑现存宝鸡金台观。

张用澣，对金台观的修建均与张三丰的神异事迹有关。另外，据观内《朝阳洞暨新开吕祖洞文昌祠碑记》记载，嘉靖二十九年"观有修真、朝阳、飞升诸洞，后稷、三官、三清、玄帝诸殿，五祖、七真团标。前为玉皇阁，朱楹雕槛，极为壮丽。古柏数株，传是张真手植"。① 此时的金台观内已经建有五祖七真团标，可见，金台观在明代属全真道无疑。

除金台观之外，陕西朝邑县（今渭南）、安康的香溪洞与汉中酆都山等地也有张三丰遗迹。正德《朝邑县志》记载"九龙池在县西南二十五里，池东有霸城寺，寺东北有灵应观，仙人张三丰尝憩观中，今为道会司"。② 雍正《陕西通志》卷二十九载："纯阳宫，即柴扉道院。在州旧城东南隅，相传吕仙遗迹，明万历中重修有记。本朝康熙六年，知州王章重建后毁，知州牟文龙重建。其一在州南七里之香溪溪南，为纯阳洞，有遇仙桥、玉皇阁。昔年楼台掩映，竹树阴森，宛如图画，吕纯阳、郭尚灶常栖迟于此。明永乐中，大宗伯胡濙受命访仙人张三丰，题诗崖壁。"胡濙《奉命访张三丰到香溪祠》诗云："枝头小鸟语间关，野径无人自往还。扶杖香溪临绝壁，石桥空听水潺潺。"③ 可见，香溪洞在明代为柴扉道院，乃祭祀全真祖师吕洞宾的道场，胡濙寻访张三丰曾在此题诗，香溪洞应是张三丰曾经出现的地方。《陕西通志》同卷又载："崇道观，在县西北二十五里酆都山，宋元丰年建，元明迄今累代修葺不废，相传张三丰尝居焉。明永乐间，命给事中胡濙访三丰，至酆都山观中，三丰正趺坐古柏下，咫尺不见。云至今柏树下蝼蚁不生。酆都山自西蜀青城山分脉而来，古称'洞天福地'，昔有道者王道岩偕门人郭崇仁辈建观其上，明洪武年住持刘清溪

---

① （清）周瀍:《朝阳洞暨新开吕祖洞文昌祠碑记》，碑现存宝鸡金台观。

② 正德《朝邑县志》，《中国地方志集成》（陕西县志辑），凤凰出版社 2007 年影印本，第 21 册，第 6 页。

③ 雍正《陕西通志》卷 29《祠祀二》，第 11 页 a。

修、王翼记县志本观碑。"鄠都山至今留存有景泰二年《鄠都山图景碑》,碑中载有李道安、李道岩、姚道生、白崇诚等道士题名。① 明代崇道观应该也是一座与张三丰相关的全真道观。

与此同时,与宝鸡相邻的甘肃省平凉地区也出现了关于张三丰的记载。崆峒山为天下名山,更是甘肃民众的祭祀中心。嘉庆《崆峒山志》上卷称:"张三丰,元末居金台观修行,成真证道……后入太和山,寻入蜀,又入武当山。洪武初遣三山高道访于四方,避诏弗至……成化年游崆峒五年,人皆不知。"② 这里将张三丰的活动年代后推至成化年间,似不可信,但其记载张三丰在洪武初尝游崆峒,还是很有可能的。崆峒山上现存有《重刊张三丰避诏碑》,碑云:"张真人回书:一叶扁舟出离尘,二来江上独称尊。三向蓬莱寻伴侣,四海滩头立姓名。五湖浪里超生死,六渡江边钓锦鳞。七弦琴断无人续,八仙闻我也来迎。九霄自有安身处,十载皇萱不负恩。烧丹炼药归山去,那得闲心捧圣文。万历四十三年六月吉日,主持道人霍真祥,徒张常明立。重刊立石,大清乾隆岁次戊午四月初一日。主持全真道人谈本玉。"③ 可见,在明代崆峒山便有张三丰避居崆峒等传闻轶事。嘉靖年间,全真龙门派道士霍真祥在韩藩王室的支持下整修崆峒山时,曾刻碑宣传张三丰在崆峒山隐居避诏的事迹。此外,位于甘肃省陇南市的金莲洞在明代也出现了关于张三丰的传闻。嘉庆《徽县志》载:"张三丰,初居武当山中二十二年,云游长安,既至陇右,居金莲洞。"同书收录胡濙《金莲洞》诗:

"香书久慕嗟无缘,遍访丰师感应虔。

---

① 陈显远编:《汉中碑石》,三秦出版社 1996 年版,第 144 页。
② 嘉庆《崆峒山志》,《中国方志丛书》,台北成文出版社 1970 年影印本,第 76—77 页。
③ 仇非主编:《新修崆峒山志》,甘肃人民出版社 1996 年版,第 119 页。

万载红岩生玉笋，千年碧洞结金莲。

云深喜见通明日，雨骤知逢黯淡天。

峭壁真光邀永劫，赤心愿睹白衣仙。"①

　　金莲洞所在之陇南位于宝鸡入川的必经路径之一，张三丰曾居宝鸡金台观，后游四川。明初胡滢奉旨寻访张三丰，亦曾到达陇南一带。金莲洞现存明代碑铭数通，其中，弘治《重修金莲洞三元圣像记》载："永乐庚寅，敕礼部尚书胡荣，捧香书拜谒，题诗、壁记。后复敕使张于恩、监生韩鹏，全真□□真，亦赍香书拜谒，非灵应矣。"正德《新修九皇洞记》亦载："皇明永乐初，太宗皇帝接至人张三丰于宣政殿，才数语，忽瞑晦不知所之，即遣礼部尚书胡荣，遍天下名山古洞而旁访焉，蹑迹至此，守洞者报曰：'某年某月某日有一赤脚道人，披氅衣，曳九节杖，昂昂而来，憩半晌，问其姓名不答，径去，随有异香芬馥，经旬不散。'公曰：'此非三丰仙师降临之时也。'即赍捧香书，惆怅留题而返。"碑阴题名有："上清大洞法师本洞住持静贞子樊教明，门人吕演清、樊演济。玉清宫道士辛玄文、张景通，陈静明。"② 由此可见，在永乐年间，就有全真道士赍香书拜谒金莲洞。正德年间金莲洞住持虽称"上清大洞法师"，但"教、演""玄、静"等辈字乃是全真华山派与龙门派辈字。

　　张三丰学道于鹿邑太清宫，又曾在河南一带游历。因此，河南地区也出现过很多关于张三丰行迹的记载。顺治《河南通志》记载："明张三丰，辽东人，或云宝鸡人。洪武初，往来襄、邓、许、颍之间，尝居汝州炼真宫，人莫之识已而去。又寓汴延庆观时，大理卿王公宇为婴儿，

---

①　嘉庆《徽县志》，《中国方志丛书》，台北成文出版社 1976 年影印本，第 433、619 页。

②　王百岁：《甘肃省成县金莲洞石窟与全真道》，《宗教学研究》2014 年第 2 期。

三丰过其里，见而异之，谓人曰：'此儿他日必贵显。'后果如其言。天顺二年，羽化于成都鹤鸣山。诏封通微显化真人。"此处，汝州炼真宫疑为裕州炼真宫，据河南方城县（裕州）所存大明成化十二年所立《重修炼真宫记》记载："我朝永乐二年，副都纪赵德铭募人资助，肇造三清、祖师、关王殿宇、圣像及粧塑群真仪容，以为尊承道教之归。时张三丰真人寓居是宫三载有奇，羽仙之流咸沐阐教余光矣。续有住持高复初增修内外山门、方丈等房。"① 张三丰所题《书炼真宫壁》，在《嘉靖南阳府志》《嘉庆裕州志》及《方城县志》中均有记载，诗曰："悟得惺惺学得痴，到无为处无不为。两脚任踏尘里去，一心只与命相随。眼前世事只如此，耳畔风声总不知。有时四大醺醺醉，笑问青天我是谁。"另外，通志中还记载张三丰曾寓居汴梁延庆观。延庆观的前身为元代著名全真道观大万寿朝元宫，元末刘福通将其废止。洪武六年设道纪司于内，后经多次重修，殿宇巍峨。《如梦录》中记载有明代延庆观概况："延庆观，大门三间，门前有石狮一对。大门内向东，有关王庙三间；向南，二门三间，正殿供三清天尊。殿后有八瓣琉璃塔，上圆下方，内外纯砖砌就，约高四丈，三层。最上一层，向北檐下，刻'通明阁'三字，行书，字大尺余；下层向南，有洞，内供元帝，并有张三丰遗迹。西有小殿三间，内住全真道人。地极清幽，过往官员、清客、巨商多于此寄寓。"② 在此处不但提到明代延庆观内有张三丰遗迹，还明确指出内住全真道人，可见明代延庆观仍是一座全真道观。

在全真道兴起的山东地区也有张三丰的行迹记载。康熙《山东通志》记载："张三丰，本贵州黄平人。永乐间，来隐青州云门洞，修炼不出一日，往游崂山，居民苏观礼之甚恭。三丰取担头耐冬花一枝，

① 刘玉生、熊君祥编著：《方城览胜》，方城县内部资料 2002 年版，第 212 页。
② 孔宪易校注：《如梦录》，中州古籍出版社 1984 年版，第 40 页。

插现庭前，枝叶菁葱经愈茂。至正月花发，清艳不凡。分枝移之，辄萎死，盖上仙葩也。"① （明）黄宗昌《崂山志》亦载："明永乐间，有张三丰者，自青州云门，来于崂山下居之居民苏观礼焉。邑中初无耐冬花，三丰自海岛中携出一本，植现庭前。虽隆冬严雪，叶色愈翠，正月即花，蓄艳可爱。今近三百年，柯干大小如初，或分蘖株别植，未有能生者。"② 青州云门山今存有明嘉靖年间马丹阳浮雕像；明万历年间《云门山新建吴天宫碑记》中亦有："一、阳、复等辈字全真龙门派道士题名。"③ 而明代崂山的全真道更为兴盛。万历二十三年，崂山太清宫被佛教侵占，全真道士耿义兰将御状递给神宗。神宗降旨毁寺复宫，并斥巨资重修太清宫，颁赐《道藏》一部为镇山之宝，敕封耿义兰为"扶教真人"，钦赐御伞御棍、金冠紫袍，永镇道场。④ 明代全真教支派随山派、鹤山派、金山派、金辉派与阎祖派的创派均与崂山有着密切的关系。其中，徐复阳创立的鹤山派或为龙门派与张三丰道派相结合的产物。⑤

最后，我国西南地区也是明代张三丰传说兴盛的地区。嘉靖《四川总志》记载，张三丰于洪武末年自陕西到四川鹤鸣山修道，在山中往来半载，后不知迹象。⑥ 王圻的《王侍御类稿》亦载，鹤鸣山鹤鸣观内有四圣殿，殿后有一室，名曰"白云深处室"，后稍东蹑石以登远可四十余武有张三丰祠，祠上为玉皇阁，祠后有三丰卧榻，又有张

---

① 雍正《山东通志》卷30《仙释》，江苏广陵古籍刻印社1986年影印本，第20页b。
② （明）黄宗昌：《崂山志》，《中国名山圣迹志丛刊》（第二辑），台北文海出版社1971年影印本，第52页。
③ 陈垣编纂：《道家金石略》，文物出版社1988年版，第1296页。
④ （民国）周宗颐：《太清宫志》，高明见编著《道教海上名山——东海崂山》，宗教文化出版社2007年版，第268页。
⑤ 赵卫东：《金元全真道史论》，齐鲁书社2010年版，第352页。
⑥ 嘉靖《四川总志》卷13，《北京图书馆古籍珍本丛刊》，书目文献出版社1998年影印本，第42册，第254页。

三丰修炼之所，名曰"天谷洞"。① 另外，很多明代的贵州方志均记载有张三丰演道贵州的事迹，这些记载主要以平越卫为中心，地点是福泉山高真观。例如，弘治《贵州图经新志》卷十二《平越卫·仙释》载张三丰：张仙人，不知何许人？以洪武间来寓高真观，与指挥张信善，教信以葬地曰："远远长龙自北来，脉流成右建僧台。前峰凹处堪为冢，若葬真泉步玉阶。"已而别信曰："武当山再会。"信恳留，闭之室中，未久寂然，不知所往。后信以功封隆平侯，监修武当宫观，果再会其人焉。② 平越卫指挥张信仰慕张三丰高道风范，特在福泉山兴建高真观，作为张三丰修道之宫观。张泽洪指出明代是全真道传入西南地区的重要时期，张三丰传道贵州平越的神异事迹，折射出全真道传播贵州的历史真实。③

三　张三丰对明代全真道的影响

张三丰隐遁高蹈、避诏不现，在朝野上下可谓是声名赫赫。再加之他洒脱不羁的风度和超常的气功异能，使得他在短短的几十年间被各个阶层奉为神仙。关于他的各种神奇传说广为流传，各地为其建庙、塑像，加以崇拜。明初的张三丰崇拜对全真道产生了重要的影响。

首先，张三丰行为事迹为全真教面向民间社会发展做出了榜样，扩大了全真道在世俗社会的影响。张三丰以隐逸而著名，在明代社会影响很大。随着屡次寻访不得，张三丰不慕权贵，隐遁高蹈的宗师形象更加深入人心。从各家记载中，张三丰混迹于世俗社会的底层民众

---

① 王圻：《王侍御类稿》卷 8，《四库全书存目丛书》，齐鲁书社 1997 年影印本，第 140 册，第 281—285 页。

② 弘治《贵州图经新志》卷 12，《中国地方志集成》（贵州县志辑），巴蜀书社 2006 年影印本，第 1 册，第 132 页。

③ 张泽洪：《元明清时期全真道在西南地区的传播》，《文史哲》2015 年第 5 期。

之中，生活艰苦，却有着奇异的能力，为民众解决疾苦。他的苦行风范和高深道行体现世俗社会对于道教神仙的标准。因此，张三丰成为民众心目中的活神仙。关于其神迹与圣物的传说屡见不鲜，大江南北到处都流传其济世度人的故事。全真教在元代后期因上层的腐化而由鼎盛走向衰落。明朝建立以后，统治者重视正一道，全真道失去上层发展空间，甚为沉寂，罕见有影响的高道出现。受皇帝征召，赐号封官者更少。而张三丰的独树一支为明代的全真教道士们做出了榜样，他们改变了元末全真教上层的奢靡风气，恢复了传教初期的精严戒律与清修传统，生活艰苦，戒行精严。明代全真道士的奇行异迹与为民疗疾苦的慈善行为，不但吸引民间的大量信徒，而且逐渐影响了一批文化精英，为后来全真教的复兴奠定了基础。

其次，张三丰的神迹与圣物成为全真道观发展的文化资本。张三丰在明朝是举世敬仰的"活神仙"。其在全真道观的驻留，以及所留下的神迹与圣物，都是道观宝贵的精神财富。以宝鸡金台观为例，相传张三丰曾在此死而复生，并留下有亲植古柏、九节藤杖、混元衣等。这些仙迹、圣物使金台观除了作为道教活动基地之外，还成为当地著名的文化景观。地方官绅对其极为重视，来此寻访仙迹的文人士大夫络绎不绝。推凤翔府事范宗镇曾将明永乐、天顺皇帝《赠张三丰书制》刻碑立于金台观，并写下《谒仙师张三丰洞用南阳张公韵》。诗中有云"九节苍藤杖还在，三篇玄要道传真"，便是指张三丰遗留下来的九节藤杖。还有明代天文学家、陕西按察副使邢云路在游宝鸡金台观时，见张三丰九节杖、混元衣仍在，写下"修真何处觅层城，观起金台接太清；鸠杖尚留九节在，霞衣犹见五株轻"等句。① 张三丰的仙迹传说与众多文士高贤

---

① （明）范宗镇：《谒仙师张三丰洞用南阳张公韵》；（明）邢云路：《宝鸡金台观乃张三丰修真处三丰九节杖混元衣在焉》。二石碣现嵌于陕西省宝鸡市金台观大殿墙壁之中。

为道观撰写文章或题咏，为全真道观带来巨大的社会影响。这些名士的驻留与推崇，无疑给道观带来一种名人效应，使得这些道观声名远播，香火鼎盛。

最后，张三丰作为明代内丹大家，对全真内丹术在明代社会的传播起到了重要作用。明代，世俗社会对于内丹炼养的接纳深度与广度在中国历史上都堪称空前绝后。其时，社会各阶层，上至皇帝、藩王，中至知识精英，下达底层民众都有不少成员，通过不同方式参与内丹术的修炼与传播。张三丰作为著名全真高道，其内丹著作在社会中影响广泛。据明代朱睦㮮著《万卷堂书》记载，张三丰内丹著作有《金丹小成》一卷、《金丹直指》一卷、《修养保身秘法》一卷；黄虞稷撰《千顷堂书目》载有《金液还丹捷径口诀》一卷、《金丹直指》一卷；《明史·艺文志》载有《金丹直指》一卷、《金丹秘旨》一卷。宝鸡金台观《赠张三丰书制碑》记载，张三丰曾著《金丹玄要》三篇。嘉靖《天水冰山录》又载，在查抄严嵩时，还发现其藏有手抄本的《张三丰金丹节》一部。[①] 清代，四川乐山人李西月吸收张三丰内丹炼养之道，创立内丹西派，算是张三丰内丹学说的继承者。

第三节　明代中后期全真道诸真宗派的兴起

明代初期的寺观合并政策使得原来分属不同道观，不同宗派的道士被迫居住于同一所道观之中。例如，全真祖庭白云观住持为正一道

---

① 王光德、杨立志：《武当道教史略》，华文出版社 1993 年版，第 191 页。

士,但其钵堂与处顺堂却是全真道士的活动中心。山东兖州万寿宫由刘渊然弟子兖州都纪巩道岩重建,成化年间《重修碑记》中载"住持阎福真、张惟真、全真王得全等征文勒碑"。① 可见,此处也是一座混住的道观,碑记中为了表明王得全的全真道士身份,还特意在其名字前面加"全真"二字。像这样的例子还有王屋山阳台万寿宫,正德年间《重修阳台万寿宫三清殿记》中载:"若住持福常、寿阳,全真景阳、景明之重修兹殿,于其教可谓子之干蛊者矣。"② 在这些道观中,全真道士均处于附属地位。

明代全真与正一的混住造成最直接的影响就是两派道法互通,全真、正一相互拜师学习,道派师承模糊。明初,正一天师张宇初编撰《道门十规》号召正一道士学习全真道的真功修炼和教制、教风,其本人也曾师从刘渊然学习全真内丹术。因此,明代很多正一道士拜有全真道士为师的,如石州三阳山的正一道士孙云际,于正统三年(1438)赴北京朝天宫请法,在得到天师张懋丞亲授上清三洞五雷经箓之后,他又到白云观钵堂师从全真道士张常真学习全真之道。③ 反过来说,明代全真道士学习正一道法的情况更为普遍。明代,全真道失去统治者的政治支持,正一科仪法术成为其在民间生存的重要手段。此外,正一道士多在道教管理机构占据领导地位,具有较强的社会影响力,这也吸引了一些全真道士拜其为师。又如白云观全真龙门派道士程守然曾拜白云观住持净明道士邵以正为师。④ 这样一来,明代全真与正一之间的道派师承关系越来越混乱,许多道士兼有多派传承,

---

① 陈垣编纂:《道家金石略》,文物出版社 1988 年版,第 1268 页。
② 《重修阳台万寿宫三清殿记》,此碑现存于河南省济源市王屋山阳台宫。
③ 《云际孙先生功行记》,此碑现存于吕梁市离石区凤山道院。
④ (明)何塘:《柏斋集》卷 10,《文渊阁四库全书》,上海古籍出版社 1987 年影印本,第 1266 册,第 625—626 页。

甚至有一些全真道士不再表明自己的全真身份，而以正一天师门下自居，如山东沂山东镇庙的全真道士唐教玉，他的墓碑上却写着"天师门下拜授上清三洞五雷经箓兼三五都功太平辅化仙卿"。① 明代全真道整体上的松散状况及其与正一诸派之间的师承交错导致了其内部认同逐渐弱化。由此，为了区别"道法传承"与"道派传承"，旨在强化全真教内部道派传承的"派字谱"开始兴起。此时，全真教内部各宗争相追溯祖师，构建派谱。派字谱逐渐成为全真道士身份认同的重要标志。

关于全真派字谱的出现时间，张广保指出"全真教内部在元代已有宗系之分化，但尚未发现派字谱"。② 从目前发现的碑刻史料来看，派字谱是从明代中后期才开始在全国范围内大量流行的。而且，全真各宗派字谱流传状况也有很大差别。其中龙门、华山二宗最为常见，分布地区也较为广泛，其他宗派则比较罕见，有些宗派至今尚未发现其流传遗迹。

一 明代全真龙门派的传承与分布

龙门派是全真道影响最大的支派，势力远超全真门下的其余诸派，情况与佛教禅宗的临济宗相似，故世有"龙门、临济半天下"之说。关于龙门派形成时间和过程，目前尚缺乏关键史料证据，教内及学界的看法也难以统一。但是，这个宗派的存在和流行却是事实，从明代开始，在山西、陕西、山东、河南、江西、湖北、云南、北京等地均有依照"龙门派字谱"取名的全真道士在活动。

---

① 赵卫东：《沂山东镇庙及其宗派传承》，赵卫东《全真道研究》第二辑，齐鲁书社2011年版，第300页。

② 张广保：《明代全真教的宗派分化与派字谱的形成》，赵卫东《全真道研究》第一辑，齐鲁书社2011年版，第216页。

（一）几种龙门派传承记述及其存在问题

1. 《金盖心灯》

龙门律宗是清代以来影响最为深远的龙门支派，其活动以江浙为中心遍及南北，开创人王常月更是被誉为"龙门中兴之祖"。据清闵一得《金盖心灯》记载，龙门派第一代律师为丘处机弟子赵道坚。赵道坚之后继有张德纯、陈通微、周玄朴、张静定、赵真嵩等人继承衣钵，七传至王常月时，龙门派始公开传戒。但是，这一记载很快就受到了质疑。陈教友《长春道教源流》中对龙门派的起源提出了不同看法。他认为龙门派乃是靳贞常、姜善信所创，龙门派之名并不因为丘处机隐修的陇州龙门洞，而是由于姜善信建之于龙门建极宫。[①] 陈教友的这一思路得到当今许多学者的认同。[②] 卿希泰、丁培仁、森由利亚、王志忠、莫妮卡等学者从不同方面对《金盖心灯》记载的早期龙门派历史进行了考订，发现赵道坚逝于西行途中，不可能创立龙门派，还有王常月之前的六代律师代际时间过长，有的一百多年传一代，太过匪夷所思。这样一来，《金盖心灯》记载的可靠性就很值得怀疑了，

———————

① （清）陈教友：《长春道教源流》，《藏外道书》，巴蜀书社 1992 年影印本，第 31册，第 113—114 页。

② 20 世纪 90 年代以来，中外学者开始对《金盖心灯》所载龙门派元明历史进行质疑。主要成果有：森由利亚：《全真龙门派系谱考》，道教文化研究会编《道教文化への展望》，平和出版社 1994 年版；王志忠：《龙门派源流考略》，《世界宗教研究》1997 年第 2 期；Monica Esposito，"The Longmen School and its Controversial History during the Qing Dynasty"，John Lagerwey：*Religion and Chinese Society*，Chinese University of Hong Kong Press，2004，vol. 2，pp. 621–698；丁培仁：《〈金盖心灯〉卷一质疑》，《道家文化研究》第 23 辑，生活·读书·新知三联书店 2008 年版。近年来，尹志华《清初全真道传戒新探》又对《金盖心灯》记载的清初王常月北京传戒提出了诸多疑点（赵卫东主编：《全真道研究》第一辑，齐鲁书社 2011 年版）；王卡《雍正皇帝与紫阳真人》一文就《金盖心灯》所记载雍正之前的天台山道教历史提出了质疑（《宗教学研究》2013 年第 1、2 期）。以上研究基本上否定了《金盖心灯》作为龙门派早期历史的可靠性。

莫妮卡甚至推测这些记载是由"边缘"的南方全真道士为了融入北方正统教团而编造的。

随着《金盖心灯》的被普遍质疑，龙门律宗形成的历史真相变得扑朔迷离。目前能有史料与之印证的只有王常月之后的律宗历史。王常月大约生于明万历时期，因此，龙门律宗的历史仅能确定到明代晚期，其在明代是如何传承与发展的，还有待新史料的发现。

2.《长春道教源流》

龙门派的"华山起源说"来自清末龙门派道士陈教友。陈教友所著《长春道教源流》引《广阳杂记》云：

> 孙宗武言，今世全真道人所谓龙门法派者，皆本之邱长春，其地则王刁山也。王刁山在华阴太华之东，奇峭次于华岳，开山之祖，乃王刁二师，故以人名山。邱长春曾主其席，演派至今遍天下也。其法派凡二十字，曰："道德通玄静，真常守太清。一阳来复本，合教永贞明。"今考王刁系宋初仙人，华山、龙门俱有王刁洞。孙宗武之言，闻之白云观王清正，清正闻之华山马真一，自当有据。长春曾主华山席，靳贞常当即长春弟子。所以称龙门派者，贞常弟子姜善信承世祖宠遇，建龙门建极宫，其后徒众日盛，创此法派，故云龙门也。世或谓长春曾居陇州之龙门，故号龙门派，恐非。[①]

按孙宗武所言，龙门派起源于华山王刁洞，为丘处机的弟子靳贞常与徒孙姜善信所创。但此说也有一个问题，就是靳贞常与姜善信的

---

① （清）陈教友：《长春道教源流》，《藏外道书》，巴蜀书社 1992 年影印本，第 31 册，第 114 页。

字辈均与龙门派字谱不合。而且，《广阳杂记》仅记载"真字辈有马真一者，世号颠仙，言其不死，今犹在辽东"，中间几百年的传承不明。关于马真一，康熙《山海关志》记载其学道华山，崇祯初年居北镇庙，应袁崇焕之请祈雨有应，在辽东一代颇有影响。[①] 孙宗武所言非虚，清初兴复白云观的王清正乃其嫡派，可见，此派对于清代全真道复兴做出了贡献。

3.《铁刹山志》

民国白永贞编纂的《铁刹山志》记载："丘长春的弟子任道安，起初在陕西的太华山隐居修行，后来云游到山东的青州府的西山，创建了白云观。是龙门派的第一代。"[②] 后其法脉经郭德真、周通乾、司玄乐、李静一传至第六代刘真玉、宋真空、王真成三人。此派前六代均传承于青州府白云观，六代弟子宋真空与王真成二人道术精深，在齐鲁大地上颇有名望，事迹载于清代《马鞍山志》。而宋真空的弟子李常明为其派发展的重要人物。他离开了青州白云观，访道于山东各地，后来在即墨马山兴复庙宇，传承道派。据《泥丸道人李老师碑序》记载："（李常明）修滨都宫于栖霞，造端阳于莱阳，起崇德于平度，建龙宫于新河、店口二处。"[③] 在李常明的经营之下，马山道教日臻兴旺，成为清代山东境内著名的全真丛林。后来，李常明弟子郭守真又将龙门派传入东北地区，郭守真的弟子分布于东北各地，堪称东北龙门派之祖。郭武《铁刹山志》关于龙门派记载与《金盖心灯》有同样的问题。其记述能有佐证史料的仅限于第六代真字辈以后，最多

---

① 康熙《山海关志》，董耀会主编《秦皇岛历代志书校注》，中国审计出版社 2001 年版，第 125 页。关于马真一的详细生平，参见汪桂平《明末道士马真一生平行实考》，《世界宗教研究》2014 年第 1 期。

② （民国）白永贞编纂：《铁刹山志》，辽宁人民出版社 2001 年版，第 384 页。

③ 同上书，第 309 页。

到明代后期。关于前五代记述，难有史料证实。而且，按其所言，第三代周通乾于隆庆八年（1574）到青州学道，此时据丘处机仙逝已三百多年，三百多年仅传三代，实属不可思议。

4. 康熙六十年《敕赐广福万寿宫兼理殷太师忠烈庙道宗源流碑记》

《敕赐广福万寿宫兼理殷太师忠烈庙道宗源流碑记》位于河南省卫辉市比干庙比干大殿中，康熙六十年（1721）立。此碑记述从元至清二十代管理比干庙的道士名录。其中明洪武年间，比干庙的第十代住持王道晋从龙门派字谱的第一代"道"字辈开始使用龙门派字谱，名录如下：

壹代祖：元升，元世祖皇帝敕封广福万寿宫赐号演化真人；贰代祖：道熙，号静应弘仁全德真人；叁代祖：志冲，赐号太乙修真保和真人；肆代祖：萧辅道，蒙哥皇帝福荫秉唆鲁古唐妃赐号广福真人；伍代祖：萧抱珍，忽必烈大王赐号微妙大师兼理忠烈太师庙；陆代祖：张善渊，己卯年正月蒙旨宣授道门提点右赐真靖大师；柒代祖：高昌龄，蒙旨宣授本官首座保真崇德大师；捌代祖：萧全佑，戊戌年二月蒙皇后懿旨赐号承化纯一真人；玖代祖：王志坦，乙巳年五月蒙赐紫金冠纯真大师；拾代祖：王道晋，明太祖皇帝裁革封号立道纪司管理六邑道教事；拾壹代祖：李德泽，任道纪司管理六邑道教事；拾贰代祖：李通明，弘治九年（1496）奉汝王旨醮祭景星祈天永命；拾叁代祖：谢玄思，任道纪司管理六邑道教事；拾肆代祖：闫静安，任道纪司奉王旨醮祭景星；拾伍代祖：张真宝，任道纪司，二祖陶真安分管景龙观仍理忠烈庙；拾陆代祖：周常永，潞简王替道醮祭景星祈天永命；拾柒代祖：萧守庆，醮祭景星，二祖李守宗；拾捌代祖：李太仁，部牒道士祈天永命募缘重修忠烈太师庙；拾玖代师：李清白，整理本庙祭田管理万寿宫分院城隍庙轮流香火事。大清康熙六十年岁次辛丑仲秋榖旦，贰拾代弟子掌院住持秦一溱。①

此碑碑阳为《殷太师忠烈公祀田记》（见附录），是比干庙住持道士为了维护庙内祀田而立。按此碑记载，卫辉府比干庙建于后魏元帝时，唐太宗祀以太牢，追谥忠烈公。明成化中，汲县知县卢信详请奏入祀典，祭田益广。至康熙三年（1664）时，比干庙祀田已达二十顷之多。但是后来，由于佃户典当与侵占，比干庙祀田日益萎缩。康熙六十年（1721），知县欧阳维藩清理查德证，判还了所侵祀地。住持道士李清白为防祀田复遭侵占，立碑勒铭，以便有所考究。同时，为了表明其道派对比干庙庙产的所有权，还在该碑碑阴刻上《敕赐广福万寿宫兼理殷太师忠烈庙道宗源流碑记》，将道教管理比干庙的历史追溯到金元时期。此碑名为"广福万寿宫兼理殷太师忠烈庙"，可见，此时比干庙应该是卫辉府广福万寿宫的下院。

河南卫辉比干庙

① 此碑现存于河南省卫辉市比干庙比干大殿内。耿玉儒：《历史上比干庙的宗教管理》，《平原大学学报》1993 年第 1 期；徐玉立：《从新发现太一道碑刻资料论太一道的衰亡》，《河南师范大学学报》1994 年第 3 期，两文均曾对此碑资料做过介绍。

卫辉是太一教的发源地，卫辉广福万寿宫乃太一教创始人萧抱珍居所，是元代太一教的传教大本营。按此碑所载，比干庙在金元时期为太一教住持管理。但是其追溯的太一教传承历史多有舛误，如太一教一代祖为萧抱珍，又名元升。此碑却记载广福万寿宫第一代祖为元升，第五代祖为萧抱珍，二者实为一人。碑中所载五祖萧抱珍当为太一教五祖萧居寿之误。但是，值得我们注意的是，此碑回避元代的年号，将元世祖称忽必烈大王，用乃马真后称制前的称号福荫

《敕赐广福万寿宫兼理殷太师忠烈庙道宗源流碑记》

秉唆鲁古唐妃等做法，说明这些记载并不是明清时代的追溯，很有可能是道人根据观中所存的元代典籍或碑石记载所录。另外，此碑最关键的记载是在太一教传承到八代祖萧全佑之后，即转入了全真道王志坦一系。王志坦，字公平，道号淳和，相州汤阴人，为马丹阳之三传弟子，至元七年（1270）任全真掌教。王志坦乃相州（安阳）汤阴人，曾主事相州神霄宫。而相州与卫辉相邻，因此，其门下法脉能够传入卫辉亦不足为奇。王志坦逝于至元九年（1272），此时太一五祖萧居寿还在职掌教门，太一教尚存。笔者推测，碑中记载广福万寿宫玖代祖为王志坦，当是进入太一广福万寿宫的王志坦法脉所追溯。元末太一教消亡之后，是由卫辉临近的全真教王志坦一系接管了太一祖庭广福万寿宫。

按碑文所示，王志坦之后，广福万寿宫的拾代祖为全真道士王

道晋，此时已到了明洪武年间。王道晋为"明太祖皇帝裁革封号立道纪司管理六邑道教事"，这说明朱元璋曾裁革元代僧道封号的史实。王道晋担任了第一任卫辉府道纪司都纪，而广福万寿宫也是从王道晋开始按龙门派字谱传承道辈的。直至清康熙年间的掌院弟子秦一溁，这一支龙门派已在卫辉广福万寿宫传承了十一代。但是，关于此碑记载的王道晋一系龙门派在明代的传承，同样缺乏相关史料佐证。笔者在比干庙明代碑刻中并没有发现有道士住持的痕迹。据顺治《卫辉府志》记载"万寿宫，在府之东，金天眷间建，名三清院。皇统间勅赐太乙广福万寿宫额，沿至明洪武初置道纪司于内，隆庆六年（1572）重修"。① 可见，明代广福万寿宫确实为卫辉府道纪司所在地，可惜广福万寿宫今已不存。另外，又见民国《获嘉县志》记载：

　　获嘉道教宗龙门派，以丘处机为宗，元至正间旧处卫辉府广福万寿宫，前清康熙初年，其十一世道人康一焕始由卫辉府比干庙迁居获嘉县南大官庄玉帝庙。后十余年，复迁居城内城隍庙，宗支繁盛不下数十人。本县西关吕祖庙，同盟山武王庙皆为该派支流余裔，其祖茔尚在大官庄北地。民国初年，破除迷信，该教道士多被驱逐，庙中地土充公，庙宇改作机关，酌拨地少许，留一二人以延教脉，试将该教世数人数列表如下：第一世：康一焕，一人；第二世：周阳惠、任阳禄等，八人；第三世：杨来祥、李来柏等，六人；第四世：陈复恭、杨复性等，四人；第五世：陈本前、詹本吉等，六人；第六世：杜合梅、杨合棠等，六人；第七世：苏教方、苏教儒等，九人；第八世：韩永祥、高永杰等，

---

① 顺治《卫辉府志》卷7《祠祀》，第9页b。

十二人；第九世：苏元璋、张元吉等，五人；第十世：卢明旺、张明来等，十二人。①

获嘉县与卫辉相邻，元代时属卫辉路管辖，明清时期隶属卫辉府。按《广福万寿宫兼理殷太师忠烈庙道宗源流碑记》及《获嘉县志》所言，王道晋一系龙门派是在元末至正年间进驻了广福万寿宫。康熙年间又传入了获嘉县。值得注意的是这支龙门派虽认同以丘处机为宗，但在述及其派传承时并没有将字谱的第一代"道"字辈追溯到金元时期丘处机的弟子，他们的龙门派字谱第一代"道"字辈是从明代开始传承的。

以上几种版本都是清代以来道教内部关于龙门派传承谱系的追溯，各种版本差异比较大。说明直到清代顺治、康熙年间，龙门派内部尚未形成关于本派起源的统一认识。

（二）各地发现的明代龙门派派字传承

1. 北京地区

北京地区发现的最早的龙门派是永乐、宣德年间北京房山隆阳宫陈风便一系的传承。这支龙门派大约在宣德年间进入全真祖庭白云观管理钵堂。随后又发展到河南王屋山地区，其在陕西终南山一带亦有传播。这支龙门派从字谱的第七代"常"字辈开始传续龙门派字谱，并自称"长春真人仙派"（关于此派传承情况详见第三章）。

万历以后，在北京周边地区也出现了一些龙门派道士的活动痕迹，

---

① 民国《获嘉县志》卷9《宗教》，第5页。

如万历时期，房山东岳庙住持道士刘真元与弟子侯常年、刘常泰。①密云东岳庙道士胡阳震、赵来桢与道会司李一镇。② 崇祯年间，昌平狄公庙住持道人郝来仪与徒弟王复元。③ 河北廊坊圣母庙的住持杨常经、臧守正。④ 这些龙门派道士分布比较散，由于史料的缺乏，他们的传承来源并不太明确。

另外，来自山东全真龙门派道士周玄贞因受到万历皇帝的重用也开始在北京地区传承龙门道派。周玄贞为山东五峰山洞真观的住持，曾参与了《万历续道藏》编修。他在万历朝极受恩宠，他不但奉旨开道场讲道德经，而且为皇室修斋建醮，主持放灯施食典仪等。他在北京地区的法脉传承主要是在北京泡子河太清宫与护国永安宫。太清宫住持刘静祝，以及护国永安宫住持韩静慎均为其弟子，其中韩静慎又传弟子宗真德、徒孙赵常存等（详见第五章）。

2. 山东地区

目前，在山东发现的最早的龙门派传承为青州修真宫。修真宫位于山东省青州市弥河镇上院村，始建年代已不可考。观内的龙门派传承始于正德年间，据观内现存最早的正德八年（1513）《重修修真宫碑》记载："县治西北二十里许有曰修真宫，其中三清殿、老君堂，此古迹。神宫之所，不知起于何时，建于何代，岁时久远，风雨震凌，墙垣坍塌，庙庭倾圮，神像剥蚀，不堪瞻仰。正德癸酉岁，羽士张守安时为本宫住持，为人清心寡欲，居养淡薄，晨昏香火，暮礼朝参，奉道至诚。兼充衡府家庙司香烛道士，乃发虔心，募缘修造，大兴土

---

① 北京图书馆金石组编：《北京图书馆藏中国历代石刻拓本汇编》，中州古籍出版社1990年版，第57册，第187页。
② 同上书，第58册，第191页。
③ 同上书，第60册，第97页。
④ 同上书，第60册，第12页。

木，建正殿三楹，后殿三楹，神门三楹。"此碑碑阴题名共载有"守、太、清"辈字的道士二十余名。可见，张守安在修真宫传承的正是龙门道派。而且，张守安此时还兼充衡王府家庙司香烛道士，他的这一身份对于修真宫全真道的发展也是极为有利的。万历年间，修真宫龙门派住持道士李一从又对修真宫进行了两次重修。观内万历三十三年（1605）《重修碑记》中本宫道士的题名为龙门派"乙、阳"两辈字的道士。明末，修真宫日就倾圮，此时已经成为青州东岳庙住持的原修真宫道士苏阳臣又回来重建修真宫殿宇。该碑题名又有"阳、来、复、本"等龙门派字辈道士十余名，且师承关系明确。由上统计，明代青州修真宫龙门派一共传承了"守、太、清、一、阳、来、复、本"八代。入清以后，此系龙门派传承不绝，至清嘉庆十二年时已传到第二十代"明"字辈。①

明代，青州铁鹤观亦为全真龙门派住持。据光绪《益都县图志》记载："铁鹤观，在城南十三里时家店，明衡藩创建，万历间衡府仪宾时松等，铸铁鹤二，立龟背上，高丈许，故名。"铁鹤观今已不存，二铁鹤现存于山东省青州市博物馆。其中一支铁鹤上铸"大明万历拾贰年孟夏之吉。衡府承奉司承奉正东海张公讳成舍工价银拾两。……建立观宇住持募化道人傅守志，师祖傅真界，师弟巩守智，同徒孙赵清山、萧清竹"。另一只铁鹤则铸"衡世子、妃吴氏、世孙、二子、三子，承奉王见、陈用，典膳郑永，典服李升，共发虔心施造。……住持道人王太惠、郑太和、郝太乾、宋太明，徒弟赵清山、萧清竹、文清梅，徒孙高一顺"。②从这两只铁鹤上的铭文看，明代铁鹤观的全

① 赵卫东主编：《山东道教碑刻集》（青州、昌乐卷），齐鲁书社 2010 年版，第185—195 页。另见赵卫东《青州全真修真宫考》，《宗教学研究》2008 年第 4 期。

② 赵卫东主编：《山东道教碑刻集》（青州、昌乐卷），齐鲁书社 2010 年版，第306—307 页。

真龙门派是从第六代"真"字辈至第十一代"一"字辈。而且铁鹤观与明衡王府关系极为密切，应该是衡王府的香火院。联系前文青州修真宫住持道士张守安兼为衡王府香火院司香烛道士。因此，铁鹤观与修真宫有可能为同一支全真道。有了衡王府的支持，明代全真道在青州迅速发展开来。

另外，在青州府的云行山一带也出现了一支全真龙门派。云行山玉皇庙创建于明成化年间，万历年间，附近凤凰山道士马一仲来此创建了三教祠。万历二十四年（1596）《创建三教祠记碑》题名载有"道人李太住，徒弟陈清澄、宋清祥、程清香，孙王一存、高一全、马一仲、田一胜、孙一德，重孙阳头、阳来、阳可、阳先……"可见，马一仲在修建三教祠碑记上将本派的传承向上追溯到了自己的师祖李太住。因此，笔者推测这支龙门派至迟在嘉靖时期就活动于青州一代。万历三十七年（1609）《三教殿重修地基记碑》载有"一、阳、来"三个龙门派字辈。崇祯二年（1629）《重修玉皇庙碑》有"阳、来、福"三个字辈。后来，这支龙门派一直传承到民国时期的第二十三代"宗"字辈，延续不断，传承了十五代之多。[①]

3. 山西地区

目前，已知山西明代的龙门派主要流传于中部地区，其中最早的一支龙门派传承来自介休后土庙。明正德年间（1506—1521），介休后土庙道士从"德"字辈开始使用龙门派字谱，至清嘉庆时已传承到了"教"字辈，共传承了十六代之多。其次，在天顺元年（1457），太原的晋祠也住进了"通"字辈全真龙门道士，到清雍正十年（1732）时，晋祠的龙门派传承到了"一"字辈，共传续了九

---

① 赵卫东主编：《山东道教碑刻集》（博山卷），齐鲁书社 2014 年版，第 215 页。

代。嘉靖年间（1522—1566），北虏犯晋，晋简王命军营于陆堡庄修土堡以防虏患。彼时因人力不敷，礼请全真道士宫常鸾募化十方钱粮，创建土堡一座，并在内建灵真观一座。至明末，灵真观道士在晋王府的支持下又传承了"守、太、清"三代道士。① 万历时期，在今晋中市寿阳县同时出现了两支龙门道派。一支是以道会司寿阳城隍庙为中心，逐渐开始向附近乡村一些民间信仰庙宇中扩展，为首的道士是道会司署印道士张通喜。这支龙门派后来还传播到了吕梁北武当山。在明代，他们共传承了"通、玄、净、真"四代。另外一支是由华山的龙门派道士郭静中所传播的。郭静中于万历二十七年（1599）到达寿阳五峰山创建道场。其擅长祈雨，在明代后期的北方地区影响极大。入清以后，郭静中法裔有"来、复、本、合、教、永"等辈道士仍然在五峰山传承。此外，崇祯年间，在寿阳附近的盂县藏山祠也出现了使用龙门派字谱的道士。但是，值得注意的是这一支使用龙门派字谱的道士却使用正一派符箓。例如，崇祯十七年《重修晋上卿藏山大王祠宇记》中载"龙虎山真人府箓、授本年修真经箓、弟子九天金阙神霄侍御大夫、南昌炼度玉府尚书□□□□驱邪□岳先生，七炁真人、黄录院事杨真宝、门徒傅常极、张常棉、王常桂、王常梧、王常松、李常□"。另见康熙四年《重修石井碑记》中有"住持道士杨真宝，门徒傅常极，徒孙赵守舍"。可见，这支龙门派传承到了清初。②

明代后期，晋南地区也出现了龙门派道士在活动。例如，运城市绛县磨里镇回马岭村歪头山庙院在万历到崇祯时期相当兴盛，当地民

① 王琳玉主编：《三晋石刻大全》（榆次卷），三晋出版社 2012 年版，第 72、87 页。

② 同上书，第 152、172 页。

众频繁朝山进醮，现存有明代朝山碑刻十余通。从碑刻来看，当时道院住持道士为龙门派，字辈有"常、守、泰、清、一"等五个字辈。[①]嘉靖年间，泽州修真观住持道士有王常富及其徒刁首阳。[②] 万历年间，浮山县清微宫老君殿住持道士有吴真玄及其弟子李常青、梁长贵，[③]以及高平清梦观道士牛玄诚、李静存、刘静福等。[④]

明末，晋北的大同地区也出现了少量的龙门派道士。例如，浑源县的千佛岭孙脵寨玄都观，万历时期云游道人董玄秀与其徒修建道观，修建碑记中有龙门派"玄、静、真、常"四个辈字。[⑤] 崇祯元年，大同府广灵县斗泉乡有道人王阳玄、王阳理，徒邓来德、王来宁，建玉皇宝殿一座，修设静室、云路、楼台其上。修建碑记有"一、阳、来、复、本"五个辈字的龙门派道士。[⑥]

4. 河南地区

目前，河南发现的明代龙门派主要出现在王屋山地区。正统年间，北京白云观龙门派道士张常真归隐王屋山，其法裔到嘉靖年间时共传承了"守、太、清、一"四代。此外，在嘉靖年间，王屋山本山紫微宫也有一支龙门派传承，以紫微宫住持刘静云为首，门下法裔有"真、常、守"辈道士百余人。这支龙门派在王屋山处于主导地位，势力庞大，传承不绝。至清同治年间，紫微宫已传至龙门派第二十代"明"字辈。另外，位于王屋山附近的济源市梨林镇大许村，有一座二仙庙，主要供奉紫虚元君魏华存。二仙庙现存三通明碑中著录有道士题名，

---

① 柴广胜主编：《三晋石刻大全》（绛县卷），三晋出版社 2014 年版，第 127 页。
② 车国梁主编：《三晋石刻大全》（沁水卷），三晋出版社 2010 年版，第 106 页。
③ 张金科、姚锦玉、邢爱勤主编：《三晋石刻大全》（浮山卷），三晋出版社 2012 年版，第 105 页。
④ 常书铭主编：《三晋石刻大全》（高平卷上），三晋出版社 2010 年版，第 198 页。
⑤ 陈学锋、白明星主编：《三晋石刻大全》（浑源卷），三晋出版社 2013 年版，第 73 页。
⑥ 刘祖福主编：《三晋石刻大全》（广灵卷），三晋出版社 2013 年版，第 59 页。

其中派字分别为"玄、净、贞、常、守",是从龙门派第四代延续到第八代。① 还有位于卫辉市倪湾乡府君庙,现存碑刻四通,其中万历十年的《重修崔府君庙记》的题名中有"本庙住持道士倪太平,徒弟李清堂、邹清云"。康熙年间的重修碑记中有"住持道人毛清云,徒李一昭"。② 可见,至迟在万历年间,卫辉府君庙中即住进了全真龙门派。此外,刘迅在南阳进行田野调查时,发现顺治年间玄妙观碑石所载的道士题名中有"德、玄、真、常、守、太、清、一"等龙门派字辈道士,由此看来,至迟在明代后期,南阳玄妙观也应该有全真龙门派在传承。③

　　5. 西北地区

　　关于西北地区的龙门派传承,樊光春《明清时期西北地区全真道主要宗派梳理》一文中指出西北地区最早出现的龙门派为宣德元年由北京隆阳宫来到终南山的荣常存,其传徒郑守山等七人。又见隆庆六年(1572)楼观碑石《义记感格记》记载"盖玉堂真阳霍氏子,晋之洪洞人……师事孙静诧",为龙门派"静、真"两个字辈。龙门派名单大量出现于西北地区,是万历以后的事。万历元年至八年(1573—1580)华山出现"守、来、永"三个字辈。万历四年(1576)陕西陇县龙门洞出现"真、常、守"三个字辈。万历三十六年至康熙四十七年(1608—1708)陕西佳县白云观有"真、常、守、太、清、一、阳"等字辈。万历四十三年至康熙三十八年(1615—1699)于今甘肃

---

　　① 赵卫东:《河南济源全真道宗派传承考》,《道教研究学报》第5期,香港中文大学出版社2013年版。
　　② 两碑现存于河南省卫辉市倪湾乡府君庙村府君庙大殿前。
　　③ 刘迅:《张将军瘗埋枯骨:清初南阳重建中全真道与清廷之合作》,陈鼓应《道家文化研究》第23辑,生活·读书·新知三联书店2008年版,第330—364页。

省平凉市崆峒山出现"真、常、守、一、阳"等字辈。①

6. 湖北武当山

武当山现存的万历四十年（1612）《安奉五帅建醮之碑记》与万历四十三年（1615）《国醮碑记》题名中有观主李玄成及门下"静"字辈弟子十余人。② 后来明末战乱，此系龙门派后裔张守性流落到山西晋中、吕梁一带，开创平遥栖真庵、汾阳石盘山玄天上帝庙，在当地影响很大。清初，此派又传续到了"太、清、一"三个龙门派字辈。又据康熙二十九年（1690）《重修复真观十方丛林碑》与《重修复真观暨神路碑记》两碑记载，明末清初，全真道人白玄福修建武当山复真观之事。从碑文来看，复真观道士的龙门派辈字为"玄""静""真""常""守"五代。③

7. 江西

明代内丹伍柳派活动于江西南昌一带，伍守阳在《天仙正理直论》自称"豫章三教逸民、邱长春真人门下第八派"，伍守虚对此语增注道："邱真人门下宗派曰'道德通玄静，真常守太清，一阳来复本，合教永圆明'此二十字。"关于伍守阳的龙门派传承谱系，申兆定《伍真人事实及授受源流略》记载伍守阳以上三代为张静虚、李真元、曹常化三人，为龙门派五、六、七代。第五代可溯至明宣宗、英

---

① 樊光春：《明清时期西北地区全真道主要宗派梳理》，赵卫东《全真道研究》第一辑，齐鲁书社 2011 年版，第 222—223 页。

② 杨立志：《明代武当山全真道碑刻考略》，熊铁基《第二届全真道与老庄学国际学术研讨会论文集》，华中师范大学出版社 2013 年版，第 224 页。

③ 梅莉：《清代武当山全真龙门派的中兴与武当山宫观的复修》，熊铁基《第一届全真道与老庄学国际学术研讨会论文集》，华中师范大学出版社 2009 年版，第 302 页。

宗的明初偏后时期。①

8. 江苏茅山

茅山全真龙门派传承始于乾元观的阎希言。据王岗研究，全真道士阎希言于嘉靖年间弃家学道，法名复清。曾在武当山修道，万历元年离开武当山，游历江南。万历十四年（1586）至茅山，修复乾元观。阎希言在乾元观有弟子姜本实、舒本住，徒孙李彻度（合坤）、王合心，以及第四代弟子李教顺，第五代弟子钱永成、王永虚等。由此可见，从阎希言开始，茅山乾元观全真道派使用了龙门派"复""本""合""教""永"等字派，即龙门派的第十四到十八代。②

9. 云 南

明代，在西南边陲的云南也出现了全真龙门派道士活动的踪迹。王岗通过对昆明虚凝庵碑石的调查与研究，推断云南昆明虚凝庵全真教龙门派传承起始于明正德、嘉靖年间，起始字辈为"真"字辈。此后龙门派在虚凝庵的传承一直没有中断，延续至 20 世纪初，共传承了"真、常、守、泰、清、一、阳、来、复、本、和、教、永、圆、明"计十五代。③ 此外，万历年间，云南武定有道人施太元与徒角清霄、李清露重修仙台道观；④ 崇祯年间，云南晋宁玄天阁有道士霍守元、尹守清，曹太淳等人，他们也应该为龙门派道士。⑤

---

① （明）伍守阳：《天仙正理直论》，《藏外道书》，巴蜀书社 1992 年影印本，第 5 册，第 782—784 页。另见张广保《明代全真教的宗系分化与派字谱的形成》，赵卫东《全真道研究》第一辑，齐鲁书社 2011 年版，第 216 页。

② 王岗：《明代江南士绅精英与茅山全真道的兴起》，赵卫东《全真教研究》第二辑，齐鲁书社 2011 年版，第 28—42 页。

③ 王岗：《明末清初云南本地的龙门派谱系》，近现代中国社会文化中的全真道国际学术研讨会论文，加利福尼亚大学伯克利分校，2007 年。

④ 萧霁虹主编：《云南道教碑刻辑录》，中国社会科学出版社 2013 年版，第 116 页。

⑤ 北京图书馆金石组编：《北京图书馆藏中国历代石刻拓本汇编》，中州古籍出版社 1990 年版，第 58 册，第 147 页。

明代龙门派字传承一览表

地区	北京		山东			山西					河南			陕西			武当		江西		云南
年代 ＼ 道观	隆阳宫	吕公祠	修真宫	铁鹤观	云行山	后土庙	晋祠	城隍庙	五峰山	灵真观	王屋山	太清宫	暖泉观	楼观台	龙门洞	白云山	凝虚观	复真观	伍柳派	乾元观	虚凝庵
永乐六年至宣德二年																					
宣德三年至正统十二年	常																				
正统十三年至成化三年	守																	静			
成化四年至二十三年	太						通														
弘治元年至正德二年	清						玄											真			
正德三年至嘉靖六年	一										太	玄									真
嘉靖七年至二十六年			守			德	净			常	清	静	静						真		
嘉靖二十七年至隆庆元年			太清	真		通玄	真	通	常	守			真					常	真常		
隆庆二年至万历十五年		玄	一阳来	常守	太	静真	常	玄	静						真				复	守	常守
万历十六年至三十五年		静真	复	太清	清一	常		真	静	太					常	真		守	本合		泰
万历三十六年至天启七年		常		一阳	阳来	守	守	常		清					守	常守	玄静		教永	太	永
崇祯元年至崇祯十七年				来复	复	太	太		真	真						太	真常守	太	太	玄静	清

从上表中可以看出，龙门派在明代分布区域很广，各地区辈字之间差异也比较大，如北京隆阳宫龙门派第七代弟子张常真比武当山龙门派第四代弟子白玄福要早上两百多年。由此可见，明代各地开始使用龙门派字谱的时间，以及起始辈字都有很大差异，龙门派在各地的兴起应该并非来自一个源头。

二　许昌天宝宫与明代全真华山派

华山派是目前全真诸真宗派中影响仅次于龙门的第二大支派。据白云观《诸真宗派总簿》记载，其为全真七子之一郝大通所传。但与龙门派不同的是华山派内部并没有关于华山派传承源流的记载与传说，华山派起源于何时何地均是未解之谜。近些年，随着各地道教碑石的发现与整理，我们发现从明代中期开始，北方地区开始出现大量使用华山派字谱的全真道派，这其中又以河南许昌天宝宫发现的弘治五年的"志"字辈为最早。

（一）明代许昌天宝宫的华山派传承

1. 天宝宫的前期历史

天宝宫，原名天宝观，位于河南省许昌市西北 25 公里处的许昌县艾庄回族乡境内，是一处规模宏大、院落完整的明清风格的古建筑群。天宝宫现为全国重点文物保护单位，共有七进院落，占地面积约两万六千多平方米，沿建筑中轴线排列依次为山门、拜亭、岳飞殿、关公殿、玉皇殿、雷祖殿、祖师殿等。该建筑群内不仅保留了大量样式各异的古代建筑典范，而且留存了自元代以来的大量碑刻、石刻、砖雕和木雕等珍贵文物。这些文物对我们研究元、明两代该宫的兴衰，以及当时的宗教政治背景有很高的价值。

据观内现存的《许州长社创建天宝宫碑》记载，天宝观始建于元太宗十二年（1240），是由真大道五祖郦希诚命教内举师卢尔德清创建的。至元六年（1269），又奉昌童大王令旨易观为宫。① 在元代，天宝宫一直是真大道的重要道观。元朝皇帝曾两次给许州天宝宫颁发圣旨，一次是泰定三年（1326）圣旨碑；再一次是后至元二年（1336）八思巴文宣谕圣旨之碑。这两通碑的主要内容是告诫军官、士兵、官员和过往使臣入住天宝宫，不得向其索要铺马，不得征收地税、商税等。任何人都不得侵占该宫的园林、田产、水磨、房舍、仓库、浴堂、船只等财物。由此可以看出，元朝皇帝对天宝宫，以及大道教的重视程度。② 元朝灭亡以后，真大道迅速走向衰落，历经一百三十余年的天宝宫也一度荒废。

关于天宝宫真大道教的历史，陈智超曾于 20 世纪 80 年代专程到许昌天宝宫对所存碑刻进行了考察，他在《许昌天宝宫访碑记》写道："这几通元碑可以补充真大道教史的若干空白，也可以印证教史中的若干问题，是研究金元宗教史的重要史料。"③ 他根据天宝宫现存的《明真广德大师道行碑》《许州长社创建天宝宫碑》等碑指出许昌天宝宫的创建是大道教传入河南之始，并考证出大道教十祖为明照湛然普化真人赵德松，曾任大道教汴梁路道录，住持许州天宝宫。④ 但是，由于陈智超主要关注的是大道教的流传情况，对于天宝宫内大量的明

---

① 此碑现存河南省许昌市天宝宫祖师殿前，碑文参见陈垣编纂《道家金石略》，文物出版社 1988 年版，第 827—828 页。

② 二圣旨碑现存于天宝宫祖师殿前，参见史福岭《许昌天宝宫及其前期兴衰的宗教政治背景》一文介绍，《中原文物》2007 年第 4 期。

③ 陈智超：《许昌天宝宫访碑记》，《中国史研究动态》1986 年第 6 期。

④ 陈智超：《金元真大道教史补》，《历史研究》1986 年第 6 期。

清碑石只是一笔带过，未做深入研究。

2. 明代天宝宫宗派传承

入明以后，天宝宫迎来了大规模的修复与重建。据弘治五年（1492）邵宝《天宝宫碑》记载："我朝洪武间道士刘希真复之，正统间王士昌修之，景泰间陈洞岩、王道然继之，成化间王泰然又继之。殿堂像设、符箓鼎炉、鼓钟之类凡为老氏之法者俱备。于是始与所谓西之山东南之河相称，不惟其徒居之，足以事于其道。凡四方宾客行经郑、许之间，西之韩、南之楚者皆有所舍。"① 由此可见，明初天宝宫被道士兴复以后，屡有修建，逐渐成为一座远近闻名的道教宫观。陈智超在《金元真大道教史补》中提到："天宝宫现存明代碑石三通，许州知州邵宝《天宝宫碑》，正德十二年（1517）徐永《许州天宝宫增修记》，万历二年（1574）辛自修《许州天宝宫重修真武殿记》。综合三碑记载，天宝宫废于元，明洪武间道士刘希真兴复，以后一修于正统王士昌，再修于景泰陈洞岩，三修于成化王泰然，四修于正德谭一淮，五修于万历胡冼。刘希真等人属于道教何派？孤陋寡闻，虽经查找而未得答案。"②

2012 年 7 月，笔者对许昌天宝宫进行了实地考察，共发现有明代重修碑记五通。除了陈智超提及的三通之外，还有万历三十一年（1603）《重修玉皇殿碑记》与天启四年（1624）《重修四圣殿并钟楼碑记》。笔者将这些明代重修碑记中道士题名进行排列之后发现，从明弘治年间起，天宝宫道士开始按照全真华山派字谱取名。这是迄今为止发现最早使用华山派字谱的道教团体，而且他们的起始字辈是华山

---

① 此碑现存天宝宫祖师殿前，碑文收录于民国《许昌县志》，《中国方志丛书》，台北成文出版社 1977 年版，第 1350—1354 页。

② 陈智超：《金元真大道教史补》，《历史研究》1986 年第 6 期。

派字谱的第一代"志"字辈，极为罕见。因此，厘清明代的天宝宫宗派传承对研究明代华山派字谱起源有着重要意义。

许昌天宝宫山门

天宝宫献亭

天宝宫碑林

天宝宫现存最早的明代碑记为弘治五年（1492）邵宝《天宝宫碑》，其碑云"前代之创者皆托诸碑以传，我朝至镏氏至于今，复之修之继之又继之者，则未有所托"。可见，明代天宝宫前几次重修并未留下碑石记录。邵宝在叙及此次建碑缘由时称："今上即作诏毁天下新创寺观，宝奉行性谨，而天宝特以古志所载，得不毁曩者，常从宾客一再至焉，读宋元以来名人硕士所为碑刻，慨然感于其兴废之故。今住宫道士牛志道磨巨石为碑，请宝文以刻之。其言谓前代之创者皆托诸碑以传，我朝至镏氏至于今，复之修之继之又继之者，则未有所托。
曷其传乎，非碑之难，名人硕士之难也。弘治辛亥（1491）六月六日
今太子少保大司马钧阳马公以召赴阙，道经于此。宝适往饯，与在坐
志道具以告，公徘徊顾瞻良久之，谓志道宜亟图□固当属于宝者。"①
天宝宫由于历史悠久而在明初的寺观合并政策中得以保留，其住持牛
志道与太子少保大司马钧阳马公，以及许州知州邵宝均有交往，可见，
明代天宝宫的发展得到了当地官绅阶层的广泛支持。但仅凭此碑还无
法断定牛志道的法派宗属。确定明代天宝宫为全真道派的关键史料是
正德十二年（1517）徐永《许州天宝宫增修记》，碑中记载"牛志道
增益（天宝宫）于成化弘治间，比前则加大焉。正德丙寅志道羽化，
其徒谭一淮、权一衡、牛一郜悲而且惧"，可见，牛志道弟子为"一"
字辈道士。同时，又见其碑阴道众题名为：

> 本宫住持谭一淮，副宫权一衡。本宫道众：赵志英、王志□、
> 张一珉、常一璇、姜一真、程一清、华一秀、罗一玫、魏一魁、
> 王一伦、武一乡、刘一太、陈一□、王一□、戴一厚、张无瑕、
> 王无斐、李无暗、张一林、魏无绍、张无袤、马无驰、张无为、
> 李一琦、朱无瑀、王无尘、岳一森、牛无相、郑无垒、郭无极、
> 武无征、翟无穷、张无严、刘无□、岳无姓、张无疑、牛一白、
> 宗一兰、沈无常、王无偏、宗无娇、王无彻、白无霓、宗无损、
> 张无贫、陈无躁、李无顶、葛无同、郑无踪、潘无私、朱无垢、
> 刘无过、朱无脆、道遇、杨无寒、李无□、赵无亏、张无音、郑
> 无□、董无骏、张无勤、□无乐、郭无歉、王无悉、潘无际、潘

---

① 碑现存天宝宫祖师殿前，碑文收录于民国《许昌县志》，《中国方志丛书》，台北
成文出版社 1977 年影印本，第 1350—1354 页。

无疑、聂无方、杨无疆、郑尚平、牛尚秋、张尚和、李尚玄、马
无郭。①

以碑阴天宝宫道众题名来看，明弘治至正德年间，天宝宫道士的
所用辈字谱为"志、一、无、尚"，此正与当今流传的全真华山派字
谱前两句"至一无尚道，崇教演全真"相合，现存的另外三通明代碑
记也印证了这一点。如：

正德八年（1513）石柱：住持谭一淮。②

嘉靖四年（1525）真武殿门柱：本宫住持□一道；募缘道士
姜一真。③

万历二年（1274）《重修真武殿碑记》：住持杨尚来。④

万历三十一年（1603）《重修玉帝通明殿碑记》：本宫住持谢
道松、□道羽、牛道同、谢道臻。本宫道众：李无霓、郭尚节、
牛尚□、王尚□、冯尚聪、牛尚万、戴尚冠、陈尚落、陈尚本、
鹿道川、王道惠、许道□、王道伸、李道童、张道□、陈道选、
□道硕、谢道臻、孙道修、李道巡、□道俗、朱道金、胡道讲、
张道问、□道□、□道□、万道钦、何道宝、□道仙、王道伴、
李道通、□道香、□道□、李道□、鲁道□、杜道长、蔡道□、
贾道实、牛崇喜、孟崇振、□□□、□崇□、谢崇□、郑崇来、
张崇玄、侯崇凤、王崇凰、李崇□、□崇□、□崇□、□崇□、
张□□、贾崇□、杜崇□、杜崇□、刘崇□、魏崇海、于崇高、
王崇□、岳崇富、张崇垒、王崇湖、张崇庆、□崇□、王崇□、

---

① 此碑现存于天宝宫祖师殿前。
② 此石柱废弃于天宝宫祖师殿前空地上。
③ 天宝宫祖师殿左右两侧木门柱刻文。
④ 此碑现存于天宝宫祖师殿前。

□崇□、李崇□、李崇□、年崇科、高崇义、王崇信、王崇光、赵□□、□□□、□□□、□□□、刘崇□、□崇□、□□□、杜崇□、张崇□、宋崇□、张教□、□教□、刘教增、刘教扈、杨教□、安教顺、杜教宾、陈教印、□□静、□□风、□□□、□教□、张教忠、李教雷、王教□、鹿教淳、□演□、□演□、岳演□。①

天启四年（1624）《重修四圣殿并钟楼碑记》：住持胡道讲、本宫谢道臻、本宫助粮张道问、张道孚、蔡道香、杜道长、李崇、高崇美、杨崇召，本宫效劳陈尚本、王崇晓、王教林、鹿教淳。②

由上可知，从弘治年间开始，明代天宝宫道士辈字谱为全真华山派字谱的前七代"志、一、无、尚、道、崇、教、演"，因此，明代天宝宫法派宗属为全真华山派无疑。明代，全真道不受统治者重视，发展受到极大限制。但许昌天宝宫的发展异常顺利，不但在政府的寺观合并政策中幸存下来，而且"殿堂像设、符箓鼎炉、鼓钟之类凡为老氏之法者俱备"，成为知州邵宝"常从宾客一再至焉"的当地名胜。按徐永《许州天宝宫增修记》记载"其宫旧有田地十亩，今（正德十二年）增至数百亩"；该碑载全真道士题名有七十余人，到了万历年碑记增加至百余人。从宫观田产到道众人数，天宝宫全真道在明代一直处于一种蓬勃向上的趋势。此外，值得注意的是天宝宫的全真华山派传承在河南地区并不是孤例，在其周边地区的很多道观也是全真华山派传承，他们以天宝宫为中心形成了一个华山派传播区域。正德十二年（1517）《许州天宝宫增修记》中记载有周边许多道观的信息：

---

① 此碑现存于天宝宫祖师殿前。
② 此碑现存于天宝宫祖师殿前。

清虚宫住持蒋志诚、顾志谥、牛一进、周一松；清真观住持孙崇昕、冯崇瓓、陈崇洋、霍崇高；钧州万寿宫住持景崇高、郭王环、陈崇太；聚仙观住持马一涞、魏无空、赵无伤、谷无量；白乐宫住持尹一洪、冯一新、戚一良、马无驭；新郑县太清宫住持赵太虚、王清□、白清然；鄢城县洞志观住持戴志谅、赵一元、李一清、马一□；龙泉观住持刘本会、苏崇奉、杨崇臣、牛一锦；暖泉观住持董玄禄、董静朝、张玄洪、李玄真；王□庙住持张一宁、李无限、张无廷、宋尚信；龙王庙住持李得真、肖清月、李清安、程一霄。

从道士的辈字来看，以上道观大部分为全真华山派传承，他们主要分布在许州、禹州等开封府管辖区域。其中，清真观离天宝宫仅五里左右，存留至今。清真观创建于元至元年间，笔者在观内石窗棂上发现有"古清真观，正德十三年（1518）造"等字样，① 可见清真观在明正德年间曾有重修。又见观内真武殿蟠龙石柱，刻工精美，栩栩如生，与天宝宫真武殿石柱相类，二宫有可能同时所修。清真观内碑刻损毁严重，许多已无法辨识。清晰者有万历年间《重修真武殿记》，碑文记载了本地郑氏、杨氏族人募财助资宫观之事，碑记题名有"清真观住持王真和、徒孙王和禅"。② 又见观内天启三年（1623）"洞天海岛"石匾上刻有"住持李全林、徒王真和、王真利"；③ 清道光八年（1828）《重修清真观玉皇殿碑》中住持道士为赵礼焕，④ "礼"字辈为华山派第十八代，可见明清时期，清真观华山派传承有序，并未断绝。

---

① 石窗棂嵌于清真观三清殿后墙。
② 此碑现立于清真观真武殿前。
③ 石匾现存于清真观前殿廊下。
④ 此碑现立于清真观前殿前。

清真观山门　　　　　　　　　　　　清真观古窗棂

　　清代，华山派在许州道教中仍占有绝对优势地位。据民国《许昌县志》记载"城内城隍庙为道正住所，清代道正为刘教福、孙全性、李正志、焦本建、张仁生、张礼存、宋智亮、吴义同、万礼亮、高礼敬、段智伦、卢智吉、王智安、马信贵、刘嘉慧"。① 从历任道正的字辈来看清代许州道正均为全真华山派道士担任。到了民国时期，以天宝宫为中心的全真华山派依然兴盛。民国三年（1914），天宝宫重建武穆岳郡王庙；② 民国十二年（1923），重修了祖师大殿、西园老祖师殿及围墙；③ 民国二十七年（1938），重修了包公祠内王丞相、包公神像。④ 其中，民国三年（1914）《重建武穆岳郡王庙碑》中载有"住持王泰来、谷宇海、刘万中、杨万□"，"泰、宇、万"为华山派第二十四至二十六代。也就是说，从明弘治年间开始，全真华山派在许州天宝宫及其周边地区传续不断达四百五十年之久，共传承有二十六代，是迄今为止发现的传承最早且时间最长的全真华山派。

---

　　① 民国《许昌县志》，《中国方志丛书》，台北成文出版社 1977 年影印本，第338 页。
　　② 此碑现存于天宝宫祖师殿前。
　　③ 此碑嵌于天宝宫祖师殿前墙。
　　④ 此碑现存于天宝宫祖师殿前。

（二）其他地区华山派传承

明代，河南中部地区以许州天宝宫为中心形成了一个全真华山派传播区域，这一地域的华山派传承历经明、清、民国长达四百五十余年，且并未受到明代宗教政策，以及朝代更替之影响，繁盛依然，这不得不说是一个十分独特的情况。而从全国范围来看，许昌天宝宫华山派是迄今为止发现的最早的华山派传承。此后，在山西、山东、陕西等地也出现许多使用华山派字谱的道士团体。

1. 山西地区

目前，在山西境内发现的最早使用华山派字谱的道观为左权县紫微观。左权，古称辽州，地处千里太行山腹地，是晋冀出入通道，素为兵家必争之地。左权紫微观创建于元代，是同尘真人李志柔门下宫观。[①] 明代初期，紫微观规模狭小，不为世人重视。成化年间，紫微观由本观道士杨玉嵩、王守靖筹资扩建，成为全郡规模最为宏大的道观。其住持王海忠还受到了州牧器重，成为辽州道正。按紫微观遗址现存的碑记记载，明嘉靖之前，紫微观的道士共传承了五代，而且有着明晰的派字传承"玉、守、海、洞、永"。但是，在嘉靖四十一年（1562）碑石中，紫微观"洞"字辈道士以后的改成了"崇"字辈，而"崇"字辈后面又续为"教、演、全、真"等字辈。可见，此时紫微观开始从"崇"字辈改用华山派派字谱。后来，笔者又在紫微观清代、民国碑石中发现"和、德、仁、义、智、信、祥、宗"等华山派字辈。可见，至民国初年，紫微观道士从华山派字谱的"崇"字辈传

---

① 王忠信编：《楼观台道教碑石》，三秦出版社1995年版，第122—126页。

到"宗"字辈，在三百余年间，共传承了十八代。①

明嘉靖年间，山西平遥南神庙住进了一支全真华山派。平遥南神庙又名源相寺，是供奉光明菩萨耶输陀罗的佛教寺院，但大约在明正德、嘉靖年间，南神庙改为道士住持。寺内嘉靖四十一年（1562）《重修耶输神祠并钟楼碑记》载有："道会司道会武真义，师祖郭教碧，门徒郭演秀、秦演玄，门徒吕全清，门徒刘真□、陈真□。"② 可见，嘉靖年间，南神庙道士辈字为"教、演、全、真"，属全真华山派。而且此碑题名向上追溯了三代传承，因此笔者推测南神庙华山派传承大约起源于正德年间。又见寺内所存康熙年间碑石中有"正、本、仁、义"等字辈的华山派道士题名，而乾隆年间碑石中住持题名换成了僧人，可见这支华山派在佛教寺院南神庙大约住持到了清康熙年间。同一时期，在邻近平遥的灵石县瑞云观也出现了使用华山派字谱的道士。据《灵石县东曲里西村瑞云观羽士杨公志》记载，道士杨志皋自幼以学道为心，年十有二，礼道人王得明为师。时本观殿宇倾圮，会师兄王志聪志同心协，修复庙宇。嘉靖三十五年，杨志皋羽化前，召弟子赵一成、徒孙何无为而嘱之曰："吾不讳后，汝辈皆恪守清规，莫兴外慕。"③ 由此可见，嘉靖年间，瑞云观道士的字辈为"志、一、无"三个华山派字辈。值得注意的是，灵石瑞云观的华山派字辈与天宝宫一样都是从第一代"志"字辈开始往下传的，不过瑞云观的华山派字辈时间要晚得多，极有可能是一种攀附。

万历二年，在山西绛县冷口乡宋中村的昊天洞有住洞道士温教兴一系修建老君殿三间。其修建碑记上载有："住洞道士派祖：志孟无上

---

① 张方：《碑刻所见左权紫微观派字传承》，《中国道教》2012年第4期。
② 参见王卡《明代景教的道教化》，《世界宗教文化》2014年第3期。
③ 刘泽民主编：《三晋石刻大全》（灵石卷），三晋出版社2010年版，第49页。

道，崇教演全真；中和德进本，仁义礼智信。起自全真顾崇真，门徒温教兴、马教增、马教胜给恩字号受全真教度牒，度门徒刘演德、李演乘、高演文、张演伸，门徒张全道，徒孙董真铅。"① 此碑所载派字与当今华山派字谱"至一无上道，崇教演全真；冲和德正本，仁义礼智信"几乎相同，可能为华山派字谱的早期形式。这也是迄今为止发现的最早的完整华山派字谱。碑中提到此派起自全真顾崇真，共传承"崇、教、演、全、真"五个字辈。值得注意的是，顾崇真的弟子马教胜还注明"给恩字号受全真教度牒"，由于明代政府颁发给全真道士的度牒是比较少的，可见，这支全真华山派在当时颇受重视。到了万历二十四年，同在绛县的横水镇灌底堡村景云宫道士裴崇阳、杨崇玉发心乞化，十方善男信女施舍资财，印造《太上诸品经》，并做清醮一百二十分位。其《印经碑记》记载有："募缘弟子裴崇阳、杨崇玉，恩师赵道贵，师兄冯崇实，门徒董教生、王教松、陈梅童、裴根根。师祖郭无比，师叔柴道成，师伯冯阳中，弟廉印童。本宫众位尊师：何无謟、牛上双、乔增福、裴上厚、曾无冬、张崇法、吉上富、李上宾、李上勇、宋上进、董道真、董上策、杨上忠、张上文、支道隆、杨道会、王道正、任道纪、任道通、杨道平、支道节、申道凌、乔道凤、任道英、张崇庆、赵道本、赵道伦、李崇明、郭安童、赵崇兴、冯崇旺。"② 以上共有"无、上、道、崇、教"五个华山派辈字。在碑记中裴崇阳、杨崇玉又将本派向上追溯了三代，因此可以推测，这支华山派嘉靖年间就应该在此地传承了。

　　另外，在明代后期，著名的芮城永乐宫也是由华山派道士住持管理。永乐宫，又名纯阳万寿宫，位于山西省芮城县永乐镇，是元代全

---

① 柴广胜主编：《三晋石刻大全》（绛县卷），三晋出版社 2014 年版，第 69 页。
② 同上书，第 82 页。

真教为纪念吕洞宾而建，为全真教三大祖庭之一。明代永乐宫的传承仍未中断，其宫观规制一仍旧贯。《道家金石略》共收录明代永乐宫的碑刻六通，崇祯十六年（1643）《重修邱祖吕真二殿碑记》中记载，纯阳宫住持张和气一系传承为张和气→张德印→张正宾→刘正喜→张本位。此为"和、德、正、本"四个华山派字辈，此碑又向上追溯传承系谱，即张和气祖师李全周，师爷李真宁，师伯尉冲贵、吉冲修、刘冲祺、曹冲祥，此上传三代派字为"全""真""冲"三个辈字。另见崇祯九年（1636）《纯阳万寿永乐宫重修墙垣记》有"本、仁、义"三个字辈。可见，明代华山派在永乐宫至少传承"全、真、冲、和、德、正、本、仁、义"等九代。按万历四十二年（1614）《永乐宫纯阳宫肇修善事碑文》记载，张和气在万历四十二年即为永乐宫住持，且其前还有"全""真""冲"三辈。因此，华山派在永乐宫传承保守估计应追溯至嘉靖年间。①

平遥县源相寺山门

① 张广保：《明代全真教的宗系分化与派字谱的形成》，赵卫东《全真道研究》第一辑，齐鲁书社 2011 年版，第 216 页。

2. 陕西地区

从目前发现的碑石资料来看，明代陕西是全真华山派分布最广的地区。陕西耀县药王山是唐代著名医药学家孙思邈隐居之地，北宋建静应庙，金大定九年改静明观。元代改为静明宫。元末，因高道井德用出自此宫，静明宫声名大振。元末，静明宫传续不明。明正德十三年（1518）药王山《重修孙真人庙洞记》中开始出现华山派名单，计有"崇""教""演"3代；又见药王山现存嘉靖九年至民国十四年（1530—1925）的碑石中，不间断地传续"全""真""冲""和""德""正""本""仁""义""礼""智""信"等十余代。因此，药王山自明代中期以来，一直为华山派一派占据。附近的三原县城隍庙教派传承也受到它的影响，在嘉靖三十一年（1552）出现"教"字辈。①

明嘉靖年间，在咸阳天圣宫也出现了华山派的传承。嘉靖四年（1525），由于天圣宫年久失修，由知县请本县太清宫道士王道玄及徒崇枢前来修复，此碑载有太清观、天圣宫道士题名共"道、崇、教、演"四个连续的华山字辈。又见万历三十五年（1607）《重修天圣墙垣记》有"全、真"字辈。② 可见，明代华山派在天圣宫至少传承了六代。后来，此系华山道派也影响了附近的泾阳县延寿宫，万历二年（1574）《重修延寿宫碑记》中的住持道人为"教、演"字辈。③ 嘉靖十一年（1532），户县化羊峪东岳庙有住持道士杨崇茂重修庙宇，在重修碑记的题名中载"住持杨崇茂，徒杨教真、方教玄、李教仁，孙刘

---

① 樊光春：《明清时期西北地区全真道主要宗派梳理》，赵卫东《全真道研究》第一辑，齐鲁书社 2011 年版，第 222—223 页。

② 此碑现存于咸阳博物馆，《咸阳碑石》仅载有碑阳。张鸿杰主编：《咸阳碑石》，三秦出版社 1990 年版，第 110—113 页。

③ 王友怀主编：《咸阳碑刻》，三秦出版社 2003 年版，第 550 页。

演玉、肖演全、郑演□、阎演义、杨演淮、郑演弦、田演表、胡演安、魏演恩、□演锐、郑演□、魏演□，重孙万全会、王全经"，① 可见化羊东岳庙亦为全真华山派传承。

位于陕西的西岳华山是华山派派名来源之地，但是，从华山现存的道教碑石中找不到华山派早期活动的痕迹。清李榕《华山志》曾记载，明成化八年（1472），有道士何志清、陈尚玉及徒任道元。这一记述仅"尚、道"二字辈相连，证据较弱，且记录时间过晚，其准确性也尚待考证。而现存的华山碑石中直到万历三十年（1602）的《重修西岳庙记》中才出现"本庙道官席演魁、吴全琚，住持赵演才、赵全谟、苗全智、王冲宁"题名。② 可知，明代后期，华山派在华山传承到了第十一代"冲"字辈。万历年间，陕西道教圣地楼观台也出现了少数华山派道士。万历二年（1574）《重建三清殿记》载有："昔授华山郝祖道教事云水道人方演惠，道会司署印官、说经台、会灵观、洪妙庵、玉华观、太虚观道人马教白、田演武，吕公洞云游道人康演云、王演书、王道安。"③ 这是迄今为止最早发现的"华山派"派名。此外，明代陕西地区的华山派传承还有陇县龙门洞万历四年（1576）《登景福洞天碑》所载的"住持刘演成、梅演祥、萧演福，徒弟刘全玉，徒孙陈真喜"；④ 嘉靖三十五年（1556），城固县洞阳宫出现的"演、全"字辈；万历十二年（1584）蒲城斛山寺出现的"演、全"字辈；万历二十七年（1599）绥德修真洞出现的"全、真、正"字辈；崇祯十五年（1642）韩城县城隍庙的

---

① 吴敏霞主编：《户县碑刻》，三秦出版社 2005 年版，第 72 页。此书录文中略去题名，题名参看书中拓片。
② 吴钢主编：《华山碑石》，三秦出版社 1995 年版，第 298 页。
③ 万历四年《登景福洞天碑》，碑存于陕西省宝鸡市陇县龙门洞。
④ 张文主编：《丘处机与龙门洞》，陕西人民出版社 1999 年版，第 194 页。

"全、真、冲"字辈。①

3. 山东地区

山东地区发现的最早的华山派传承位于济南五峰山。五峰山在今山东省济南市长清区,为泰山支脉之一。金代全真道士丘志圆、范志明、王志深、李志清在此创建洞真观。明代,洞真观为全真华山派道士居住。观内现存正德十三年(1518)《题神虚宫记碑》题名中有"崇、教、演、全"四个字辈的华山派道士;嘉靖十六年(1537)《洞真观建仙亭桥记碑》题名中有"崇、教、演"四个字辈的华山派道士;万历二十七年(1599)《敕赐道藏碑圣旨记碑》中所载的五峰山焚修住持道士小臣有"演、全、真、冲"四个字辈。由此可知,明代五峰山洞真观的全真华山派至少传承了"崇、教、演、全、真、冲"六代。② 嘉靖年间,淄博市博山区的凤凰山也有全真华山派传承。据现存碑记记载,嘉靖二十三年(1544),凤凰山玉皇宫住持道士郭教聪、张教明及弟子李演禄等重修了凤凰山庙宇。万历二十六年(1598),玉皇宫又有住持道士赵演忠、募缘道士李全乐再次重修。此时,凤凰山附近的五阳山也有一座玉皇宫,万历十九年(1540)有道人神演成及弟子冯全见、胡全会住持,这两座道教庙宇均是全真华山派传承。③ 此外,明代山东沂山东镇庙与长清马山的丰施侯祠也有华山派道士活动。据赵卫东统计明代东镇庙共有"崇、教、演、全、真、冲"六代全真华山派道士在活动,时间约在正德至万历年间(1506—

---

① 樊光春:《明清时期西北地区全真道主要宗派梳理》,赵卫东《全真道研究》第一辑,齐鲁书社 2011 年版,第 221 页。

② 秦国帅:《明清以来(1368—1949)泰山道派考略》,《中国道教》2011 年第 3 期。

③ 赵卫东主编:《山东道教碑刻集》(博山卷),齐鲁书社 2014 年版,第 78、130、132 页。

1619）；① 丰施侯祠共有"教、演、全、真"四代全真华山派道士在活动，时间则是在嘉靖至万历年间（1522—1619）。②

4. 北京地区

明代后期，在北京周边地区的道教庙宇中也出现了少数华山派道士。例如，万历三十五年（1607），北京密云东岳庙碑阴题名载有"道会司曹演鸾，本庙住持焚修道士王演寿、张全沛、胡阳震、赵来桢"。③可见，此庙是华山派与龙门派混住道观，而华山派道士曹演鸾还是密云县道会司道会。万历三十年（1602），密云药王庙由玄子吕真明住持重修，崇祯年间，其徒鲁冲江继其遗志，终使工程竣工。④北京西城区关帝庙崇祯九年（1636）《伏魔大帝碑》中题名为"本庙焚修住持熊真松，徒张冲志，孙龚和良"。⑤ 这两座道教庙宇应该属于全真华山派。

① 赵卫东：《沂山东镇庙及其宗派传承》，赵卫东《全真道研究》第二辑，齐鲁书社 2011 年版，第 302 页。
② 赵卫东：《全真道与民间信仰之间的互动》，赵卫东《全真道研究》第一辑，齐鲁书社 2011 年版，第 177 页。
③ 北京图书馆金石组编：《北京图书馆藏中国历代石刻拓本汇编》，中州古籍出版社 1990 年版，第 58 册，第 191 页。
④ 同上书，第 99 页。
⑤ 同上书，第 71 页。

明代全真华山派派字传承一览表

通观 / 年代	河南		山西			陕西						山东				北京		
年代	天宝宫	清真观	紫微观	南神庙	永乐宫	药王山	天圣宫	华山	楼观台	化羊庙	龙门洞	五峰山	凤凰山	东镇庙	马山	东岳庙	药王庙	关帝庙
弘治元年至正德二年	志																	
正德三年至嘉靖六年	一	崇		教			道			崇		崇		崇				
嘉靖七年至嘉靖二十六年	无	教		演	全	崇	崇			教		教	崇	教	教			
嘉靖二十七年至隆庆元年	尚	演	崇	全	真	教	教			演		演	教	演	演			
隆庆二年至万历十五年	道	全	教	全	冲	演	演		教	全	演	全	演	全	全			
万历十六年至万历三十五年	崇	真	演	真	和	全	全	演	演		全真	真	全	真	真	真		
万历三十六年至天启七年	教		全		德正	真	真	全真				冲		冲		演	冲	
崇祯元年至崇祯十七年	演		真		本仁义	冲和	冲	冲								全		真冲和

通过上表可以看出，华山派字谱的传播与龙门派不同，其在全国范围内有着较强的同步性，各宫观起始字辈以嘉靖年间第六代"崇"字辈较多。因此，华山派字谱可能是同一时期在北方地区流传开来。

（三）关于华山派字谱形成的讨论

全真华山派尊郝大通为祖师，而郝大通一门在金元时期即被区别于丘、刘、谭、马等宗系，被认为是全真教的异派。谭处端《水云集》曾云："重阳立教，东海阐良缘，唯度丘、刘、谭、马，分异派王、郝。"① 元好问亦言："是家自皇统以来，起于丘、刘、谭、马诸师，而郝君于诸师为方外眷属。"② 金元时期，郝大通影响较大的法脉传承共有三支。第一支传承人为普照真人范圆曦。范圆曦于金承安元年拜郝大通为师。郝大通仙逝后，范圆曦在山东、河北一带云游传道，曾任河间、真定等路道门提点，住持东平上清万寿宫、赵州天宁观。③第二支传承人为开玄真人李志实。此系由郝大通传开玄真人李志实，李志实又传同尘真人李志柔。李志柔辟楼观古宗圣宫为本系宗门，将此系发扬光大。李志柔曾任邢、洺两路教门提点，往来秦魏赵间，门徒众多。据《大元重修古楼观宗圣宫记》碑阴"同尘真人门下宫观"记载，李志柔门下宫、观、庵多达二百余座，分布在陕西、山西、河南、河北等地区。④ 第三支传承人为栖云真人王志谨，这是郝大通门下最为著名且最为独立的一支，又称"盘山派"。此派以汴梁朝元万寿宫为宗门，经栖云真人王志谨发扬后，门徒众多，影响广大。传至

① （金）谭处端：《水云集》卷下，《道藏》，上海书店出版社1988年影印本，第25册，第864页。

② 陈垣编纂：《道家金石略》，文物出版社1988年版，第483页。

③ 同上书，第502—503页。

④ 王忠信编：《楼观台道教碑石》，三秦出版社1995年版，第122—123页。

王志谨弟子洞阳真人徐志根时，其地位得到了元政府的承认。据程巨夫《徐真人道行碑》记载"（徐志根）至元某年，制授本宗掌教真人。乙酉至元二十二年（1285），赐号崇玄诚德洞阳真人……而今孙君之嗣掌教事也"①。太古栖云一门作为全真教的分支，却被元政府授予了掌教职衔，这说明元代太古栖云一门独立于全真教的特殊地位。而且，这一授衔并非虚衔，徐志根确有掌管教门内道众的实际职权。据至元二十三年（1286）《玉清观碑》载："岁丁卯至元四年（1267），继其事者，法弟烟霞子楚志云也。未几引退，状请于朝元本宗掌教崇玄诚德洞阳真人，命志昂高弟耿道明来主是观。"②

徐志根后，朝元万寿宫掌教之位由其弟子孙履道继承。泰定元年（1324），全真掌教蓝道元因罪被黜后，孙履道在玄教宗师吴全节的推荐下接任全真掌教。元人吴澄泰定元年《封孙真人制》云："属长春之席暂虚，幸太古之传未泯，远寻支派，丕阐宗风。可特授神仙玄门演道大宗师、泰定虚白文逸明德真人、掌管诸路道教所、知集贤院道教事。"③ 在此，吴澄将全真教掌教之位称长春之席，而将孙履道一脉称太古之传，说明元代郝大通传承的独立性。另见元代刘致《中条孙氏先茔碑铭》中称孙履道"都提点太古栖云宗教十余年"，④ 则更是直接将太古栖云一门称为宗教。此外，笔者还在山西境内发现一通元延祐六年（1319）《重建岱岳庙碑记》，在碑记中孙履道题名为"宣授太古栖云门下持授泰定虚白文逸真人管领诸路道教事孙大方"。考虑此时

---

①　（元）程钜夫：《程雪楼集》卷18，中国书店2011年影刊洪武本，第5册，第103页。

②　陈垣编纂：《道家金石略》，文物出版社1988年版，第654页。

③　（元）吴澄：《吴文正公集》卷44，《元人文集珍本丛刊》，台北新文丰出版公司1985年影印本，第4册，第46页。

④　（清）胡聘之：《山右石刻丛编》，《石刻史料新编》第一辑，台北新文丰出版公司1977年影印本，第21册，第15638页。

孙履道还未任全真掌教，而仅以"太古栖云门下"便被元政府授予了全真掌教才有的"管领诸路道教事"职衔，更是说明了太古栖云门派不受全真掌教辖制的独立地位。[①] 后来，即使是孙履道接任了全真掌教，太古栖云一门仍未与全真教融合。其仍以汴梁朝元万寿宫为宗属，在孙履道之后又传掌教通玄文德虚逸真人王德衡，[②] 此时已经到了至正年间。

元末，汴梁朝元万寿宫毁于刘福通的红巾军，明初虽又恢复为延庆观，但其道脉传承已断，朝元宫的全真道士极有可能分散到汴梁周边一些较为偏僻的地区。而明代以许昌天宝宫为中心的华山派分布的许州、禹州等地，此地元代正属汴梁路管辖，亦是太古栖云一门传播的中心区域。因此，笔者推测，元末明初，大道教衰落以后，天宝宫被从汴梁朝元万寿宫的全真道士占据，并以此为中心继续传承太古栖云一门法脉。

综上所述，金元时期，郝大通法裔一直保持着不受全真教辖制的独立地位。宗门的持续独立性使得郝大通的法脉弟子有着强烈的历史记忆与宗门认同。在明代辈字谱流行以后，各地的郝祖法脉遵循着历史记忆迅速开始使用华山派字谱传承道派。因此，我们发现明代华山派字谱流传的区域（山东、山西、陕西、河南等）与元代郝大通法裔分布的区域基本上是一致的。同时，强烈的宗门独立性使得华山派字谱的传续在全国范围内呈现出较强的同步性，这也是华山派成为仅次于龙门派的全真教第二大宗派的主要原因。

---

① 张方：《岱岳庙碑记所见孙履道之题名》，《宗教学研究》2013 年第 4 期。
② 陈垣编纂：《道家金石略》，文物出版社 1988 年版，第 781 页。

三　明代其他全真道派的繁衍和传播

清末民初北京白云观等道教宫观所藏《诸真宗派总簿》①共记载有百余种道教宗派字谱，其中确定为全真道派的有四十多种。但是，除广为流传的龙门派和华山派之外，明代碑刻与史籍中能发现的其他全真支派仅有寥寥数种。

陈教友《长春道教源流》曾言："今世全真教，大抵长春法嗣为多，所谓龙门派也。然询之道教中人，云嗣马丹阳者为'遇山派'，嗣谭长真者为'南无派'，嗣刘长生者为'随山派'，嗣王玉阳者为'昆嵛派'，嗣郝广宁者为'华山派'，嗣孙清静者为清静派。"②可见，全真七子门下七宗是明清时期全真教最重要的七个宗派。白云观《诸真宗派总簿》亦记载有七真宗派的派字谱。但是，在目前已知明代史料中，七真宗派除龙门派、华山派之外，笔者仅发现了山东崂山流传有以刘处玄为宗师的随山派。

随山派　明万历年间，崂山太清宫发生了高僧憨山与太清宫道士之间的佛道之争。道士耿义兰告倒憨山，夺回太清宫。明神宗颁赐《道藏》于太清宫，命原太清宫道士贾性全焚修住持。贾性全即为随山派第八代弟子。又据周宗颐《太清宫志》卷六记载，天启年间，道

---

① 目前可见的北京白云观《诸真宗派总簿》，收录于小柳司气太编《白云观志》，题"民国丙寅年迎宾梁至祥抄"。据王卡先生考证，除了北京白云观《诸真宗派总簿》外，还有日本学者五十岚贤隆所编的《道教丛林太清宫志》中收录的"咸丰十一年（1861）重誊"的《宗派别》以及白永贞所编《铁刹山志》中收录的《道教宗派》两个版本。但是这三个传世本均不规范。王卡先生以《道教宗派》为底本，其余两个本子为参校本，合校成新文本《诸真宗派源流》。本文对派字谱论述均参考王卡先生合教出的新文本。详请参阅王卡《诸真宗派源流校读记》，熊铁基《第一届全真道与老庄学国际学术研讨会论文集》，华中师范大学出版社 2009 年版，第 49—75 页。

② （清）陈教友：《长春道教源流》卷 7，《藏外道书》，巴蜀书社 1990 年影印本，第 31 册，第 119 页。

士张常在拜崂山道士张复仁为师，张复仁、张常在乃随山派第九、十代弟子。康熙四十四年（1705），有随山派第十二代弟子温高恒自置庙产百余亩；民国十五年（1926），崂山住持道士王旅会为第二十四代弟子。可见，随山派在崂山一直传承到了民国时期。而且，这支随山派还传播到了青岛天后宫、台东镇圣清宫等地。[①] 另外，郭武先生在1994 年云南临沧调查期间发现该县也有随山派传承，系清中期由四川传入的。[②]

关于其他的七真宗派，在清代、民国时期，在一些地区曾发现南无派、昆嵛派的传承。南无派尊谭处端为宗师，其派传承仅见于民国时期隐居北京桃源观的二十代弟子刘名瑞《南无道派宗谱》。[③] 该宗谱的早期记载多有舛误，难有史料证实。昆嵛派尊王玉阳为师，清雍正年间，兰州金天观改由全真道士王性巨住持，王性巨为昆嵛派第九代，但师承不明。其后，金天观一直为嵛山派住持，至1950 年传承至第二十一代终止。[④]

明代，龙门派、华山派这些传承较广的七真宗派还衍生出了一些岔派如下。

鹤山派 明黄宗昌《崂山志》卷五云："徐复阳，号太和子，尝师李灵仙，得秘传。元元统间隐居鹤山，锻炼功成，阳神静出，顺帝召见，赐锦斓之衣，所著有《近仙客》词，遂仙去。"同书又云："遇

---

① （民国）周宗颐：《太清宫志》，高明见编《海上道教名山——东海崂山》，宗教文化出版社 2007 年版，第 274—277 页。

② 郭武：《关于道教全真派传入云南的几个问题》，《思想战线》1994 年第 6 期。

③ （清）刘名瑞：《南无道派宗谱》，《三洞拾遗》，黄山书社 2005 年影印本，第 17 册，第 561 页。

④ 樊光春：《明清时期西北地区全真道主要宗派梳理》，赵卫东《全真道研究》第一辑，齐鲁书社 2011 年版，第 223 页。

真庵，在鹤山，元时建，元塑左衽之制犹存。明徐复阳成道之所。"①书中言徐复阳分别为元、明人，前后并不一致。又见周宗颐《太清宫志》载，徐祖讳复阳，字光明，号太和子，又号通灵，莱州府掖县人，明成化十二年（1476）丙申二月十四诞生。其幼年失目，后来在李灵先的指导下，双目复明。遂住仙鹤洞修真，遇张三丰，得其真传，创立鹤山派。并云："李真人，讳来先，字灵山，号凝真子，昌邑县人，系邱祖门下，早成道果。"② 因此，徐复阳创立的鹤山派或为奉丘处机为祖师的龙门派与张三丰派相结合的产物。③

金山派　其创始人为孙玄清。据清梁教无《玄门必读》记载："崂山祖，姓孙讳玄清，号海岳山人，乃龙门派邱祖第四代徒孙。系山东青州府寿光县孙家巷人。于明弘治九年（1496）八月二十三日降生。在崂山明霞洞出家……至嘉靖三十七年（1558），到京白云观坐钵堂一载，大着灵异。适京中大旱，求雨有功，蒙圣旨大加恩赏，封护国天师左赞教主紫阳真人，享寿七十三岁，隆庆三年（1569）六月二十六日上升。法派曰'金山派'，因在崂山修真，亦曰'崂山派'。"近年来，学者又在崂山发现了明代及清初摩崖题刻，基本证实了孙玄清是明代存在的真实人物。④ 但是，《玄门必读》称孙玄清为龙门派邱祖第四代徒孙，笔者并未发现相关证据。《诸真宗派总簿》载金山派为龙门派玄字岔派，亦尚待史料证实。金山派传承在明清时期山东地区多有流传，新中国成立后，崂山著名道士匡常修即为金山派第二十一

---

① （明）黄宗昌：《崂山志》，《中国名山圣迹志丛刊》第二辑，文海出版社1971年版，第42、51页。

② （民国）周宗颐：《太清宫志》卷1，高明见编《海上道教名山——东海崂山》附录，宗教文化出版社2007年版，第238—239页。

③ 赵卫东：《金元全真道教史论》，齐鲁书社2010年版，第352页。

④ 郭清礼：《金山派始祖生平考述》，《中国道教》2011年第4期。

代弟子。

金辉派　由齐本守创立，系龙门派本字岔支。明黄宗昌《崂山志》卷五云："齐道人者，青之寿光人。性僻耽静，来海上，穷二崂之区尽而南。两峰矗立者，为南天门。中有庵，曰'先天庵'。松萝宛转，幽胜绝尘，道人依之。缄默自持，喜焚洒，蓝缕蓬跣。日啖糠秕一撮，所余粒悉炊之，以果游方之腹，意于于甚适也。为庵重新，帝宇三楹，廊厢倍之，皆躬亲拮据，其苦行人所不堪。比有取庵左林木者，众难之，道人救解焉，赠以所伐之木，使去。天启辛酉冬，有老尼可九十，冻若就死状，来求宿。众不纳，且挥之。道人曰：'老人亦有性命，此可避，谁当不避？'因呼与处，略无忌焉。后老尼屡显灵迹，山居者乃皆知非凡人，寻亦不知其所住。壬戌春正月，道人忽语众曰：'吾世缘已尽，将从此逝矣。'气恍失所在，羽众觅之至八仙墩，则衲履在焉。墩下汪洋，东溟也。人谓道人水解云。"[1] 由此可见，齐本守为明代晚期道士。《诸真宗派总簿》称其为清乾隆时生人有误。齐本守，号金辉，因此其门下道派亦称为"金辉派"。

阎祖派　奉茅山道士阎希言为祖师，为龙门派复字岔支。据王岗考证，阎希言于明嘉靖年间弃家学道，法名复清，系全真龙门派道士，有度牒。在驻足茅山之前，曾在武当山修道，并在那里建了宏丽的真武宫。明万历十四年（1586）至茅山，修复了废弃的乾元观，但未建立新道派。直到万历后期乾元观传至知观李教顺时，始定名若干字，世以相承，总为一家，无复分异。由此可见，乾元观全真道原先使用龙门字派，但为了尊崇阎希言复兴乾元观及建立茅山全真道派之功，李教顺便定了以阎希言为宗师的新的字派。其派诗为"复本合教永，

---

① （明）黄宗昌：《崂山志》，《中国名山圣迹志丛刊》（第二辑），文海出版社1971年版，第52页。

圆明寄象先，修成龙绪业，历代嗣宗传"。明代，乾元观全真道派从
"复"字辈传到"先"字辈。清代阎祖派衣钵不断，一直传承到1938
年乾元观被日军烧毁为止。[①]

邱祖又派　《诸真宗派总簿》记载的第六十六、六十七派均为邱
祖又派，但除派字谱外，未记载任何信息。近年来，赵卫东先生在对
沂山道教碑刻调查中，发现明代沂山道士唐教玉一系门下弟子的辈字
分别为"道、守、悟、玄、微、清、静"。《诸真宗派总簿》第六十六
邱祖又派的字谱为："道守悟玄微，清静本希夷，无为自然妙，又继龙
门裔。真常德正止，重开凤唱奇，功成超紫府，丹诏赴瑶池。"因此，
可以确定，唐教玉一系弟子属于邱祖又派，唐教玉是邱祖又派的祖师。
而在明嘉靖年间，唐教玉与其他华山派弟子共同居住于东镇庙，从辈
字为"教"字来看，他应属于华山派第七代弟子。然而，明嘉靖末或
万历初，唐教玉从华山派中分离了出来，自己创立了邱祖又派。[②]

龙门华山派　《诸真宗派总簿》载："邱、郝二祖在山东济南府
长清县东南十里五峰山流传。通玄全真冲和德，正本恒成位尚
仙。……"明代，五峰山一直为全真华山派传承。[③] 万历年间，神宗
命著名全真道士周玄贞为五峰山主，住持五峰山洞真观，并羽化于此
（参见第五章）。周玄贞为全真龙门派道士，而龙门华山派字谱为龙门
派字谱与华山派字谱结合而成。张琰认为，周玄贞为龙门华山派第二
代传人。但是，周玄贞的弟子辈字均为龙门派，可见他并未创立新的
道派。因此，笔者认为是五峰山的全真华山派为了推崇五峰山著名道

---

① 王岗：《明代江南士绅精英与茅山全真道的兴起》，赵卫东《全真教研究》第二
辑，齐鲁书社2011年版，第39页。

② 赵卫东：《沂山东镇庙及其宗派传承》，赵卫东《全真道研究》第二辑，齐鲁书
社2011年版，第300页。

③ 秦国帅：《明清以来（1368—1949）泰山道派考略》，《中国道教》2011年第3期。

士周玄贞，遂以其为祖师，将华山派字谱嫁接到龙门派玄字之后，另立新派。实际上龙门华山派应该是全真华山派岔派。龙门华山派在五峰山一直传承到了清同治年间。

明代还有一些全真道派，并不是"全真七子"的嫡派。这些派别应该是金元时期，归并于全真道的许多修炼内丹的道教小宗派，如泰山三阳观的果老祖师云阳派。泰山三阳观是明嘉靖年间全真道士王三阳与弟子昝复明所建，在师徒二人的努力之下，三阳观成为泰山颇有影响的道观。万历年间，明神宗最宠爱的郑贵妃曾四次选择在三阳观做醮。三阳观南有道士墓群，按墓碑所记，三阳观道士的辈字谱为"阳、复、志、坚、守、太、玄、智、礼、信、义、法、明、长、道、贵、诚、正"。查《诸真宗派总簿》为果老祖师云阳派字谱。云阳派在泰山师承明确，辈分清楚，至民国年间的住持满贵祥，在泰山共传十九代。①

此外，还有一些全真道派，目前在明代的碑刻与史料中还未发现其传播痕迹，但到了清代却出现了，如尹喜派、吕祖蓬莱派、三丰派、周祖铁冠派等。这些道派有可能是明代已有传承，但由于史料缺失而未发现，亦有可能是清代方出现的新道派，其结论还需要新的发现来证实。

---

① 赵卫东：《泰山三阳观及其与明万历宫廷之关系》，陈鼓应《道家文化研究》第23辑，生活·读书·新知三联书店 2008 年版，第 291—297 页。

第三章　龙门派的早期传承——
长春真人仙派

　　龙门派是全真道宗派分化以后出现的最重要的支派。明代中期以后，全真教复兴的主要力量是龙门派，其势力远超全真门下其余诸派。因此，清代全真教的兴盛局面又被称为"龙门中兴"。但是，龙门派及其派字谱是如何形成及传播的，由于缺乏早期的史料文献，目前教内及学界的看法难以统一。2011年，笔者在河南济源王屋山考察期间，发现山顶所立明嘉靖三年（1524）《天坛修造白斋道人张公太素行实之碑》碑阴载有"长春真人仙派"的派字谱，与目前流传的全真龙门派字谱基本相合。全真教内称长春真人丘处机的法裔为"龙门派"，碑中所指的"长春真人仙派"应该是早期的龙门派。而且，这支长春真人仙派的历史至少可以追溯到永乐、宣德时期，属于罕见的明代前期龙门派传承。因此，本章收集相关资料，对这支早期龙门派传承"长春真人仙派"进行研究，以图进一步了解龙门派在明代前中期传承情况，以及探索龙门派字谱的形成过程。

第一节　明代龙门派的字谱与派名

关于龙门派的起源，目前流传最广的说法来自闵一得的《金盖心灯》，此书卷一《赵虚静律师传》云：

> （赵道坚）闻七真演教，独携瓢笠，谒长春邱祖，诚敬精严，执弟子礼。邱祖与语而奇之，曰："此玄门柱石，天仙领袖也。他日续心灯而流传戒法者，必此子矣。"遂侍祖游燕阐教，凡有作为，不言自合，或侍终夜不发一语。祖乃传以清虚自然之秘，栖隐龙门者多载。复出，侍祖于白云观，统大众。师于至元庚辰（1280）正月望日受初真戒、中极戒，如法行持，无漏妙德。祖乃亲传心印，付衣钵，受天仙戒。赠偈四句，以为龙门派，计二十字，即"道德通玄静，真常守太清，一阳来复本，合教永圆明"之源派也。①

按《金盖心灯》所言，龙门派为丘处机弟子赵道坚创立。赵道坚之后继有张德纯、陈通微、周玄朴、张静定、赵真嵩等人继承衣钵，七传至王常月开坛公开传戒。但是，此说很早就遭到了质疑。光绪年间全真道士陈教友根据《广阳杂记》的记载，认为龙门派乃靳贞常、姜善信所创，龙门派之名并不是因为丘处机隐修的陇州龙门洞，而是由于

---

① （清）闵一得：《金盖心灯》，《藏外道书》，巴蜀书社1992年影印本，第31册，第176页。

姜善信所建之龙门建极宫。① 陈教友的这一质疑得到了当今许多学者的赞同。卿希泰、丁培仁、王志忠等均从不同方面对《金盖心灯》有关元、明的传承记载提出质疑。② 王卡、尹志华则对《金盖心灯》记载的清初龙门派的活动提出了质疑。③ 莫妮卡甚至认为龙门派的历史是"边缘"的南方全真道士为了融入北方正统教团而编造的。④ 以上研究基本否定了《金盖心灯》作为龙门派早期史料的可靠性。

近几年，随着各地道教碑石在田野调查的开展，学者们发现在明代中期以后，陕西、山东、河南、湖北、江西、云南等地均有使用龙门派字辈的全真道士在活动⑤。值得注意的是，在一些明代的史料中还发现了完整的龙门派字谱，这些材料对研究龙门派问题尤为关键。例如：

> 豫章三教逸民、邱长春真人门下第八派。邱真人门下宗派曰"道德通玄静，真常守太清，一阳来复本，合教永圆明"。此二十字为派者，乃真人在燕京东龙门山掌教时所立之派，后人称为龙

---

① （清）陈教友：《长春道教源流》，《藏外道书》，巴蜀书社 1992 年影印本，第 31 册，第 113—114 页。

② 卿希泰主编：《中国道教》，知识出版社 1994 年版，第 200 页；王志忠：《龙门派源流考略》，《世界宗教研究》1997 年第 2 期；丁培仁：《〈金盖心灯〉卷一质疑》，陈鼓应《道家文化研究》第二十三辑，生活·读书·新知三联书店 2008 年版。

③ 尹志华：《清初全真道传戒新探》，赵卫东《全真道研究》第一辑，齐鲁书社 2011 年版；王卡：《雍正皇帝与紫阳真人》，《宗教学研究》2013 年第 1、2 期。

④ Monica Esposito, "The Longmen School and its Controversial History during the Qing Dynasty", John Lagerwey: *Religion and Chinese Society*, Chinese University of Hong Kong press, 2004, Vol. 2, p. 621.

⑤ 主要论文有：张广保：《明代全真道的宗系分化与派字谱的形成》、樊光春：《明清时期西北地区全真道主要宗派梳理》，赵卫东《全真道研究》第一辑，齐鲁书社 2011 年版；王岗：《明末清初云南本地的龙门派谱系》、梅莉：《清初武当山全真龙门派的中兴与武当山宫观的复修》，近现代中国社会文化中的全真道国际学术研讨会论文，加利福尼亚大学伯克利分校，2007 年。

门派者便是。①《天仙正理直论注》

　　道人问其姓名，（邃清静）曰："吾乃丘长春十代孙，清净邃蓬头也。"问宅里，则东指北海上有石累累，为秦皇所驱不动而名牢山者，吾居在焉。于是知为异人，遂扫室焚香，涕泣百拜，称邃师，愿卒为弟子。师亦心喜之，悉教以还丹修炼之法，而更名为"一了"。盖长春道派二十字"道德通玄静，真常守太清，一阳来复本，合教永圆明"。邃十世为"清"，而道人十一世，故以"一"名。②《李赤肚传》

　　从上述材料来看，明代龙门派与其派字谱都是真实存在的，龙门派尊丘处机为祖师也是事实。但这些史料均没有提及"龙门派"之名，而是以"邱真人门下宗派""长春道派"等丘处机的名号命名。2011年，笔者在王屋山考察期间，看到天坛顶上立有一通嘉靖三年（1525）《天坛修造白斋道人张公太素行实之碑》，其碑阴亦载有完整的龙门派字谱，字谱上方还刻有"长春真人仙派传授图"字样。③这是迄今为止，发现的时间最早的龙门派字谱，因此，特照原碑句读如下：

长春真人仙派传授图

道德通玄净，真常守太清，一阳微复本，合教永延明。

张公真常，道号无为子，蓟州人，生于大明洪武丙辰（1376）

九月廿四日。少习韬略，从太宗皇帝北征有功，拜武略将军职。

---

　　①（明）伍守阳撰、伍守虚注：《天仙正理直论增注》，《藏外道书》，巴蜀书社1992年影印本，第5册，第811页。《直论》完成于明天启二年（1622），《增注》完成于崇祯十二年（1639）。

　　②（明）杨道宾：《李赤肚传》，潘之恒《亘史钞》外纪《仙侣》卷4，《四库全书存目丛书》（子部），齐鲁书社1997年影印本，第193册，第716页。杨道宾生活于嘉靖万历时期，所记乃嘉靖三十五年（1556）之事。

　　③《天坛修造白斋道人张公太素行实之碑》，此碑现立于王屋山天坛顶总仙宫。

侍驾出入金门，历事三圣，朱紫赫然。未尝以骄傲加诸身，自念
富贵若浮云耳，如身后何。宣德丙午（1426），具本恳辞，乞骸骨
归林下，上允其请，以男忠袭爵。遂布衣疏食，礼西山隆阳宫全
真陈公风便为师，授以金液还丹之旨。晚归王屋山完真堂修炼，
内外充备，于正统己巳（1449）十一月十六日仙化。景泰三年
（1452），门人程守然等建灵官于堂之艮方。有碑记载尤祥，此特
撮其大概，以见授受之来源云。

　　程守然 张守默

　　陈太洪 范太阳 田太希 张太素

　　此碑所载字谱，与目前的龙门派字谱基本相合，唯有"微""延"
二字不同，应该为龙门派字谱的早期形式。与前几则材料相同，此碑
中同样未出现"龙门派"字样，而是以"长春真人仙派"为名。因此
笔者推测，早期的龙门派应该是以丘处机的名或号来命名的，龙门之
名的出现可能稍晚，抑或是龙门派仅为邱祖法裔中的一支。此碑刻于
嘉靖三年（1524），且其记载的长春真人仙派的历史可以追溯到明宣
德年间，属于罕见的早期龙门派史料。更难能可贵的是，此碑记载了
"长春真人仙派"的授受来源为北京西山隆阳宫全真道士陈风便，此
条线索对我们研究明代龙门派的传承很有价值。

第二节　房山隆阳宫与全真道士陈风便

　　按上文《长春真人仙派传授图》所载，宣德元年（1426），长春
真人仙派祖师张公真常辞官后，礼西山隆阳宫全真陈公风便为师，得

授金液还丹之旨。可见，隆阳宫全真道士陈风便乃长春真人仙派之授
受渊源。

王屋山阳台宫

长春真人仙派传授图碑

　　隆阳宫，位于北京房山区大石窝，今已不存。据元代田璞《重修
隆阳宫碑》记载，真大道五祖郦希诚"经中山，过易水，至奉先县之
怀玉乡（今房山县大石窝），爱其山奇地秀，欲建观宇。适有三祖师
时举师赵希元辈坟塔在，土人云其地尝为大道庵，名曰'灵泉'。师
亦喜，于是运石启地，剪荆棘而构屋筑垣"。后来，真大道八祖岳德文
在此修行，势都儿大王因此特赐"隆阳宫"之额。① 可见，房山隆阳
宫原为大道教的重要宫观。元代灭亡以后，大道教逐渐衰落与消失。
到了明永乐十八年（1420），全真道士陈风便云游至房山县，栖真于
此，隆阳宫从此开始传续全真道派。关于陈风便的生平来历，康熙四
年《房山县志》载《隆阳宫痴呆子来鹤记》② 记述尤详：

　　　　房山隆阳宫有道之士，曰悟性通元清虚养素颐真守静法师陈
　　风便先生，号痴呆子者，宣德四年（1429）三月庚申羽化。先期
　　沐浴更衣，趺坐，命其徒崔璇琪等曰："太上有云，夫物芸芸，各

---

　　① 陈垣编纂：《道家金石略》，文物出版社1988年版，第823页。
　　② 康熙《房山县志》卷7《碑记》，中国国家图书馆古籍馆家谱地方志阅览室藏微
缩胶卷，编号DJ1951。

归其根，吾将返真矣。"又曰："吾殁后敛藏，必候鹤至举事。"言讫，神色如平日，瞑目而逝，时年八十有四。是夕异香绕官，达旦不散。明日，整冠裳入椟。越五日甲子，乃窆元（玄）室于本山后原。及期，复有群鹤翔舞蹁跹，久之乃散。后凡举荐扬，每有鸾鹤飞绕于墓，延霭坛所。当时在会清流，官民耄倪，目所亲睹，以为灵应。去之三十年，其徒孙陈道暹、胡道真相举究图，乃言曰："先师祖灵应之迹已遗一世矣，既久，恐遂湮没无闻，后学何所证谕？"稽首于余，请书其事。余按：丹家大道与天地相似，阴阳五行四时之气，妙运于两间而中和，则天地位，万物育，各迎其性而成悠久无疆之化。全真家则体乎此，故乾坤其鼎器，乌兔其药物，攒簇五行而煅炼之，毂转神运，火候周天，沐浴抽添。还丹既成，而炼形化气，炼气化神，炼神化虚，则其体纯阳。而吾身一天地也，元气一呼，万神咸听，五脏主宰，随意自现方色，舆辇仪卫、鸾凤、龙虎、狮子、白鹤，皆阴阳纯真精气所成，非外物也。风便之学，全真也。初入武夷山，修元（玄）范，谨结习，持志既定，云水四方。至山东遇至人李古岩、徐守中授金丹秘诀，行持愈久，工夫纯熟，真性灼见，不为旁门所移。永乐十八年（1420），至涿州房山县，挂剑隆阳宫，因栖真焉。凡居民水旱疾疫，有祷必应。宣德初，长春刘真人见之，与语善，乃锡今号。自是含和镇璞，育婴息胎，终日如醉，人称之曰"痴呆子"，但点首而已，亦因以自号。信口吐辞，不越乎道，学者录之，因悟至理。年既及髦，童颜儿齿，步履若飞，常挂铁牌于胸，驱役雷霆，祈祷契勘，持以行事，其应如响，时人目之曰"铁牌陈"。呜呼！道本无为，非迹可求。鹤，道之迹者也。风便之道，混然与造化相同，不系于鹤之有无。其羽化也，顾乃谓道，非道可以拟状，于是形于有迹，欲与学者知所应证，因末求本。苟识其意，返本思之曰：此特气之变化。则将思充其气、复其精、全其神，天地造化，百物皆在，吾身岂有鹤而已哉。风便，福建邵武人，父官于山东。母黄氏产之夜，梦白衣道人入室。及沐浴，置襁褓，头颅与梦相肖。幼而颖异，不儿戏、不茹荤，稍长，辞其亲，入武夷山学道。武夷多仙宅，而卒闻道于山东，其来也有自，其闻道也有由，岂偶然哉。今嗣其派者，弟子王常安、李常惠等端志全真，欲觉后觉，以畅斯教，请记兹事，以示来学。

此外，光绪《顺天府志》转引《涿州吴志》亦载有痴呆子陈风便略传。其云：

> 痴呆子，姓陈氏，邵武人。学道武夷山，遇至人李古岩、徐守中，授金丹秘诀，行持久，遂有神通。永乐间，至房山隆阳宫，凡居民有祷辄应。终日如醉，人称曰"痴呆子"。年既耄，童颜儿齿，步履如飞。常悬铁牌于胸间，以驱役雷霆。宣德四年羽化，先期沐浴更衣，趺坐，命其徒崔璇珙曰："吾返真矣，窆吾必待鹤至。"时年八十四。越五日，果有群鹤翔其庭。有来鹤碑记其事。①

光绪《顺天府志》所载陈风便事迹应该源于《隆阳宫痴呆子来鹤记》。关于《来鹤记》的作者与撰写时间，康熙三年（1664）《房山县志》失载。② 但据碑中云，碑文是在陈风便羽化三十年之后，其徒孙陈道暹、胡道真请求作者撰写的。陈风便逝于宣德四年（1429），那么，此

---

① 光绪《顺天府志》卷23《释道》，北京古籍出版社1987年标点本，第5455页。
② 民国《房山县志》亦复载有此文，但加此文作者为明宣宗，可谓画蛇添足，谬之大矣。《中国方志丛书》，台北成文出版社1985年版，第654页。

文撰写时间应为明天顺三年（1459），当系康熙间重编县志时从明代旧志转录而来的。

《来鹤记》中不但明确指出了陈风便的全真道士身份，而且提到"今嗣其派者弟子王常安、李常惠等端志全真"。可见，陈风便曾在隆阳宫开宗授徒，传续全真道派。明代，统治者确定了正一道在道教管理机构的领导地位，全真道丧失了元时的政治地位，受到严重打击。明初的道观合并政策，规定凡府、州、县止存大寺观一所，并其徒而处之。① 这使得全真、正一等各派道士混住一观，而宫观管理者又多为正一道士，全真道士处于附属地位。在这样的背景下，陈风便能在隆阳宫开宗授徒，传全真道法，实属不易。陈风便所学全真道法主要是其在山东遇至人李古岩②、徐守中而得的金丹秘诀。但是，与明代许多全真道士一样，陈风便还兼通正一派系中的清微灵宝法术。据碑记所载，陈风便凡居民水旱疾疫，有祷必应，常挂铁牌于胸，驱役雷霆，祈祷契勘，其应如响，所用法术应该是当时较为流行的清微雷法。兼修正一法术成为明代全真道士在民间社会的生存手段之一。此外，碑文中还记载了一个重要的信息，就是陈风便与长春真人刘渊然之间的关系。刘渊然为明代著名的净明派高道，仁宗时赐号"长春真人"，给二品印诰，与正一真人等。宣德初，进大真人。其为人清净自守，故为累朝所礼。③ 刘渊然与全真道的关系极为亲近，他师从明代高道

---

① 《明太祖实录》卷86，台北"中研院"历史语言研究所1962年校印本，第1537页。

② 查明代史料文献，《大岳太和山志》载："李德因，号古岩，金台人。自幼入陕西重阳万寿宫出家。《道德》《南华》三教经书，得其要旨。壮年游武当，于紫霄宫礼高士曾仁智为师，授以清微雷法，明先天之理，知体用之源。徙居元和观。洪武二十三年（1390），湘王殿下来谒武当天柱峰，见师有修炼之功，益嘉之，赐住荆州府长春观。"李德因生活于明洪武年间，时间与陈风便在山东遇李古岩相合，但史料中未记载李德因曾到过山东。因此，二者是否为一人，还有待史料证实。

③ 《明史》卷299《方伎列传·刘渊然》，中华书局1974年标点本，第7656页。

赵宜真，本身兼有全真派道法传承。① 宣德初年，他见到了全真道士陈风便，与语善，并赐予陈风便道号。考虑当时刘渊然已为道教领袖，他对陈风便的支持态度对这支全真道在逆境中发展非常重要。后来，陈风便的法孙程守然还曾拜刘渊然的弟子邵以正为师，② 更印证了两派之间不同寻常的关系。

此外，陈风便还参与了明代北京房山石经的募刻。宣德三年（1428），陈风便与正一道士王至玄，以及其他信士官员共同募刻了道教的《玉皇经》。包括《高上玉皇本行集经髓》《太上洞玄灵宝高上玉皇本行集经》《玉皇本行集经篆》《无上玉皇心印经》四部，共刻石八块，送至房山石经山，储藏于第七洞，这也是房山石经唯一的道经藏洞。此经的跋文说：

> 涿鹿山云居寺，有洞室贮释梵之经，殆至万卷，故名是山为小西天焉。夫三界万灵，尊莫尊于昊天金阙玉皇上帝，玄功妙德，载在《本行集经》。正当刻之金石，藏之名山，传之万世也。是以至心各捐赀力，请匠镌刻，《经髓》暨《经篆》及《心印经》，共为一卷，凡一千七百四十八字，置诸石室，用彰悠久。所以然者，盖欲仰答天地君亲四恩于万一云尔。时大明宣德三年岁次戊申四月吉日。奉道信官向福善、阮常、就胜等，稽首顿首，百拜谨记。同盟助赀，奉国将军都指挥同知武兴，奉直大夫工部虞衡员外郎陈孚，迪工郎工部营缮所所副陈道昌，怀远将军指挥同知段义、李实、郭敏、管义，明威将军指挥佥事冀源、黄安，武略将军副千户罗成、万里、王友、张礼，嗣全真教高士陈风便，正

---

① 郭武：《赵宜真、刘渊然与明清净明道》，《世界宗教研究》2011 年第 1 期。
② （明）何塘：《柏斋集》卷 10，《文渊阁四库全书》，上海古籍出版社 1987 年影印本，第 1266 册，第 625—626 页。

一盟威宝箓弟子王至玄字利宾书，镌匠程善刊。①

在房山刻经中，陈风便的题名为"嗣全真教高士"。《明史》卷七十四载："（洪武）二十八年（1395），令天下僧道赴京考试给牒，不通经典者黜之。其后，释氏有法王、佛子、大国师等封号，道士有大真人、高士等封号。"② 可见，高士乃明代道教中仅次于真人的封号，这也是明代全真道士罕见的殊荣。而且陈风便的题名为"嗣全真教"，意在承继全真教道统。这在全真教沉寂无闻的明代初期，是难能可贵的。

第三节　长春真人仙派与北京白云观

一　张常真、王常安主钵北京白云观

前揭王屋山碑刻《长春真人仙派传授图》记载，长春真人仙派开门祖师为陈风便弟子张公真常，晚年归王屋山完真堂修炼，其两名弟子为程守然与张守默。但是，此碑碑阳《天坛修造白斋道人张公太素行实之碑》中却记载"玉泉庵程公守然，乃完真堂蜕质张公常真之高弟也"（碑文见下节）。碑阴与碑阳所载姓名一为"张公真常"，一为"张公常真"，其中必有一处为误。首先，按碑阴《长春真人仙派传授图》所载二十字的派字谱，张常真、程守然、张太素这一传承才符合

---

① 中国佛教协会、中国佛教图书文物馆编：《房山石经》，华夏出版社 2000 年版，第 29 册，第 387 页。

② 《明史》卷 74《职官三》，中华书局 1974 年标点本，第 1818 页。

派字谱"真常守太清"之顺序。其次，笔者还在山西吕梁市凤山道院①多通明代碑记中发现有"天坛张常真"的题名，天坛在道教中指王屋山。例如，《重修三阳云凤山昊天通明宝殿记》题名为"大明景泰七年（1456）正月初九日北京白云观长春真人法孙守中道人书。玄都万寿宫前道正贾守岩、授经箓四十五代天师张懋丞、传法师丁道坚、天坛羽化传道师张常真、本山前修造宗师王混然、启教宗师孙云际";②《重修三阳云凤山三官四圣殿感应记》题名为"大明景泰七年正月十五日清虚志元先生孙云际焚香稽首谨志。玄都前道正贾守岩、亲授箓四十五代天师张懋丞、天坛升霞度师张常真、传法派师丁道坚"。③此二碑均为明景泰七年（1456）凤山道院住持孙云际重修道院时立。早于嘉靖三年（1524）的《天坛修造白斋道人张公太素行实之碑》，信息记载更为准确。由此可证，明代王屋山这位全真祖师姓名应为碑阳刻的"张公常真"，碑阴刻"张公真常"当系误刻。

张常真原为武将，曾随永乐皇帝北征有功，历事三朝，身份显赫。宣德元年，他辞去将军之职，到房山隆阳宫礼陈风便为师，得全真要旨。晚年归隐王屋山天坛修炼，将隆阳宫一系全真道脉传播到了河南王屋山地区。但他对此系全真道的贡献并不止于此，笔者还在山西吕梁凤山道院发现一通明景泰六年（1455）石碣《石州三阳云凤山云际

---

① 凤山道院，又名天贞观，位于山西省吕梁市离石区滨河街道前瓦窑坡村，始建于宋，明代重修，为全国重点文物保护单位。

② 《重修三阳云凤山昊天通明宝殿记》，长方形石碣，现置于山西省吕梁市凤山道院玉皇殿前。

③ 《重修三阳云凤山三官四圣殿感应记》，方形石碣，现嵌于山西省吕梁市凤山道院三官楼墙壁之中。

孙先生修真功行记》，其中记载了张常真入主北京白云观钵堂的重要史料：[1]

> （云际孙先生）七岁发心，许于玄都万寿宫出家。至二七岁，恭诣三阳山希夷道场，清斋苦行，暨从师矣。习诵本教，洞悟玄机，诚一不二，四十余年，符药济人，善功非一。笃志悫蕙于香火，朝暮侍奉于万灵，守持经箓，慕道修真，郡人遐迩道化，敬奉仰之，无不忻欣焉。先于正统戊午（1438）赴京，请给在□朝天宫，遇四十五代天师亲授上清三洞五雷经箓道法。白云观长春祖师嗣法六代玄师张常真亲授正真之道，钵堂二载，复还本山。

孙云际为明代石州三阳山希夷道场的正一道士，正统三年（1438）赴北京朝天宫请法，得四十五代天师张懋丞亲授上清三洞五雷经箓。由于明代正一道士多兼学全真之法，孙云际又到北京白云观请长春祖师嗣法六代玄师张常真亲授正真之道，并在白云观钵堂学习了两年，方复还本山。后来，张常真归隐并羽化于王屋山。孙云际在景泰七年（1456）修建凤山道场时，为纪念他这位全真道师傅，还特意在修建碑记中刻上"天坛羽化传道师张常真""天坛升霞度师张常真"等题名。这条史料为我们提供了一个重要的信息，即张常真在归隐王屋山之前，还曾入主北京白云观钵堂，并以"长春祖师嗣法六代玄师"自居。而且，这条史料并非孤证，笔者又在明正统九年（1444）《白云观重修记碑》碑阴拓片中发现了"主钵张常真"的题名[2]：

---

① 《石州三阳云凤山云际孙先生修真功行记》，方形石碣，现嵌在山西省吕梁市凤山道院孙真人殿墙壁之中。

② 《道家金石略》与小柳司气太《白云观志》均著录此碑，但都漏掉了碑阴。碑阴文字参见北京图书馆金石组《北京图书馆藏中国历代石刻拓本汇编》，中州古籍出版社1990年版，第51册，第122页。

本观执事道众：提举斋道□惟□　都管 金惟新监斋 魏景霄都表 邱宗源　副表 朱可源知库 黄柏青知宾 孙惟亨、魏惟康□岁□清、□仲良　主钵 张常真、王常安 知堂 王惟宗、郝永昌、李常惠、李守一（以下道众名略）。

在白云观执事道众题名中，不仅有张常真，而且还有王常安与李常惠，此二人正是前文《来鹤记》载陈风便门下的全真弟子。可见，此时隆阳宫一系全真道士已经进入了北京白云观。在观中，张常真与王常安的职务为"主钵"，这一职务与全真道独特的修行方式"坐钵"有关，主要用以管理钵堂与主持观内的内丹修炼，是明初全真道士在道教宫观中的重要职务。[①]　而张常真、王常安在北京白云观内能够主持钵堂的内丹修炼，说明了他们是当时观中内丹修炼的全真道人领袖。

吕梁离石区凤山道院　　　石州三阳云凤山云际孙先生修真功行记

---

① 所谓坐钵就是全真教徒集中于宫观的特定场所如钵室、环室、静室，以修炼内丹。这在元明全真教的宫观中是道徒宫观生活的重要组成部分。明朱权《天皇至道太清玉册》"全真仪式章"规定："凡坐钵，一钵或八人，或十二人，或二十四人，止大钵堂者或百人，不在此限。设四职，一主钵，二副钵，领左右两班坐于上座，以主其事。又设左右直堂二人，在于两班近门向上坐之，以主坐功，进退起坐，安钵起钵，以定时刻。"（《道藏》，上海书店出版社1988年影印本，第36册，第410页。）又见明何道全《随机应化录》记载："全真道人董孤云、王夷山、何懒云三人，赴丹阳万寿宫做主钵。"可见，明初全真道士常在道教宫观中任"主钵"职务。（《道藏》，上海书店出版社1988年影印本，第24册，第134页。）

二　处顺堂与钵堂的重修

北京白云观是长春真人丘处机藏蜕之所。元太祖二十二年（1227），丘处机归真于长春宫，嗣教弟子尹志平易其宫东甲第为观，号曰"白云"。越明年，构建处顺堂于内，以藏师父仙蜕。[①]元代，白云观一直是长春宫的附属建筑。元末明初，长春宫毁于战火，嗣后又以白云观为中心进行了重建与扩建。此时，白云观才作为独立的道观而存在。关于明代白云观重建经过，正统九年（1444）《白云观重修记碑》中略述大概：

> 白云观在都城西南三里许，乃长春丘真人藏蜕之所。岁久倾圮。洪武二十七年（1394），太宗文皇帝居潜邸时，命中官董工，重建前后二殿、廊庑厨库，及道侣藏修之室。落成于次年正月十九日，适真人降诞之辰。太宗文皇帝车驾亲临降香。越明年是日，仁宗昭皇帝为世子时，亦诣观瞻礼，屡建金箓大斋。永乐四年（1406），命道录司右正一李时中为住持。宣德十年（1435），今上皇帝命右玄义倪正道为住持。正道先受业于崇真万寿宫。永乐十五年（1417），太宗文皇帝创建洪恩灵济宫，选道流之静重贞洁者焚修，正道预焉。宣德元年，四十四代天师张宇清保任前职。越十年，奉命住持兹观。重念古迹灵坛，地附都城，平衍爽垲，西顾则岗峦起伏，萦纡环抱，若龙飞凤舞朝拱之状，真胜境也。其香火之盛，岂偶然哉。宣德三年（1428），御马监太监刘顺，发心备材命工，创建三清大殿，妆塑圣像。正统三年（1438），正道罄倾衣盂之资，及募司苑局内官曹铨法名道宝，及内使康全安等；

[①]　陈垣编纂：《道家金石略》，文物出版社 1988 年版，第 458 页。

惠安伯张升、修武伯沈清、中军都督胡荣、广东参议杨春、都指
挥刘智、指挥李林、周乐、李昱、潘升、胡隆、千户于信、许义、
杨勉等，各捐己赀，建造玉皇宝阁。其应奉圣像，悉道宝一力妆
塑。及修葺前后殿宇，焕然一新。正统五年，复建处顺堂，以奉
长春真人；暨营方丈道舍、厨库钵堂，以居四方修真之士。①

从碑记来看，入明以后，负责重修白云观的住持道士李时中、倪正道
均为正一道士，未见有全真道士的记载。但是，正统五年（1440）时，
白云观还是复建了处顺堂，供奉全真祖师丘处机，同时还修建了全真
道士坐钵修炼的钵堂。按前文所引《云际孙先生功行记》，孙云际在
正统三年（1438）到北京白云观拜张常真为师，那么至迟在正统三年
之前，张常真等隆阳宫一系全真道士就已经住进了白云观。因此，白
云观在正统五年修建处顺堂与钵堂的事情就不奇怪了，有可能正是观
内的全真道士主导了此次处顺堂与钵堂的重修。

此外，还有一点值得我们注意，就是张常真在白云观时称"长春
祖师嗣法六代玄师"。联系上文，陈风便曾题名为"嗣全真道高士"，
意在继承全真正统。而张常真此时又称"长春祖师嗣法六代玄师"，
则是有意将其派的传承追溯到长春真人丘处机。后来，张常真的弟子
们在王屋山碑中更是明确提出了"长春真人仙派"这一派名。隆阳宫
一系全真道人的法派意识从"全真认同"到"邱祖认同"这一显著变
化，应该与其派进入北京白云观发展有很大关系。在明代，白云观虽
为正一道士管理，但作为丘处机的葬骨之所，它仍是全真教徒心目中
的祖庭圣地。每逢纪念邱祖诞辰的"燕九节"，四方的全真道士就会

---

① 北京图书馆金石组编：《北京图书馆藏中国历代石刻拓本汇编》，中州古籍出版社
1990 年版，第 51 册，第 121 页。

聚集于白云观周围，庆祝邱祖的诞辰，同时交流修炼心得。[1] 在这种情况下，进入白云观的隆阳宫全真道士重修了象征邱祖的处顺堂，标榜本派为邱祖法裔，称"长春真人仙派"。这样做不但树立了本派在白云观的正统地位，而且还能利用邱祖的影响力来扩大其派的影响，进而振兴与发展全真教。

北京白云观　　　　　　　白云观邱祖殿（处顺堂）

三　明代白云观重印《玄风庆会图》

随着长春真人仙派进入白云观，全真教在白云观的影响力越来越大。此时，白云观为了宣扬邱祖精神，扩大白云观的影响力，不仅重修了邱祖的葬骨之所"处顺堂"，还组织重印了宣扬邱祖功绩的《玄风庆会图》。处顺堂的重修与《玄风庆会图》的重印说明了明代白云观虽为正一道管理，但它仍是全真教的祖庭圣地与活动中心。

《玄风庆会图》是元代至元年间道士史志经编纂的全真祖师丘处机的画传。大德九年（1305），道士路道通又在杭州路重刊了此书。其

---

[1] 据《万历野获编补遗》载，每年丘处机降诞日，"四方全真道人不期而集者不下数万，状貌诡异，衣冠瑰僻，分曹而谈出世之业"。（明）沈德符：《万历野获编补遗》卷3，《续修四库全书》，上海古籍出版社 2002 年影印本，第 1174 册，第 781 页。《帝京景物略》亦载"今都人正月十九，致浆祠下，游冶纷沓，走马蒲博，谓之燕九节。又曰宴丘。相传是日，真人必来，或化冠绅，或化游士冶女，或化乞丐。故羽士十百，结圜松下，冀幸一遇之"。（明）刘侗、于奕正：《帝京景物略》，北京古籍出版社 2001 年标点本，第 138 页。

书原有五卷（前四卷为丘处机画传，第五卷为附录碑文），目前存世的版本仅剩一卷，内容为丘处机画传的前十六个故事与附图。此残卷现存于日本奈良天理大学图书馆。① 据目前学界研究，现存的《玄风庆会图》版本为元大德九年刊本。② 但是，笔者在阅读此书后面的劝缘题名时，发现很多题名为明代的道士与官员。这些明代劝缘题名接续在元代劝缘题名后面，页面版式与前相同，字体亦极为相似。因此，笔者认为目前存世的《玄风庆会图》残卷虽为元大德九年刻板，但是在明代重印的。这些明代劝缘题名就是在此次重印时添加上去的。只不过这次重印既无序文又无牌记，所以并未引起前人注意。

《玄风庆会图》残卷中所载的明代劝缘题名集中在全书的后六页。题名中以白云观的道士最多，其次为北京其他道观道士，以及一些京籍官员。白云观乃长春真人丘处机藏蜕之所。元代，白云观是大都大长春宫的附属建筑，归入大长春宫，未见有白云观道士某某的称呼。元末明初，大长春宫毁于战火，燕王朱棣又以白云观为中心进行了重建。这时，白云观才作为独立的道观而存在。而且，笔者发现残卷所载的白云观道士题名基本上都能在明正统九年（1444）《重修白云观

---

① 关于《玄风庆会图》的现存版本，1925 年，上海涵芬楼曾出影印本，目前所知此影印本有两本，分别藏于中国国家图书馆与台北傅斯年图书馆。2005 年，中国社会科学院编纂古籍丛书《三洞拾遗》，将涵芬楼影印本重新出版。1981 年，日本奈良天理大学影印了其收藏的《玄风庆会图》，并附有岩村忍教授的解说，其认为是元刻本。笔者仔细对比了以上两种版本，发现内容、版式完全相同，甚至连书中的残缺处也一致。说明涵芬楼影印的原本现藏于日本奈良天理大学，目前我们所能见到的《玄风庆会图》仅有一个版本。

② 现存的《玄风庆会图》残卷除一卷画传之外，还保存了该书的序、目录以及书后的劝缘芳名录。为本书作序的有李道谦、宋渤、赵孟頫、杜道坚与黄仲圭等人，其中时间最晚的序为黄仲圭所作，时间是元大德九年（1305）。学界认为元大德九年为重刊本书的时间。持此观点的主要有：岩村忍解说《玄风庆会图说文》，《天理图书馆善本丛书·汉籍之部》卷7，东京八木书房 1981 年影印本；[美] 康豹：《元代全真道士的史观与宗教认同——以玄风庆会图为例》，《燕京学报》新十五期，2003 年；赵卫东辑校：《丘处机集》，齐鲁书社 2005 年标点本，第 488 页。

碑》碑阴所载白云观道士题名中找到，很多道士甚至连所任职务都是一致的。现将两组题名对比如下：

《玄风庆会图》明代题名	正统九年《重修白云观碑》题名
修经馆都表明真致和法师金台邸宗源，修经馆上座崇真法师金台司文中，白云观副表金台朱可源，白云观知宾金台孙惟亨，白云观知宾金台魏惟康，白云观直岁金台谭可清，白云观直岁金台刘源靖，白云观主钵东鲁王常安，白云观副钵绛阳李守一，白云观书记金台张惟□，白云观书记金台安惟□，白云观知宾李可安，白云观直岁金台栢惟源，白云观左知堂赵文昱，白云观右知堂姚洞岩，白云观直岁赵守信，白云观知库张福诚，白云观道士潘通海，白云观道士郝永常，直隶保定府易州隆兴观住持悟玄纯素法师金斗耿景顺，大德观静虚道人王道安，玉虚观道士吴惟庆，永清右卫指挥使四明周道清，广东布政司左参议金台杨春忠义，右卫指挥潘升定州卫指挥使王震，直隶真定府通判梁俊忠，议右卫千户张达，天津卫指挥张通，直隶真定府知事魏□，□旗守卫百户王瑄，女善人姚氏妙□，涞水县县丞窎益，直隶真定府居士邵永宗、曹政，涞水县长提社居士张惟义，会首姑苏费冲虚，居士瞿道迎，居士俞纯，居士禄道中、居士倪敬、倪兴、倪谅、倪忠、倪整，居士朱兴，武当大岳太和山金台真武庙下院住持湄江杨道和，左都督刘聚、次男刘升同，□人冯氏妙秀，居士张道、居士余□、居士司□、居士戴□、居士朱信，涿州黄白观住持张洞云，京都城隍庙书记王可中，直隶保定府易州流井社清真观住持李永祥，直隶真定府定州行唐县太清观住持常志真，大上清正一，万寿宫忠勤扶教文学法师芗溪周应瑜，东牟居士李胜，蒲州玄都观道士吴大芳①	本观执事道众：提举斋道□惟□、都管 金惟新、监斋 魏景霄、都表 邸宗源、副表 朱可源、知库 黄柏青知宾 孙惟亨、魏惟康、直岁 谭可清、□仲良、主钵 张常真、王常安、知堂 王惟宗、郝永昌、李常惠、李守一赵惟善、王思中、安惟宁、司文中、张惟顺、吴惟庆、刘源静、孙惟真、张惟冲、柏惟源、陈道顺王可中、赵文昱、姚洞岩、潘通□、赵玄真、谭通海、姚道兴、赵守信、刘理和、禄道林、张迪真李永祥、赵道清、齐景怡、□永延、刘守明、阎仲明、刘自然、王自贤、□自端、冯景真李景福、董景昌、姚得荣、赵景山、卢得明、李通澄、杜安静、朱安然、王景玉、赵永真、王得成苏□□、王清岩、高志□、张福成、赵福增、朱道玉、马守清、郭□□、常志真、朱道宁、张道山②

---

① 王卡、汪桂平主编：《三洞拾遗》，黄山书社 2005 年影印本，第 16 册，第 422—423 页；《天理图书馆善本丛书·汉籍之部》卷 7，东京八木书房 1981 年影印本，第 339—344 页。

② 北京图书馆金石组编：《北京图书馆藏中国历代石刻拓本汇编》，中州古籍出版社 1990 年版，第 51 册，第 122 页。

对比以上两组题名，可以看出，明正统九年（1444）《重修白云观碑》碑阴所载白云观道士与《玄风庆会图》残卷所载的白云观道士应该是同一批人。这些道士显然不可能在元大德九年刊印《玄风庆会图》。康豹在对《玄风庆会图》残卷版本研究时认为"今日所见版本是公元1305年（元大德九年）由大都白云观和杭州各道观的道士共同重新刊刻的"①，这种说法有误。现存的《玄风庆会图》残卷版本应该是明代重印的。

除了白云观的道众之外，这些明代劝缘题名中还记载了一些道教宫观名称、道士法号，以及官员官职等重要史料信息。我们根据这些史料信息，可以大致推断出《玄风庆会图》重印的具体时间。

首先，我们来看"直隶保定府易州隆兴观住持悟玄纯素法师金斗耿景顺"与"大德观静虚道人"的题名。易州隆兴观，始建于唐景龙二年，废圮于清末民初，现今其原址仍留存有数通碑石。其中明正统八年（1443）的《大明保定府易州重修龙兴观住持耿景顺功行碑》与《重建龙兴观悟玄纯素法师功行碑》二碑均记载有龙兴观住持耿景顺的生平。残卷题名中的"直隶保定府易州流井社清真观住持李永祥"即是耿景顺门下嗣法弟子。耿景顺，直隶萧县人，早年曾学道于灵济宫。后奉上司明文着令住持龙兴观，欲为修理。于宣德四年（1429）二月赍本赴阙，奏奉圣旨，是令募缘修盖，礼部又下文将邻民辈侵占土地俱还。是以其师徒秉心竭虑，募缘鸠工修盖，而殿宇乃成。② 由于易州龙兴观在宣德四年方开始重修，因而推测，耿景顺、李永祥等

① ［美］康豹：《元代全真道士的史观与宗教认同——以玄风庆会图为例》，《燕京学报》新十五期，2003年，第97页。
② 王雪枝：《易州龙兴观现存元明两代碑铭镌文传录补正》，《宗教学研究》2012年第1期。

在《玄风庆会图》中题名，应该是宣德四年以后之事。此外，劝缘题名录中还有大德观静虚道人王道安的题名。据《明孝宗实录》记载："永乐中，道士周思得能传灵官法，乃于禁城之西建天将庙及祖师殿。宣德中，改庙为大德观，封二真君。"① 可见，宣德中期之后始有大德观之名。由以上两点可以证明，《玄风庆会图》重印的时间应该在明宣德中期以后。

其次，题名中官员官职的变迁也能印证版本重印的时间。例如，劝缘题名录中的天津卫指挥张通，据《明英宗实录》记载：

> 　通，凤阳人，袭父职为天津卫指挥佥事。永乐中，率卒徒修北京宫殿，从驾征北虏；宣德初，从驾征武定州，皆有功，屡赐白金文绮。正统初，升都指挥佥事。从驾征北虏，升后军都督佥事、右参将，守大同。景泰初，召还京师。初，通在大同与石亨同僚。通孙镛，与亨皆娶武安侯郑宏妹，为友婿。亨迎驾南宫时，通以为事官家居，亨使人索赂于通，欲为通及镛报功升官。通曰"吾实未效劳，敢欺君乎？且吾甚贫，无可以为献也"，辞之。久之，仍旧职，改南京。至是卒，遣官致祭，命有司营葬。孙镛，袭天津卫指挥佥事。②

按《明实录》所载，张通袭父职为天津卫指挥佥事，正统初因军功升都指挥佥事。而《玄风庆会图》中张通题名的职务为天津卫指挥，可见此书重印时张通还未升都指挥。故此书重印应是在明正统年之前。还有广东布政司左参议金台杨春的题名，《明宣宗实录》中载有一则关于他的史料："（宣德七年十二月）命广东布政司左参议杨春致仕。

① 《明孝宗实录》卷13，台北"中研院"历史语言研究所1962年校印本，第311页。
② 《明英宗实录》卷294，台北"中研院"历史语言研究所1962年校印本，第6282页。

春，顺天府大兴县人，初由引礼舍人累升刑部员外郎，遂升山西参议改广东。春，率直自用，不达于政，虽历藩佐，操行无闻，至是两考命致仕。"① 可见，杨春在宣德七年十二月已从广东布政司左参议任上退休。综合以上几种信息，笔者推断，明代《玄风庆会图》重印的时间应该在宣德中后期。

现存《玄风庆会图》版本为元大德九年（1305）全真道士路道通重刊。书中载有"古杭刊生月溪道人仲实柳逢时刊像，古杭刊生詹德润刊像，古杭刊生滕泰初刊字"等字样，证明其刻板地点是在杭州。元代杭州是全国著名的刻书中心。元宰相脱脱《宋史》《辽史》《金史》都不远千里送到杭州来刊刻。因此，大都长春宫全真道士路道通也来杭州，依托玄妙观将《玄风庆会图》重新刊刻。《玄风庆会图》虽在杭州玄妙观刻板，但并未在杭州印行。路道通在此书的后跋写道：

> 大都大长春宫佥请本宫道士路道通募缘重刊《祖真文集》，寄单杭州路玄妙观，命工绣梓起运，归宫印行，开悟后学，祝赞皇风，应十方道友，奉道会首，远近客旅，有愿请赎，流传四方，弘扬宗教者，除收纸墨工本钞外，并不增受板课。谨白。②

可见，路道通乃大都大长春宫的道士，为募缘重刊《玄风庆会图》，寄单杭州玄妙观。待刻板完工后，则运归大长春宫印行。因此，《玄风庆会图》经板最后庋藏的地点应该在大都大长春宫。我们再来看上文刊载的这些明代劝缘题名。白云观、大德观、玉虚观等都是北

---

① 《明宣宗实录》卷97，台北"中研院"历史语言研究所1962年校印本，第2310页。
② 王卡、汪桂平主编：《三洞拾遗》，黄山书社2005年影印本，第16册，第419页；《天理图书馆善本丛书·汉籍之部》卷7，东京八木书房1981年影印本，第329页。

京著名的道观；永清右卫为明洪武年间设燕山六卫之一，主要职能也是守卫京城；易州、定州、天津也在北京附近。题名中还多次出现金台某某的称呼，金台乃明代北京的别称。如"广东布政司左参议金台杨春"，其籍贯应为北京。还有"武当大岳太和山金台真武庙下院"也是指武当山在北京的下院。《玄风庆会图》的经板藏于北京白云观，而这些明代劝缘题名人又都来自北京及其周围地区。种种迹象表明，现存的《玄风庆会图》残卷是由明代北京白云观的道士组织重印的，所用的刻板应该是元大长春宫遗留下的经板。

值得注意的是，白云观道众的题名有"白云观主钵东鲁王常安"与"白云观副钵绛阳李守一"的题名。王常安即前揭隆阳宫陈风便的嗣派弟子，而白云观副钵李守一，按龙门派字谱"真常守太清"之序，应该是龙门派"守"字辈道士。可见，白云观中长春真人仙派参与了此次《玄风庆会图》的重印。由此可证，隆阳宫一系的全真道人至迟在宣德年间已经进入了北京白云观，并在白云观使用龙门派字谱传承法脉。因此，陈教友在《长春道教源流》中推测的"白云观道派用龙门，当自清初王清正为始"是不准确的。[①] 白云观最早的龙门派传承当为明代隆阳宫一系的全真道人。另外，近年来有学者倾向认为，白云观全真传承在明代已断，至邵以正住持白云观时，净明道开始认同全真教，并有意识地接续白云观全真传承。由本文资料来看，此说亦有不妥之处。

明代初期，统治者出于对全真道唯独修一己性命的看法，及全真道与元室关系密切的嫌隙，对全真教不太重视。政府制定的度牒制度与道观管理制度，也大大限制了全真道的发展。全真道士多隐

---

① （清）陈教友：《长春道教源流》，《藏外道书》，巴蜀书社 1992 年影印本，第 31 册，第 134 页。

修于山野，云水于江湖，其活动少见于正史记载。但是，在全真道较为沉寂的明代，是什么原因促成了此次《玄风庆会图》的重新印行呢？

笔者认为，《玄风庆会图》的重印应该与明初北京白云观的兴起有很大关系。上文提到，元代《玄风庆会图》的刻板庋藏于大都大长春宫。而元朝灭亡后，大长春宫也随之废颓。明初梁潜《同游长春宫遗址诗序》中描绘道："今其宫既毁，独其遗址存据平陆，巍然以高。"① 但随后，燕王朱棣即以白云观为中心对大长春宫进行了重建。据胡滢《重修白云观碑》记载："洪武廿七年，太宗文皇帝居潜邸时，命中官董工重建前后二殿、廊庑厨库，及道侣藏修之室。落成于次年正月十九日，适丘处机降诞之辰。太宗文皇帝车驾亲临降香。越明年是日，仁宗昭皇帝为世子时，亦诣观瞻礼，屡建金箓大斋。永乐四年，又命道录司右正一李时中为住持。"② 此后，白云观又屡加修缮，成为京城著名的道教宫观。与此同时，白云观纪念丘处机诞辰的"燕九节"也十分繁盛，已成为京城最重要的民俗活动之一。《白云观志》录明张瓒《长春邱真人道行碑》云："自元迨今，历数百禩，京畿黎庶，奠浆祠下，如归市然，无非真人清风高致印于人心也。"③ 又录明刘郊祖《白云观重修碑》云："至今都城人及期谒款毂击肩摩顶，四方羽士亦来聚舍，谈葆炼之术者无虑以千数，俗谓宴邱云"。④ 明蒋一葵《长安客话》载："（丘）真人生于金皇统八年戊辰正月十九日，自元以来历数百禩，京畿黎庶每于是

---

① （清）于敏中：《日下旧闻考》，北京古籍出版社1981年标点本，第1583—1584页。
② ［日］小柳司气太：《白云观志》，《藏外道书》，巴蜀书社1992年影印本，第20册，第582页。
③ 李养正：《新编北京白云观志》，宗教文化出版社2003年版，第702页。
④ 同上书，第703页。

日致浆祠下，不啻归市。"① 明刘侗、于奕正《帝京景物略》亦载："今都人正月十九，致浆祠下，游冶纷沓，走马蒲博，谓之'燕九节'。又曰'宴丘'。相传是日，真人必来，或化冠绅，或化游士冶女，或化乞丐。故羽士十百，结圜松下，冀幸一遇之。"② 由此可见，明代，全真教虽然丧失了政治地位，但社会各界对全真祖师丘处机还是相当崇敬的。而且，来自全国各地的全真道士在燕九节聚集于白云观，庆祝邱祖的诞辰，同时交流修炼心得。在这种情况下，白云观作为长春真人丘处机的安葬之地，将元大长春宫留存的《玄风庆会图》经板重新印行，可以扩大丘处机真人与白云观自身的影响，同时也适应了当时道教界与社会民众的需要。

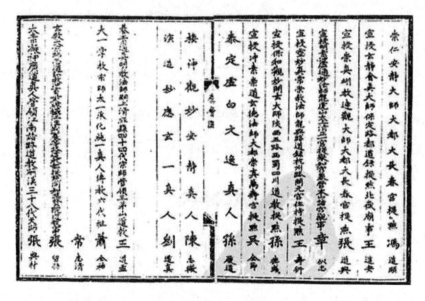

《玄风庆会图》中元代题名

---

① （明）蒋一葵：《长安客话》，北京古籍出版社 2001 年版，第 65 页。
② （明）刘侗、于奕正：《帝京景物略》，北京古籍出版社 2001 年版，第 138 页。

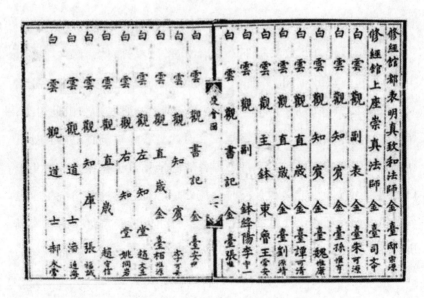

《玄风庆会图》中明代题名

第四节　长春真人仙派的传播

一　长春真人仙派在王屋山的传播

（一）张常真归隐王屋山

按《重修白云观碑》记载，正统九年（1444），张常真仍在白云观任主钵。到正统十四（1449）年羽化于王屋山完真堂，张常真归隐王屋山时已是生命中的最后几年。张常真共有两位弟子程守然与张守默。景泰三年（1452），其弟子程守然在王屋山完真堂曾为张常真修建灵宫一座，可见程守然随同其一起归隐了王屋山。后来，程守然在王屋山又收弟子白斋道人张太素，此人为长春真人仙派在王屋山发展做出了贡献。现存王屋山的《天坛修造白斋道人张公太素行实之碑》详载了张太素入山拜师的经历：

> 按状，师姓张氏，俗□珊□，派名太素，别号古拙子。籍占山西平阳府蒲州万泉县绵上乡丁樊村人，父讳宣，祖讳孝文，世以耕读不仕。母氏姚，生师于大明正统十年（1445）乙丑岁十一月十四日，未一周，父卒，母改适田氏，就养□□□氏，及成童出□传□，通诗书，既冠，娶卫氏女。完聚以祖籍补戍山东临清卫役。性嗜酒，百杯不醉。在行伍间，为识字把总，日日以酣饮为乐。忽一夕，梦一道士头戴纯阳二字，及觉心似有省，次日始安，独行北□滩孤绝处，素无人迹所到，心下仿佛如有所失。忽见一全真道人，心即踊跃，跪礼求点度者数次，道人固辞，仍恳告，即出袖中笔索示，道人遂书颂于掌上，颂曰："告彼天官大德贤，好参父母未生前。休□情性终朝饮，莫纵身心昼夜眠。百岁光阴如□□，千年岁月默头间，等闲蹉跎同常辈，一失人身万劫难。"遂同回首，至中途，忽不见，独自惆怅而归。又一夕，梦虚空竖翻竿一根，极高大，上又天盘，盘上有数道士，皆冠服执笏如朝礼状，旋绕盘上。复有人来召云："请赴法司考问。"曰："考什么？"答曰："考千字文。"觉来心如有得。一日同戍者，招饮肆中，心不乐酒，唯食淡面三盂。时有张千兵辅在席，举荤肉强之食，食毕即面色如土，徐仆地，良久方苏，众皆惊讶。自此从道，遂却荤味淡食。此始，凡人之是非，绝口不谈，贸易市物，虽其所索而售之，竟不知校。故人以白斋目之，如是出入戎伍中卅余年，事上处众，鲜有败事。族中选壮丁代戍，得宁家休息。生子一人名景实，亦完娶成继。遂慨然心慕出尘，拉同母弟田九

畴偕行，由是鞿云杖月，带露巾霜，自晋土而历秦中，陟终南，登太华，访商山峰，皆因缘未辏，乃出关，遍崧洛淮汲，皆未惬意。闻覃怀济渎盘谷之胜，复渡河迤逦而来，由是得入王屋山，见山水奇绝，知为十大洞天之首，暂憩于阳台宫白云洞，此弘治六年（1493）也。闻玉泉庵程公守然，道风高卓，乃完真堂蜕质张公常真之高弟也。邂逅间，遇程公于紫微宫，拜叙间，公举以此宫有《道藏经》，可以检讨。师问："藏经云何？"公答曰："凡修身治国，众举超脱，皆具于此，以《千字文》纪篇首，次第而寻之可见。"师嘿领之，正合梦中之谶。因本宫先进范公太阳之举，遂礼程公为师，嗣派太素，弟名太希，授以返还无为之旨。①

碑文中提到弘治六年（1493），张太素拜程守然为师时，程守然向他说明紫微宫有《道藏》一部，可以查阅。关于此部《道藏》的来历，王屋山《明世宗谕旨碑》载："我朝正统间，尝钦赐敕命道经。比朕临御以来，亦尝遣祀及颁降诸品经，诰其彰灵显异，上以佑护皇家，下以福庇生民。"② 可见，此时程守然所讲之《道藏》应该是正统年间英宗颁赐的《正统道藏》。弘治六年（1493）距离正统年间不远，紫微宫内的《正统道藏》保存完好，尚可供学道者检阅。《正统道藏》的编修本始于永乐年间，中间搁置了很多年，直至正统九年（1444），明英宗诏命通妙真人邵以正督校大藏经典，组织人员增所未备，刊版完工。正统九年十月甲子，颁释道大藏经典于天下寺观。③ 邵以正为净明道刘渊然弟子，他与白云观中的长春真人仙派关系密切，程守然

---

① 《天坛修造白斋道人张公太素行实之碑》，此碑现立于河南省济源市王屋山天坛顶总仙宫。
② 嘉靖二十七年《明世宗谕旨碑》，原在王屋山紫微宫，现存济源济渎庙。
③ 陈国符：《道藏源流考》，中华书局2012年版，第174页。

便拜其为师。因此，程守然等人也极有可能参与了《正统道藏》的刊版工程。笔者推测，张常真、程守然等人归隐王屋山，应该与明英宗颁赐《正统道藏》有很大关系，他们或许正是随同颁赐藏经的特使一起到的王屋山。

（二）张太素修造王屋山

长春真人仙派在王屋山地区勃兴始于程守然弟子白斋道人张太素，他对明代王屋山道教影响很大，其主要功绩是在弘治到嘉靖年间（1498—1523）对王屋山天坛道场的两次大规模重建扩建，使得王屋山天坛总仙宫诸殿面貌大为改观。明代文学家、右都御史何塘因家居怀庆府，曾与在王屋山修道的张太素有过交往。何塘见其温厚诚朴，退然若愚，认为其是有道之士，曾向其请教道要，但张太素固辞不知，寂无一言。[①] 后来何塘为其撰有《白斋张先生修建碑记》《王屋山天坛玉皇庙记》《白斋张先生墓表》等记文，这些文章收进了何塘《柏斋集》中，保留了许多张太素兴造王屋山天坛道场的史料。

据何塘记载，弘治十一年（1498），张太素见坛顶无玉皇殿，叹曰："山以天坛名，玉皇上帝，天神之主也。三清有宇，而玉皇无殿，何以竭虔妥灵？大不称名山本意。"[②] 于是，他与下方院（紫微宫）住持刘公静云谋商，欲在天坛西北峻坡建殿奉安上帝。刘公允许后，他便开始召集门人弟子募捐钱财，修造天坛玉皇殿。他在天坛顶上修建了铜脊铁瓦的大殿三间，还为大殿配置了铜像、侍女像、香炉、鼎、花瓶、大镜等，又在大殿左右各建天将殿三间。此次修造历时八年，

---

① （明）何塘：《柏斋集》卷10，《文渊阁四库全书》，上海古籍出版社1987年影印本，第1266册，第625—626页。

② （明）何塘：《柏斋集》卷8，《文渊阁四库全书》，上海古籍出版社1987年影印本，第1266册，第577—578页。

极其昂贵费工，仅大殿玉帝铜像就重达四千二百斤。铸像之时，倾城王公士庶，莫不兴叹，争相施金珠者不计其数。

对天坛玉皇殿的修造，使得张太素声名大振。正德四年（1509），郑懿王朱佑栌修建怀庆府玉清宫玉皇宝阁时，亦令旨召请张太素主持修建。正德十年（1515），汴城周府胙城王孙辅国将军因有疾祷于天坛有感，也遣使赍书币敦请张太素复修天坛总仙宫三清诸殿。此次复建共修建铁瓦铜脊殿三十余间，廊庑二十间，道院门徒所居方丈四十余间。中间还修有轩辕授道三级瑶台一座，各殿铸塑圣像多达一百三十有四尊。[①] 这次工程又耗时了八年，使得王屋山天坛诸观规模大为扩展。有了王公贵胄的资助，王屋山天坛道观在建筑和造像中大量使用金、铜和铁等贵重原料，虽然工程极为靡费，但使天坛诸宫观金碧辉煌，蔚为壮观。通过两次主持对天坛诸宫殿的修建，张太素在王屋山的影响逐渐扩大，弟子们为了纪念其功绩，还在天坛顶上为其树碑立传，并刻下本派派字谱与宗枝传承，长春真人仙派在王屋山逐渐兴盛起来。

$$
张常真→程守然
\begin{cases}
陈太洪→王清润 \\
张太素→王清芳、冯清善、薛清渶、王清泽、乔清鉴等 \\
范太阳→张清霞 \\
田太希→韩清阳、高清谭
\end{cases}
$$

（三）长春真人仙派与王屋山本山全真派

张太素在王屋山及地方王公士绅中颇有名望，但他并不是王屋山全真道人的领袖。按《天坛修造白斋道人张公太素行实之碑》记述，

---

① （明）何塘：《柏斋集》卷8，《文渊阁四库全书》，上海古籍出版社1987年影印本，第1266册，第581—582页。

张太素拜师学道之后，先往砥阳山结庵隐修。后见天坛顶无玉皇殿，便向下方院住持刘公静云请求在天坛西北峻坡建殿奉安上帝。下方院住持刘公静云即王屋山十方大紫微宫住持刘静云。从元代开始，以"紫微宫、阳台宫、清虚宫"三宫为主的王屋山道教建筑群便建立了，而三宫又以紫微宫为首，紫微宫因而又称王屋天坛山十方大紫微宫清虚小有洞天。紫微宫的住持一般管领王屋"三宫"，以及山上一些附属宫观。在明正德十五年（1520）《重修阳台万寿宫三清殿记》碑阴题名中记有"紫微宫住持刘静云、原真方、李真□、党真洪"；"总仙宫住持张太素、徒冯清善、王清泽、乔清鉴"。①总仙宫位于王屋天坛极顶，古称"琼林台"，是王屋山道教宫观体系的宫观之一，亦属十方大紫微宫管辖。因此，张太素欲在天坛顶上修建玉皇殿，还需要征求紫微宫住持刘静云的同意。此外，在《长春真人仙派传授图》碑上刻的宗枝传承中，张太素以下的"清"字辈弟子与"一"字辈弟子的姓名均被人磨掉了。在磨平的地方又重新刻上"□□□领尊宿刘静云、丘真环，本宫道众略开在后"，后面共刻有"净"字辈道士题名两人、"真"字辈道士二十四人、"常"字辈道士六十三人，"守"字辈道士十八人等，这些道士应该为刘静云门下法裔。从派字谱来看，张太素系与刘静云系道士均属全真龙门派，但其中的辈字却相差了四代，显然非属同一龙门派体系。

蒙元时期，全真道在王屋山地区分布极广。马丹阳、丘处机、刘处玄、王处一、郝大通等宗系弟子在王屋山均有流传，其中，丘处机弟子宁神子张志谨曾住持王屋山下灵都万寿宫，在此传承邱祖法脉。②元至大三年（1310）时，张志谨系法裔傅道宁成为王屋天坛山十方大

---

① 《重修阳台万寿宫三清殿记》，此碑现存于王屋山阳台万寿宫。
② 张方：《蒙元时期王屋山全真教活动述略》，《宜春学院学报》2012 年第 10 期。

紫微宫清虚小有洞天的住持，并受元代皇帝圣旨管理王屋山道教。①
可见，元代中后期，丘处机法裔在王屋山处于领导地位。笔者推测，
刘静云一系的龙门派可能是王屋山原有的全真邱祖法脉，他们在王屋
山人数众多，处于管理地位。而张太素一系邱祖法脉是正统年间由张
常真从北京白云观带来的，属于外来的龙门派。可能正是因为张太素
一门弟子仅将自己本派弟子题名刻于天坛顶碑上而引起了王屋山原有
道派的不满，他们把一些小辈道士的名字抹去，又重新在上面刻上他
们的题名。明代王屋山龙门派的传播与发展情况说明了龙门派的产生
与传续并非道书中所述的一脉传承，而应该是有多个源头。

二　长春真人仙派在其他地区的传播

除了王屋山地区之外，隆阳宫一系全真道在陕西终南山一带也有
传播。陕西户县化羊庙现存一通景泰三年（1452）《重修古迹东岳庙
记》碑，碑文载：

> 西安府户县终南山化羊谷东岳庙者，历年既久，碑刻而
> 存……今宣德元年，有北京隆阳宫全真道士常存荣公，因以楼观、
> 终南、祖庭三宫之福地，尽在关中，由是驾言西迈，来游观之。
> 乃与周曲湾正阳洞道士杨道中而共居焉。已而化羊庙祝杨仁闻其
> 道行高妙，礼请以来。②

碑记中道士题名为"荣常存、郑守山、杨守清、李道明、梁道一、王

①　元至大三年《紫微宫圣旨碑》，陈垣《道家金石略》，文物出版社 1988 年版，第
733 页。另见元至元十五年《创建西溪观记》碑阴题名中记载"张志谨→杜志元→李志
微→段道信→傅道宁"，此碑现立于山西省太原市阳曲县高村乡杏沟村东。
②　吴敏霞主编：《户县碑刻》，三秦出版社 2005 年版，第 349 页。

守静、刘守□、陈守真",此乃西北地区最早出现的全真龙门派道士题名。① 按碑中所记,宣德元年(1426)道士荣常存由北京隆阳宫来到关中地区,此时正是痴呆子陈风便挂剑隆阳宫时期,荣常存又与张常真、王常安同属常字辈,此人极有可能为陈风便之弟子。

另外,隆阳宫一系全真道士虽然在正统年间(1436—1449)进驻白云观,但其在房山一带仍有传承。据吕梁凤山道院藏《明故真默子姜君墓志》记载,真默子姜浩渊早年多病,遂出家投礼三阳凤山孙云际为师,授正一教法符诀。天顺元年(1457),北上京师请经度牒,后又"投礼张良洞全真崔君常熊为师,受抱元守一之道,修真养性之决"。② 张良洞亦在房山,据《房山县志》记载:"张良洞又称'玉室洞天',县西北七十里,张子房辟谷之所。"③ 张良洞与隆阳宫相去不远,全真崔常熊与张常真、王常安等辈字相符,也应属隆阳宫一系道士。

第五节　关于龙门派字谱传播的讨论

房山隆阳宫的全真道士在明正统前后进入了北京白云观,此时白云观虽为正一、净明派道士住持管理,但作为丘处机的藏蜕之所,它仍是全真道的圣地。因此,以张常真为首的隆阳宫道人将其派的传承追溯到长春真人丘处机,开始在白云观承继邱祖法嗣,自称"长春真

---

① 樊光春:《明清时期西北地区全真道主要宗派梳理》,赵卫东《全真道研究》第一辑,齐鲁书社2011年版,第222页。
② 《明故真默子姜君墓志》,此碑现立于山西省吕梁市凤山道院真人祠旁。
③ 康熙《房山县志》卷3《古迹》,国家图书馆古籍馆家谱地方志阅览室藏微缩胶卷,编号DJ1951。

人仙派"。长春真人仙派使用的派字谱也与当下流传的邱祖龙门派字谱的前二十字基本相同，是迄今为止发现最早的龙门派字谱。虽然目前还没有证据表明龙门派字谱是由该派所创，但他们居于全真祖庭白云观，标榜为邱祖法嗣，与慕名而来的各地道士交流修炼心得，传播邱祖认同，其对明代全真龙门派的发展及派字谱的传播所起到的作用是关键性的。

关于龙门派字谱的形成时间，张广保先生在《明代全真教的宗派分化与派字谱的形成》一文中指出，金元时期全真教并无派字诗之类旨在确立宗派认同、标明传承辈分的谱系出现，全真各宗派字谱的出现应该在明代。① 而明代的全真道士想要追认其派祖师，构建自己的传承谱系，必然要对法脉传承进行向上的溯源。当下流传最广的龙门派传承谱系为《金盖心灯》构建的传承系统。但是，这一传承系统已受到学术界的普遍质疑。其所述的前六代祖师的真实性，难有史料证实。而且，此系早期传承在四百多年间仅传五代，平均每八十多年传承一代，令人难以置信。这些年，学者通过对各地道教碑刻的田野调查，在许多地区均发现了使用龙门派字辈的全真道士在活动。这些龙门支派具有浓厚的地方色彩，彼此之间并无密切联系，呈现出多源分散的特点。例如，榆林市陕西佳县白云观明万历三十六年（1608）"真"字辈，② 平均六十多年一代才能追溯到丘处机；山东马山顺治十六年（1659）李常明一系，③ 也要平均六十多年一代；武当山万历四

---

① 张广保：《明代全真教的宗派分化与派字谱的形成》，赵卫东《全真道研究》第一辑，齐鲁书社 2011 年版，第 216 页。
② 樊光春：《碑刻所见陕西佳县白云观全真道龙门派传承》，陈鼓应《道教文化研究》第 23 辑，生活·读书·新知三联书店 2008 年版，第 261 页。
③ （民国）白永贞编纂：《铁刹山志》，辽宁人民出版社 2001 年版，第 384 页。

十二年（1614）的李玄成一系，[①] 要平均九十多年一代；而武当山康熙年间的白玄福一系，[②] 则要平均一百一十多年一代。还有本章提及的王屋山刘静云一系也要平均六十年一代，如若是元代王屋山傅道宁一系法裔的话，傅道宁身为丘处机的五代弟子，本身就应该是"静"字辈道士了。这些龙门派传承的派字谱是否直接从邱祖追溯下来的吗？很值得怀疑。

　　同时，我也发现有一些龙门支派辈字传承的代际是在正常范围之内的，如正德八年（1513）山东修真宫的"守"字辈，[③] 追溯到丘处机约需四十年一代；嘉靖万历年间，茅山乾元观的阎希言为"复"字辈，[④] 平均需二十二年一代；还有本章所述的长春真人仙派，在宣德年间为"常"字辈，此时距丘处机仙逝二百年左右，平均约三十年传一代；而且，张常真在白云观称长春祖师嗣法六代玄师，明确追溯到龙门派祖师丘处机。但是，从张常真以上的传承来看，无论是其师父陈风便，还是传陈风便全真道法的李古岩、徐守中，姓名均与龙门派字谱不符。笔者推测长春真人仙派在追溯自己传承谱系时，是根据与丘之间传承代数来确定道士的辈字，他们追溯的前几代道士姓名并不要求与派字谱一致。而且，此系的代际推算方法与律宗也不相同。按照律宗的推算方法，常字辈的王常月为邱祖下第七代嗣师，而隆阳宫一系"常"字辈的张常真却为邱祖以下第六代嗣师。笔者认为，由于隆阳宫一系在构建自己传承时，并不苛求前几代与派字谱相符，因此，

---

　　① 杨立志：《明代武当山全真道碑刻考略》，《第二届全真道与老庄学国际学术研讨会论文集》，华中师范大学出版社 2012 年版，第 224 页。
　　② 尹志华：《清初全真道初探》，赵卫东《全真道研究》（第二辑），齐鲁书社 2011 年版，第 167 页。
　　③ 赵卫东主编：《山东道教碑刻集》（青州、昌乐卷），齐鲁书社 2010 年版，第 185 页。
　　④ 王岗：《明代江南士绅精英与茅山全真道的兴起》，赵卫东《全真道研究》第二辑，齐鲁书社 2011 年版，第 30 页。

他们把丘处机作为派字谱的第一代"道"字辈，余下类推，第六代即为"常"字辈。这一推算方法与《南无道派宗谱》中南无派的推算方法相同，南无派即把谭处端为派字谱的第一代"道"字辈①。

关于龙门派产生与传播的多源性，笔者认为，在龙门派字谱出现的早期，一些邱祖法裔通过对丘处机的追溯来确定了自己的辈字。后来，随着龙门字谱传播与影响日益增大，各地一些认同邱祖的道派又开始从不同的字辈依附到龙门派之中。（如下一章所涉介休后土庙的全真道派，便是在正德年间从"德"字辈开始使用龙门派字谱）这一过程在时间上是延续的，空间上是多源的。因此，龙门派的复兴并不是依靠法脉的单线传承，龙门派字谱被广泛认同是其重要原因。龙门派字谱犹如传播的火种，将散落在各地的全真法裔一一点燃。在这一过程中，字谱成为各地邱祖法裔的认同符号，在全真教内部师承混乱、认同淡化的情况下，起到了强化内部认同的作用。

---

① （清）刘名瑞：《南无道派宗谱》，《三洞拾遗》，黄山书社 2005 年影印本，第 17 册，第 561 页。

第四章 明代中后期龙门派在民间的兴起

——以山西中部为例

明代中期以后，随着明政府宗教政策的松动，沉寂的全真教开始从民间社会逐步复苏。以山西中部地区（太原、晋中一带）的龙门派为例，从正德年间开始，这一区域便陆续出现五六支使用龙门派字谱的全真教团在活动，这其中既有本地固有的教派，也有外来的龙门支派。随着这些教团的传承与扩展，这一地区龙门派的道观数量与道士人数不断增加，逐渐成为这一区域的主流道派。

第一节 明代介休后土庙的龙门派传承

介休后土庙位于山西省介休市庙底街，背依介休老城墙，是一处由后土庙、三清观、吕祖阁、关帝庙等庙宇组成的道教古建筑群，约占地1.6公顷，为全国重点文物保护单位。这座道教宫观文化的典型遗存，体现了历朝历代后土崇拜经久不衰并与道教融合发展的文化轨迹，有着极高的道教文化研究价值、独特的艺术价值和深厚的传统文化价值。

一 后土庙的建筑格局

介休后土庙的建筑格局为四进院落，中轴线上建有影壁、山门、护法殿、献亭、三清楼、乐楼和后土殿，两侧配有钟鼓楼、配殿与廊房等。而在其东侧又附有吕祖阁、关帝庙、土神庙三个一进院落的小型庙宇，构成了一组庞大的道教建筑群。

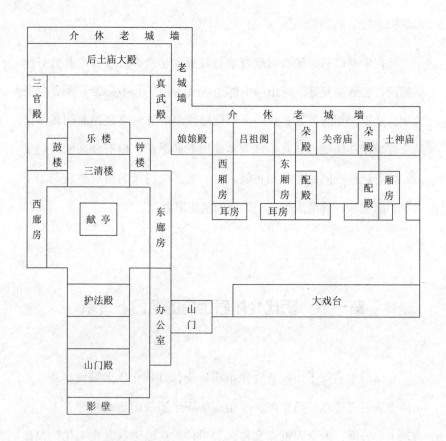

二　介休后土庙的历史沿革

后土庙的始建年代已不可考，据庙内存嘉靖十三年（1534）《重修后土庙碑》记载：其历史可以追溯到南朝宋孝武帝大明元年（457）。南朝梁武帝大同二年（536）时曾有重修。隋时，大将尉迟敬德曾率兵在此住宿，相传庙南边的阵巷口即为其点将之地。[①] 到了宋代，后土信仰尤盛。据《宋史·真宗纪》记载，宋真宗曾封禅后土，并设后土圣母像。[②] 在此风气影响下，介休后土庙于宋皇祐元年（1049）得到了朝廷的敕修。元大德七年（1303）山西大地震，介休后土庙遭到严重破坏，渐于荒废。至大二年（1309），一些道士在损毁的后土庙前部区域修建了一座三清观。[③] 九年后，提点道士李道荣又将残毁的后土庙修建一新，后土庙也就正式纳入了道教管理。

明洪武年间，后土庙由辛秀颜[④]重修，始建真武、三官两座偏殿。到了正德年间，乡绅梁智欲出资扩建庙中残破的献楼，由此还引发了一些波折。由于后土庙献楼背靠三清观，并与三清殿紧密相连，当地民众认为建乐楼愈高而神愈下，对神不敬。于是，住持道士张德深四方募捐，梁智又出资百两，其余施财者不下千人，将三清殿筑基与乐楼同合为一，中则分之，起三清圣像与崇楼之极，前列万圣朝元，后奏献以奉后土，神上而乐下，使人心安而神妥。[⑤] 但是，这次修建后又出现了一个问题，就是三清殿与后土献楼远远高于了后土殿，梁智

---

① 张晋平编著：《晋中碑刻选粹》，山西古籍出版社 2001 年版，第 183 页。
② 《宋史》卷 8《本纪》，中华书局 1977 年标点本，第 147 页。
③ 陈文龙：《试论山西介休后土庙道教建筑群之管理》，《世界宗教文化》2010 年第 4 期。
④ 碑刻文字为"□会辛秀颜"疑为道会，辛秀颜极为可能为道士。
⑤ 张晋平编著：《晋中碑刻选粹》，山西古籍出版社 2001 年版，第 179 页。

认为"巍峨高崇有欺庙貌"。因此在献楼建成的第二年，他会同住持张德深继续募集资金，又将后土殿、真武殿与三官殿重整一新，倍增于昔。① 这两次重修工程共历时十九年，耗费无数，将介休后土庙建成了一方之胜景。这两次工程主持者均为署印道士张德深。按《明实录》载："洪武十五年（1382），府设道纪司，都纪一人，从九品，副都纪一人，未入流。州设道正司，道正一人，县设道会司，道会一人，俱未入流。"② 介休为县，张德深所署应为道会司之印。由于明代各级道教管理机构设官不设署，诸司全设在道观里，所以，后土庙即为介休道会司所在。此外，在《后土庙重修碑记》中，张德深还将其道派的传承历史向前追溯了三代："本庙祖师赵洞海，门人韩福霓、王福宏，门徒韩德源、张德深、高德济，门徒李通桂、吕通相、郝通楔、胡通枢。"由此算来，明代后土庙道派历史应该可以追溯到明代前期，其传承极有可能从元代延续下来。

虽然历时多年，但张德深对后土庙进行的规模宏大的重修并未彻底完工。其中殿内神像未置，三门也尚未修建。据庙内存《重修太宁宫殿并创建三门碑》记载，嘉靖四十年（1561），张德深弟子、继任住持吕通相、张通晓承继师傅未竟事业，募缘将两廊的塑像及三门完工。③ 此后，从隆庆到天启年间（1567—1627），后土庙又经历了四次小规模的维修，多为修葺、上妆之类工程，后土庙、三清观的格局未有大的改变。

明崇祯十二年（1639），政府在后土庙东侧敕建了吕祖阁；清雍正十年（1732），吕祖阁旁边又新建了一座土神庙；乾隆二十五年

① 张晋平编著：《晋中碑刻选粹》，山西古籍出版社 2001 年版，第 183 页。
② 《明太祖实录》卷 144，台北"中研院"历史语言研究所 1982 年校勘本，第 2262 页。
③ 《重修太宁宫殿并创建三门碑》，现嵌于后土庙娘娘殿后墙。

（1760），介休知县汪本直又将东关外的关帝庙迁移到了此处。① 后土庙逐渐形成了一座庞大的庙宇建筑群。

从后土庙现存碑记来看，明清时期，后土庙一直由一支传承有序的道派住持管理。而且，在明嘉靖年间，这支道派还进驻了介休城内的城隍庙。据隆庆六年（1572）《重修城隍庙碑》记载：嘉靖戊戌（1538），城隍庙因火灾被毁。邑人重建后，由后土庙道士前去管理。住持城隍庙的道士为张德深师弟高德济。此碑题名中有"本庙道士高德济、徒孙张玄焕、张玄炜、张玄耀"②，可见隆庆年间，这支道士在城隍庙已传了两代。后来，高德济这一支在城隍庙一直传承到了清末，至少传续了十六代，清代时，城隍庙这一支反而更为兴盛，逐渐取代了后土庙成了县道会司所在地。

介休后土庙大殿

----

① 嘉庆《介休县志》卷3《坛庙》，台北成文出版社1976年影印本，第215页。
② 张晋平编著：《晋中碑刻选粹》，山西古籍出版社2001年版，第183页。

介休城隍庙大殿

城隍庙大门

三 介休后土庙的道派传承

据前文碑记所载，后土庙在元代由提点道士李道荣重修。但是，李道荣为何道派，碑记并未言明。全真教兴起于北方，山西是其活动的重要区域。元代有许多著名的全真道士在山西传教授徒，如尹志平、宋德芳、孙志坚、潘德冲、张志谨等。其中，清和真人尹志平还曾应沁帅杜德康的邀请赴平遥（与介休相邻）主持醮事，[①] 平遥现存的清

①　陈垣编纂：《道家金石略》，文物出版社 1988 年版，第 568 页。

虚观即为一座大型全真宫观。可见，元代全真教在这一地区影响很大，重修后土庙的李道荣属全真派的可能性极大。此外，据后土庙康熙二年（1663）《三清观重修碑记》记载："邑中西北隅三清观，历年滋远不可考矣。其位背坎向离，久为全真焚修之地。"① 这也印证了介休后土庙的全真教性质。

同时，笔者通过对介休后土庙、三清观、城隍庙、土神庙现存明清碑石的考察，发现后土庙道派从明代到清末一直使用全真龙门派辈字谱，传承有序。现将碑石中所载道士题名按年代先后列表如下：

年代	碑石	道士题名	藏地
正德十四年（1519）	《创建献楼记》	道士张德深	后土庙
嘉靖十三年（1534）	《重建后土庙碑》	本庙道会祖师赵洞海，门人韩福霓、王福宏，门徒韩德源、张德深、高德济，门徒李通桂、吕通相、郝通楔、胡通枢	后土庙
嘉靖四十年（1561）	《重修太宁宫殿并创建三门记》	住持吕通相、张通晓，门徒李玄□、李玄□，署印道士□玄□	后土庙
隆庆六年（1572）	《重修城隍庙碑》	本庙道士高德济，徒孙张玄焕、张玄炜、张玄耀	城隍庙
万历六年（1578）	《介休重修后土庙碑》	本宫道士李玄灿、郭玄□、李玄灯，门徒赵静□、李静□、□静□	后土庙
万历二十二年（1594）	《重修后土圣母祠记》	知庙道士王玄炯、李玄灯，道士郝静塸，道士王真钺	后土庙

---

① 《三清观重修碑记》，现存于介休后土庙。

年代	碑石	道士题名	藏地
天启七年（1627）	《重修后土庙碑记》	三清观道士宋真鋬，本庙道士岳静坽，门徒段真□、萧真□、冀真鍊，侄赵真镭、徒翟常湟	后土庙
雍正二年（1724）	《重修城隍庙碑》	师祖张守椿、张守材、张守朴、张守极、张守棂，师刘太煊、卢太爌、张太煊、梁太□、郑太炜、郭太煌，徒张清垲、武清坟、任清圻、宋清垣、胡清培、郭清㙍、宋清墡、郭清封、张清抖、张清圣，孙钮一锽、任一鋘、温一鏑、乔一铎、文一□、文一锦、董一铸、武一鋐、宋一□，曾孙史阳□、郝阳□、刘阳□。住持道士胡清培、郝清鑛，徒宋一镇、温一鏑、董一锑、武一鋐，曾孙王阳□、任阳□	城隍庙
雍正十年（1732）	《重修土神庙记》	住持道人王一镇，徒张阳浩，孙冀来柱	土神庙
嘉庆十七年（1812）	《重修土神庙记》	住持道士任本坦、马本垣、贺本壤，徒任和锦、郭和钰、师和绿、温和铎	土神庙
嘉庆十九年（1814）	《重修城隍庙碑》	住持道会司郭来楷，侄张复炗、王复熿，徒王复照、侯复熺，徒孙詹本缸、高本基、侯本堎、任本壒、石本台、石本塲、张本域、温本塈、安本城，曾孙高和鉴、范和银、张和铃、宋和金、王和镥、范和镛、宋和钟、孟和铭，玄孙李教濵	城隍庙

上表所示，大约在明正德年间，介休后土庙、城隍庙的全真道士从"德"字辈开始使用龙门派字谱，至清嘉庆年间的"教"字辈时，一共传承了十六代。① 从中我们发现，在明代前期，后土庙道士并未使用龙门派字谱，如道会祖师赵洞海，门人韩福霓、王福宏，使用的是"洞""福"字辈。后土庙道士使用龙门派字谱是从赵洞海的徒孙张德深的"德"字辈开始的，并没有出现龙门派字谱起始的"道"字辈。因此，介休后土庙的派字传承很可能是将"德"字辈以后的龙门字谱与后土庙原有辈字嫁接而形成的。

洞→福→（德→通→玄→静→真→常→守→太→清→一→阳→来→复→本→合→教）

明清时期后土庙的派字传承

目前，流传最广的龙门传承谱系为律宗构建的传承系统。据闵一得《金盖心灯》记载，丘处机弟子赵道坚为龙门派"道"字辈开山祖师。② 不过，此说已遭到学术界的普遍质疑。首先，赵道坚仙逝于西行途中，不可能开创龙门派。其次，此系早期传承史实模糊，在四百多年间仅传五代，平均每八十多年传承一代，实为不可思议。由此，清代陈教友另辟新说，认为龙门派源于丘处机法孙姜善信。③ 而清代

---

① 表中天启七年（1627）《重修后土庙碑记》与雍正二年（1724）《重修城隍庙碑》相差近百年。天启七年碑传承至龙门第七代"常"字辈。雍正二年碑虽已传到第十二代"阳"字辈，但向上追溯到第八代"守"字辈，从时间上可以与前碑衔接。而且，从道士名字来看，二碑道士命名均以"水木火土金"为序，这是后土庙道派独特的命名方式（见后文）。因此，笔者认为，明清之际介休后土庙道派在传承上应该是延续的。

② （清）闵一得：《金盖心灯》，《藏外道书》，巴蜀书社 1992 年影印本，第 31 册，第 176 页。

③ （清）陈教友：《长春道教源流》，《藏外道书》，巴蜀书社 1992 年影印本，第 31 册，第 114 页。

《铁刹山志》又记载龙门派的第一代为丘处机的弟子任道安。[①] 还有前章节所述的隆阳宫一系的张常真亦称"长春祖师六代嗣法玄师"。上述对龙门派传承谱系的记述差异很大，但无疑都将字谱传承的起始追溯到了长春真人丘处机。此外，学术界通过对各地全真教碑刻的田野调查发现，在明代中期以后，王常月中兴全真龙门之前，陕西、山东、河南、湖北、江西、云南等地都有使用龙门派字谱的全真道士在活动，其地域跨度之广，超出传统道典的记述。这些龙门派具有浓厚的地方色彩，彼此之间并无密切联系。[②] 因此，龙门派的产生与传续并非道书中所述的一脉相承，应该是来自多个源头，介休后土庙应该就是其中的一支。

按照龙门派字谱的推算方式，"德"字辈向上推两辈应该就是丘处机。但是，后土庙"德"字辈道士张德深追溯的道派祖师却为赵洞海，而且其所生活的年代距离邱祖离世已有数百年，实难有联系。因此，笔者认为，在明代使用龙门字谱的道派有很多未必能追溯到丘处机，或许只是使用了龙门派字谱而已。例如，吕梁北武当山道派，在万历年间开始从"通"字辈传承龙门派字谱，从时间上来看也很难追溯到丘处机。

关于龙门派字谱产生的时间，目前学术界难有公论。但从前章隆阳宫一系的全真道活动来看，至少在明宣德、正统年间龙门派字谱就已经开始流传。笔者推测，明代中后期，随着字谱的传播越来越广，影响日益增大。全国各地的一些认同邱祖或者认同全真教的道派开始放弃原来的字谱传承，从不同的字辈依附到龙门派洪流之中。这一过程在时间上是延续的，空间上是多源的。这些道派中有的通过对自己

---

① （民国）白永贞编纂：《铁刹山志》，辽宁人民出版社2001年版，第384页。
② 张广保：《明代全真教的宗派分化与派字谱的形成》，赵卫东《全真道研究》第一辑，齐鲁书社2011年版，第216页。

传承的追根溯源，从而根据辈分将自己接续到龙门派字谱之上。另外一些则是认同邱祖法派，为了融入正统而开始使用龙门派字谱。龙门派的发展壮大并不仅仅依靠法脉的传承，龙门派字谱被广泛认同是其中的重要原因。龙门派繁衍的如此之快实际上就是龙门派字谱泛化的过程。在这一过程中，字谱成为散落在各地全真教徒认同符号，在全真教内部师承混乱，认同淡化的情况下，起到了强化内部认同需要。

四　后土庙道士独特的命名方法

字辈谱，又称"字派""行第""派序"，是我国古代一种独特的文化现象，即表明同宗家族世系血缘秩序的命名序列，是我国宗法制在姓名上的重要表现。宋代有辈字谱雏形，但是，明代是我国字辈谱定型与规范的时期，明太祖朱元璋是第一个采用字辈谱的帝王。据《明史·诸王世系表一》记载：

> 洪武中，太祖以子孙蕃众，命名屡有重复，乃与东宫亲王世系，各拟二十字，一字为一世。子孙出生，宗人府依世次立双名，以上一字为据，其下一字则取五行偏旁者，以火、土、金、水、木为序，惟靖江王不拘。东宫拟名曰："允文遵祖训，钦武大君胜，顺道宜逢吉，师良善用晟。"秦府曰："尚志公诚秉，惟怀敬谊存，辅嗣资廉直，匡时永信惇。"晋府曰："济美锺奇表，知新慎敏求，审心咸景慕，述学继前修。"燕府后为帝系，曰："高瞻祁见佑，厚载翊常由，慈和怡伯仲，简靖迪先猷。"周府曰："有子同安睦，勤朝在肃恭，绍伦敷惠润，昭格广登庸。"楚府曰："孟季均荣显，英华蕴盛容，宏才升博衍，茂士立全功。"齐府曰："贤能长可庆，睿智实堪宗，养性期渊雅，寅思复会通。"鲁府曰："肇泰阳当健，观颐寿以弘，振举希兼达，康庄遇本宁。"蜀府曰：

"悦友申宾让，承宣奉至平，懋进深滋益，端居务穆清。"湘府曰：
"久镇开方岳，扬威谨礼仪，刚毅循超卓，权衡素自持。"……考明
代帝系，熹宗、庄烈二帝名，始及"由"字。其他王府，亦多不出
十字。太祖二十六子。懿文太子外，皇子楠未封。成祖以洪武三年
封燕王，后尊为帝系，不得仍列之藩封世次。①

至此，字辈谱的应用开始在我国民间的宗族、行会、帮派与宗教
团体中广泛流传开来。而龙门派二十字派字谱就与明皇室辈字谱格式
颇为类似。除此之外，明皇室命名方式还有一个独特之处，即依世次
立双名，上一字为取自字谱，下一字则取五行偏旁者，以火土金水木
为序。如明代皇帝燕王世系名字依次为朱高炽、朱瞻基、朱祁镇、朱
见深、朱佑樘等。

介休后土庙道士在使用龙门派字谱传续道派时，也使用了这种独
特的取名方法。他们的名字为双字，上一字为取自龙门派谱，而下一
字取五行偏旁者，以火土金水木为序。如德字辈的道士的名字都是水
字旁的字，通字辈的道士的名字一般为木字旁，然后依次用水、木、
火、土、金旁的字为道士命名，五代为一个循环。如：

张德深（水）→李通桂（木）→李玄灿（火）→郝静墉（土）
→赵真镭（金）→翟常滢（水）→张守椿（木）→刘太煊（火）
→张清垲（土）→钮一锽（金）→张阳浩（水）→郭来楷（木）
→王复照（火）→任本坦（土）→任和锦（金）→李教滨（水）

水→木→火→土→金是五行相生的顺序，意味着生生不息，代代
永传。后土庙道士保持这种命名方式长达几百年时间。这使得他们在

---

① 《明史》卷100《诸王世系表》，中华书局1974年标点本，第2503—2504页。

使用了龙门派辈字谱，与其他龙门法裔合流以后，还保持本道派的独特印迹。他们的这种取名方式显然是模仿了明代皇室的做法。在后土庙正德十四年（1519）《创建献楼碑》中就有明庆成王世系宗亲的题名："庆成王府殿下：奇涑、奇㵀、奇㵤、表棋、表桔、表桱等。"①也许正是藩王宗室的这种独特的命名方式启发了后土庙的道士，他们模仿此种做法，使得其传承代代有序，并保持了自己的独特性。目前，这种情况还未在其他龙门派传承谱系中发现。

后土庙献楼

嘉靖重修后土庙碑

---

① 张晋平编著：《晋中碑刻选粹》，山西古籍出版社 2001 年版，第 179 页。

五 后土庙道士的经济来源

道观的经济收入关系明代全真教在民间的生存与发展问题。但由于缺乏文献资料的支撑，我们很难有全面了解明代全真道士们的日常生活，目前只能利用庙内现存的碑刻资料来对后土庙的经济来源做一简单了解。

首先，庙宇的建造与日常维修是道教宫观最大的经济支出。明代道士与庙宇的关系有两种情况。一种是庙产为道士所有；另外一种则是庙产为公共或某个家族所有，道士仅为庙祝。从介休后土庙情况来看，介休后土庙在元代由道士重建，明代又成为道会司所在地。从历代修建碑记来看，都是住持道士出面募集资金。因此，道士应该是后土庙的实际管理者。但是，地方士绅在庙宇管理中也扮演着十分重要的角色。从诸多重建碑刻的纠首题名中，我们发现后土庙修缮倡议人以住在附近的大族乡绅为主，每次重修都有当地的高级官员，甚至藩王宗亲的参与，出资人的范围也十分广泛。例如，《创建献楼之记》载："邑之寿官梁公施白金数百余两，以董其事，由是施财百数者数十人，十数者百余人，五数者数百人，两数者不下千余人也。"①万历六年（1578）《重修后土庙碑》记录的出资人第一位即为庆成王府。② 一个庙宇的修缮有乡绅百姓出钱出力，有当地最高行政官员出席，这都表明了后土庙虽为道士管理，但已经成为地方的公共性宗教建筑。正德十四年（1519）《创建献楼碑记》中说道："过来宾客，或奉祀或登眺……斯楼诚一方之胜景也。"③；万历六年（1578）《重修后土庙碑》

---

① 张晋平编著：《晋中碑刻选粹》，山西古籍出版社 2001 年版，第 180 页。
② 《重修后土庙碑》，现嵌于后土庙娘娘殿后墙。
③ 张晋平编著：《晋中碑刻选粹》，山西古籍出版社 2001 年版，第 180 页。

中又提到："今介休巨邑，人才迭兴，岂无斋戒沐浴，祀则受福者乎？"① 将后土庙的祭祀与地方人才兴衰紧密相连。因此，后土庙的维修，连在外做官的介休籍人对后土庙也是争相出钱出力。

明代的许多道观日常经济来源主要依靠佃田。而介休后土庙位于介休城内，从历代碑刻及方志并未发现有田产的记录。因此，道士的日常生活主要依靠香火与法事的收入，而醮会更是其主要经济来源。

明代斋醮科仪在民间非常流行，明太祖朱元璋便十分重视斋醮，认为道教超度仪式特为孝子慈亲而设，具有"益人伦，厚风俗"的社会效果。他还特命道士编纂《大明玄教立成斋醮仪范》一书，对民间的斋醮仪范进行规范。后土庙虽然为全真道派传承，但是也以祈福度亡的斋醮法事为要务。根据后土庙现存的碑刻记载，明代后土庙经常举行斋醮法会，如万历元年（1573）《重修三清观碑》中记载："后土庙且增设讲经卷棚三间，以示觉悟群迷之意，厨舍一所以备设醮进献之需。"② 万历六年（1578）《重修后土庙碑》中亦载有："万历乙亥（1575）纠首士民梁君正春等偕本庙署道士会事李□□共□□诚约起醮会，迄今三载，会事已终，咸愿输财重整三庙尊神。"③ 如今，在后土庙三清殿前的东西两廊中，尚存有大量的道教彩塑神像。前有三清及四帝二后，东廊救苦圣，西廊雷神圣，辅以星辰岳渎风雷雨师之属，更及于皇王师相古帝名臣等，共计八百余尊。再观之三清殿前方型空地、献亭，以及周围的神像设置，此处应为后土庙开坛建醮的坛场所在。

---

① 《重修后土庙碑》，现嵌于后土庙娘娘殿后墙。
② 《三清观重修碑记》，现存于介休后土庙。
③ 《重修后土庙碑》，现嵌于后土庙娘娘殿后墙。

后土庙东西两廊明代彩塑（局部）

第二节　明代太原晋祠的龙门派传承

　　晋祠原为纪念西周晋国开国诸侯唐叔虞而建的唐祠，自汉以来盖
有之，北齐与隋均有增建。唐贞观二十年（646），太宗李世民来到晋
祠，又一次进行扩建，并亲自撰写了《晋祠之铭并序》。宋代，晋祠
结构变化较大。宋仁宗追封唐叔虞为汾东王，并为唐叔虞之母邑姜修
建了规模宏大的圣母殿和鱼沼飞梁，并增建献殿、钟楼、鼓楼及水镜
台等，形成了以圣母殿为主体的中轴线建筑布局。

　　宋代之前，晋祠一直是重要的官修祭祀场所，与道教并无直接关联。到了元代，全真道风行北方。而晋祠日益颓圮，祀事废坠。于是，山西官员便请来全真道士班守中住持晋祠，以图兴举。并奏请皇帝，特降优诏，俾加营护。至元四年（1267）《重修汾东王庙记》记载此事道：

　　　　晋阳有晋王祠。然则王祠在此，其来远矣。自晋天福六年封兴安王，迨宋天圣后改封汾东王，又复建女郎祠于水源之西，东向。熙宁中始加昭济圣母号，则其品秩既明矣。王殿南百余步为三门。又南二百步许为景清门。门之外东折数十步，合南北驿路，则庙之制又甚雄且壮矣。居民利其出入之便，又当圣母殿开道而东，制三门焉。王之祠日就颓圮而弗修，祀事废坠而弗举。因循逮于兵后累政，惟求山水游观之乐。而向之尊王之意，邈不知省，可胜叹哉！总管李公，由山西两路宣慰使，承特旨来殿，是邦牒诉之余，讲明典礼，修举百神之祀，如李晋王、狄梁公墓、台骀、狐突、窦鸣犊诸庙，悉为完护。以谓王之庙制尤甚萎靡，而特为厘正之，礼也。加之中书右丞张君，勉以兴滞补弊之语，与公意合。遂敦请道者班公守中住持，以图完复之渐。即以其事具奏，天子嘉其意，特降优诏，俾加营护。仍诸路掌教真人张公以札付令提督庙事。先是殿宇摧毁，神位迫窄，废坏皆补完而更新之。内外列以官侍、卿大夫、武卫如王者仪。又创寝殿于其后，多植松柏，里人化之乐助用者，惟恐其后。[1]

　　此碑碑阴还刻有令旨"仰住持班大师照依坐去，勘当到四至内，

----

[1]　《重修汾东王庙记》，现存于唐叔虞祠正殿左端，《晋祠志》著录。参见刘大鹏《晋祠志》，慕湘、吕文幸点校，山西人民出版社 2003 年标点本，第 193 页。

从便修葺，无令诸色人等侵占"，从而保障全真教在晋祠的各项权利。全真道内部对此也非常重视，掌教真人张公以札付令提督庙事。按此碑题名"太原路教门提点充本宫住持赐紫冲玄大师杜志美、太原路教门提举都道录充本宫提点赐紫明真大师李志端、晋祠住持提点大师班守忠、知宫温志和、樊志全"。① 由太原路教门提点来挂名晋祠住持，也说明了全真教对进驻晋祠是非常重视的。

元政府之所以将晋祠交与道教，是希望利用道教来兴复晋祠。在碑文中还提到"储香火之资以为祠中补葺费"；"今王殿之外，虽未能尽如旧制，营葺不已，足为他日克复张本"云云。可见，政府因财力有限，是想借助道士的力量储香火之资，使得晋祠得以修复。而全真道亦可以借此机会扩大自己的势力。这无疑是一个双赢的局面。

到了明代初期，晋祠的祭祀与维修又回归官方管辖。洪武二年（1369），晋祠因祷雨有应，政府颁诰文，加封为广惠显应昭济圣母。此后，明诏有司，时祀有谨。天顺五年（1461），山西大旱，时任监察御史茂彪祷于祠下，顷刻风雷交作，沛然雨集。茂彪于是令有司聚材鸠工，重修晋祠，并亲自撰文纪念此事。② 嘉靖二十六年（1547），宪副（副都御史）李乘云、宪金（都御史）朱君征以其事关祀典，而风化之道攸存，具以请于巡台，因檄下所司撤而新之，复增塑其像，左右各建翼室若十楹。③ 由此可见，明代中期之前，晋祠作为官方祭祀场所，是由政府出资进行维修的。而且，晋祠在由官方祭祀的同时，还请了一些住庙道士来进行日常的维护。例如，天顺元年（1457）的

---

① 《重修汾东王庙记》碑阳题名，《晋祠志》漏录，现据原碑补出。
② 《重修晋祠庙碑记》，现存于圣母殿门左面，《晋祠志》著录。（民国）刘大鹏：《晋祠志》，慕湘、吕文幸点校，山西人民出版社2003年标点本，第210页。
③ 《重修唐叔虞祠记》，原碑无存，嘉靖《太原县志》著录。嘉靖《太原县志》卷5，《天一阁藏明代方志选刊》，上海古籍书店1982年影印本，第38页。

圣母殿钟上刻有"住庙道士贾通真、张通受"的铭文①；弘治十一年（1498）所铸铁人铭文"道会司护印赵玄恩，晋祠庙道士翟通宵"。②

但是，这种由官方负责晋祠维修的状况在嘉靖四十年（1561）时发生了变化。据隆庆元年高汝行《重修晋祠庙碑》记载，嘉靖四十年，宁化王府捐金百两重修了圣母正殿；四十二年（1563），由道士程真一与善民募缘聚材建重楼于难老泉上，复以余力修惠远门、八字墙、唐御制碑亭、牌坊甬道、鼎新革故，一时焕然。③晋祠的修缮从政府出资变为了民间捐助与道士募集，这使得道士在晋祠中的作用变得重要起来。在《重修晋祠庙碑》中道士题名为"师曹净性、署印道官李真良，本庙住持道士赵净喜、徒程真一、郝真润"。④我们发现晋祠道士的称呼由之前的"住庙道士"改变为了"住持道士"，这说明了此时道士在晋祠日常管理中已占有了主导地位。笔者认为，这种情况的出现与明正德以后，政府财政紧张，国用逐渐不支有很大关系。⑤由于缺少经费去维修这些官祀庙宇，只好借助道教的力量，利用民间的捐助来维持各地方的官祀系统。这为明代全真道在民间的扩张提供了一个很好的机会。

在晋祠碑刻的道士题名中出现了"道会司护印赵玄恩""署印道士李真良"的题名，可见太原县道会司与晋祠道士关系十分密切。再加之他们之间的派字相同。笔者推测，晋祠庙的道士与太原县道

---

① （民国）刘大鹏：《晋祠志》，慕湘、吕文幸点校，山西人民出版社 2003 年标点本，第 168 页。

② 同上书，第 166 页。

③ 《重修晋祠庙碑记》，现存于圣母殿门右面，《晋祠志》著录。（民国）刘大鹏：《晋祠志》，慕湘、吕文幸点校，山西人民出版社 2003 年标点本，第 217 页。

④ 《修晋祠诸庙记》的碑阳题名，《晋祠志》漏录，现据原碑补出。

⑤ 《钦定续文献通考》载："正统时，天下岁征人数，共二百四十三万两，出数一百余万两。自正德后，出多入少，国用尽不支矣。"《钦定续文献通考》卷 30，商务印书馆 1934 年影印本，第 3085 页。

会司道士应属同支，晋祠道士受道会司署印道士管辖。关于明代晋祠道士的法派宗属，笔者将晋祠现存的碑刻文物上记载道士题名按时间顺序进行列表，发现明代晋祠道士使用的派字谱为全真龙门派的字谱。

晋祠圣母殿

元《重修汾东王庙记》

时间	金石	道士题名	出处
天顺元年（1457）	圣母殿钟铭	住庙道士贾通真、张通受	《晋祠志》
弘治十一年（1498）	铁人铭文	道会司护印赵玄恩，晋祠庙道士翟通宵	《晋祠志》
嘉靖十一年（1532）	吕祖阁钟铭	道士智净莹。	《晋祠志》
嘉靖十一年（1532）	水母楼盘	本庙道士王常宁、王玄洁	《晋祠志》
隆庆元年（1567）	修晋祠诸庙记	师曹净性，署印道官李真良；本庙住持道士赵净喜，徒程真一、郝真润；何净礼、高真□	圣母殿前

续　表

时间	金石	道士题名	出处
万历二十四年（1596）	重修献殿碑记	住持贾净荣、李真良、高真敬、贾真□、刘常衍、李常春、高常照、刘守志	圣母殿左侧
万历三十四年（1606）	晋祠老钟铭	道士李常春。	《晋祠志》
天启三年（1623）	唐叔虞祠铁香筒铭	住持道士贾立成、高常□、李常春、刘守成	《晋祠志》
康熙十年（1671）	李凤石和赵结练诗碣	道人范清和。	《晋祠志》
康熙五十年（1711）	汾东王庙重修记	道官刘清宝	唐叔虞祠
雍正七年（1729）	整饬水例碑	住持道士刘清宝、贾清□	圣母殿右侧
雍正十年（1732）	白衣庵盘铭	道士孙一琼	《晋祠志》

从上表中我们发现，至迟在天顺元年（1457），晋祠已住进全真龙门派"通"字辈道士。到清雍正十年时传承到了龙门字谱的"一"字辈，共传续了九代。他们从住庙道士的身份逐渐成为晋祠庙的管理者，在晋祠的维护上扮演着重要的角色。但是同时，我们注意到晋祠作为官方祭祀场所的性质并没有改变。在大旱时，地方官员仍然来此祭祀。同时，晋祠的泉水作为重要的水源，政府仍然管理着水权分配。在晋祠尚存有不少明清时期的政府水例条文碑，有时在碑文上也会刻上住持道士的名字，在此，道士可能扮演着公证人的身份。

第三节　明代寿阳城隍庙的龙门派传承

我国城隍神的祭祀大概始于六朝，宋时载入祀典，其祠遍天下。明代城隍神信仰更是达到极盛，朱元璋大行封赏各级城隍神，下令按照各级官署规模建造城隍庙，各州府县长官主持岁时祭祀。而许多城隍庙的日常维护与香火事宜交由道士代行，这是唐宋以来道教进入国家祭祀礼制在明代的继续与发展。数量众多的各级城隍庙也为明代后期全真道的复兴提供了信仰空间。万历时期，在太原附近的寿阳县就出现了一支传承龙门派字谱的全真道派，他们以道会司城隍庙为中心，逐渐开始向附近乡村一些民间信仰庙宇中扩展，其中为首的道士便是道会司署印道士张通喜。这支道派起源时间不明，目前发现最早资料为隆庆元年（1567）《寿阳县西安里乌金山开花寺碑》中"道官通喜"的题名。① 随后，万历二年（1574）《重修长者庙记》中载有："本庙在城住持道士赵玄极立石，城隍庙道会司署印道官张通喜，康净锐、康净钦、陈净铭、李真□，门徒李□□。"从以上通、玄、净、真等字辈上可以看出他们使用的是全真龙门派字谱。张通喜是寿阳县城隍庙道会司署印道官，长者庙住持赵玄极为其弟子，而其他徒孙辈道士也均为城隍庙道士。长者庙中奉祀的尊神李长者并不常见，关于其来历以及建庙经过，碑中载道：

> 伏惟尊神李长者，乃唐之宗室也。其性好静，于是脱俗尘世，云游天下，欲得名山圣境以养静修之炼。游至寿邑西河，偶遇群儿

---

① 史景怡主编：《寿阳碑碣》，山西古籍出版社 2007 年版，第 148 页。

以迎长者，遂名曰"童子河"。昔生公得道，尝夜诵经，感鬼来听，数次至盂县大贤村，修《华严论》，三年而成。便择善地，偶逢白虎，伏身负经，径引至东方山焉。求水，夜则黄龙挽树，涌泉出焉，遂修土龛，感一奴延馈饷，后坐化于此龛，葬身骸于北寺，兹盖静修之始终。如是其过化存神，盛德垂现，诚可祀也，而不可泯也。故寿邑等游处各立庙宇，□馨□敬，以致如在之诚。今县治西九江洞口村，巍岩共翠，乃九龙朝珠之境。乡耆张廷玉、郭天爵、孙友常，有感而言，尊神其□也，离尘绝俗，了道通微，足以劝善而化恶。及其皈也，瞑目归化，灵□监临，足以御灾而捍患，□立庙宇，神何所依？民何所仰？隆庆元年，建立庙宇三楹，中塑长者，左文殊，右普现（贤）圣象，两侧妆塑伽蓝圣贤诸神象，又盖钟楼一座，周围墙垣完毕。于是住持道士，玄极纪详，勒碑刻铭。①

从碑文可知，李长者信仰为佛教衍生出的地方民间信仰，庙中所塑的文殊与普贤菩萨也表明了其佛教性质。但是，这座由乡绅与村民修建的佛教性质的庙宇，请来住持的却是道士。而且我们注意到赵玄极的题名为在城住持道士，也就是说赵玄极平时并不住在这里，有可能只有在村里有庙会法事活动时才会出现。

明清时期，地方乡绅热衷于庙宇的修建，并且对民间神灵的祭祀有着领导权力，地方的庙宇通常由他们决定雇用僧人或道士来住持。所以，我们在明清时期的碑记中，经常发现佛寺的住持为道士，道观的住持为僧人，甚至还有僧、道混住一处的情况。而且，在乡绅主导祭祀的情况下，庙里神灵的供奉也不再由和尚、道士决定。许多历代不入祀典的民间神灵，地方乡绅将其立庙祭祀，又招募道士为住持。

---

① 史景怡主编：《寿阳碑碣》，山西古籍出版社 2007 年版，第 153 页。

因此明清时期道教延入了众多的民间信仰神灵。

此外，在万历二十九年（1601），张通喜的徒孙郭静深①与曲尺庄村长等人将寿阳一座废圮的将军庙进行了重新整修，郭静深做了该庙住持。万历二十九年《增修护国将军庙记》记载：

> 曲尺庄、下庄、张家庄等旧有将军神庙，父老以为轩辕□功臣焉，未有考据。第旧制正殿三楹，孤栖于北阪，颇离民居，晨昏香烛罕至。且日久圮坏，外无垣堵，过者叹焉。有道士郭君静深，见之慨然曰："立庙祀神，古人岂无故哉！谅必有为国捐躯靖乱竖节立功也者，谅必有为民捍患御灾福善祸淫也者。今顾坐视倾颓而莫之修理，神不堪栖，其何以报当年之功德，祈无疆之眷佑也乎？"于是就村长张汝川、张鸣桂等，谋为增葺计。汝川等欣然曰："予辈□有此志，第无人以竟。君既如此，予辈敢吝财哉！"于是纠众捐赀，聚工鸠材，即令静深住持于中，以董其事。②

将军庙祭祀的是何人？当地村民也说不清楚。全真道士郭静深认为可能是为国捐躯靖乱竖节立功者，抑或是为民捍患御灾福善祸淫者，这些也是应该奉祀的。这说明了明代全真道在复兴的过程中，对民间信仰具有一种开放的态度。活跃底层的全真道士广泛地接纳官方祀典，以及民俗信仰神灵，使其信仰更加开放，更加贴近民众生活，从而在民间社会迅速发展与传播。

我们注意到，将军庙与前文所述长者庙的性质是不一样的。这两座庙宇的建造虽然都是由民众捐资完成的。但在将军庙碑记中还明确

---

① 《增修护国将军庙记》碑阴题名载："师祖张通喜，师李玄贵，住持道士郭静深，徒张真□、高真□。"

② 史景怡主编：《寿阳碑碣》，山西古籍出版社 2007 年版，第 179 页。

记载："住持道士郭静深置买□□地，□坡地肆亩□□，前庙地壹亩□□。"这说明郭静深已出资将将军庙的地权买下了。这样一来，将军庙的所有权与长者庙就有了本质的不同。在长者庙中道士仅扮演着庙祝的角色，乡绅们有权将其解雇，而将军庙完全为道士所有，称得上是真正的全真道观。

寿阳城隍庙的这一支龙门道派除了在寿阳本地传播之外，还向东跨过吕梁山，将龙门派传到了吕梁地区的龙王山。位于吕梁方山县的龙王山，又称"北武当山"。永乐时期，真武神被钦定为皇家保护神，真武信仰在皇家的崇奉下达到了巅峰。各地民众纷纷到武当朝山进香，拜真武神。但路途遥远，许多信众没有能力去朝拜武当金顶，开始在各地修建真武行宫。方山县的民众便在当地龙王山顶上修建了一座玄帝庙，并将龙王山主峰也叫作"金顶"，称武当山为"南顶"，此地为"北顶"，北武当山由此得名。①

明清时期，北武当山的朝山进香活动十分兴盛，山中尚存不少朝山香会碑，香火十分旺盛。明万历二十七年（1599）《龙王山新建玄天上帝宫记》中载："自开辟以来，俨然几立一旦英爽之气，明演而照，不假募化而乐施者万万，无待劝诱而趋事者源源。"由于香火旺盛，山上又兴建了大量庙宇祠观。特别是明代后期，政府对佛道限制政策松动之后，一些和尚、道士开始在山中兴建道场，上碣碑中有云："葺造观者罗列星布，皆鸿材巨植，金碧辉煌，虽不能与南顶方轨并迹，即规模壮丽、制度宏敞亦足以妥神灵，而耸其瞻矣，噫噫岂偶然哉！"② 笔者对北

---

①　这种现象在北方地区非常普遍。甘肃白银市平川区也有一座北武当山；陕西安康凤凰山擂鼓台又称陕南小武当；河南泌阳铜山又称为铜顶山；河南洛阳汝阳岈山又称铁顶山；河南确山县乐山也称铁顶山，说明明清时期武当真武信仰对北方地区造成了广泛影响。

②　《龙王山新建玄天上帝宫记》，位于山西省吕梁市方山县北武当山顶"玄天"牌坊左边。

武当山进行了实地考察，在山腰处发现一通万历二十九年（1601）《龙王山补修碑记》，碑文记述了万历年间修造玄天上帝宫御路的经过。文后题名中记有"先住持道士张通喜、门徒玄姚、释子张净务、重修正殿道士杜静桐、住持修路道士白玄玘"。① 后来，在当地村民的指引下，又在山下松窝村发现一座已废弃的庙宇，前立一通万历三十三年（1605）《创建玄帝行宫记》，碑记题名有"殿前修山会首张通喜，门徒张玄理、张玄瑶，法孙刘静谟、张静□、许静裕、张静祷、张静祫，本殿住持护印道正司杜静桐、徒真喜，龙王山天柱峰住持道士白玄珩"。② 由此可见，龙王山玄帝行宫的道士来自寿阳城隍庙一脉，他们到龙王山后逐渐分成了玄天上帝宫、松窝村玄帝行宫及天柱峰三支。值得注意的是玄帝行宫住持道士杜静桐的题名为护印道正司。明代政府规定州一级的行政区域设立道正司，方山县在明代属永宁州。杜静桐能够成为永宁州道正司护印道士，说明了这一支全真龙门派的道士传播到方山县龙王山后，发展繁盛，并得到了当地政府的认可。

随着张通喜一系龙门派在吕梁的蓬勃发展，与吕梁地区仅一河之隔的陕西佳县白云观也出现了全真龙门派传承。万历三十六年，陕西布政使司招聘道士住持佳县白云观，第一批到达的道士即为全真龙门派，其字派分别为真、常、守，属龙门派第六、七、八代。至今，这支龙门派仍然在佳县传承有序，达四百余年。樊光春先生的《碑刻所见陕西佳县白云观全真道龙门派传承》一文推测，这批龙门派道士应该不属于龙门律宗系统，最大可能仍来自华山—终南山一带。③ 笔者认为，白云观道士来自吕梁的可能性更大。从地理位置来看，从吕梁

---

① 《龙王山补修碑记》，位于山西省吕梁市方山县北武当山山腰黑虎殿前。
② 《创建玄帝行宫记》，位于山西省吕梁市方山县北武当山山脚下松窝村。
③ 樊光春：《碑刻所见陕西佳县白云观全真道龙门派传承》，陈鼓应《道家文化研究》第23辑，生活·读书·新知三联书店2008年版，第273页。

到佳县白云观仅一河之隔，路途交通比之华山—终南山方便多了。从龙门派字辈来看，吕梁的龙门派在万历三十三年为"玄、静、真"字辈，与佳县白云观字辈也较为同步。佳县白云观的开山祖师李玉凤即来自吕梁石盘山，说明两地之前便有宗教往来。此外，在北武当山道士代代口传的历史中，他们这支全真道在当地有八宫二观七十二庵的宫观体系，其中佳县白云观的位置相当重要。①

吕梁北武当山山顶玄帝宫

万历《龙王山补修碑记》

① 据北武当山老道长车至德口述，祖辈道士迁移来吕梁时，第一站为北武当山，第二站即为佳县白云观。

北武当山万历年间"玄天"牌坊

松窝村废弃的玄帝行宫

时间	碑石	道士题名	出处
隆庆元年（1567）	寿阳县西安里重修乌金山开花寺碑	道官通喜	寿阳碑碣
万历二年（1574）	重修长者庙记	本庙在城住持道士赵玄极，城隍庙道会司署印道官张通喜、康净锐、康净钦、陈净铭、李真□，门徒李□□	寿阳碑碣

时间	碑石	道士题名	出处
万历十一年（1583）	朝阳阁金妆佛像记	道会司张通喜。	寿阳碑碣
万历二十九年（1601）	增修护国将军庙记	师祖张通喜，师李玄贵，住持道士郭静深，徒张真□、高真□、善友吴静江	寿阳碑碣
万历二十九年（1601）	龙王山补修碑记	先住持道士张通喜，门徒玄姚，释子张净务，重修正殿道士杜静桐，住持道士白玄玘	吕梁方山县北武当山
万历三十三年（1605）	创建玄帝行宫记	殿前修山会首张通喜，门徒张玄理、张玄瑶，法孙刘静谟、张静□、许静裕、张静祷、张静櫾，本殿住持护印道正司杜静桐，徒真喜，龙王山天柱峰住持道士白玄珩	吕梁方山县北武当山

黄河边上的佳县白云观

　　明代初期，政府规定凡府、州、县止存大寺观一所，合徒众而处之。① 并且实行严格的度牒制度，对道士的人数也进行限制，规定每次申请度牒的人数府不过四十，州不过三十，县不过二十。② 这些严格的宗教控制政策对全真道影响很大。③ 与此同时，明政府对各种神祇的祭祀却十分重视。朱元璋登基，即命中书省下郡县访求应祀神祇，令有司岁时致祭。明代祭祀之法的标准为："圣王之制祭祀也，法施于民则祀之，以死勤事则祀之，以劳定国则祀之，能御大灾则祀之，能捍大患则祀之，是皆有功烈于民者也。及夫日月星辰，民所瞻仰，山林川谷丘陵，民所取财用，非此族也，不在祀典。历代以来，凡圣帝明王，忠臣烈士，与夫岳镇海渎，天下山川，可以立名节，御灾患，而有功于人者，莫不载之祀典。"④ 因此，明代信仰祭祀之神多不胜记，政府对真武、关帝、城隍、妈祖等神灵大加崇信，许多历代不入祀典的民间神亦进入了官祀系统。除了官方祀典中延入的众多民间信仰之外，明政府对没有进入官祀系统的民俗神灵也网开一面，在国家制度方面保留了这些民俗神灵的合法地位。洪武二年（1369），"命天下凡祀典神祇，有司依时致祭。其不在祀典而常有功德于民、事迹昭著者，虽不致祭，其祠宇禁人撤毁"。⑤ 洪武三年（1370）规定："天下神祠，无功于民，不应祀典者，即淫祠也，有司无得致祭。"⑥ 对那些有功于民的神灵，虽没进入祀典，但其祀宇还是受到了官方的保护。

---

　　① 《明太祖实录》卷86，"中研院"历史语言研究所1962年校印本，第1537页。
　　② 《明太宗实录》卷205，"中研院"历史语言研究所1962年校印本，第2109页。
　　③ 明初的度牒制度对全真道打击很大，但是并没有给正一道带来太大的消极影响。参见王志忠《明清全真教论稿》，巴蜀书社2000年版，第26页。
　　④ （明）徐一夔等：《明集礼》卷15，《文渊阁四库全书》，上海古籍出版社1987年影印本，第649册，第334—335页。
　　⑤ 《明太祖实录》卷38，"中研院"历史语言研究所1962年校印本，第760页。
　　⑥ 《明太祖实录》卷53，"中研院"历史语言研究所1962年校印本，第1035页。

即使对一些所谓的淫祠，也不像前代一样捣毁，而仅仅要求官方不得祭祀而已。因此，万历年间朱国祯即说："太祖最虔祀事，到任须知册以祀神，为第一事。今官府莅任吏人，先投须知册，仿此。各神俱存本号，而后代泛加之称，悉皆撤去，为之一清。其不入祀典而民间通祀者听。前代有毁淫祠者，而太祖有举无废，盖重之也。"① 明初的这些宗教政策意味着，政府对大批民俗神灵的默许和接纳，客观上使得大批民俗神灵祠宇得以保存。本节所述的将军庙、长者庙、城隍庙等即属此类。

到了明代中期以后，国家宗教政策逐渐放松。一些被合并的老寺观有所恢复，僧道的人数限制也逐渐放宽。特别是景泰年间，政府为了减轻四川的灾荒筹粮，开始出售度牒。此后，出售度牒开始成为筹集应急资金的常用手段。这样一来，对僧道发展的种种限制政策都成了一纸空文。明初被压抑的全真道迎来了复苏的好机会。与此同时，明初确定大量官祀庙宇，由于政府的财政困难而无力修缮，只有借助宗教与民间的力量来筹集资金。众多乡里的民祀庙宇，亦需要专业的僧人道士来主持一些法事活动，还有一些失去香火的民祀庙宇由于政策的保护亦没有拆毁。这些官祀与民祀庙宇的大量存在，为全真道在明代后期的复兴提供了空间。

全真道从创建伊始就讲求三教圆融，对儒、释二教的神灵持包容态度，对官祀或民祀的祖先、圣人及英雄人物均崇敬有加。元代时，全真教就曾傍儒兴道，将儒家的尧舜禹庙改造增修为道观。② 明代中期以后，全真道更是接手了大量难以为继的官祀或民祀庙宇，从而在

① （明）朱国祯：《涌幢小品》卷19，中华书局1959年标点本，第431页。
② 乔新华：《借儒兴道：从元代全真教改造山西尧舜禹庙看其兴盛的独特路径》，《世界宗教研究》2012年第4期，第92—99页。

民间迅速扩张了自己的势力。在进入这些民间庙宇的同时，全真道也接纳了大量官方祀典，以及民俗信仰神灵。①这种开放的神灵结构，使全真道信仰更加接近民众的生活，反过来促使其更好地融入乡土社会，迅速实现了在民间的复兴。

第四节　雨师郭静中及其与官员士绅的交往

明代后期，全真龙门派已呈现出复兴的态势。在山西中部地区，除了有本地龙门派的传播之外，还有一些外来的龙门派道士也开始在此地传承发展。万历年间，寿阳五峰山的全真道士郭静中便是其中影响最大者。

一　郭静中的法派宗属

郭静中（1558—1644），号还阳子，河南修武人，明末清初全真道道士。少喜方外之游，至华山，遇刘姓异人授以金丹术及五雷法，故擅祷雨，颇有灵验，声名大振，各省院司及州县长吏常请其设坛。后晋裕王慕其名，创道院于桧柏园，请静中为住持。当时名士傅山曾师事之，并与东林党人吏部尚书赵南星结为方外之友，著有《易注》。

---

① 关于全真道神灵结构的泛化，以及与乡土社会的融合，秦国帅认为："神灵结构的转换意味着神灵数目的增加，神灵数目的增加则意味着神职功能的扩大，神职功能的扩大则能够吸引更多民众参与到全真道的宗教活动中来。这一方面增强了全真道在民众心目中的影响和地位，使之没有阻碍地进入民众的乡土生活中去；另一方面，神灵功能的广泛性又能带来更多的信众，能够保证全真道士获得维持道观所必需的经济来源。"参见秦国帅《全真道与乡土社会融合模式初探》，赵卫东《全真道研究》（第二辑），齐鲁书社2011年版，第331页。

郭静中壮年时于山西寿阳创建五峰山道场，以祷雨灵验闻名于世，民间呼之为"雨师爷"，名噪一时。关于他的师承来历《寿阳县志》《阳曲县志》、傅山《霜红龛集》中均有记载，前明监察御史吴玉①《雨师传》记载尤详。

> 雨师郭子讳静中，号还阳，河南修武人，嘉靖戊午（1558）年生，幼聪谨，尝梦驱龙为雨状。及长，飘然方外，过华山，师事异人刘某。一日客至，命之下山，郭子出门，见洪涛巨浪，滔天拍岸，奔告刘，刘笑谈不辍。及客去，所行旧路洪涛巨浪，竟化为乌有也。如是而潜心学道岁余，及授以金丹与祭风祷雨之术，遂不知所之。②

按传记所言，郭静中师事华山异人刘某，但文中并未言明刘某为全真道士。明末清初思想家傅山曾拜郭静中为师，并取道名为"傅真山"，静、真为全真龙门派五、六代字辈。此外，清代书法家刘雪崖在收集傅山手迹时，曾到过五峰山，当时五峰山道士史来晋乃郭还阳九世法裔，其曾携徒侄张复元、张复宝等寻访傅山墨迹，将五峰山上残损的傅山帖碑重新复原。③ 几十年后，刘雪崖作诗《五峰叹》，感叹五峰山道士本彦、合礼、合有、教正、教端、永□等先后离世，写下了

---

① 吴玉，字豫章，寿阳人。明天启年进士，曾任广西道监察御史、河南参议等职，为人质直，不畏权势，崇祯帝称其为铁面御史。

② （明）吴玉：《雨师传》，史景怡主编《寿阳碑碣》，山西古籍出版社 2007 年版，第 413 页。

③ 刘雪崖《龙池返真法帖记》云："傅山先生字学参钟王，箧笥藏之者，宝若拱壁。其为吾乡五峰山还阳仙师立古篆碑，尤名贵不凡。仙师有仙术，且道高德重，为傅先生所敬仰，故委蜕后镌碑志，其墟旧在安定桥北，雍正三年河水泛溢，漂没几大半。都人士扼腕叹息者久之。幸仙师九世法裔史来晋偕徒侄张复元、张复宝入山选佳石，访家藏先生笔法者临摹续断碑，宛然全璧。"史景怡主编：《寿阳碑碣》，山西古籍出版社 2007 年版，第 421 页。

"谁知东逝水，不能复回旋。因仍三五载，访旧半盖棺"之句。① 因此，从郭静中法裔"来、复、本、合、教、永"等字辈来看，郭静中属全真龙门派无疑。

郭静中的道教传承来自华山，华山龙门派一脉在明末清初是比较活跃的一支。清初修复北京白云观传承龙门法脉的王清正亦来自此系。据陈教友《长春道教源流》考证，此派的创始人为居于华山王刁洞的靳道元，经弟子姜善信下传，明末尚有第六代法裔马真一显著于世。康熙九年（1670）《山海关志》记载：

> 马真一自称河南人，年一百八十岁，昔在华山学道。明崇祯初年入广宁，居北镇庙，采蘑菇拾野果为食。时宁前大旱，经略袁公使人致至祈雨，次日甘霖大降。因举止疏放，语言狂率，袁公疑为妖异，羁居山海。官师咸重之，关道梁公尤加亲洽，与谈休咎，皆应。关门士子相与趋造，谈经论艺。削抉如液，饮食不拘荤素多寡，随便取足。诙谐之中，每成谶兆。然踪迹无常，人不能测，厥后不知所之。②

按志文记载，马真一学道华山，属华山龙门派第六代，崇祯初年出游辽东，时代略晚于郭静中。因此，郭静中的第五代龙门字辈，与华山龙门派辈分传承时间是比较吻合的。此外，文中所记马真一善祈雨，与郭静中的特点也极为相似。笔者推测，郭静中应属明末华山龙门派，其师傅刘某可能为华山龙门派第四代"玄"字辈的道士。

---

① （清）刘雪崖：《五峰叹》，史景怡主编《寿阳碑碣》，山西古籍出版社 2007 年版，第 581 页。
② 康熙《山海关志》，董耀会主编《秦皇岛历代志书校注》，中国审计出版社 2001 年版，第 125 页。

二　寿阳五峰山道场的创建

郭静中华山学道以后，开始游历山西，其因祈雨灵验而被太原一带的官绅民众推崇。在他到达寿阳的太安驿之后，发现此处山上有神泉，可为祷雨之用，便取名"天一神泉"，并在泉边建祷雨亭一座，亭右又复建道场以为栖身之所。五峰山祷雨亭留存至今，如今名为龙泉寺，寺内郭静中、傅山的历史遗迹保存完好，为国家重点文物保护单位。[①]关于五峰山道场建立的经过，《雨师传》这样记载：

> 郭子归数年，北游三晋，抵太原之盂县高庄村。有郭藩者，延之家居二载。万历己亥，晋亢旱，而建坛画符，祷之昼夜，大雨□足，□报知寿阳侯邝公，特首聘之□□寿阳民□□□□□□之辄□□□□□□□□周公□□□□□□□则大雨滂沱，亦如盂寿，由是民间悉以雨师爷呼之。庚子（1600），郭子至太安驿，遥指西北隅曰："此处有神泉，可为祷雨□□之地，余止于此矣。"众随所指掘之，果有泉水涌出。□□□□池砌井，像□八角，名为五峰山祷雨亭，峙于右，复建危楼数层，郭子独居其上。北有古松一株，苍翠凌空，偃盖七间之檐，经日焚香默坐，时或携琴载酒，遨游山林川谷间。

按吴玉记载，万历二十七年（1599），山西大旱。郭静中因在盂县高庄村祈雨灵验，得到寿阳邝公[②]重视，特聘其在寿阳祷雨，亦灵验，

---

① 国家文物局主编：《中国文物地图集》（山西分册下），中国地图出版社 2006 年版，第 748 页。

② 寿阳邝公为万历二十七年寿阳县令邝世才。

由是民间悉以"雨师爷"呼之。次年，郭静中在寿阳太安驿发现有神泉可用于祈雨，因而在此地筹建道院与祷雨亭。祷雨亭于万历二十九年（1601）完工，邑人阎季才为纪念此事，特撰《祷雨亭记》一文，记其始末。

邑无祷雨之处，凡值旱祈请，率赴他所，鲜有辄求而辄应者。庚子岁，有黄冠振衣，徒步至太安镇，不云里居姓氏，每游戏于山林川麓间。既而语居民曰："此镇乾冈隙地有神水，可立为祷雨亭。"众忻然从命，鸠工凿石，果泉自西北来，沥沥有声，瞬息盈池，众异之，因名其池为"龙池"。上覆以亭三楹，匾曰"祷雨"。后置阁一座，供诸天神。左右翼以夹室，前峙钟鼓楼，南构尊经楼三楹，钵堂三楹，围以垣墙，肃以大门，凡二十五亩有奇。时数月不雨，阖县士民奔祷于斯。须臾云起，雨遍遐迩者三昼夜，遂大有年。四方闻风而来祷者，若获、井、平、乐、榆、原、晋阳、代、盂等，昏旦接踵，无所不应焉。噫！以一时之创造而寓无穷之福利，亦神奇矣！乡民虑其久而或湮也，持状请记。余以临春结绮，非不壮丽以为美观，然取尽锱铢，用若泥沙，敛怨而为游晏之所，视此功过得失为何如？况祭法，山陵川谷兴云雨者则祀。则此役岂谓无益于国家？夫藐姑有神人，而大旱不侵，畏垒有至人，而累岁丰稔。然则龙池之凿，雨亭之建，此物此志也。因揭始末，镌石以示来者。①

① 光绪《寿阳县志》卷11，《中国方志丛书》，台北成文出版社1976年影印本，第719—720页。

寿阳五峰山龙泉寺

由此可见，祷雨亭并非仅有一座亭子，而是一座建置完备的道院，占地二十五亩之多。由于它在建成之初便有应验，以致寿阳附近地区求雨者接踵而至，名盛一时。我们注意到，此时太安驿龙池虽然声名大噪，但修建道院的郭静中在寿阳还不算知名，碑记甚至连其名字都未提到，仅云有一黄冠，不知里居姓氏。

三　郭静中的祈雨术及其与地方官吏士绅的交往

（一）郭静中的祈雨术及其他神异传闻

按《雨师传》记载，华山刘某曾传授郭静中金丹与祭风祷雨之术，他在盂县高庄村建坛画符，用的正是祭风祷雨之术。这说明郭静中并不是一位仅凭龙池神泉受香火的道士，他对道教的祈雨法术相当精通。因此，除了常住五峰山龙池之外，郭静中还经常云游至他处祈雨禳灾。据《还阳真人传》记载：

还阳尝往来晋、赵、燕、齐，以及豫章楚粤间，踪迹灵异莫可测。善祈雨，遇旱则各省院司及州县之长吏，辄走书数百千里迎还阳为祷。至则为坛，以五雷法祷，时亦无他异，但结一坛，登坛以掌中雷印拊手一拍，则霹雳随起，大雨如注。然沾足仅及所祷之境，他处不能得也。或求之者众，弗暇躬往，则第书一符以付之。持者方入境，而雨已集矣，其救旱神术类若此。①

郭静中祈雨使用的法术为五雷正法，又称雷法。雷法的一种行持方法即为"动掌心雷"，施法者运雷气、默念咒语、存思虚符，以咒语、符及手诀带动内气运行至掌中发出。② 这与传记中描述郭静中以掌中雷印拊手非常相似，此种法术在明清方志中常有记载。③ 雷法产生于北宋，此后广泛应用于道教的召劾鬼神、祷雨祈晴、捉怪禳灾、水火炼度等法事中。其法以雷部正神信仰为前提，以自身内丹练养为根本，是将内丹修炼与法术行持相结合的道法体系，体现了宋以后道法的发展趋势。宋代出现的道教神霄、清微等派都以行雷法为主，雷法也为正一派采纳，金丹道南宗从陈楠开始兼修雷法。④ 而广泛流传于北方的全真教北宗主修三教圆融的内丹术，典籍中似无雷法传承。其中有武当山一支，由汪贞常、鲁大宥传入，后由张道贵、张守清变革后在武当得以盛行，他们倡导的全真道已渗入清微派的义理，并大

---

① 光绪《寿阳县志》卷 13，《中国方志丛书》，台北成文出版社 1976 年影印本，第 965—966 页。

② 《道法会元》卷 85，《道藏》，上海书店出版社 1988 年影印本，第 29 册，第 351 页。

③ 《温州府志》载"明顾太真，遇麻衣道人，授掌心雷法，能指挥雨旸，叱咤风雷"。《广西通志》载："有王真人不知何许人，景泰间谪戍驯象卫，有道术，能致雷雨，以手遇符录于人掌中，握之行数步，望其开手，则雷轰然而起。"《贵州通志》载："郡人张道人，得祷雨运雷秘术，万历间旱，巡抚郭子章招致之，道人设坛祷雨，运五雷诀，书符付童子掌握中，童子至郡堂开掌，忽霹雳一声，众未至坛，而霖雨大注。"参见李远国《神霄雷法：道教神霄派沿革与思想》，四川人民出版社 2003 年版，第 127—129 页。

④ 胡孚琛主编：《中华道教大辞典》，中国社会出版社 1995 年版，第 584 页。

讲雷法，演化成了全真教的一个别派"武当全真派"。① 此外，笔者从散见的元代碑刻史料中发现全真教的重要领袖如宋德芳、李志常等亦传习雷法。举例如下：

> 乙亥，披云宋公首畅宗风，力绍绝学，起《道藏》书于河汾间，师（刘志贞）幡然喜曰："此人天师也，吾皈依有所。"即执弟子礼事之。受紫虚箓诀，香火修持，晨夜不少懈。宋伟其志，后以上清三洞五雷箓法畀焉。②《故普济大师刘公道行碑》

> 辛丑春，（高志条）投诚于掌教真常大宗师李君门下，授正一盟威宝箓，传五雷秘法。③《浚州重修神霄宫碑》

> （杜志元）庚子赴终南，会葬重阳祖师，复遇尹清和、于洞真、宋披云三师，授天师秘箓、天心正法。④《会真观记》

金元时期，雷法广泛应用于道教法术中，在民间社会有很大影响。而元代兴盛至极的全真教除了与统治阶级交往密切之外，亦注重在北方民间社会的发展。特别是披云真人宋德芳，在北方各地广建宫观，自燕齐及秦晋豫，星罗棋布，多达几百余区，为全真教在民间社会的弘道做出了巨大贡献。全真道要深入民间社会进行弘道，就要懂法术、做法事，雷法成为其不可缺少的工具。到了明代，全真道失去政治地位后，道士多隐修于民间，云游于江湖，他们在修习内丹的同时更是兼修雷法。如前文提到的全真道士陈风便，挂铁牌于胸，驱役雷霆，

① 卿希泰：《武当清微派与武当全真派的关系》，《刍荛集》，巴蜀书社1997年版，第284—292页。

② （元）王恽：《秋涧集》，《文渊阁四库全书》，上海古籍出版社1987年影印本，第1200册，第709—710页。

③ 《浚县金石录》，《石刻史料新编》第2辑，台北新文丰出版公司1979年影印本，第14册，第10274页。

④ 王宗昱编：《金元全真教石刻新编》，北京大学出版社2005年版，第121页。

凡居民水旱疾疫，有祷必应，所用即为雷法。因此，兼修雷法与正一科仪成为明代全真道士在民间生存的技能之一。郭静中能够在乡村社会中立足，所学的雷法起了重要作用。而且，郭静中的祈雨之术不但包含有雷法，其中还杂有一些原始巫术，这更增添了其祈雨术的神秘性。据《雨师传》记载：

> （郭静中）建坛于大明湖碧栏庭前，拘取蛇蟆置大镡内，覆以红布，令童子手敲不止，□隐隐作雷声，晚归五府厅索水，左右以苦对，因取半砖画符，令投井曰：□六十年甜水，水忽易味。翌日，坛前放炮三声，乾艮二方黑云合，雷雨交作，平地水深尺许。

在祈雨中使用蛇、蟆等物，是从我国古代巫术中继承下来的遗法。董仲舒《春秋繁露》曾记载春日求雨的方法有暴巫聚蛇，造土龙，聚蛤蟆，等等。龙行雨，蛤蟆相聚乃阴雨将至的自然现象，这些都有交感巫术的特征。[①] 宋代祈雨时犹有蜥蜴祈雨之类的古法，宋代朝廷曾向诸路颁发《画龙祈雨法》《蜥蜴祈雨法》，等等。这些巫术有了政府的推崇，百姓对其功效深信不疑，朱熹在考察后也认为蜥蜴确实能够吐水造雹，因此应该能够致雨。[②] 由于这些祈雨古法有一定的民众信仰基础，道教在祈雨仪式中将这些古代交感巫术的遗法吸收进来，增加了祈雨仪式的神秘色彩，同时又使民众对其深信不疑。

郭静中以祈雨术闻名于民间，但除了祈雨术之外，在民间传闻中他还精通其他法术。诸如驱蝗蛾、愈暴疾、遂厉改井等奇行异迹，不可枚数。这些法术包括了符箓、堪舆、医药等多个方面，相当庞杂。《雨师传》记载了郭静中除妖祟事一则：

---

① 刘仲宇：《道教法术》，上海文化出版社2002年版，第409页。
② （宋）黎靖德编：《朱子语类》卷2、卷3，中华书局1994年版，第24、35页。

邑宰王公恳留，乃书符四纸赠之。越明，邑外□□□炎夏太
冷，必有妖祟伏之。诘朝出南□□建牙厅四望，遥听旗杆门内依
稀有声，悄曰："尔中军大帅何为啾啾然？"呼左右曰："厅后必
有黄蒿数茎，尽刈之，合为纠绳，束杆上，声乃寂然。"又见风西
来，色黄而黑，□□风亦止，天始大热。

郭静中的奇行异迹充满神秘色彩，再加之信众的口口相传，故事
逐渐变形，郭静中成了人们传闻中的神异之人。关于他的神异传闻还
流传到了南方。钱谦益《牧斋初学集·万尊师传》记载，江西南昌有
万尊师，名国枢，乃萨祖派传人，精通符法，降妖除怪，无所不能。
有一次高邑闹狐妖，晋人郭雨师多奇术，能禁箸于空中，厌劾不能绝。
甫移牒城隍，即逐去，但始终不能根除。万尊师此时恰出游真定，他
赞赏郭静中之能力，认为是真定城隍不称职，遂上章行举劾法。后来，
万尊师往山西访郭雨师，路经紫阳县，又施法除怪云云。[①] 此传记主
要是为了突出了万尊师高深的道术，但其中提到郭静中捉妖之事，亦
可见在当时，郭静中也是民间传闻中法术精深之高道。

纵观以上有关郭静中的灵应神怪传闻，这其中难免有夸大，以及
以讹传讹的成分。这类传闻的产生，离不开神道设教传统造就的神秘
社会文化的宏观环境。具体来说，应该是当时社会整体上抗御灾变能
力很差，极易造成恐怖心理，被迫诉诸异己的神秘力量。而祈雨灵验
之事，很可能有巧合的成分，久旱之后一般会有雨雪，祈雨仪式时间
又比较长，加大了这种可能的发生。另外，在祈雨不灵之时可以找一
些原因，而巧合灵验之时大力张扬神庥，客观上也夸大了祈雨术的灵
验程度。还有，就是在特定的情况下，官员士绅们也会刻意宣扬这些

---

① （清）钱谦益：《牧斋初学集》，上海古籍出版社 1985 年版，第 1596—1602 页。

灵验之事。徐一士在《近代笔记过眼录》中指出官方祷雨"无论其效如何，要本乎重农之意"，① 官吏们正是通过宣扬祈雨的效果来表现自己的悯民之情。

（二）郭静中与官员士绅的交往

龙池的灵验传闻，以及郭静中神秘的祈雨法术，使其影响越来越大。起初他的影响还仅限于寿阳周边地区。后来，他结识了山西地区一些高级官吏，在这些官吏的推崇与引荐之下，郭静中名气渐响，逐渐成为在山西乃至北方地区都颇有名望的全真道士。最早与郭静中结缘的官吏是山西臬台李公与藩台乔公，二人为旱灾之事将郭静中征至晋阳。当时晋裕王朱求桂好道，在桧柏园创建宫观，延请郭静中及其他高道入驻其中，谈玄论道，成一时之盛事。关于此事，《雨师传》载道：

> 己酉（1609），天下七省大旱。晋臬台李公，藩台乔公征至晋阳，遂为莫逆友。时晋相高公□好道术，启于晋国主，卜地桧柏园中，创建金碧。宪副李公暨阳曲县梁公等，捐资乐助，建诸殿宇、两庑静室。复延四方养真之士，中有李元阳者，迹稍见道。未几□□应接还山。

李公即山西按察使李长庚②，乔公乃山西布政使乔学诗③，二人均为明末颇有影响的朝廷大员，因旱灾祈雨之事与郭静中成了莫逆之交。

---

① 徐一士：《近代笔记过眼录》，山西古籍出版社1996年版，第166页。

② 李长庚，字酉卿，湖广麻城人。万历二十三年（1595）进士，历任江西左、右布政使、山东巡抚、改右副都御史、顺天府尹、吏部尚书等职。《明史》有传，称其人"不植党援"。万历三十七年（1609），李长庚由户部主事升任山西按察使。

③ 乔学诗，字言卿，山东东阿人。明万历丁丑年（1577）进士。历任卢州知府、四川按察副使、山西按察使等职，万历三十二年（1604）升任山西布政使。为官不畏权贵，体恤百姓，历任治绩炳炳。

特别是乔学诗，还将郭静中带回其家乡山东东阿，并在东阿著名的洪范池①旁为郭静中修建居所。他回京复职时，亦将郭静中带在身边，郭静中由此结识了不少在京官员。后来，乔学诗迁任广东布政使，郭静中还随其到了广东。恰逢此时，李长庚就任江西布政使，郭静中应其之邀往南昌住了一段时间后，便回到山东、河北一带，云游不定。由于乔、李二人的推崇，郭静中此时在北方官员士绅阶层中颇有名气，山东、河北地方官吏纷纷致书聘请郭静中为当地祈雨。

乙卯（1615），井陉兵宪游公与藁城尹夏公，俱寄书恳请，经藁城见溏水横决为害，焚符镇之，水立徙五里许。丙辰（1616），复应游公聘，如前游公□以书聘。郭子至获鹿□赵州牧王公遣车骑亦至，乃画符与赵卒曰："汝必穷一日之力，今晚到赵州南坛焚符，可得小雨。"卒至栾城停宿，是夜，雨□栾城。□□□王公□卒革去，亲迎郭子至州，乃雨。……既而商河尹董公、济阳尹赵公，及新城尹王公兄弟寄书俱至，遐陬辟区求雨者鳞集，乃移坛舜庙与四方州郡总祈之。长民诸公及乡先生义缙交集，郭子一无所受。济南通学具呈赴院建祠堂永留，郭子以野鹤性旷为辞。《雨师传》

藁邑数苦河患，还阳为作法以镇之，河徙数里，藁人至今祠祀。历城县有趵突泉，久涸，以铁符卷三纳之，泉即复出，高突过于囊时。《郭还阳传》②

明代，全真道不为统治者重视，政治地位不高。但各级官员仍争

---

① 洪范池又名"龙池"，位于山东平阴县洪范池镇，是济南著名泉池。
② 光绪《寿阳县志》卷13，《中国方志丛书》，台北成文出版社1976年版，第965—966页。

相邀请郭静中，待为座上宾客，这其中最主要的原因还是郭静中拥有的祈雨之术。明代后期，北方地区频发干旱问题。以山西为例，万历十九年（1591）以后，几乎年年干旱。万历二十六年、二十七年、二十九年还经历了一轮连续旱灾；到了万历三十七年、三十八年，山西再次遭受全省性的特大旱灾；崇祯六年，除大同府外，山西各地又发生特大旱灾；崇祯十年、十一年连续两年发生全省性特大旱灾；十三年除大同府外，其余各地均为特大旱；十四年除潞安府无灾，其余各地仍遭特大旱灾袭击。山西太原府直到崇祯十六年，年年都有特大旱情，山西农业在旱灾的打击下几至崩溃。① 这种情况下，山西地方官员心急如焚，难有应对之策，如山西布政使乔学诗曾因旱灾而开仓放赈，安济灾民，但此举也难解长期旱灾对百姓带来的灾难。因此，干旱地区的官员们只有寄希望于上天的眷顾，纷纷组织官方性质的祈雨活动。

在我国，官方祈雨祭祀文化源远流长。《周礼·司巫》云："司巫掌群巫之政令，若国大旱，司巫则舞焉。"② 可见，周代以降，我国就已出现了国家性质的祈雨祭祀。秦汉之际，天人感应学说盛行，董仲舒《春秋繁露》认为灾害是为政者失德渎职，人主故此须要自责。③ 在国家祈雨祭祀中，帝王下诏罪已悔过，臣下亦应灾荒上言时政得失，理冤狱等。梁武帝所行祈雨七事即为："一、理冤狱及失职者；二、赈鳏寡孤独者；三、省徭轻赋；四、举进贤良；五、黜退贪邪；六、命会男女，恤怨旷；七、彻膳羞，弛乐悬而不作。"④ 把自然灾害与政治政绩联系起来，是我国古代的流行思想。从皇帝到各级任责官员都承

---

① 葛剑雄主编《中国人口史》，复旦大学出版社 2005 年版，第四卷，第 408 页。
② 郑玄注、贾公彦疏：《周礼注疏》卷 26，上海古籍出版社 1990 年版，第 398 页。
③ （汉）董仲舒：《春秋繁露》卷 14，凌曙注，中华书局 1975 年版，第 490—495 页。
④ 《隋书》卷 7《礼仪》，中华书局 1973 年标点本，第 125 页。

担有天旱祈雨，久雨祈晴的祭祀事务。宋代朝廷明确规定："州县有旱灾，长官以下分诣山川祈祷。"① 到了明代求神降雨禳灾是府县亲民之官日常事务中的内容。《明史·职官志》记载知府职责中就有"修明祀典之事"，知县的职责中也包含着祀神的内容。祀神祈雨因关系国家政治与黎民生计，朝廷各级官员都十分重视。因此，在干旱频发的时代，那些擅长祈雨法术的道士便成为各地官吏争相结交的对象。雨师郭静中在山东、河北一带云游时，地方官员求雨者鳞集，官员士绅们募集钱财酬谢郭静中，他一无所受。山东济南的士绅欲建祠堂永留，郭静中以野鹤性旷为辞，决意返回了寿阳。《雨师传》记载，此时的郭静中："所经郡邑，男女焚香塞路，名公巨卿过寿阳者，率上门请谒，冀得一面以为荣。"②

关于郭静中受官员士绅推崇的盛况，五峰山龙池曾存有一份《龙神谱》，为当时各省官长请郭静中祷雨之聘书。道光年间，刘雪崖在五峰山见此谱时已为残卷，首尾缺蚀，大部不存，但仍余 27 封。其中山西布政使乔学诗、按察使李长庚二人，系与郭静中过从较密者，当地民众还在太安驿安定桥北建有乔李二公生祠三楹。③ 此外，五峰山现存一通天启四年（1624）《五峰山龙池祷雨救民免粮碑记》，④ 此碑载

---

① （宋）刘清之：《丞湘岣嵝祠坛记》，同治《衡阳县志》卷 9，《中国方志丛书》，台北成文出版社 1980 年影印本，第 1178 页。

② （明）吴玉：《雨师传》，史景怡主编《寿阳碑碣》，山西古籍出版社 2007 年版，第 413 页。

③ 史景怡主编：《寿阳碑碣》，山西古籍出版社 2007 年版，第 413 页。刘雪崖《五峰山崇贤记》亦载："还阳结庵于兹，法术神奇，驱水祈雨，辄有灵验，人以雨师。归之庙藏龙神谱，碑碣载山西及外省请雨书笺甚悉，明季左光斗、赵南星诸君子交契者众矣。"光绪《寿阳县志》卷 11，《中国方志丛书》，台北成文出版社 1976 年影印本，第 809 页。

④ 《五峰山龙池祷雨救民免粮碑记》，青石石质，断残。碑高 139 厘米，宽 71 厘米，厚 22 厘米。碑文楷书体，无撰书人名，明天启四年（1624）六月雨师郭静中立石。清道光初，刘雪崖曾为之表额。今人于近年曾复制此碑，皆存于五峰山。参见史景怡主编《寿阳碑碣》，山西古籍出版社 2007 年版，第 195—196 页。

有捐俸银为五峰山道场置买田地的官员名录，皆是历年来请郭静中祈雨灵验的各州县官长名，亦有郭静中方外之友。其中赵南星①、崔景荣、左光斗②、韩策、王钟庞等人，还列名于天启五年东林党人榜中。现特将碑文摘录如下：

> 寿阳县知县屈大捷、县丞贺汝权、主簿袁梦麟、典史郑维群、儒学教谕赵尘、训导孙日宠。太原府寿阳县为乞恩，允众公摊粮石事。据本县四乡里递侯汝登等连名告称，切照寿邑土瘠民贫，唯赖耕养，少延生命，屡屡多遭亢旱，万姓危苦如朝露。于万历二十六年间大遭凶旱，百禾立槁，黎民哗聚三五簇，率欲逃亡，一家涕哭两三行，难分骨肉。此时此情，无计可救。幸遇郭雨师参道元始，有搏挽乾坤之手，有呼风唤雨之奇。见上天之降灾，悯万民之疾苦。前任县主邝公，造庐而请，祈祷雨泽，无祷不灵。遂于西乡太安驿建立庙宇龙池，修置地田，以为长住焚修香火之用。内粮二石七斗八升五合，差五则，万民情愿代输，下情难以上达，恳乞准理阖县公摊，不唯郭公久留一方，永沾雨露，而且允遂民愿，万姓共乐欢呼。乞给帖文，刊石豁免，永为遵守等情。据此看得郭雨师道高德重，实有役鬼驱神、呼风唤雨之术。今岁亢旱，本县请祷，灵应甘霖，以慰民望。既经各都里递公议，本庙置地粮差加征，阖县相应准从。为此帖仰龙池庙住持管理，常住耕种，道人照帖事理。本县尽将该庙置地粮二石七斗八升五合

---

① 赵南星，明代政治家、文学家。字梦白，号侪鹤，别号清都散客，高邑人。万历年进士，官至吏部尚书，为东林党重要人物。天启中，宦官魏忠贤专权，政治腐败，南星与之对抗，与邹元标、顾宪成号为三君。失败后被谪戍山西代州，天启七年死于戍所。

② 左光斗，安庆桐城人，字遗直，号浮丘。明万历年间进士。任御史时办理屯田，在北方兴水利，提倡种稻。天启四年，任左金都御史。杨涟劾魏忠贤，左亦劾魏忠贤三十二斩罪，遂下狱，次年被害死狱中。

随粮差伍则，豁免原粮加征，阖县小民愿输，仍刊石谕众通知，以垂永久，毋得违错，未便须至帖者。

　　吏部尚书赵公讳南星，北直隶真定府高邑人。户部尚书李公讳长庚，湖广麻城人。吏部尚书崔公讳景荣，北直隶大名府长垣人。兵部尚书王公讳象乾，山东新城人。礼部尚书李公讳维真，湖广京山人。工部左侍郎柳公讳佐，山东临清人。礼部左侍郎董公讳其昌。都察院左佥都御史左公讳光斗，南直隶桐城人。山西巡抚李公讳景元，大名府元城人。山西布政司乔公讳学诗，山东东阿人。河南巡抚张公讳我续，北直隶邯郸人。井陉兵备道游公讳汉龙，南直隶婺源人。太仆司正卿韩公讳策，北直隶南宫人。少司马黄公讳建衷，麻城人。兵科给事中张公讳键，四川庐州人。武定兵宪白公讳养粹，北直隶永平府人。户部主事王公讳建泰，阳信人。行人司张公讳三漠，平定州人。广平别驾颜公讳维仁，成山人。山西平定守黄公讳三尚，萧山人。赵州守王公讳佐才，洛阳人。易州守程公讳玉润，南直隶常熟人。山东临邑大尹单公讳养蒙，河南固始人。赵州乡官周公讳文英。礼部主事张公讳翼明，永城人。山东参政陈公讳德元，山西人。按察司程公讳启南，山西武乡县人。真定府乡官许公讳其忠。真定府乡官梁公讳志。户部主事梁公讳维基，真定府人。内阁中书王公讳钟庞，真定府人。举人梁公讳维枢，真定府人。举人梁公讳维本，真定府人。获鹿县知县沈公讳庭英，山东新城人。平定州州判温公讳希文，陕西人。寿邑典史刘公讳炯然，曲州县人。置买神路各省诸公，因民遭亢旱，请雨师郭真人祷雨灵应，共捐俸银一百二十两，置地两顷三十三亩，囤固焚修香火，恐岁久湮没，立石□□。

碑记记载了万历二十六年（1598）寿阳大旱之时，郭静中祷雨灵应，知县邝世才于五峰山为郭静中建立庙宇，修置田地，留为长住之事。在碑文后附有历年各省聘请郭静中祷雨的官吏名录，这些官吏共捐俸银一百三十两，置地两顷三十三亩，永为五峰山道场所有。此碑罗列捐银官员共三十六名，其中二品以上的朝廷大员多达十一人，地方官员主要集中于山西、山东、河南、河北等省。可见，雨师郭静中在北方地区官员与士绅中的广泛影响力。明代全真道沉寂的一大原因就是统治阶层的政策限制，而郭静中与众多官吏的良好关系，可以使五峰山全真道在传播与发展过程中得到政治上的支持。另外，值得注意的是，此碑碑额为"免粮碑"。按碑文所说，寿阳民众为了使郭静中永留一方，永沾雨露，情愿全县公摊这些土地的粮差，并请准有司照帖豁免置地原粮加征。这样一来，郭静中的五峰山道场不但拥有了数量不菲的田产，而且不用向国家缴纳赋税。有了经济上的保障，五峰山全真教团发展迅速，不但修建了规模庞大的五峰山道场，而且道派繁衍也十分繁盛，直至清代。

祷雨亭

天一龙池

四　郭静中的内丹术及其与赵南星的交往

郭静中虽然以祷雨术闻名于世，但是作为全真道士，内丹炼养术仍是其修持主要内容。明代道教内丹术在经历宋元以来几百年的完善与发展，早已走出道门，在世俗社会中广为传播。① 一些官吏士绅与文化精英更是热衷于内丹术的修炼与传播，在他们看来，内丹学不但是一种可以延年益寿的养生学，而且可以从中汲取思想养分。有的文人儒士更是过起了闭关修炼的生活。明代大儒王阳明习炼内丹三十余年，曾向道士蔡蓬头当面讨教。《年谱》载其十六岁时忽逸入道观铁柱宫中，遇道士跌坐一榻，即与之共谈养生之说，相与对坐忘归家。② 还有王门后学的重要代表、曾经中过状元的罗念庵，其在家乡开辟的石莲洞中有着长达十八年的静修生涯，晚年还曾闭关三年。他以道教

① 张广保：《明代初期（1368—1434）全真教南北宗风研究》，青松出版社 2010 年版，第 4 页。

② （明）王守仁：《王阳明全集》卷 33，吴光等编校，上海古籍出版社 1992 年校点本，第 1222 页。

内丹修炼之法来证认儒家心性之学，以道教内丹功法而体悟良知的工夫体会，从道教内丹法中汲取思想养分。① 明代文学家王世贞对道教的闭关修炼也相当着迷，更摒弃家室俗累而迁居恬澹观修行。他与茅山全真道士阎希言交往甚密，多次表示要实践闭关环堵的修道。可见，道教内丹修炼术在明代士大夫阶层中已成为一种社会生活习尚。而全真道是以内丹修习为主的道教派别，全真道士的修行方式对崇尚内丹炼养的明代文人士大夫来说颇有吸引力。阎希言开创乾元观全真道派的奇行异迹及修行方式就颇受江南士人的推崇。江南名士陈思育与徐显卿，即拜在茅山全真道士李彻度门下为俗家弟子，学习环堵闭关修行之法。② 郭静中也同样遇到这种情况，他随乔学诗在北京暂居时，有计部（户部）主政王公、兵部谏议张公持弟子礼前来拜谒，希望学习内丹修炼之法。郭静中言：“公等为国为民，无忝厥职，便是金丹密谛，符章尽虚幻耳。”③ 可见，郭静中对于向他请教内丹修炼之法的官员多是婉言谢绝。但后来，郭静中还是向一人传授了修炼功法，此人便是万历年间著名的政治家、东林党领袖赵南星。

赵南星，万历二年（1574）进士，东林党重要领袖，为官清正，嫉恶如仇。万历朝时赵南星为吏部考功郎，主持京师地区的官员审察，因罢黜贪官污吏，遭到讦谤，被削职回里，其名益高。与邹元标、顾宪成，时称“东林三君”。赵南星在削职回里期间，听闻还阳子郭静

---

① 张卫红：《罗念庵与道家道教关系》，《中国哲学史》2008 年第 2 期。

② 王岗：《明代江南士绅精英与茅山全真道的兴起》，赵卫东《全真教研究》（第二辑），齐鲁书社 2011 年版，第 47 页。

③ （明）吴玉：《雨师传》，史景怡主编《寿阳碑碣》，山西古籍出版社 2007 年版，第 413 页。

中乃得道之人。于是，他便作书托友人李本宁①交于郭静中，希望郭静中能传授内丹延年之术。他在信中这样写道：

> 星有天幸，闻当我之时而有仙翁者，得上真之秘诀。炼神合虚，玄通造化，金丹默运，雷雨立至，暂游人间，以待鹤驾。星尘根秽质，何足以闻至教，第念仙翁离群独修，未必知世人之善恶，抱道不传，非上帝之意。传非其人，殃咎及身，而士大夫为甚。士大夫之为恶者，误国害民，正宜蚤已，而或得延年之术，以久存于世，长为灾害。诅咒不效，剑术难施，知其由仙翁之教，则亦代受其怨恨矣。非我杀人，实授之刃，斯上帝之大律，凛凛乎不可触也。星虽不肖，然自幼而有廉耻，性颇慈良，自誓居官必救万民，居家遇一虫一草必加仁心。今年六十，渐有衰相，然鼎器未坏，尚堪修习。谨托友人李按察访求仙翁，颙俟过我，斋心请教。伏惟察其一念向道之诚，而不弃之，是星之果有天幸也。日夕望之。②

赵南星嫉恶如仇，慨然以整齐天下为任，从他致郭静中的信中我们可以看出其救国救民之决心，以及对误国害民的贪官污吏的痛恨之情。赵南星虽为国之重臣，但在与郭静中的信中言辞恳切，谦逊至极。郭静中或许是敬佩其为官为人的正气，并没有推辞他的请求，惠然传授他内丹秘法。赵南星后来在《送还阳子归寿阳序》中又写道：

> 还阳子惠然来传我以大道，结云霞之契而去。天启辛酉，余

---

① 李维桢，字本宁，湖广京山人，隆庆二年进士。博闻强记，文章卓负重名。历任河南、江西、四川参政，进浙江按察使。万历年间，李维桢曾任山西按察使，与郭静中相识。

② （明）赵南星：《赵忠毅公诗文集》，《四库禁毁书丛刊》，北京出版社1997年影印本，集部第68册，第718页。

七十二矣，家拜太常少卿，余以老不欲出，夷犹者一年有半，国
恩横加，荐至少司空。余尘情未断，辞白云而赴丹阙，冀以不失
臣礼，乃遂躐六卿之上。任重事剧，大非老人所宜，时患腹疾，
欲归不能。晋国主，贤王也。谦光下士，曾以书赍岩中。今年夏，
复使来，余为笺以谢求之，为问还阳子禁方以救余，余当救万民，
以报国家，以报国主。晋国主遂为请还阳子来，余得其方服之，
宿疾有瘳，可以暂留矣。今贪残之吏鳞比，郡国万民倒悬，余有
救民之责，而不尽心力以救之，是负国家，负国主，还阳子亦不
宜传余以大道矣，则余何敢哉。然老矣，道德经不云乎，知止不
辱。余旦夕且归矣，还阳子当必御风而过我园中也。①

天启初，赵南星重获朝廷启用，先后任太常卿、左都御史、吏部
尚书等要职，在朝中他与魏忠贤阉党做坚决的斗争，得到当时社会各
阶层的广泛支持。此时的赵南星年事已高，政事繁重，时患腹疾，便
又托晋裕王朱求桂向郭静中请教治病秘方。郭静中亲赴其处诊治，使
其宿疾得愈。由此可见，郭静中不但懂得内丹修炼，而且对医药之道
也颇为精通。经过这次交往之后，郭静中与赵南星便成为方外之友。
《寿阳县志·郭还阳传》记载：

> 还阳于书无不通，尤精于《易》。其所交必天下第一流，如
> 赵南星、郭之屏，皆其友也。南星位冢宰时，欲请于上赐以真人
> 号，会有汪文言之狱事，遂寝。

天启四年（1624），东林党人汪文言被魏忠贤下狱，受尽酷刑，迫

---

① （明）赵南星：《赵忠毅公诗文集》，《四库禁毁书丛刊》，北京出版社 1997 年影
印本，集部第 68 册，第 280 页。

令其诬陷杨涟等，汪坚不承认，被击毙。阉党假汪文言案向赵南星发难，指责其朋谋结党，赵南星被迫辞去吏部尚书。后来，魏忠贤又捏造汪文言供词，诬陷杨涟与赵南星贪污，杨涟被下狱，折磨至死。赵南星亦被削籍，戍边代州。天启七年（1627），赵南星病死在戍所。赵南星在任吏部尚书之时，欲上奏朝廷赐郭静中"真人"号，此事因受汪案牵连而作罢。天启四年（1624）《五峰山龙池祷雨救民免粮碑记》中为五峰山捐俸银的官员名录中，赵南星亦在列首位，可见其对郭静中的推崇之意。

纵观与郭静中往来甚密之官员，如赵南星、李长庚、乔学诗等，皆为人正直，清正廉明之官员。赵南星惩治贪官污吏，在广大人民中享有崇高的威望；乔学诗执法不避权贵，平反冤案，放赈安民，深受百姓爱戴。可见，郭静中在与官吏的交往中并非为弘道而一味攀附权贵，他有着自己的道德评判标准。他本人也如所交之友一样，戒行精严，祈雨诊病不受钱财，寿阳民众感其恩惠，情愿全县公摊五峰山道院的粮差，以求留他常住。明代全真道没有取得上层统治者的信任与重用，发展受到限制。但在广大的民间社会，全真教仍然继续传承与发展。他们恢复了创教初期的清修传统，生活艰苦，戒行精严，一扫淫靡之气，使人耳目一新。许多全真道士兼修正一的科仪法术，并掌握有一定的医药养生知识，在民间社会受欢迎。他们的奇行异迹与为民疗疾苦的慈善行为，不但吸引民间的大量信徒，而且逐渐影响到了一批文化精英。于是，教史之整理，教理之阐发，丹法之讨论，皆人才辈出，为全真教的复兴奠定了基础。

五　郭静中与名士傅山

（一）晚年郭静中

郭静中晚年隐居于寿阳五峰山上，过着恬淡的生活。此时，明王朝外忧内患，政治黑暗，已到了风雨飘摇的境地。一些文人儒士在对政治极端失望之下，醉心于宗教。而郭静中的学识、道术，以及传奇的人生经历都非常符合他们的生活情趣，成了他们眼中的世外高人。因此，经常有人会前往山中拜望，向郭静中请教道要。《寿阳县志》记载：

> 阎国相，字良臣，别号柏冠道人。少时博览古今，极留意孙吴，善射中。崇祯癸酉，武举赴京闱不第，遂不出。事亲孝，生事死葬，人无闲言，持身方正，无词诅诳谲家故饶，贷粟者常数十百石，遇饥不能偿，良臣悉焚其券，远近义之，后至老食贫，宴如也。师事郭还阳，受《易》有得，后更平易近人，至义气所形，亦复孤耿峭直，不少阿曲。①

《寿阳县志·郭还阳传》记载："还阳于书无不通，尤精于《易》，其所交必天下第一流。"可见，郭静中除了以道术闻名之外，知识文化水平也相当高。渊博的学识使其更容易得到文人儒士的认同。阎国相为寿阳本地人，博览古今，文武兼备。由于应试不第，心灰意冷，便师事郭静中，学习《易经》。晚年的郭静中除了与本地士绅交往之外，一些外地的官吏士绅在路过寿阳时也会到五峰山上拜访他。熊文举，

---

① 光绪《寿阳县志》卷8，《中国方志丛书》，台北成文出版社1976年版，第448—449页。

字公远，号雪堂，南昌新建人。官宦世家，崇祯四年（1631）进士，授合肥县令。在任时好士爱民，以廉平著称。后升吏部主事、稽勋司郎中等职。他在崇祯末年途经寿阳时，曾上山拜谒郭静中，并作有《赠雨师四绝》。他在诗序中说：

> 太安驿有龙山，山中闻有郭雨师者，异人也。因其远近王侯官宰迎至祷雨立应，咸以雨师称之。雨师为河南修武人，弃家□知年代，顷年八十二矣，而颜面光润如□玉，须眉轩朗，望之知为神仙中人，伤之□不能拜起。余至山中谒之，稍稍扣以导引之术，亦不甚答，惟云世间那有神仙，如□茂年富才学，正宜乘时竭力匡济艰难，□欲却疾延年，省事清心寡欲，修德足已。□感其言似深于道术者。雨师扫一榻□□宿山中，谓余神清骨俊，不染世棼，可与□道。乃竟以使事匆匆，不敢久留而去。嗟夫，余果可与适道者乎？①

《还阳真人传》称郭静中生于嘉靖己未年，熊文举拜访他时已有八十二岁，应该为崇祯十四年（1641）。本年，李自成义军已占领河南，清军又于锦州大败明军，明政府内忧外患，已成摇摇欲坠之势。熊文举此时向郭静中请求导引长生之术，郭静中却对他说：世间并没有神仙，清心寡欲修德即可却病延年。还劝他应该趁茂年才富，竭力匡济艰难，拯救国家于危难。熊文举于是在诗中写道："道风高朗有谁徒，若扣长生一字无。劝我不□□出世，艰难皇路待人扶。"由此可见，郭静中虽为方外之人，但仍心系时局，忧国忧民。

---

① （清）熊文举：《雪堂先生文集》，《北京图书馆古籍珍本丛刊》，书目文献出版社1998年影印本，第112册，第336页。

（二）傅山拜师

由于郭静中与士绅文人非常投缘，他的五峰山道院成了一些文人名士寻访之所。直到清初郭静中仙逝以后，依然有一些仰慕郭静中的文人士绅，来寻访他的故居。《寿阳县志》收有清代文人所写《龙泉访郭还阳雨师故居》数首。其中一首云："雨师名甚久，今始到龙泉。虚阁延朝霁，乔松带暮烟。法疑传弟子，事尽属遗编。仰愧身为累，翘翘恋马鞯。"① 可见，郭静中在当地文人绅士中影响深远。而与郭静中交往的这些文人名士中，影响最大的无疑是傅山。傅山与郭静中不但交往密切，而且还拜郭静中为师，入门做了道士。派名为傅真山，属全真龙门派第六代弟子。

傅山，字青主，号真山、石道人、松侨老人等，山西阳曲县人。明清之际思想家、书法家、医学家。于学无所不通，经史之外，兼通先秦诸子，又长于书画、医学。他被认为是明末清初保持民族气节的典范人物，与顾炎武、黄宗羲、王夫之、李颙、颜元一起被梁启超称为"清初六大师"。傅山早年多病，其妻子、兄长又先后故去，对其影响颇大。于是，他开始专研医学，著《傅青主男科》《傅青主女科》，成为当时之医圣。傅山与郭静中的结识也与医药养生有关。傅山由于体弱多病，逐渐开始研究道教的养生之术。据《傅山年谱》记载：崇祯五年（1632），傅山肆力收集诸方外书。崇祯十年（1637），傅山辟谷食柏叶。② 按前文所述，郭静中是一位精于内丹与医药的全真道士。因此，崇祯十五年（1642）时，傅山开始到五峰山向郭静中

① 光绪《寿阳县志》卷12，《中国方志丛书》，台北成文出版社1976年影印本，第878页。

② （清）傅山：《霜红龛集》，山西人民出版社1985年影印本，第1283页。

学习道教的却疾养身之道。他作诗道："怕官非欠税，寻寺不逃禅。我有我身患，何求何处仙。"① 可见，傅山最初拜访郭静中是为自己的身体疾患寻求养生之法。但是，此时他并没有拜郭静中为师。戴廷栻《石道人别传》记载：

> 道人善病，受道还阳真人。真人盖神宗朝雨师，赐以印剑、紫衣者，其神异见高邑赵忠毅公传。岁壬午（1642），道人梦上帝议劫，给道人单，字不可识。单尾识高尚字，且赐以黄冠衲头。心知无功名份，遂制冠衲如梦中赐者。发榜罢，百三十岁长寿比丘贺道人。道人曰："比丘诬矣，吾不中式。"比丘曰："不中，故贺。"道人颔之，取所制冠衲服之。甲申之变（1644），竟服之不脱，为真道人。道人傅姓，字仁仲，一字公他，一字青主，今年六十七岁矣。②

戴廷栻认为傅山是因患病而受道于还阳真人，对傅山当道士的前因后果，他记载得非常清楚。他说，崇祯十五年，傅山乡试落榜后，梦到上帝赐予他道袍，于是便开始道士装束。两年后因为明亡便出家做了真道士。另据《寿阳县志·傅山传》记载："甲申之乱，（傅山）避地寿阳五峰山龙泉寺，师事郭还阳先生。"③ 傅山在自述中亦说道："因闯贼破城，追饷败家，就在太安驿出家做了道士，师傅是太安驿

---

① （清）傅山：《壬午六月十五日至十九日即事成咏二十一首》，《傅山全集》卷9，山西人民出版社1991年标点本，第167页。
② 道光《阳曲县志》卷15，《中国方志丛书》，台北成文出版社1976年影印本，第1069页。
③ 光绪《寿阳县志》卷13，《中国方志丛书》，台北成文出版社1976年影印本，第956页。

人，号郭还阳。"① 可见，傅山之所以选择出家做道士，与明朝灭亡有很大关系。此时傅山母亲尚在，为侍奉母亲，傅山便携家躲入深山避乱。出家做道士不但可以避乱世，而且还可以保持民族气节。他在做了道士后写道："贫道初方外，兴亡着意拼。人山直是浅，孤径独能盘。却忆神仙术，如无君父关。留侯自黄老，终始未忘韩。"② 可见，傅山遁入道门并非厌世，而是为民族兴亡而拼搏。他欲效仿张良，虽身居方外，仍不忘亡国之恨。傅山这种民族气节与反清的行为贯穿了他的一生。直到七十岁时，他还写道：

> 家国哀哀雁，行藏跕跕鸢。残书终岁蠹，一字莫逢仙。局蹐微湖海，须眉暗涕涟。汉仪从漠漠，羽服信翩翩。道颔光尘妙，心参日月禅。异端辞不得，真谛共谁诠？自把孤舟舵，相将宝筏牵。灶觚垂畏避，薪胆待因缘。吐凤聊庭过，雕虫愧祖先。③

这是傅山写给儿子傅眉，以及两个孙子的明志诗。此时据明亡已有三十余年，傅山仍在为亡国而哀恸。虽已到了古稀之年，他还在卧薪尝胆，等待因缘反清，并为自己的碌碌无为而感到羞愧。

（三）郭静中对傅山的影响

郭静中对傅山的影响主要体现在医学和内丹练养方面。前文所述郭静中颇通医术，曾为赵南星治愈过顽疾。查阅傅山相关史料，他早

---

① 《河南巡抚亢得时题本》，《傅山全书》附录 4，山西人民出版社 1991 年标点本，第 5028 页。

② （清）傅山：《龙门山径中》，《傅山全书》卷 9，山西人民出版社 1991 年标点本，第 160 页。

③ （清）傅山：《觅岩径诗即事回复连狉一百韵示眉并二孙》，《霜红龛集》卷 11，山西人民出版社 1985 年影印本，第 315 页。

年经常生病，兄长、妻子先后因病早亡，未见其有行医的记载。而甲午明亡以后，傅山拜郭静中为师做了道士，流寓晋中各地，偶然行医，多奇验，于是名声渐走，踵门求医者不绝。傅山分文不取，百姓馈赠食物表示感谢。①由此可见，傅山是在做了道士以后才开始行医，郭静中可能是傅山医术的启蒙老师。

郭静中精通内丹炼养之术，这也是傅山拜师的重要原因之一。甲申年八月，傅山决心到五峰山拜郭静中为师，不巧的是郭静中此时去了李自成义军公署。访道师不遇，失望之余傅山写下了《甲申八月访道师五峰山龙池不遇时道士在马首伪署次又元韵》，诗云："红崖马首旧提封，蓦入绥山一眺中。太上忘情难可学，盆地石岛浪西东。"②傅山在寻师不遇的情况下，发出了"太上忘情难可学"的感叹，可见其拜郭静中为师不只是为了托身入道门，他还希望能学习道教的修炼之法。这年冬天，傅山再次过五峰山龙泉寺拜见郭还阳，二人做彻夜长谈。傅山在《雪中过五峰道师留夜谈》中写道："山灵若相召，逢自长安来。红绿不到眼，寒山生玉苔。王倪经四问，鲍照失多才。静夜发微论，有身良可哀。"③诗中将郭静中比作"四问四不答"的先贤王倪，把自己比作毛遂自荐的鲍照，来说明自己向郭静中请教道要的诚心。

---

① 傅山所至老幼男妇以疾请者，辄遮留不得去，从容诊治，多奇验。酬之金，不受也。清顺治六年（己丑），傅山寓平定马军村，作《无聊杂诗》一组，其中有两首写道"药岭负秋色，石楼登告劳。黄冠非独懒，白秃亦孤骚。豆秸偎眵尽，柴门闲日高。村翁问寒药，茶果致胡桃"；"火齐何曾解，冰台偶尔藏。西邻分米白，东舍馈梨黄。食乞眼前足，医无《肘后方》。果然私捧腹，笑倒鹊山堂"。诗里生动地反映了傅山流寓行医的情景。他仁厚的医德和高明的医术，深受村民的爱戴。但他自谦不懂医，只是偶尔看看病，以求得食足饭饱。侯文正、张厚余、方涛：《傅山诗文选注》，山西人民出版社 1985 年版，第 98、100 页。

② （清）傅山：《甲申八月访道师五峰山龙池不遇时道士在马首伪署次又元韵》，《傅山全书》卷 15，山西人民出版社 1991 年标点本，第 284 页。

③ （清）傅山：《雪中过五峰道师留夜谈》，《傅山全书》卷 3，山西人民出版社 1991 年标点本，第 43 页。

郭静中虽然道术精深，被百姓传之为神人，但他自己认为"金丹密谛符章尽虚幻耳"，还对人说："世间没有神仙，欲却疾延年，省事清心寡欲、修德足已。"这与丘处机"但有卫生之道，而无长生之药"的思想是一致的。傅山同样对修仙长生之事有着清醒的认识。他曾写诗自嘲道："自信无仙骨，黄粱梦懒寻。"① 对《庄子逍遥游》中描述的"藐姑射之山，有神人居焉，肌肤若冰雪，绰约若处子，不食五谷，吸风饮露；乘云气，御飞龙，而游乎四海之外"，傅山批注："说来中听，只觉非后世所期矣。"② 可见，傅山虽然对道教炼养之术非常感兴趣，但他对内丹术的功能还是有较为客观的认识，认为虽可以祛病延年，但不能使人长生。

郭静中在内丹修行上中讲求功行一致，强调行善积功的重要性。傅山《纪九图吟跋》中曾记载了郭静中须发由白变黑的奇异事迹，他说：

> 别中宿三年而见之，则须之黑者强半，余无所疑，但信其工之熟耳，及自言之，亦不知其属工之熟与否，但曰行功过格。至五十九岁之某月日夜，始觉是日无毫发自欺处，翌日而须黑矣，吾始肯之，仙道在是。不然，以造业作凶之心，而令白须再黑，尽世闲人闻其术而行之，尚有白须人哉。赵忠毅赠道师还阳翁言似此，遂题之云尔。③

---

① （清）傅山：《与邯郸任尹》，《傅山全书》卷8，山西人民出版社1991年标点本，第151页。

② （清）傅山：《庄子翼批注》，《傅山全书》卷50，山西人民出版社1991年标点本，第1066页。

③ （清）傅山：《纪九图吟跋》，《傅山全书》卷22，山西人民出版社1991年标点本，第412页。

郭静中在内丹修行强上调行功过格的重要性，功夫纯熟与否反倒处于次要地位。吕洞宾曾有词云："一朝功行满三千，降得活龙伏得虎，方表神仙。"[①] 说明积累功德对内丹修行的重要性。郭静中则是通过行功过格自勉自省，来积累自己的功德。他认为自己白发变黑正是行功过格的效用，这对傅山影响颇大。傅山说道："以造孽作凶之心，而令白须再黑，尽世间人闻其术而行之，尚有白须人哉。"他在行医中亦广积善行，活命无数，却不受诊金。

此外，傅山思想中的神秘主义倾向，也与道师郭静中有很大关系。傅山相信郭静中的神通能力，认为道教法术确有其事。他在《书扇贻还阳道师》诗中写道：

> 师今年整九十岁也，人多谓师无道术。师兀一足，脚脱胫骨出，师静处用功，竟能肉下包骨，于今十三年矣。师素祈雨，多被三界尊神谴之，故遇此报，然足以见师本领矣。吾师九十矣，谈笑益精神。高阁蒲消日，深杯酒漾春。兴亡从世局，忠孝自天真。眼见松乔在，朝菌尚不信。[②]

傅山不但认为郭静中是具有神通的，他自己也通过书写《三官经》而获得了神秘的宗教体验。他说："甲午十月，忧患中熏沐敬书，书竟默绎，大哉！天旨即得，心体高明，包函遍覆，器宇重厚。容民畜众，智识广远。周流不息，莽莽洋洋，临之在上，质之在前，洞洞灟灟，罔敢或忽。以至心体，一诚即得，无物不有，无事不知。"[③] 其

---

① 《鸣鹤余音》卷4，《中华道藏》，华夏出版社2004年标点本，第27册，第649页。
② （清）傅山：《书扇贻还阳道师》，《傅山全书》卷8，山西人民出版社1991年标点本，第123页。
③ （清）傅山：《书三官真经后》，《傅山全书》卷21，山西人民出版社1991年标点本，第396页。

友人戴廷栻对傅山的这种神通亦有记载，他所撰《石道人别传》记载："道人喜游，每游诸山水胜刹，置其门不肯人。蹙眉谓同游者，是有阁有廊有池及花树。是左右向，果阁廊池花树。左右向如所度。盖近于宿命通矣。"①

傅山

龙泉寺傅山书法碑

（四）傅山与丹亭真人内丹法

傅山早年多病，酷爱收集方外之书，壮年又随还阳真人郭静中修习内丹之术，于炼养之道颇为精通。但是，观其生平著述多为学术与医道，叙及内丹功法者甚少。萧天石编辑《道藏精华》中收录傅山手录卢丹亭真人之传道秘书四种，为当今所见唯一与傅山相关的内丹典籍，由此我们可以对傅山修炼的内丹功法有一定的了解。

这些内丹典籍的文体为问答体与语录体，多以养浩生问而丹庭真人答形式，对内丹修习中的问题进行答疑解惑。第一本题为《丹亭真人卢祖师养真秘籍》，署太原傅青主录，本篇主要记载了内丹术中的胎息法。从最初的数息法、调息法开始，中经闭息法、住息法（开任督

---

① （清）傅山：《霜红龛集》，山西人民出版社1985年影印本，第1283页。

诸关及小大还丹法与进神火法)、踵息法，以至胎息法、无胎息法
(养大周天火候法)，等等。第二本为《丹亭悟真篇》，署太原傅青主
录，其篇首写有"了道"二字，主要记录了各种内丹修炼心法、秘诀
与丹道修炼诫谴。包括上乘修真心法、脉络奇经修炼作用诀、抽铅添
汞大丹秘法、百家明心诀法、丹房节目诫谴等，并附有四时日用养生
秘要。第三本为《丹亭真人问答集》，此篇对内丹经中一些秘要、口
诀、秘语进行解释，消解迷惑。本篇署为太原傅青主纂，可见其中融
入了傅山对内丹法的体悟与理解。第四本为《丹亭真人玄谈集》，包
括丹家道功气功静功治病诀法与丹亭真人卢祖师广胎息经之却病部两
部分。主要记录一些利用内丹修习治疗疾病的方法，简单易学，在日
常生活中非常实用。

　　傅山录丹亭真人秘籍中引用罗洪先、陈献章语，又抄录有《性命
圭旨》的内容，当为明代晚于《性命圭旨》的内丹法。其文中虽引用
《性命圭旨》的内容，但与《性命圭旨》有很大不同。《性命圭旨》曾
曰："今之人，有调息、数息、抑息、闭息，皆是隔靴止痒，不得到于
玄窍。"① 而《丹亭真人卢祖师养真秘籍》中胎息法却专行其道。从文
字内容上来看，卢丹亭真人内丹法，简明精约，深入浅出，易学且实
用。萧天石在《丹亭真人传道密集序》中称：

　　　　一反丹家数千年之积习，尽去隐语喻词之秘文；简明浅近，
　　而不违大道，泄尽天机，而不乖真旨；复以其系采问答体、语录
　　体，故尽人可学，易知易行，易修易成，立竿见影。尤以其用道
　　功与息法以却病治病迄于无病长生之部，更属千古不传之秘；不

────────────

　　① （明）尹真人：《性命圭旨》，《藏外道书》，巴蜀书社 1992 年影印本，第 9 册，
第 538 页。

但为丹家与养生家必修之要典，且亦为医家不可不究之书，尽可以补医药之不足也。自有丹经书及吐纳气功术书以来，条理体系详明如是者，确综三家之微传，通百派之窍妙，既显而明之，复融而通之；既博而罗之，复一以贯之，明道穷理、尽性、至命，三家圣人之要功，尽在于斯矣！①

书中对内丹的修炼方法介绍得清楚明白，尽去隐喻。并且还有专门针对某些疾病治疗的修炼功法，简单易学，这在缺医少药的民间社会中是极易流行的。书中在记述治病功法时，还会介绍一些生理知识。如针对无嗣人家修炼的种子法，此法除了记载的养气的修炼方法之外，还介绍了一些生育的生理常识。其法云：

> 真人曰：有大约用妇人经水净时，经有两日半净者，有三日净者，亦有血旺之女，六七日始净者，不可拘定。但用洁白绵或帛夹之宝田户内，取而目之，金色者，乃佳期也。鲜红者未净，不洁也。浅淡者，大过也。如金色，乃新红已生，于此交合，再无不成。若先期而交，则金水太盛，子宫淤塞，无受精之处。后期而交，则子宫已闭，施精亦无门而入。又云单日成男，双日成女，四日已后不成矣。施精要子，时中方可。②

这实际上就是民间的生育知识，教授如何测算女性的排卵日期，以便把握最佳的受孕时机。此法还对民间一些所谓的转女成男的秘方不屑一顾，认为是意外之奇谈，无济于事。

---

① 萧天石：《丹亭真人传道密集序》，《道藏精华》，台北自由出版社 1989 年影印本，十三集之五，第 1 页。
② （清）傅山纂：《丹亭真人玄谈集》，《道藏精华》，台北自由出版社 1989 年影印本，十三集之五，第 56—57 页。

　　关于丹亭真人的生平来历，以及其他事迹，史籍与各种神仙传记中均鲜有提及。对此，萧天石在《丹亭真人传道密集序》中曾有大段考证，其云：

　　　　丹亭真人为玄门隐士，据《青城秘录》载："真人久隐庐山，足迹遍五岳名洞府，曾一度至青城峨眉；二百余岁时，犹步履如飞，鹤发童颜，骨弱筋柔，犹孺子也，其修老氏婴儿派之道功者乎？"又了一子云："先生精于《易》，主太极，体乾坤，用坎离，翼姤复，会蒙屯，而贯通于先天无极者也。于《易》不重象数，反灾祥，轻卜占，而主性命。谓性命之修，全在卦爻之逆用。又谓《易》，逆数也，逆道也，逆理也，逆用也。逆则成，反则通，往复则神，颠倒则功。其先世卢敖、卢生，皆天府中仙人也。"按卢敖，据《淮南子·道应训》载称，于秦时官博士，曾游北海求神仙，至蒙谷，见仙人若士，敖与之语，若士耸身入云中。敖曰："吾比夫子，若黄鹄之与壤虫也。后敖亦仙去。"据密州经云："今庐山有卢敖洞，以敖曾避秦难于此得名。"至卢生则史无可详考，惟为始皇入海求仙药者，有卢生其人，后以不获而遁去。余则无可得其详者。由此观之，丹亭真人为神仙世家，当非悬想。以洞天秘典亦称卢真人，并云："代有祖传仙籍秘书，擅吐纳导引之术，能变化形骸，行气有主，尤精医道，有起死回生之妙手，行住无定所，不欲人知，而真能以自隐无名为务者也。"是以丹亭真人为道门隐仙派中人，此书之传，乃其入门之传道语录也。此乃为丹亭真人之简叙，次如《明史》及各神仙传记中，均鲜叙及。惟《少室山房杂记》中，有一段曾叙及真人云："丹亭，济源人，博学能文，究《易》穷道，尤深于炉鼎铅汞长生不老之术，变化性命神化无方之诀。平生好游名山洞府，行止无定，来时自来，去时自去，忘生老病死，无住而不自在逍遥也。"①

按萧天石考证，卢丹亭为济源人，久居庐山，尤精于《易》，或为道门隐仙派中人。由于傅山曾手录卢丹亭传道秘书，尽得该派秘诀法要。萧天石推测其可能即为傅山的师傅全真龙门派道士郭静中，他说：

> 青主曾师事龙门派卢祖师丹亭真人，尽得该派秘诀法要，纂录以传世。又受道法于雨师还阳真人郭静中，或曰静中即丹亭真人，然乎否乎？不得而知也！不得而知也。②

萧天石言卢丹亭为龙门派道士并未史实依据。《四库全书总目提要》曾著录道家存目类书籍《广胎息经》一部，应为卢丹亭所撰。按《四库总目提要》记载：

> 《广胎息经》二十二卷（两淮盐政采进本），不著撰人名氏，但题为宋人。然第二十一卷中引罗洪先、陈献章语，则明代道流所作，题宋人者妄矣。其书皆称养浩生问而丹庭真人答，分却病、延年、成真、了道四部，论吐纳之法，兼及容成之术，非道家正传也。③

《广胎息经》皆称养浩生问而丹庭真人答，这与傅山手录的四本丹亭真人内丹秘籍非常相似。其书分为却病、延年、成真、了道四部。傅山所录《丹亭真人玄谈集》中明确表明包含有《丹亭真人卢祖师广

---

① 萧天石：《丹亭真人传道密集序》，《道藏精华》，台北自由出版社1989年影印本，十三集之五，第2—3页。
② 同上书，第5页。
③ （清）永瑢等撰：《四库全书总目提要》（子部二十八），《万有文库》，商务印书馆1935年版，第84页。

胎息经》之却病部，应该是傅山将《广胎息经》之却病部与其他道家治病功法合辑而成；傅山所录的《丹亭悟真篇》篇首写有"了道"二字，应该是《广胎息经》之了道部；《丹亭真人养真秘籍》开篇总论的第一句为"养浩生曰：'延年妙法，弟子既得闻教矣。'"此篇应为《广胎息经》之延年部；《丹亭真人问答集》为万卷丹经长生秘要口诀问答指迷录，应是《广胎息经》之成真部。由此可见，傅山所录这四部丹亭真人丹经秘籍本来应系《广胎息经》一书的篇章。傅山在抄录过程中经过自己整理编辑，兼有增添，遂将其分为四本。

值得注意的是《四库总目提要》中称《广胎息经》"论吐纳之法兼及容成之术（房中术）"，或许正是因为书中的房中术，《四库》编者认为其非道家正传，未将其编入四库之中。此外，同时期的内丹法派——伍柳派同样对《广胎息经》的房中术大加批评。伍守阳在《仙佛合宗语录》中称："卢丹亭之作《广胎息经》，最邪妄、最淫恶，诈托旌阳为说，僭渎帝经为名，罪深无间地狱。不必言之，而可易知其为邪。"① 其又在《天仙正理直论增注》详细批判道：

　　而世多援喻诳人借古者，以人喻为言者，便假说以女人为彼家，以阴户为鼎器，以行淫为配合，以淫媾久战而诳人曰采取。取男媾之秽精、女媾之浊涕，而吞之曰服食，此《广胎息书》之异说也。岂可以犬马媾后，而唦遗精之事而教人乎？②（《本序并注》）

　　游方之士及一切居家愚人，以女人为鼎器，以淫媾为炼接命之药。取男泄之淫精，阴户出之淫水，经后之败血，从《广胎息

---

① （明）伍守阳：《仙佛合宗语录》，《藏外道书》，巴蜀书社1990年版，第5册，第762页。

② （明）伍守阳：《天仙正理直论增注》，《藏外道书》，巴蜀书社1990年版，第5册，第777页。

书》之说，皆服食之，为接命不死。①（《鼎器直论第三》）

从伍柳派的批评来看，《广胎息经》应该还包含有好彼家的双修之术及采女经、男精之术，这些房中修炼之法均被明代丹家斥为旁门左道。但是，翻阅傅山所录的这四本丹亭真人传道秘书，并无发现半点双修房中之术的痕迹。甚至，在傅山所录的丹亭真人秘籍中还反对这种房中之术。《丹亭悟真篇》中《丹房遣诫目》后又录《自定新戒三十六条》。其中一条即言："道术有彼甲（家），乃接命小术，敢有阐教之时，专言房术者作八遣。"② 萧天石在《丹亭真人传道密集序》中曾言："所谓录者，乃录其言，而非钞其文也。录本与钞本有别，善者录之，不善者舍之；故全书均可视为其师门授受之传道集，而实即青主之所纂也。"③ 因此，笔者推测傅山在抄录《卢丹亭真人广胎息经》时，根据自己的判断舍弃了书中部分内容，而舍弃的部分正是为伍冲虚与《四库提要》批评的内容。在舍弃书中淫邪部分的同时，傅山又在书中加入了本派对丹经的理解，以及从其他道家功法中积累下来的精华。

综上所述，卢丹亭应为明代内丹家，其功法因涉及双修房中之术而被丹法诸派排斥，流传并不广泛。从其著作涉及双修房中秘术来看，他应该不是全真龙门派道士，更不可能是郭静中。但卢丹亭久居庐山，其功法主要在南方一带流传。郭静中亦曾在江西一带参玄访道，这些内丹功法亦有可能是其从南方带回。傅山师承郭静中，亦医亦道，流

---

① （明）伍守阳：《天仙正理直论增注》，《藏外道书》，巴蜀书社 1990 年版，第 5 册，第 793 页。
② （清）傅山录：《丹亭悟真篇》，《道藏精华》十三集之五，台北自由出版社 1989 年版，第 138 页。
③ 萧天石：《丹亭真人传道密集序》，《道藏精华》十三集之五，台北自由出版社 1989 年版，第 4 页。

寓于山西中部一带的民间社会。他注意到卢丹亭内丹法中的简单易学的治病延年的功法，将其融会贯通，删减编纂成为带有自己特色的内丹养生书籍。这些养生、卫生知识，可以补充民间社会医药之不足，对于郭静中、傅山这样的民间医家大有用处。

傅山录《丹亭真人卢祖师养真秘籍》（《道藏精华》影印本）

第五节　朱之俊与明末清初的汾州道教

朱之俊，字擢秀，号沧起，山西汾阳人。明天启二年进士，曾在翰林院供职，因魏阉逆案罢官。入清后，被迫入都授官侍读，兼修《明史》副总裁，典顺天乡试。事罢辞官归里，与傅山、韩霖、戴廷栻等山西名士交往甚密。朱之俊学问深邃，著述丰富。民国学者王堉昌曾将其所著《砚庐诗》《峪园近草》《排青楼诗》《归田尺牍》等，辑成《朱沧起先生诗文集》铅印行世。① 傅山研究专家白谦慎曾说："在明末清初山西的读书人中，有三个值得注意的人物，即朱之俊、韩霖和傅山。这三个人是友人，但他们的生活经历，在明清改朝换代中的遭际和思想文化的旨趣又极不相同。"② 朱之俊回乡之后，与当地的全真道教结下了不解之缘。在他的帮助下，来自武当的全真道士在汾州顺利建立了两座道观。他与傅山等好友又常聚于道观之中，饮酒品茗，唱和诗文。这无疑给道观带来一种名人效应，使得道观声名远播，香火鼎盛，客观上推动了道教在汾州的传播与发展。

一　武当道士入汾州

汾州，位于山西中部，北魏太和年间设置，明万历年间升为汾州府，下辖汾阳、孝义、介休、平遥四县。明代皇室尊崇真武大帝，武当道教得到了明政府的大力扶持。全国各地道徒信士前往武当山朝山者络绎于途，远在千里之外的汾州也不例外。武当山现存有一尊明代青铜真武造像，便是由明代的汾州信众敬奉。还有武当山五龙宫现存的万历十二年《山西汾州送圣安神八宫二观建福醮记》，也记载了明代汾州民众向武当山八宫二观进献神像的事情。③ 到了明末，李自成占据郧、襄、均等州。崇祯十三年，李自成离郧、均，进入河南。次年，张献忠又重修占领襄阳。战乱阻断了各地信众朝礼武当山的路途，山中道观的香火锐减，生活难以为继，山中的道士们开始纷纷向其他

---

① （清）朱之俊：《朱沧起先生诗文集》，《清代诗文集汇编》，上海古籍出版社 2011 年影印本，第 9 册。

② 白谦慎：《傅山的友人韩霖事迹补遗》，《山西大学学报》1995 年第 2 期。

③ 梅莉：《明清时期武当山朝山进香研究》，华中师范大学出版社 2007 年版，第 188 页。

地区流散。由于之前与汾州信众的良好关系，武当山先后有两批道士
前往汾州地区建立玄帝行宫。朱之俊撰写的《重修栖真庵记》中
记载：

> 有明之末，盗氛孔炽。楚均州房竹闲据为巢穴，连年累岁，
> 骚扰靡宁。海内朝山者裹足艮趾，概不敢进，而武当黄冠大半散
> 逸，糊口于四方矣。蜡烛涧何子一贯缘在汾阳，来建玄帝宫殿于
> 石盘山，遇仙坪张子守性缘在平遥，来建玄帝宫殿于十里铺。①

由碑记可知，在汾阳石盘山建立道观的道士何一贯来自武当山蜡烛涧，
在平遥十里铺建立道观的张守性则来自武当山遇仙坪。明代，武当山
蜡烛涧有一座道观名为太玄洞。明万历七年立石的《太玄洞记》云：
"敕建大岳太和山蜡烛涧太玄洞，焚修全真弟子范教宽。有山西太原府
阳曲县在城各街居住奉道朝山进香，送驾安神建醮，答谢天地，迎祥
顺星，请福保安。"② 可见，蜡烛涧太玄洞很早便与山西道教信徒有所
联系。而张守性所在的遇仙坪，又名金沙坪，此处建有一处全真道
观——凝虚观，为万历皇帝的母舅李玄成开创。万历皇帝曾颁赐《道
藏》一部，并命观内全真道人启建金箓斋，为皇家设普天大醮。③ 万
历四十三年立石的《凝虚观国醮碑记》记载的道士题名为："大岳太
和山遇仙坪凝虚观焚修全真李玄成、徒刘静功、孟静王、孟静宽、韩
静仁、陶静明、张静思、王静坪、张静安、午静□、胡静隐、常静观、

---

① （清）朱之俊：《重修栖真庵记》，光绪《平遥县志》卷11，《中国地方志集成》
（山西府县志辑），凤凰出版社2005年影印本，第17册，第314页。
② 杨立志：《明代武当山全真道碑刻考略》，熊铁基《第二届全真道与老庄学国际学
术研讨会论文集》，华中师范大学出版社2013年版，第224页。
③ 杨立志：《万历国舅修道武当》，《武当》2010年第10、11期。

马静□、杨静□、王静□。"① 按全真龙门派字谱 "道德通玄静，真常守太清，一阳来复本，合教永元明" 的顺序推算，李玄成及其弟子应为龙门派第四、五代弟子。而张守性来自遇仙坪，从名字推断应为凝虚观的全真龙门派第八代弟子。汾阳石盘山《西顶新建玄天上帝庙碑》记载张守性弟子为郭太明，郭太明门徒为 "窦清白、刘清海、张清池、刘清澄"，徒孙为 "却壹柄、郭壹橦"②，符合全真龙门派字辈传承。

二　朱之俊与石盘山玄帝宫的创建

何一贯、张守性等武当道士来到汾州以后，分别在汾阳石盘山和平遥十里铺建立了道观。但是不久以后，何一贯即被汾阳当地的官民驱逐，狼狈南遁。据汾阳石盘山《西顶新建玄天上帝庙碑》记载：

> 黄冠子何一贯，自太和来。诸会士佥议，建帝行宫于郡西之石盘山，号为西顶。檀集如云，一宫甫就。一贯暴戾咨睢，弗诚于众。郑道人常霆具讼谍，监司荣公，按剑下所司，逐之去。允三里乡保，卢承赐等公举。延请平遥栖真庵主张守性任厥事。③

何一贯暴戾咨睢，犯了众怒，道观中的道人与当地官府合力将其驱逐。赶走了何一贯之后，汾州士绅又从平遥请来了张守性。张守性一到汾阳，便开始筹划石盘山玄帝宫的扩建，但功未成而逝。其徒郭太明又继其未竟之事业，殚精竭虑，共营建道观一十八载，略计费了两万余

---

① 杨立志《明代武当山全真道碑刻考略》，熊铁基《第二届全真道与老庄学国际学术研讨会论文集》，华中师范大学出版社 2013 年版，第 224 页。
② （清）朱之俊：《西顶新建玄天上帝庙碑》，王堉昌：《汾阳县金石类编》，山西古籍出版社 2000 年标点本，第 349 页。
③ 同上书，第 349—353 页。

金，但仍有残局未结，若坊、若门、若塔、若左缺，增补工事尚繁。此时的石盘山玄帝行宫已成为一座巍峨秀丽、宏伟壮观的道教庙宇。

石盘山玄帝行宫的修建之所以能够有如此大的规模，这与汾阳当地著名的檀越主朱之俊有着密不可分的关系。清兵部尚书胡世安撰《新建西顶太和宫记》记载"玄岳道裔郭太明自楚来，谋于吾师沧起氏，欲邻近郊建玄帝行宫，答：'以他所，任其经营，若西顶吾当竭力赞成'"。① 此时朱之俊虽已淡出官场，但在汾州当地仍有着巨大的威望和号召力，在其倡导下，石盘山工程得到了众多社会名流与府县官员的资助。而且，朱之俊不但对玄帝庙的建设进行募缘与捐助，还直接参与了玄帝庙建筑格局的策划。

朱之俊对园林景观之学颇为精通。其久慕余杭之美，奉使入浙时，曾撰有系列风景游记。畅游西湖之时，他将南北两峰想象为假山，将西湖想象为小池，意境极为优美：

> 予谓世人向湖山中作一园，如蛛蝥向花叶中作一窝，安知此窝外皆众香国也。吾以南北两峰为假山，中外两湖为小池，犹恐人笑我为河伯耳。②

朱之俊退隐还乡之后，更是终日徜徉于林泉山水间。其在汾阳先后修建了"峪圆""解脱园""楼山园""汇清园"等园林，常与文人雅士憩息其中，诗文唱和。汾阳城中著名的文峰塔也是由他倡议修建的。因此，朱之俊对园林山水景观的意境与布局颇为心得。

据朱之俊自己撰写的《西顶新建玄天上帝庙碑》记述，他在玄帝

---

① （清）胡世安：《新建西顶太和宫记》，王堉昌《汾阳县金石类编》，山西古籍出版社 2000 年标点本，第 502 页。

② （明）郑元勋：《媚幽阁文娱》，阿英点校，上海杂志公司 1936 年标点本，第 226 页。

庙修建的初期，并没有介入到工程中去。直到有一天，他做了一个梦，梦见自己到了施工现场，看到所铸神像无首。醒来之后，立即赶到石盘山上，发现由于冶工的疏忽，鼎中煎蜡，此时已遮护神首。工匠立速熔金灌铸，像也仅及颐而止，冶工只好又复铸一首而会之。这样一来，朱之俊认为自己在梦中得到了神灵的启示，便开始参与玄帝庙建设中来。在他的主持之下，玄帝庙建筑格局与山水之势相呼应，极具气势：

> （朱之俊）集众千千，以幢以盖，以乐以供，引像升诸宫。宫五楹，楹二仞，广八筵四榱，栋三寻。栜振间俯视高口，神座碧铣璀璨。藻井绮疏，纲户铺首。轩轩畅豁，如奔星紫霞，不可迫视。东西个列风伯、雨师、龟、蛇诸部曲，貌狰狞光怪，饰以镠。栋宇高下长短称宫制，不盈不缩。后为三清殿，殿下两庑，各视宫制稍杀。度十二几有半，黝垩危筅如法。后为玉皇阁，阁再重，连布左右阁，即豕雷寄复，道陕而修曲，可以上下游，兼东西远眺。城郭林麓阑入瞳子中，纵横贯穿，麾之不水气三十里外蓬勃而上，皑皑然。阁后逮左右为洞，甃圬严密，埦阶殊屋，别以十数。夹两埦而西出稚门，坡陀下丈余，为诸道士房。庖、厕、堆、砲、砧僻，邱阁循复厓隐。僻远秽杂，讫不闻牛马声。客位取爽垲地，收日精月华，以渐布松石。①

经朱之俊筹划的石盘山玄帝庙陛墀宏敞，廊庑肃翊，道馆、斋堂星罗环列，一跃成为汾阳第一名胜。玄帝庙道士窦清白、刘清海称赞道："太史朱长者，维摩居士后身也。兹宫功德虽众善乐成，长者口画手

---

① （清）朱之俊：《西顶新建玄天上帝庙碑》，王堉昌《汾阳县金石类编》，山西古籍出版社 2000 年标点本，第 350 页。

图，襄成居多，不但如学宫、寺庙、桥梁、浮图等，檀金是掷而已，宜永奉禄位尸而祝之。"①

三　朱之俊与平遥栖真庵

按揭前文，张守性曾在平遥十里铺也创建过一座玄帝行宫。而他到汾阳石盘山以后，平遥玄帝行宫便由其道友朱守丹住持，并改名为栖真庵。栖真庵的建设同样与朱之俊有着密切的关系。早年，朱之俊为躲避战乱取道平遥，曾寄居于栖真庵一段时间。栖真庵距平遥城约十里，独立于旷野之中，旁为往来交通之要道。朱之俊形容当时的栖真庵为"环以土堡，冠以雉堞，独蹲旷野，客至如归"。在石盘山玄帝宫扩建的同时，栖真庵也开始进行扩建。庵中新建有玉虚大殿、玉皇阁、东华堂、前门中殿，灵官、黑虎二殿，以及十方斋堂，又复券窑洞数十余为静室，工程用时更是长达十九年。朱之俊《重修栖真庵记》云："平邑大工则有朱守丹、李子诚莲暨徒苏子宣福、杨子太宾在协力共图，不日告竣。两地同时举事，同时落成。在汾者余已叙其巅末久诸石矣。在平者砻碣以待，几欲属稿，为尤所欪，朱子踵门求之至再至三会，余入春善病，近方霍然。日苦应酬，向晦漏下数十刻，始籥镫泼墨以应其请。"② 由于朱之俊与朱守丹早有交情，朱守丹邀请他为栖真庵撰写了竣工碑记。碑记中他提到了栖真庵的四名道士，从派字谱来看，朱守丹、杨太宾应该是全真龙门派第八、九代道士，而李诚莲与其徒苏宣福则不知为何派。又见朱之俊好友傅山所撰《栖真庵不为大常住勖哉之碑》中曾提道：

---

① （清）胡世安：《新建西顶太和宫记》，王堉昌《汾阳县金石类编》，山西古籍出版社 2000 年标点本，第 503 页。

② （清）朱之俊：《重修栖真庵记》，《中国地方志集成》（山西府县志辑），凤凰出版社 2005 年影印本，第 17 册，第 315 页。

一靖道旁，岂三年而筑舍，万缘欲界，浑二氏而包荒。缘起守丹，海泛频为增上揶揄，因而知白，潮音独获普门示见。奚啻从东过西，颟顸印可，遂尔自南还北，愿力精坚。萨邱两派，惢不三心。城莲、守性、守丹。风雨一诚，协成十力。①

傅山提到"萨邱两派，惢不三心"，后面又用小字注解道"城莲、守性、守丹"。由此可见，当时栖真庵中应该同时居住着两派道士，即萨祖派与邱祖龙门派。李诚莲与其徒苏宣福应该是萨祖派正一道士。栖真庵虽为不同的两派道士合住，但住持为全真龙门派的朱守丹，其仍是属于全真派的道观。住持朱守丹则戒律精严，管理有方。朱之俊称赞其："提挈纲领，戒律精严，虔礼皇坛，祝厘讽诵，而未已也。复招集羽属，安钵检藏，符禁錬魔，燃九幽之镫，建三天之醮，凡道门事务无不为之。"在朱守丹的管理之下，栖真庵又招募了一批道士，日益壮大起来。庵中道士们除注重全真道的内丹修炼之外，还会做一些祛邪、度亡的斋醮科仪，这也是明清全真道转向民间发展以后，道士们必备的生存技能。朱守丹不仅管理道观有方，而且还颇具经济头脑。栖真庵地处京畿孔道，行人络绎，日夜不绝。朱守丹还利用道观的地理环境的优势，发展起了道观经济。朱之俊《重修栖真庵记》记载：

（栖真庵）内立药局，修合奇方，丸散兼施，活人无数，则李子主之。外构茶寮，椒浆并设，夏无渴暍，冬辟寒威，则苏子主之。而且高悬钟板，接引行脚，茶舍之傍。卓关帝祠并左右小厦若干，如张两翼，为旅人息肩所。商贩往来络绎不绝，一一手额而去。在昔圣贤，自度度人，自利利他，不过尔尔，三子方之，

----

① （清）傅山：《傅山全书》卷25，山西人民出版社1991年标点本，第448页。

可以无媿然。①

栖真庵内设药局，由萨祖派的李诚莲负责。可见，其应是一位精通医药的道士。此外，栖真庵在观外的路旁还修建了茶寮与旅店，为旅人息肩所，往来商贩络绎不绝。这些做法即方便了旅人，又增加了观内的收入。朱之俊称其"自度度人，自利利他"，评价十分中肯。

值得注意的是朱守丹在平遥栖真庵还进行了一次"安钵检藏"。安钵即建立钵堂以便全真道人内丹修炼，这是全真道观必不可少的步骤。但是"检藏"并不是每一个道观都有机会。明代《道藏》纂修自永乐年间始，正统年间完成，万历年间又纂修《续道藏》。道藏编纂完成后，朝廷择名山名观颁赐供奉。因此，并不是所有道教宫观都有幸能皮藏《道藏》。但是，栖真庵"安钵检藏"用的《道藏》是从哪里来的呢？前文曾提到栖真庵的创建者张守性来自武当山凝真观。而万历年间凝真观曾得到皇帝御赐《道藏》一部。因此，笔者推测栖真庵检之《道藏》应该来自武当山凝真观。后来，张守性等人又到汾阳石盘山。康熙初年，他们在石盘山玄帝庙也进行了一次"安钵检藏"。此次活动的规模十分宏大，来自周边省份的道士也纷纷前来抄写《道藏》，这其中便有来自陕西佳县白云观的道士。朱之俊《白云山补藏记》记载：

> （康熙五年）余汾阳西顶石盘山检藏安钵，预布告四方。届期，四众云集。中有自秦、豫来者，白云山道人李守鹄其一也。道人拉茂才一二辈，团聚小屋缮誊经卷。迨道场毕，钞录亦竣。道人相率还山，诣余稽首曰：白云观规模不减西顶，己丑兵变，

---

① （清）朱之俊：《重修栖真庵记》，《中国地方志集成》（山西府县志辑），凤凰出版社 2005 年影印本，第 17 册，第 315 页。

颇遭蹂躏，《道藏》委地，遗落数十册，今特来查补，幸月余就绪，无复缺陷事。乞为我志其略。余唯唯。①

安奉《道藏》是一个道观非常重要的文化活动，自然离不开当地文化精英的参与。来自陕西的道士在抄写完道藏之后，还邀请朱之俊为此事撰写碑记。可见，朱之俊不但参与了这次规模宏大的检藏活动，而且还可能是这次活动的组织者。通过这些检查、抄补道藏的活动，朱之俊对道教文化也有了更深的体会。他辑录了《道书碎金》《道藏心珠》等书，为道教文化的弘扬做出了贡献。

朱之俊学识渊博，文采飞扬，且壮年辞官，不愿仕清。他与傅山等前朝遗民相交甚厚。其撰写的《西顶新建玄天上帝庙碑记》便由傅山所书，傅山也曾为栖真庵撰有《不为大常住勖哉之碑》。他们志趣相投，筑庙礼佛。常聚友于道观中，饮酒品茗，唱和诗文。这些名士的驻留与推崇，无疑给道观带来一种名人效应，使得这些寺院声名远播，香火鼎盛。光绪《平遥县志》有云："（栖真庵）大殿层阁结构闳敞壮丽，以拟太和诸宫。每岁三月三日，远近朝礼香火遍于域中，内有太原傅征君先生八分碑，又有汾州朱太史碑，其他名公大人文士高贤游止吟咏甚多。"② 关于这些文士高贤为寺观撰写文章或题咏，王岗认为这是一种文字护教的行为。知识分子为寺观写的文字可以看作一种象征性资本或文化资本，这些文化资本能够给寺观带来巨大的社会影响。③ 这些社会影响转化为经济资本便是寺院香火的旺盛。栖真观

---

① 云子、李振海：《白云山典藏》，陕西旅游出版社 2006 年版，第 140 页。

② 光绪《平遥县志》卷 10，《中国地方志集成》（山西府县志辑），凤凰出版社 2005 年影印本，第 17 册，第 241—242 页。

③ 王岗：《明代江南士绅精英与茅山全真道的兴起》，赵卫东《全真教研究》（第二辑），齐鲁书社 2011 年版，第 65 页。

鼎盛的香火，以及额外的经济收入，使得寺观的建筑规模越来越大，风景也越加精致。在明末清初的五十年间，栖真庵先后进行了七次扩建，绿柳如织，青山四围，堪称"信真仙之别馆，尘世之丹邱也"。

小　结

明代中期以后，随着龙门派字谱的广泛传播，各地一些认同邱祖的全真道派开始使用龙门派字谱传承道派，龙门派势力迅速壮大。从本章所述的五支山西中部的龙门道派情况来看，他们抓住这一时期政府宗教政策放松的时机，利用三教圆融的信仰优势，将大量难以为继的官祀与民祀庙宇纳入旗下，扩展了全真教在民间社会的信仰空间。为了适应民间社会对道教的需要，这些全真道士兼修正一道的法术与科仪，安钵检藏，符禁錬魔，燃九幽之镫，建三天之醮，凡道门事务无不为之，与世俗社会紧密联系在一起。最为关键的是，他们崇尚精严的戒行与清修的宗风，受到社会民众的信任和支持，不但吸引了大量民间信徒，还影响了一批知识分子精英。于是，教史之整理，教理之阐发，丹法之讨论，皆人才辈出，最终形成了全真教遍地开花的兴盛局面。

第五章　明后期皇权支持下的龙门派

——万历皇帝与周玄贞

　　周玄贞，山东济南人，又名周云清，号澹然子，明万历时期著名的全真道士，他参与了《万历续道藏》的编修，并著有《皇经集注》。关于他的生平事迹及主要活动史载无多，所知有限。近年来，各地陆续发现了一些关于周玄贞的碑石、方志、家谱等史料。从这些资料中，我们发现周玄贞在万历朝深受皇室器重，经常参与皇家祭典与工程，身份地位显赫，这说明了此时全真道的政治地位较之前期已经有了较大的提高。

第一节　修《续道藏》与编纂《皇经集注》

一　修《道藏》与讲道经

　　《万历续道藏》是由万历皇帝敕命五十代正一天师张国祥收集补充编校的，万历三十五年（1607），编成付印。全真道士周玄贞曾经参

与了这次《续道藏》的编修。据《皇经集注》卷一王静粹所写《誊录序》云:

> 臣静粹,幼业儒,虽知天帝之尊,行道不在功名,寔知所未逮矣。后从玄师周云清修《道藏》,供书务,观《皇经注》,乃知三教一理,性道无二。此经直指玄要,悟此则道尽。遂僭序卷首以自勉。明万历十六年(1588)夏京都奉道臣王静粹叩书。①

按序文所言,王静粹早年习儒学,后入道拜周玄贞为师,并跟随周玄贞参与了《道藏》的编修,说明周玄贞确实参加了万历皇帝的《续道藏》编修。关于此事,周玄贞本人所作《皇经集注纂序》中亦有详细记载:

> 道之难言久矣。臣玄贞,蒙尔蠢质,草莽下士,何足知道,而修玄藏,集《皇经编注》耶?以蚊负山,徒见其不胜任已。但大道不遗于卑陋,下学亦可以知言。玉经虽玄,诸仙明懈。适罗太史付愚,不汇入藏,是秘天宝;参入,又于见未安。惧劣质管见,不能联仙旨,融注意,嚼饭旁付,令人呕哕,使道味至趣,为某调乱,则罪益甚矣。呜呼!述者之明,世亦希靓。臣愚陋而潜述者之事,宜无功而取罪也。然志在行道,罪我之议,孔子不辞。愚何人,斯敢避罪而不述已成之论耶?若重道英流,观某管见而怜之,继为发明,以宣此经之义,是编为不徒矣。谨序。明万历十五年,讲修道经臣山东周玄贞百拜。②

---

① (明)周玄贞:《高上玉皇本行经集注》,《中华道藏》,华夏出版社2004年标点本,第6册,第330页。

② 同上书,第329页。

在周玄贞作的序中，他说此书为罗太史所付，如果不汇入藏，便是藏匿天宝。罗太史即指嘉靖朝状元罗洪先。罗洪先，字达夫，号念庵，明嘉靖八年（1529）状元，王阳明学派的重要继承者和开拓者。罗洪先与道教道家渊源甚深，他在家乡开辟的石莲洞中有着长达十八年的静修生涯，晚年曾闭关三年。在明代及后世人眼里，他的形象一直笼罩着神秘的"仙家"色彩。民间一直有关念庵得道升仙的各种传说，后世假托念庵之名的各种修仙、劝世口诀不乏其见。① 除了周玄贞序说《皇经集注》为罗洪先所集之外，《皇经集注》中还有一篇署名罗洪先的《皇经集注初纂前序》，似乎可以与周玄贞的说法相互呼应。此《序》云：

> 臣洪先幼习孔训，尝及玄典，恍若有得，未敢辄是。迨长捷龙头，居金鸾坡，得备览三教书，益知莫尊于道，莫深于玄，三教语莫胜于皇经，如菽粟布帛之不可少，奥意难规，诸仙注不可不传。因寄迹方外，虔辑成卷，惜弱躯日羸，未及刊布，后遇山东济南隐客，周云清氏，讲玄经，修道藏，遂托友人天拙子记愚言以付之，明万历十三年（1585）冬，前状元方隐臣江西罗洪先叩序。②

按序云，罗洪先备览三教之书，收集了《玉皇经》的各种注解，虔辑成卷。但由于身体羸弱，未能刊刻成书。后来遇到了济南道士周玄贞编修道藏，便托友人将书卷付之，由周玄贞编入道藏。序后署名为"明万历十三年冬，前状元方隐臣江西罗洪先叩序"。但是，此序有一个明显的漏洞。据《明史》记载，罗洪先逝于隆庆初。而此序写明作

---

① 张卫红：《罗念庵与道家道教关系》，《中国哲学史》2008 年第 2 期。
② （明）周玄贞：《高上玉皇本行经集注》，《中华道藏》，华夏出版社 2004 年标点本，第 6 册，第 329 页。

于万历十三年，显然不可能是罗洪先所为。因此，这极有可能是周玄贞假托罗洪先之名而作。换句话说，《皇经集注》并不是罗洪先辑，而应该由周玄贞编纂完成的。另外，值得注意的是，此序介绍周玄贞时称："山东济南隐客，周云清氏，讲玄经，修道藏。"而前文周玄贞序中亦曾自称为"讲修道藏臣山东周玄贞"，这说明了周玄贞不但参与编修《道藏》，而且还曾讲玄经。关于这一说法，笔者找到了印证史料。据乾隆《延庆州志》卷七〇载：

> 宣化府延庆州藏经阁：在州城西北乐善街。明万历二十三年（1595），太监罗本资捧道藏至州。道人周云清立道场讲道德经。因建阁贮藏。[1]

这一记载基本上印证了上文两序中载周玄贞曾讲道经的事实。明代，政府在印造《道藏》完工后，一般都要颁赐天下著名道观庋藏。如四川省三台县云台山佑圣观、江西省鹰潭市龙虎山大上清宫、陕西省华阴市华山西岳庙、山西省浑源县恒山北岳庙、江苏省镇江市茅山九霄万福宫与元符万宁宫等宫观都曾得到过万历皇帝颁赐的《道藏》。[2] 明代皇帝在颁赐《道藏》时，先颁《藏经敕谕》一道，由赍经使（一般由太监担任）前往宫观供安《道藏》。而周玄贞在赍经使供奉《道藏》的同时，立道场讲《道德经》，其讲经活动应该与万历皇帝颁赐道藏有很大关系。现存明万历四十二年（1614）顾秉谦《吕公祠碑》碑阴载周玄贞题名为"奏请过讲道经全真法师周玄贞"[3]，由此可见，周玄贞的讲道经活动是由万历皇帝敕命的，这可能亦为颁赐《道藏》活动

---

① 乾隆《延庆州志》卷7《坛壝祠庙》，第12页a。
② 陈国符：《道藏源流考》，中华书局2012年版，第176—177页。
③ 北京图书馆金石组：《北京图书馆藏历代石刻拓本汇编》，中州古籍出版社1990年版，第59册，第52页。

的一部分。另外，据康熙《内乡县志》记载："按明万历四十二年（1614）颁赐帑金，印造伏魔经忏，命全真道士周元（玄）祯赍至茅山，有神宗勅书。"① 可见，周玄贞经常参与万历皇帝的颁赐道经活动。

明代，统治者对正一道宠幸有加，全真道丧失政治地位，鲜有声名显赫者。周玄贞作为全真道士不但参与了《万历续道藏》的编修，而且还奉旨立道场讲《道德经》。这是明代全真道士难得的殊荣，说明了周玄贞道法与学识已得到了万历皇帝的认可。

二 对《皇经集注》的考义

《皇经集注》全称《高上玉皇本行经集注》，汇集了宋金元明诸家对《玉皇本行集经》所作之注，其中不乏许多假托神仙之语。《玉皇本行集经》大概形成于唐宋间，共分五品，经文内容为玉皇修道证果的故事与神咒，以及颂扬奉持玉皇神咒与诵玉皇经之功德。②

在我国传统观念中，至上神称天、皇天，或称帝、上帝，在儒家祀典中又作昊天上帝。道教把这些传统的天帝信仰纳入其神仙体系，但是对于"天"的名称、概念及地位，宋代以前的道经并不明晰。宋代皇室崇尚道教，对玉皇的尊崇尤甚。宋真宗声称赵氏始祖赵玄朗乃九天司命上卿保生天尊，受玉皇之命，降生世间，故而对玉皇大加奉祀。上玉皇圣号为"太上开天执符御历含真体道玉皇大天帝"。至此，玉皇大帝作为至尊天神在世俗民间逐渐普及开来，《玉皇经》也成为道士们斋醮科仪和道门功课必颂功课之一，同时也产生了许多注解本。

---

① 康熙《内乡县志》卷9，台北成文出版社1977年影印本，第762页。
② 王卡：《高上玉皇本行经集注》词条，胡孚琛《中华道教大辞典》，中国社会科学出版社1995年版，第292页。

到了明代，统治者对《玉皇经》相当重视。明代的度牒制度规定非有戒行通经典者，不得给度牒。而政府规定道士必通之经典中，《玉皇经》占据首要地位。据明余继登《皇明典故纪闻》记载：

> 英宗谓礼部尚书胡淡等曰："旧制僧道之数，府四十，州三十，县二十。其行童度牒之请，悉由里老并所司勘实，方得申送。近闻多不通本教及来历不明之人，妄报籍贯，一概明请。尔礼部即行文诸司，待三年后，凡有应给牒者，先令僧道衙门勘试申送该管有司，审系额内，并贯籍明白，仍试其精通本教经典。如行童令背《法华》等经，并诸品经咒；道童令背《玉皇本行集》等经，并诸品科范；番僧审通坛场十个；方许申送。礼部覆试，中式然后具奏请给。敢有似前滥保，事发，其经由诸司官吏里老，俱重罪不宥。"①

在国家实行的度牒考试中以《玉皇经》为主要内容对道童进行测试，说明了《玉皇经》对明代社会中道士的重要性。因此，明代道士极为重视对《玉皇经》的研修。前文提到的房山石经中唯一的道教藏经洞，即是明代陈风便等道士藏的《玉皇经》及相关道经。而周玄贞此时将《皇经集注》编修入藏，更是迎合了时代需要。

《皇经集注》虽为罗洪先多年阅读三教之书辑录而成，但周玄贞在编纂之时，又增加了包括《道源考》《经源考》《玉帝世系考》《刊经功德考》《持诵实益考》《玉皇圣号考》《玉皇尊次考》《经名同异辩》等经义考证内容，以及诵经礼拜科仪，这些对经文的考义，体现了周玄贞的道教思想。

---

① （明）余继登：《皇明典故纪闻》卷11，《续修四库全书》，上海古籍出版社2002年影印本，第426册，第172页。

周玄贞在经义考中以玉皇经为根本，驳斥了佛教经书对玉皇的一些观念。《皇经集注》虽众采三教之言，以"三教一理，性道无二"为宗旨，但宣称"元始为三教之首，玉帝为万法之宗"，推崇皇经为三教的根本经典，统万天，包三教。可见，其三教合一的思想是以道教为其根本的。其在《玉帝世系考》指出："今之僧道世人，不观此理，妄以为玉帝有宫眷、有轮回，为二乘界。"佛教中人认为玉帝有宫眷，尚在六道之中，未出轮回。道教对此当然不能认同。周玄贞辩解道："帝后宫眷非实女身，皆天至真，为度群生，显化女身。"又说："诸天可尽，三清境大罗天无尽；诸天帝有轮回，玉帝不轮回。盖玉帝乃道身，道无穷，玉帝岂有穷乎？玉帝最上一乘，诸佛之师，万天之王，宫眷皆道化之妙意矣。"① 把玉帝作为诸佛之师，抬高玉帝的地位，说明其道果远在诸佛之上。也是为了回击佛教对玉帝的贬低。他又在《玉帝御苨推极考》中云："儒言顺帝之则，又曰圣希天。天体无穷，至元会运世，此理亦在，是以上帝为不变迁也。道言高上虚无，真帝不毁；佛言真如自在，永不退转。是俱言玉帝无毁沦也。"随后他反问道："释言各一玉帝，一界各一极也。道言共此玉帝，众界同一无极也。苟以世界分而谓玉帝殊，岂以无极之理有二乎？或以元会迁而上帝毁，岂无极之理有坏乎？知道不坏，则玉帝常在。信矣，毋持魔说以谤圣。"② 用儒释道三教的理论来说明玉帝唯一与不灭，从而反驳佛教中认为诸天各一玉帝，一界各一极的说法。此外，周玄贞对佛教中"玉帝即帝释"等说法也进行了反驳。

同时，周玄贞在经义考中迎合了儒家思想。道教将玉帝信仰吸收

---

① （明）周玄贞：《高上玉皇本行经集注》，《中华道藏》，华夏出版社 2004 年标点本，第 6 册，第 330 页。

② 同上书，第 331 页。

进来以后，对其的定位一直比较模糊。南朝梁陶弘景《真灵位业图》将玉皇列于元始天尊之后。后来玉皇大帝作为四御之首，在道教中的地位虽然崇高，但仍在最高神三清之下。道教这一观念，遭到儒家学者们的非议。朱熹说："道家之徒欲仿佛教所为，遵老子为三清：元始天尊，太上道君，太上老君。而昊天上帝反坐其下，悖戾僭逆，莫此为甚。"[1] 儒家认为道教将昊天上帝排于三清之后，是一种僭越行径。针对儒家学者的这类责难，周玄贞在《玉帝尊次考》中提出："玉帝，在道教即三清之化，道家先三清者，先虚无而后妙有，所谓无极而太极，非有尊卑之殊。"[2] 也就是说道教三清四御的神灵系统的建构是根据道教"一气化三清"的宇宙生化论来进行，无论是三清尊神，还是众神仙都是由道气所化生，三清四御的排列格局只是表明"玉帝，在道教即三清之化"，即玉帝由三清之气所化，并不存在尊卑和高低之分。[3] 玉皇象征天，是皇权统治的依据，而道教将三清凌驾于玉皇之上，自然会被儒生们认为僭越皇权之嫌。而周玄贞作为万历皇帝重用的全真道士，其提出了三清化玉帝之说，很好地调和道教与皇权之间的矛盾。

第二节　周玄贞的生平

周玄贞参与了《续道藏》的编修，而且在万历皇帝颁赐《道藏》之时，又立道场讲道德经，这说明他绝非普通的全真道士。关于他的

---

① （宋）黎靖德编：《朱子语类》，中华书局 1986 年版，第 8 册，第 3005 页。

② （明）周玄贞：《高上玉皇本行经集注》，《中华道藏》，华夏出版社 2004 年标点本，第 6 册，第 329 页。

③ 盖建民：《民间玉皇信仰与道教略论》，《江西社会科学》2000 年第 8 期。

生平来历，其所撰《皇经集注》中并没有记载。2013 年，周郢在山东发现了《肥城县丘氏族谱》中载有明陕西布政使、长清进士李徽猷撰《重兴五峰山云清周法主墓表》，墓表详载了周玄贞族系与生平。①

> 法主讳元（玄）贞，号云清，又号淡然子，肥城人，其姓丘。父宗尧，母张氏，梦神授道一书，觉有妊，默然而生，众奇之。年七岁就外傅，六尺游泮水，过目成诵，书通三教，医卜如神，尤长于兵法，咸以将相期之。第道根宿植，既冠，遂弃儒而取元（玄）。父母强迫之，为后嗣计，甫如愿，即出为汗漫游。从师周姓，遍历名胜，多得异人传。岁丙申（1596）驻舄都下，神祖命主钵白云观。先数年，有董姓者梦彩衣载一木主，题曰"重兴五峰祖师周人"，莫知所谓。遂奉敕领经为五峰主者。法主之生，洵不凡哉！至以大兴山场为己任，奏请帑金创建三元宝殿、太平等阁一切尝住道院，悉为崇楼，一石一砖，复非旧物。又建陶山报恩宫、群仙等殿。岁异荒，贫民道路相望，赖以全活者不下数万人。虽拮据，尤修藏注书，分镇名山等处。代上泰山进香，沿途设施，日不再食，迄归囊无一钱。忠孝似旌阳，刻苦若长春。恶衣恶食，不炉不扇，凡交际不可却者，助婚助葬，拯难周急，瓢屡之外无长物。又有圣贤一芥不取、万物一体之风也。丁卯（1627）九月四日，沐浴更衣，谈笑自若，乃手书云："余非尘世叟，奉旨到人间，令阐元（玄）中妙，故演妙中元（玄）。噫！只因速赴西池召，难留光阴七十三。七十三，人不识，不识真可惜，总然说得坠天花，焉动庸夫心与耳。若论浮生三哭三笑，三

---

① 周郢：《陶山护国永宁宫与万历宫闱——兼述新发现的周玄贞史料》，《中国道教》2013 年第 2 期。

笑三哭，推周母数，吾崇降之。"和衣侧身而化去。生于嘉靖乙卯（1555）十月朔，化于天启丁卯九月四日。十月二十七日埋于宫左。

按墓表所云，周玄贞本姓丘，山东肥城人，后来随其师姓才改为姓周。明代肥城属山东济南府，因此他在《皇经集注》中自称"山东济南小兆臣"。周玄贞少从儒，书通三教，医卜如神，后弃儒入道，师从周姓道人。曾受万历皇帝之命主钵白云观，后又奉敕领经为五峰山主，大兴五峰山道场，另建有陶山报恩宫等。从墓表记述的周玄贞生平事迹中，其与万历皇室的关系极为密切。万历皇帝不但命其主钵白云观，而且还令其代为泰山上香。作为一名全真道士，周玄贞的身份有什么特殊之处呢？据光绪《肥城县志》卷2《古迹志》记载：

> 护国永宁宫：陶山东麓。有康熙三十五年（1696）刘文质撰碑云：前明万历年间，有羽士周姓者，为后宫宗人，赐真人之封。敕建此宫，额曰"护国永宁"。前殿三楹，以奉关帝圣像，后殿如前，乃万历皇帝金容。左为五福观，右有报恩宫，十二重楼同时鼎新，岁六月六日，建醮设会，士女云集。[1]

周玄贞为山东陶山人，上文墓表曾记载其建陶山报恩宫之事。《肥城县志》记载的护国永宁宫也在陶山，其中又包括五福观、报恩宫等。因此，护国永宁宫即周玄贞墓表中指的陶山报恩宫。按《肥城县志》记载，护国永宁宫乃万历年间后宫宗人周姓道士所建，周姓道士应该就是周玄贞，其身份为万历皇帝嫔妃之宗亲。考万历后宫中丘、周二

---

① 光绪《肥城县志》卷2，《中国地方志集成》（山东府县志辑），凤凰出版社2004年影印本，第65册，第45页。

姓，仅有端妃为周姓，生子瑞王常浩。因此，周郢认为，周玄贞攀附之后宫妃嫔，应该是周端妃。周玄贞能进入明廷，蒙受帝知，当源于周妃之荐。并指出周玄贞本出于肥城丘氏，与周端妃家族并无关系，惟其师为周姓，可能与周端妃同宗。玄贞出于攀附宫闱之需，乃改从师姓，借之与周端妃认作本家，从而取得"后宫宗人"贵戚身份。最终通过这一关系，得到了万历皇帝的重用。[①]

第三节　周玄贞兴建的道教宫观

一　五峰山保国隆寿宫

周玄贞在万历年间奉旨修建了多座道观，与其关系最为密切的便是山东济南五峰山的保国隆寿宫。据周玄贞墓表所言，其奉敕领经为五峰主，至以大兴山中道场为己任，奏请帑金创建三元宝殿、太平等阁、一切常住道院，悉为崇楼，一石一砖，复非旧物，其羽化后，亦葬于五峰山。

五峰山为泰山支脉之一。元好问《五峰山重修洞真观记》载："金泰和中，全真师丘志圆、范志明剧地于此，屋才数椽而已。丘、范而没，同业王志深、李志清辈增筑之，始有道院之目。堂庑既成，贞祐初，入口粟县官，得为洞真观。"[②]王志深师事全真高道崔道演，而

---

① 周郢：《陶山护国永宁宫与万历宫闱——兼述新发现的周玄贞史料》，《中国道教》2013 年第 2 期。

② 陈垣编纂：《道家金石略》，文物出版社 1988 年版，第 467 页。

崔道演师事东海刘长生，故此时洞真观属全真教刘处玄一系。到了明正德、嘉靖时期，五峰山再度兴盛，道士数量众多。从现存的明正德、嘉靖时期碑刻中道士题名来看，这一时期五峰山为全真道华山派住持。① 万历二十七年（1599），神宗将《万历续道藏》颁赐天下名山宫观，其中派遣周玄贞赍送一部于长清五峰山洞真观，并命其住持管理此观。现存于五峰山万历二十七年《颁经敕谕碑》载：

> 皇帝敕谕：山东五峰山三宫宝殿住持及道众人等，朕发诚心，印造《大藏经》四百八十函，颁施在此供奉，务要虔洁供安，朝夕礼诵，保安渺，躬康太，宫闱肃敬。忏已往愆尤，乞无疆福寿，民安国泰，天下太平，俾四海八方同归清静善教，朕成恭己无为之治道焉。今特差全真道士周玄真赍请前去彼处供安，各宜仰礼知照。钦哉！故谕。②

此碑载周玄贞事迹正与墓表中"奉敕领经为五峰主者"相合。周玄贞在五峰山以兴复道场为己任，上疏皇帝奏请重修五峰山洞真观。神宗特赐帑金，令其总领五峰山殿宇工程，万历二十九年（1601）竣工，政府赐宫额为"保国隆寿宫"，殿额为"三元宝殿"。此后，神宗屡遣内侍诣观斋醮，洞真观成为万历内廷的一处重要祭祀场所。关于此事，顺治七年（1650）《重修五峰山碑记》记载："逮我明有淡然子周法师，奏请神宗封为保国隆寿宫，创建三元殿，历来增新，骚人题

---

① 五峰山洞真观现存《明正德戊寅题神虚宫记》与《明嘉靖十六年洞真观建仙亭桥记》二碑。参见秦国帅《明清以来（1368—1949）泰山道派考略》，《中国道教》2011 年第 3 期。

② 房泽水：《道教圣地——五峰山洞真观》，山东省政协文史资料委员会编《山东文史集萃》（民族宗教卷），山东人民出版社 1998 年版，第 662 页。

咏称胜地也。"① 朱延生《五峰山创建一天门迎恩阁碑记》亦言："在明万历间，羽士周子云清，大为辟凿，创构宫宇楼殿，峛崇金碧荧煌，号称极盛。"② 可见，周玄贞住持五峰山时期，对五峰山进行了大规模的扩建，使宫观规模达到了顶峰。因此，《五峰山志》云："明神宗万历时，特命黄冠周云清辟山重修，颁以《道藏》全经，五峰遂与泰岱、灵严并称三山云。"③ 五峰山作为泰山的支脉，由于万历皇室的重视甚至达到了与泰山并称的程度。在这一过程中，全真道士周玄贞发挥了重要作用。④

二 泰山金殿

万历末期，天下大旱连连。周玄贞受命代万历帝到泰山进香祈祷，沿途设施，日不再食，迄归囊无一钱，忠孝似旌阳，刻苦若长春。周玄贞不但受皇命代祀东岳，而且还奉旨领修泰山金殿等工程。现存泰山灵应宫的明代铜钟铭文载有"钦差总督泰山金殿等处工程御马监等衙门太监张忠、林潮、叶忠、陈承寿、齐芳，内官监太监崔登，管理太监李忠，领修金殿等工全真道士周玄贞仝奉旨造"。⑤ 可见，泰山金殿也是周玄贞所修造。关于万历帝敕建泰山金殿的原因，泰山碧霞祠现存万历四十三年（1615）《敕建泰山天仙金阙碑记》叙述尤详。此碑为铜质，现已严重磨损，多处漶漫不清，幸有《明神宗实录》中载

---

① 光绪《长清县志》卷10，《中国方志丛书》，台北成文出版社1986年影印本，第722页。

② 同上书，第720页。

③ （清）李桐：《五峰山志》，石光明编《中华山水志丛刊·山志》，线装书局2004年影印本，第5册，第190页。

④ 秦国帅：《明清以来（1368—1949）泰山道派考略》，《中国道教》2011年第3期，第31页。

⑤ 范恩君：《〈碧霞元君护世弘济妙经〉考辨》，《宗教学研究》2006年第1期，第26页。

有此碑原文，特摘录如下：

拟敕建泰山天仙金阙碑文。

朕自御极以来，岳渎百神祀典咸秩，矧泰岱为群岳长，镇我东方。斯万物始交之地，凡昭姓考瑞，登封降禅，咸兹在焉。碧霞元君名号，所从来远，相传黄帝肇建岱岳观，命元君云冠羽衣迓西昆真人焚修玉洞，遂证仙真，斯事寥邈，不可考已。宋真宗东封清泉，示异玉像，是崇以迄于今，自京畿至方国，莫不祇事。恭惟我圣母慈圣皇太后保佑朕躬广建功德，尝于京师重葺东岳庙。朕欣承慈旨，靡爱斯工，美哉轮奂，庙貌赫矣。日者圣母目眚，朕心靡宁，凤夜冰竞露祷于昊天上帝。复命内臣持节以祀东岳泰山之神天仙碧霞元君，祀事孔明，慈颜以豫，目眚遂蠲，则是泰山元君既赫厥灵绥。我圣母以及朕躬贶莫大焉，朕间无言不酬，无德不报，况兹灵庥，慈闱之倚藉，而眄飨之显异者哉。是用秉度皈依，报答明贶，出内帑金钱若干镀金为像，范铜为殿，筑石为台，奉元君奠居焉。爰锡嘉名曰天仙金阙，为门四，东曰苍华，南曰丹凤，西曰皓灵，北曰玄通，其泰山后门曰北天。命内官监太监崔登等往董其役，经始于万历四十一年四月二十六日，越明年四月初四日已于事而竣。朕惟古者成民而致力于神功成化，洽瑞应毕至乃有事于泰山。朕眇躬凉德醇化未登，不敢侈七十二君之事，惟是祇奉慈闱，获邀灵感，兹复不天，圣母升遐，宜与元君在帝左右。朕追慕方殷深，维圣母弥留之际，惟恤蓄赐赦民事为兢兢。泰山奠位于东，其德主仁，其气主生，朕寸之云泽及万国，惟泰山为然，尚其匡佑我民，两旸时若，年谷丰登，使各有宁宇，无逢其灾害，朕一人实嘉赖之。元君庙食亦且与国祚共相绵远，岂不休哉。朕所为酬往德而因乞灵者，如此庶几承圣母之志，无所陨越，且俾朕孝思亦得垂之无穷。云乃勒碑记其事。而铭之曰：峨峨岱山，表兹东土。触石兴云，遂遍寰宇。亦有元君，游彼帝乡。仙阶秘灵，玉策耀祥。日观崇祠，天齐巍阙。英爽洋洋，昭哉对越。医我慈圣，怀柔百神。神之听之，降福振振。靡叩不通，靡呼不赫。向兹禋祀，慈颜有怿。景贶既彰，拥其明庥。庙食无疆，巨岜一卤。乃命中涓，乃出内帑。奕奕新庙，是蒸是享。寝成孔安，永宅厥灵。幽感神衷，明德惟馨。眷予一人，受命不殆。既佑文母，燕及四海。燕及伊何，惠我黍麻。遏禳凶札，敛时休嘉。降福孔多，岁事有饬。于万斯年，与国罔极。①

由碑文可知，当时神宗母亲孝定李太后有眼疾，神宗命内臣祷于泰山碧霞元君后，眼疾遂愈。神宗为酬谢神灵，出内帑金钱若干，镀金为像，范铜为殿，筑石为台，修建泰山金阙，奉祀碧霞元君。此工程始于万历四十一年（1613）四月，竣工于万历四十二年（1614）四月。在工程进行期间，孝定李太后便去世了，神宗遵照遗命，奉李太后陪祀碧霞元君。其命人在岱顶碧霞宫附近建万寿殿，奉祀孝定李太后，并敕封为九莲菩萨。由此可见，明神宗建泰山金阙，铸钟立碑的原因均与其母亲李太后的健康与信仰有很大关系，而与皇室关系如此密切之工程，神宗能够交由周玄贞领修，足可见其对周玄贞之信任。

三　陶山护国永宁宫

护国永宁宫，又叫陶山报恩宫，位于山东肥城县周玄贞家乡。按前文《陶山县志》记载，万历皇帝封周玄贞"真人"之号，并敕建此宫，额曰"护国永宁"。宫前殿三楹，以奉关帝圣像，后殿如前，乃

---

① 《明神宗实录》卷526，"中研院"历史语言研究所1962年校印本，第9890页。

万历皇帝金容。左为五福观，右有报恩宫，十二重楼同时鼎新，岁六月六日，建醮设会，士女云集。关于此宫的具体位置，《岱览》卷32有载：

> 凤味峰，迤南为报恩岩，岩北有白姑洞、黄姑洞，南有柏香洞。其下有关帝庙，庙南为报恩宫，奉元君。宫内古柏皆数百年物，黄冠多植花木，予于乙未年修墓寓焉。门前溪洞萦回，洞南有亭，亭左有泉，甚清冽，或曰东泉洞。宫西石壁广数丈，瀑布飞泻，东崦之水于此南下，出陶山南会诸山溪，西南流为大洞。宫东南有十二重楼，明末镇守太监所筑，为母后祈福，旋经兵燹，仅存四重，四壁屹立，至今人犹称十二重楼也。①

护国永宁宫除奉祀碧霞元君与关帝外，还祀有万历皇帝真容，而宫东南之十二重楼亦是为李太后祈福所建。由此可见，此宫与万历皇室的密切关联。万历皇帝封周玄贞为"真人"，并在其家乡敕建护国永宁宫，此宫的功能即为皇家祈福保佑，因此宫中还奉祀万历皇帝真容与孝定李太后，护国永宁宫实际上就是万历皇室的香火院。

四　北京泡子河护国永安宫与太清宫

护国永安宫，又名吕公祠，位于北京东城区泡子河东，祠内供着全真道五祖之一吕洞宾。因其靠近贡院，进京赶考的各地学子，纷纷

---

① （清）唐仲冕编撰：《岱览校点集注》，孟昭水校注，泰山出版社2007年版，第833页。

就近前来乞梦求愿，据说相当灵验，香火鼎盛。① 关于吕公祠的历史沿革，明顾秉谦《吕公祠碑》载道：

> 都城之巽方，有纯阳吕公祠地最胜，星台峙其北，水鑑瑩其南，曲径通幽，远山映秀，真仙灵所栖也。祠建成化初年，其间修举不一。嘉靖中有锦衣卫千户陆君桧捐赀集，助扩旧宇而一新之。历六十年为万历壬子（1612），上允讲道经周全真之请，颁降帑金，葺治而复存，锦衣卫千户陈君纪仰助不亚于陆君桧，遂以四十二年（1614）甲寅工竣，具奏敕赐护国永安宫，命韩静慎永守香火，陈君偕住持，属记于余。②

此碑碑阴记载道士题名为："奏请过讲道经全真法师周玄贞，本宫焚修香火道士韩静慎，徒弟宗真德，徒孙赵常存。"由此可见，奏请万历皇帝修葺吕公祠的"讲道经周全真"即是周玄贞。而住持护国永安宫（吕公祠）的韩静慎、宗真德、赵常存等道士则为周玄贞的徒子徒孙。此外，在吕公祠南尚有一座太清宫，亦属周玄贞一系全真道士住持。据《日下旧闻考》记载："吕公祠南有太清宫，即《帝京景物略》所称玉皇阁也，明万历时建有国子监司业顾起元太清宫碑记。"③ 顾起元

① 《日下旧闻考》记载：吕公堂，即永安宫，在泡子河东。补高工部道素，初名斗光，万历丙辰，公交车入都，乞梦于泡子河吕公堂。梦黄冠告之曰："君与高斗光同年"，答曰："是吾名也"，黄冠曰："君乃是高道素"。寤而异之，遂更名。后三年，乙未榜发中第三十六名，其同榜第九十名为高斗光，山东嘉祥人也。（清）于敏中等编纂：《日下旧闻考》卷46，北京古籍出版社2000年标点本，第720页。（明）顾秉谦《吕公祠碑》亦云："壬辰春，余与数子会文于公祠，齐心祈梦，梦得三鸭，鸭者甲也，果登甲三人，而余以落第归。又三年，乙未复会文于公之祠，又祈梦，梦又得三鸭，余与王、杜二君同举，果亦三人焉。"北京图书馆金石组编：《北京图书馆藏历代石刻拓本汇编》，中州古籍出版社1990年版，第59册，第52页。

② 北京图书馆金石组编：《北京图书馆藏历代石刻拓本汇编》，中州古籍出版社1990年版，第59册，第52页。

③ （清）于敏中等编纂：《日下旧闻考》卷46，北京古籍出版社2000年版，第720页。

撰《泡子河开创太清宫碑》收入其文集《嫩真草堂集》中，记载了太清宫开创经过：

> 京师之巽隅，惟水潴焉，是曰泡子河，即元人所开通惠河也。河东涯地殊爽垲，蒲柳宛然，沙鸥水燕，翔泳以嬉，纤鳞瀿潏藻荇间，过之者若涤嚣纷而游溟涬矣。旧有天仙祠一区，仅庇风雨，为鸿胪丞梁君所创。万历二十有一年（1593），炼师刘君静祝结靖于此，觋其卑隘，谋拓而大之。炼师葆德栖真崇虚妙有，系缘光禄枕中秘鸿宝之书，游类彭城梨下存犬吠之迹，斯固足以冥通以经营，金炉呔莿结云篆于晨昏，玉札琳琅朗天文于齿颊，于是，高其道者，或捐资以助其构建，或贸地以益其区宇。欂栌梁栻之具凑若神输，丹垩金碧之材垒如云集。锦衣陈君大纲等实为之纠率而劝导焉。自是通明有殿，上帝之灵妥矣。翼以两庑南极东华之位列焉，前殿以享四圣，后阁以道斗母。而碧霞元君之座又并列曜，寅奉之初创所名天仙者也。已而常行彰闻，彻于天听。皇上特出帑金俾塑福禄寿三星圣像，又建钵堂若干楹为祝厘赡众之所，且缭以丙舍，冠以山门，更其额曰玉清宫。……炼师又缘澹然周师之请，荷上赐金，岁放灯施食之典，用以甄济幽魂，沦升滞魄，精诚所假，水族蕃育，通力弘多，斯为验矣。①

----

① （明）顾起元：《泡子河开创太清宫碑》，原碑万历四十一年立石，今仍在北京东城区泡子河。此文收入顾起元《懒真草堂集·文集》，其篇名改为《泡子河开创玉清宫碑》，内容基本相同。《泡子河开创太清宫碑》，参见北京图书馆金石组编《北京图书馆藏中国历代石刻拓本汇编》，中州古籍出版社 1989 年版，第 60 册，第 31 页；《泡子河开创玉清宫碑》，《懒真草堂集·文集》卷 20，《四库禁毁书丛刊补编》，北京出版社 2005 年影印本，第 69 册，第 6 页。

太清宫原为奉祀碧霞元君的天仙祠。万历二十一年（1593），道士刘静祝重修扩建后，名声渐响，为宫廷所知。万历皇帝特出帑金予以增修，赐额为太清宫。关于刘静祝的师承关系，碑文提到"炼师又缘澹然周师之请荷上赐金岁放灯施食之典"，澹然子乃周玄贞之号，"澹然周师"即指周玄贞，可见重修泡子河太清宫的道士刘静祝亦为周玄贞之弟子。万历皇帝将金岁放灯施食之典交由全真道士周玄贞及其弟子刘静祝操办，说明此时全真道士已取代正一道士开始为皇家做斋醮法事。

周玄贞为万历皇帝所重用的全真道士，但是，其住持的宫观大部分都在山东，与京师相去甚远，这样显然不利于其听达上意，以及为皇室办理一些道教事务。因此，周玄贞在北京也应有常住宫观。泡子河太清宫开创于万历二十一年，为周玄贞弟子刘静祝建，应该就是周玄贞在京师的常住宫观。后来，周玄贞又奏请万历皇帝将太清宫邻近的吕公祠重修后交由其弟子韩静慎住持，赐名护国永安宫。由此，京师泡子河一带两座道教宫观均成了周玄贞门下的全真宫观。

第四节　周玄贞的法派宗属

关于周玄贞的法派传承，其在《皇经集注·刊传疏文》中自称"大明讲道经修玄箓嗣全真弟子山东小兆臣周玄贞"，上文引万历二十七年（1599）《颁藏经敕谕碑》皇帝敕谕亦称其为"全真道士周玄贞"，可见，周玄贞全真道士的身份是无疑的。但周玄贞究竟属于全真何派，并不清楚。民国时期庄严居士所编《龙门道统源流》一书曾将周玄贞归为全真龙门律宗一系，为全真龙门派第五代律师张无我门下，其后又将全真之法传于吕贞九宗师。① 该书《周玄贞传》称："周元（玄）贞律师，名真空，原名承乾。明时人，里居未详。《道藏》中有《玉皇本行集经注释》。"② 从本文收集明代周玄贞史料来看，《道统源流》关于周玄贞的记载应为附会之说，并无史实依据。

另外，张琰通过对五峰山现存碑刻道士题名的排列，认为五峰山道士系谱排字为："玄、全、真、冲、和、得、正、本、恒、成、位、尚、仙、能、贞、心、传、乙、世"，并进而推论"自万历二十七年（1599）至光绪三十三年（1907），龙门华山派在五峰山共传了 22 代，周玄贞应为全真龙门华山派第二代传人"。③ 笔者认为明代五峰山碑刻中虽有全、真字辈道士，但不能说明他们与周玄贞为师徒关系，而且当时亦有全真华山派的"演"字辈道士。④ 考虑周玄贞住持五峰山前，五峰山的道士为华山派"崇、教"等辈的道士。因此，五峰山碑刻中"全、真"字辈道士应该是周玄贞住持五峰山之前的那支华山派传承

---

① 吕愍，字贞九。乾隆《元和县志》卷 29 载：吕愍"弱冠工文词，司李倪长圩摄郡篆值校士，得愍卷，奇其才，随补学官弟子员。未一年，遭鼎革，毁初服，逃于黄冠，衲衣草履，遍游峨嵋、黄岩诸名山，晚岁岁绝烟火日，采松花、枸杞为食，终于西山之草庐，有诗文集若干卷"。乾隆《元和县志》，《中国地方志集成》（江苏府县志辑），凤凰出版社 2008 年影印本，第 14 册，第 365 页。《金盖心灯·吕云隐律师传》鲍廷博注称：按原传，贞九翁嗣清微派为二十三代法师。（清）闵一得：《金盖心灯》，《藏外道书》，巴蜀书社 1992 年影印本，第 31 册，第 198 页。民国《道统源流》则载：吕贞九宗师，名常静，江苏长洲人。为吕云隐律之父，世称贞九翁。兼嗣清微派，为二十三代法师。其全真之传，得自周元（玄）贞律师；吕贞九又传陈先生守中，主泗安石涧山真观，里居均未详。庄严居士编辑：《道统源流》卷下，道统源流编辑处 1929 年印行，第 2、5 页。

② 庄严居士编辑：《道统源流》卷下，道统源流编辑处 1929 年印行，第 2 页。

③ 张琰：《泰山全真道与社会研究》，博士学位论文，中国人民大学，2011 年，第 64—65 页。

④ 五峰山现存《明万历二十七年敕赐道藏碑圣旨记碑》中，除周玄贞、李全德、郑真元的题名外，尚有演、全、真、冲、和等字辈。

下来的，而并非龙门华山派传承。① 顺治七年（1650）《重修五峰山碑记》载："逮我明，有淡然子周法师，奏请神宗封为保国隆寿宫，创建三元殿，历来增新，骚人题咏称胜地也。时有明光宗替道史羽士，讳和训者，修真于兹。"② 周玄贞之后，代替其管理五峰山的道士史和训，应该为华山派"和"字辈道士。

判断周玄贞法派宗属最可靠的证据应是其弟子所用辈字。据《皇经集注誊录序》记载，万历十六年（1588），有南京人王静粹师从周玄贞参与了编修道藏；明顾起元《泡子河开创太清宫碑》记载，万历二十一年（1593）修建泡子河太清宫的刘静祝称周玄贞为"澹然周师"；明顾秉谦《吕公祠碑》碑阴道士题名记载："奏请过讲道经全真法师周玄贞，本宫焚修香火道士韩静慎，徒弟宗真德，徒孙赵常存。"由以上资料可知，周玄贞弟子应该是"静"字辈道士，周玄贞法派的辈字谱为"玄、静、真、常"，此正与全真龙门派字谱顺序相合。因此，周玄贞应该属于全真龙门派道士，但其是否属于龙门律宗系统，尚待史料证实。

---

① 龙门华山派，据《诸真宗派源流》载："邱、郝二祖在山东济南府长清县东南十里五峰山留传：通玄全真冲和德，正本恒成位尚仙。仁能贞心传义纪，世见生前浩太元。子阳遍转归至道，盈宿守静保丹田。情高悟开复天理，自然长颜如松年。"其字谱第三代到第九代与华山派字谱相同，而明代五峰山一直有全真华山派传承。笔者推测，在周玄贞住持五峰山时，原在五峰山的一些华山派道士可能依附于他，但并未改变原有传承字谱。在后来传承到"本"字辈之时，这支华山派道士才将本派传承依附于五峰山著名道士周玄贞之下，从而另立新谱。由于周玄贞属龙门派，由此取名龙门华山派。
② 光绪《长清县志》卷10，《中国方志丛书》，台北成文出版社1986年影印本，第722页。

第五节　万历皇室支持下的全真教

明代前期，正一道贵盛。从朱元璋始，明政府即任命正一道掌管天下道教事，正一道士社会政治地位较高。全真道则不受统治者重视，被排除出道教管理机构，丧失了元时的政治地位，但其仍在民间社会顽强地传承与生存。到了明代中后期，正一道腐化与衰落。隆庆年间，明穆宗诏革正一真人名号，夺其印，止以裔孙张国祥为上清观提点。明神宗时恢复了张国祥真人名号，但不许其朝觐，规定非奉诏命，不得来京。正一道的政治地位有所下降。而此时，全真道在民间逐步复兴，影响达于上廷。特别是全真教的内丹功法在明代上层社会中非常流行。明宪宗朱见深曾重新编订《全真群仙集》，并为之作序，还根据该书有关的全真祖师的编次及全真内丹功法，令宫内画师为该书增绘大量彩色插图。① 万历年间，孝定李太后命僧人海澄抄写的三教功德书《宝善卷》将全真教的宗祖与儒教祖师孔子、佛教的释迦牟尼比肩而立。万历宫廷所作的《宝善卷》把全真道作为儒、释、道三教的代表，而非明代贵盛的正一道，说明了此时全真道作为道门主流的意识，得到了上至王公重臣，下至一般士大夫的广泛认同。②

与此同时，一些全真道士得到了王公大臣乃至皇室的信任，与之关系密切。如泰山三阳观住持全真道士王三阳、昝复明就非常注意与官僚士绅，以及皇族贵胄的交往。泰山三阳观在隆庆年间成为德王府

① 王育成：《明代彩绘全真宗祖图研究》，中国社会科学出版社 2003 年版，第 6 页。
② 同上书，第 37 页。

的香火院，得到庄宅一区，地三十亩，以为焚修道众衣粮之资。道观有了稳定的经济来源，道众大增。① 到了万历年间，三阳观更加兴盛，除了继续得到德王府的支持外，还与宫廷有了联系。深受明神宗宠幸的郑贵妃多次派太监至三阳观举行清醮。现存三阳观万历十七年（1589）《皇醮记文碑》载道：

> 钦差乾清宫近侍、御马监太监樊腾，遵奉大明皇帝贵妃郑淑旨，敬诣东岳泰山岱顶圣母娘娘陛前，虔修醮典，遍礼诸圣。仍于三阳庵全真道士笤复明等，复作清醮一百二十分位，上叩诸天，遥鉴圣母垂慈，佑保贵妃圣躬康泰，皇子平安，星辰顺度，疾疫痊除，寿命延长，家国协吉。领教奉行，顿首谨意。②

全真道士笤复明为大明皇帝贵妃作清醮，佑保贵妃圣躬康泰，皇子平安。说明当时全真道士的影响力已经上达宫廷。还有本章所述的全真道士周玄贞，他与万历皇室关系密切，在其住持五峰山期间，皇室参与洞真观活动多达十四次，并且频繁地在五峰山修斋建醮，为洞真观的兴盛提供了有力的政治支持。③ 而且，周玄贞还比三阳观的全真道士多了一层身份，即为万历后宫宗人。独特的身份使他更容易得到皇室的信任，因此，周玄贞不但可以主持皇室的斋醮、放灯施食等典仪，而且，一些与皇室相关的宫观修建也由其代为监领。

万历时期，除周玄贞之外，还有一位全真道士也贵为皇亲国戚，

---

① 赵卫东：《泰山三阳观及其与明万历宫廷之关系》，陈鼓应《道家文化研究》（第23辑），生活·读书·新知三联书店2008年版，第298页。

② 同上书，第299页。

③ 张琰：《泰山全真道与社会研究》，博士学位论文，中国人民大学，2011年，第62—64页。又《五峰山志》载：三元殿，在隆寿宫北，为隆寿宫之后殿，青石为阶，几百级，其高峻异常，上有站台，列醮碑十余通，皆万历年间立。（清）李桐：《五峰山志》，石光明编《中华山水志丛刊·山志》，线装书局2004年影印本，第5册，第190页。

他就是万历皇帝的母舅、武当山凝虚观的开山祖师李玄成。据康熙三十一年（1692）《凝虚观重修大殿碑》云："斯惟遇仙坪，乃皇帝万历母舅李玄成，志诚日亲于玄奥，克己恭俭于斯□，□创建□，盖□□丛林。"康熙四十六年（1707）《金沙坪凝虚观重修山门碑记》云："余闻刘子举远恒言，武当之山有一地名焉，名曰金沙坪。三面皆山也，一面有水，兼有桥其中。原有古迹，茨不剪，椽不斫，不过一茅庵云尔。至大明万历国舅李公，见其波涛潆洄，峰峦丛簇，引人赏胜，遂修道于此。"碑刻年代据李玄成在武当山活动时间仅隔七十年左右，因此，碑中所述可以看作信史。此外，通过对凝虚观碑刻中明代道士题名进行排列，李玄成一系属于全真龙门派。①

　　凝虚观，亦名遇仙观。所在地名遇仙坪，地处偏僻，不在朝武当的主神道上，朝山进香很少经过这里。因此，其在宫观林立的武当山上显得微不足道。但是，万历年间李太后命人募印道经，颁赐天下名山宫观时，却将其中一部赐给了凝虚观，如今《颁经敕谕碑》②犹存。明神宗与李太后之所以选择名不见经传的凝虚观颁赐《道藏》，与全真龙门派道士、万历皇帝的母舅李玄成有很大关系。此外，凝虚观在万历年间还频繁为皇家修斋建醮，据万历四十三年（1615）《国醮碑记》③记载：

　　　　大岳太和山遇仙坪凝虚观焚修全真李玄成、徒刘静功、孟静王、孟静宽、韩静仁、陶静明、张静思、王静坪、张静安、午静

---

①　关于李玄成身份的考证，参见杨立志《万历国舅修道武当》，《武当》2010 年第 10、11 期；杨立志《明代武当山全真道碑刻考略》，熊铁基《第二届全真道与老庄学国际学术研讨会论文集》，华中师范大学出版社 2013 年版，第 233 页。

②　杨立志：《明代武当山全真道碑刻考略》，熊铁基《第二届全真道与老庄学国际学术研讨会论文集》，华中师范大学出版社 2013 年版，第 234 页。

③　同上书，第 235—236 页。

□、胡静隐、常静观、马静□、□□□、杨静□、王静□，奏为钦奉当今皇帝圣旨：言念眇躬统继丕图，允荷神明之默相；祗承大宝，克修仁政之洪规。拳拳夕惕以思衍，兢兢寅恭而悔过。适因否涩，调摄违和，兹逢圣诞之良辰，盍启忏陈之醮典。冀祈开宥，解释罪愆，普施□予之群，振起赞扬之祷。由是特遣御马监太监叶思恭□秉诚悃，前往武当山遇仙坪。爰命全真道人，取以三月初八日为始，启建金箓，叩天请宥，祈求忏罪，释结消衍，拜忏礼斗，解厄弭灾，拥佑圣躬，万安万泰，衍庆平康，吉祥好事七昼夜，至十四日圆满。修设普天大醮三千六百分位，每日静夜拜礼斗母，伏愿玄真锡佑，斗母覃恩。延福延龄，行八十二化之粹像；救苦救难，绵百千万亿之长庚。圣寿万年，合万泰万安而消灾顷刻；眇躬永吉，同永康永庆而福起须臾。□星华耀于三台，御□奠安于五福。宫闱清吉，天下升平。五谷丰登，八方宁静。钦此。臣钦承惟谨，依教奉行，谨意。皇明万历四十三年三月日立。

在碑记中，万历皇帝命全真道人启建金箓斋七昼夜，修设普天大醮三千六百分位，这是规格最高的皇家醮仪。明朝皇帝在武当山建醮一般都选择在玉虚宫、静乐宫、五龙宫等大宫观，而万历帝选择在凝虚观来进行如此高规格的皇家醮仪，足以说明皇室对凝虚观全真道派的重视程度。而且，从凝虚观现存碑刻来看，此观虽开创不久，但李玄成门下"静"字辈的弟子已多达十五人，可谓发展迅速。后来，明末战乱，此系法裔张守性流落到山西晋中、吕梁一代，开创平遥栖真庵、汾阳石盘山玄天上帝庙等，门徒枝繁叶茂，在当地影响颇大。

综上所述，明代后期，全真道在民间社会蓬勃发展，影响力逐渐向上层社会蔓延。特别到了万历时期，全真道得到了上至皇室宗亲，下至官僚士绅的广泛认同，万历皇帝亦开始任用全真道士主持皇家的斋醮仪式，并资助全真道士修建宫观。全真道的政治地位得到极大提高。因此，明代后期，各地全真道除了在民间社会的不断扩展之外，一些全真道士得到上层统治者的支持，在政治和经济的双重保证下，展开了自上而下的发展，这也是明后期全真道兴盛的一个重要原因。

第六章　明代全真道的特征与影响

第一节　明代全真教的特征

一　宗派的分化与派字谱的兴起

北京白云观藏《诸真宗派总簿》所载的全真宗派字谱多达几十种，其中最主要的"七真"宗派字谱都将自己的起源追溯到金元时期。但是，根据现有史料来看，金元时期全真教尚无派字诗之类旨在确立宗派认同、标明传承辈分的谱系出现。① 迄今为止发现最早的全真派字谱也仅能追溯到明永乐、宣德时期，而全真派字谱在全国范围内大量出现更是迟至明代中后期。这其中尤以龙门派与华山派字谱传播最为广泛，两派占据了明代全真道的绝大部分。全真教各宗派字谱

---

① 张广保：《明代全真教的宗系分化与派字谱的形成》，赵卫东《全真道研究》第一辑，齐鲁书社 2011 年版，第 197 页。

的广泛使用，表明了全真教内部宗派分化的完成，这是明代全真教的最大特征。明代全真道宗派字谱的兴起，不仅源于当时全真教内部格局的变化，而且还与明代社会宗族兴起的历史大环境密切相关。

从全真道内部来看，明代全真道的发展状况与元代有很大不同。元代全真教是以掌教大宗师的行政权威来维持教门一统的格局的。而明代全真教是受以正一道为主的道录司统一管辖。由于代表全真教整体权威的掌教大宗师已经不复存在了，全真各宗系开始在各自区域独立发展，教内整体认同逐渐弱化，而各宗系的内部认同得到不断增强。① 与此同时，明代政府的寺观合并政策将元末以来道教各派相互融摄、相互学习道法的风气推向高潮。由于共处一观，全真道士与正一道士相互拜师，相互学习道法。许多道士都兼有多派道法传承，造成了道教内部教派系统师承混乱。在这种情况下，为了区别"道法传承"与"道派传承"，旨在强化全真内部道派传承的"派字谱"开始兴起。也就是说有了"派字谱"以后，道法传承可以是多源的，但道派传承只能是唯一的。派字谱成为道派认同的唯一标志。如前章所引《痴呆子来鹤记》中陈风便弟子崔璇珙、徒孙陈道遄、胡道真均不按龙门派字谱，但文中提到的陈风便嗣派弟子"王常安、李常惠等端志全真"按龙门派字谱。可见当时有嗣派弟子与非嗣派弟子之分。后来，正一道士孙云际拜陈风便弟子张常真为师，称张常真为"传道师"，但其又并未按龙门派字谱取道名，可见他不属于龙门派嗣派弟子。而张常真的弟子程守然虽拜净明道士邵以正为师，但其以龙门字谱排辈，其所嗣仍是全真龙门派。这样看来，派字谱的使用确实可以解决全真与其他道派师承混乱的情况。但是，由于明代全真道在整体认同上的

---

① 张广保：《明代全真教的宗系分化与派字谱的形成》，赵卫东《全真道研究》第一辑，齐鲁书社 2011 年版，第 203—204 页。

松散状况，独立发展的全真各宗系便开始独自追溯历史传承，构建本宗派字谱。于是，各宗各派的全真字谱便开始不断涌现。诸真宗派字谱的兴起表明了全真教各宗派的内部认同取代了教门整体认同的完成，这是全真道在丧失元代的那种强势政治支持后呈现的一种新的发展趋势。

全真教的宗派字谱并不是教团内部的发明创造，它的出现与我国宗族组织的发展有直接的关系。从南宋开始，我国南方一些地区受到朱熹《家礼》的深刻影响，即开始建宗族祠堂。① 到了元代，宗族建祠祭祖开始带有宗族组织化与制度性建设的性质，也就出现预设后世子孙排行的辈字谱。如儒家宗族的代表孔府自元代五十四代衍圣公孔思晦起，令凡五十四代子孙均以思字为派，思字下为"克"字派。② 自明又以"公、彦、承、宏、闻、贞、尚、胤"八辈，远近支属依用。③这种表明同宗家族世系血缘秩序的命名序列的辈字谱成为我国宗法制在姓氏上的重要表现。

明代是我国宗族制度成熟与字辈谱规范定型时期，这与明太祖朱元璋有很大关系。他命人修成的《大明集礼》仿自朱熹《家礼》，从而使《家礼》进入了国家典制。同时，他也是第一个采用字辈谱的帝王。据《明史·诸王世系表一》记载："洪武中，太祖以子孙蕃众，命名屡有重复，乃与东宫亲王世系，各拟二十字，一字为一世。子孙出生，宗人府依世次立双名，以上一字为据，其下一字则取五行偏旁者，以火、土、金、水、木为序，惟靖江王不拘。东宫拟名曰：允文遵祖训，钦武大君胜，顺道宜逢吉，师良善用晟。秦府曰：尚志公诚

---

① 常建华：《明代宗族研究》，上海人民出版社 2005 年版，第 417 页。
② （清）徐珂：《清稗类钞》，商务印书馆 1917 年版，第 26 册，第 40 页。
③ （清）俞正燮：《癸巳存稿》，辽宁教育出版社 2003 年版，第 260 页。

秉，惟怀敬谊存，辅嗣资廉直，匡时永信惇。晋府曰：济美钟奇表，知新慎敏求，审心咸景慕，述学继前修。燕府后为帝系，曰：高瞻祁见佑，厚载翊常由，慈和怡伯仲，简靖迪先猷。……"①朱元璋除了将明皇室的字辈编成朗朗上口的诗歌之外，还创造性地为子孙依世次立双名，上一字取自字辈诗，下一字则取五行偏旁者，以火土金水木五行相生为序，象征着子孙后代，生生不息。明皇室对辈字诗的推崇使得辈字谱开始在民间的宗族、行会、帮派乃至宗教团体中逐渐流传开来。全真道提倡出家修行，非常重视师徒之间的宗法伦理。王重阳在开教之初就提出了物外结亲，以师代父，从而把道教的师徒关系纳入到宗法关系之内。因此，全真派各宗派很快就借鉴了宗族辈字谱的形式，制定"派字谱"来规范他们的师徒宗法关系。从目前发现的史料来看，全真龙门派的字谱至迟在宣德年间便已经出现了。正德年间，介休后土庙道士在使用龙门派字谱取名时还仿照了明代皇家的方式。他们依照辈分立双名，上一字取自龙门派谱，而下一字取五行偏旁者，以火土金水木为序。由此可见，明皇室派字诗的使用对民间社会的影响。

在明代中期以前，全真教的宗派字谱虽然已经出现，但并不普遍。而且这些使用宗派字谱的道派，对其宗派的早期传承也是讳莫如深。例如，王屋山《长春真人仙派传授图》在追溯本派传承时仅向上追溯了三代；介休后土庙住持张德深在追溯本派传承时也仅向上追溯了三代。以致当今学术界无法了解他们的龙门派传承是如何从邱祖一代一代传承下来的。这种情况的出现亦可能与朱元璋制定的《大明集礼》有关。《大明集礼》是依照朱熹《家礼》制定的。按朱熹之言，品官

---

① 《明史》卷100，中华书局1974年版，第2503页。

之家祭祖可祭祀四代，而庶民只可祭两代（明初改为三代）。因此，普通百姓（包括宗教团体）远祭始祖或将历代祖先均列出来祭祀在明代中期以前都是非法的，是对宗法礼仪的一种僭越。这种情况到了嘉靖朝才开始发生了变化，由于嘉靖皇帝出身小宗，在当时的礼仪之争中，是支持民间祭祀始祖的。嘉靖十五年，明政府开始准允臣民祭祀始祖、先祖，此举在社会中影响很大，各地纷纷建设宗祠祭祀始祖。①修订族谱、订立族规也开始大规模流行起来，并得到官方的认可和支持。明中后期民间社会宗族的兴起大潮更加刺激了道教宗派的勃兴。嘉靖以后，道教宗派字谱的使用迅速在全国范围内流行，道教宗派更是层出不穷。而且不仅是道教，中国佛教宗派法派的大量涌现也是在这一时期。张雪松撰文指出："明代中叶以后，法派及各法派派辈诗大量涌现，这是中国佛教史上一件引人注目的大事件。"②

二　回归传统的清修宗风

全真教创教伊始即非常注重戒律与清修，创始人王重阳令弟子穿百衲衣，乞食糊口，禁止睡眠，忍辱苦修。并要求出家者必须超离凡世，不要妻室，不蓄钱财，不茹荤腥，以丛林为立身之本。明代，全真道丧失了政治地位，发展受到诸多限制，但同时也改变了元代全真教上层形成的奢靡风气。他们恢复了创教初期的精严戒律与清修传统，③ 生活艰苦，戒行精严，以内丹清修为要务。

---

① 赵克生：《明朝嘉靖时期国家祭礼改制》，社会科学文献出版社 2006 年版，第 207 页。

② 张雪松：《被发明的传统——晚明佛教宗派的复兴与佛教谱学的成立》，《哲学门》2012 年第 2 期。

③ 张广保先生指出："全真教是以内丹修持为核心创立起来的道派。他的根本生命力就在于其清净修持的教风。明代全真教丧失政治地位时，并未甘于消沉，而是又重新回复其传教初期时清净修行的传统宗风。因此明人多称其清修道教。"张广保：《明代初期（1368—1434）全真教南北宗风研究》，青松出版社 2010 年版，第 7—8 页。

　　环堵与坐钵是全真教内丹清修的重要方法，明代全真道士对此极为推崇。环堵是指修道者独自在一个封闭的环境中长时间静坐苦行修炼。"环堵修炼虽非早期全真教祖创造的新修行法，但是，金元时期全真道将其仪式化和制度化。从此以后，环堵修行法成为全真教制的一个重要方面和全真道的一个重要特点。环堵修炼在明代全真道士中非常流行，世人视之为明代全真道的标志之一"。① 明代的许多道观具有专门从事环堵的道人，如万历年间青州驼山昊天宫碑记题名中便有"坐环道人张真宰，徒弟刘复棠等"。② 明代武当高道单道安还专程到全真祖庭重阳万寿宫坐环堵之功。明代著名全真道士何道全曾在户县华阳峪望乡台、长安北关元君祠等地坐环入静达百日之久。他在丹阳万寿宫之时，有邓指挥、何御史、李校尉等人向其请教"牛皮董先生"坐环之理。③ 可见，明代坐环堵功者不仅是道士，而且有许多文人士绅热衷于此。阳明心学的重要继承者罗洪先在家乡开辟的石莲洞中有着长达十八年的静修生涯，晚年还曾闭关修炼三年。以王世贞为首的江南文人集团与茅山乾元观全真道派来往密切，他们经常向观中全真道士学习环堵闭关修行之法。④

　　坐钵是明代全真道士更加常用的一种内丹修炼的方法。不同于环堵的是，坐钵采用集体修炼的形式。修炼时用钵做计量时间的工具，钵满则起，时间较之环堵要短很多。坐钵是元明时全真道观最重要的日常集体活动之一。⑤ 明代的武当山、北京白云观、杭州重阳庵等重

---

　　① 高万桑：《全真道的环堵考》，卢国龙编《全真弘道集》，青松出版社 2004 年版，第 143 页。

　　② 赵卫东主编：《山东道教碑刻集》（青州、昌乐卷），齐鲁书社 2010 年版，第 20 页。

　　③ （明）何道全：《随机应化录》，《中华道藏》，华夏出版社 2004 年标点本，第 27 册，第 742—747 页。

　　④ 王岗：《明代江南士绅精英与茅山全真道的兴起》，赵卫东《全真教研究》（第二辑），齐鲁书社 2011 年版，第 47 页。

　　⑤ 关于明代的坐钵制度的详细情况，参见［日］森由利亚《明代全真道与坐钵》，卢国龙《全真弘道集》，青松出版社 2004 年版，第 126 页。

要全真道教宫观均设有用于道士内丹修炼的钵堂。全真道士陆道和编集《全真清规》，以及明朱权编《天皇至道太清玉册》之《全真仪式章》均用大篇幅对坐钵规式、钵室以及打坐方法进行了记载，坐钵在明代全真教仪式中的重要地位可见一斑。另外，明代寺观合并政策使得道教各派混住一起，而道教宫观中管理坐钵的主钵与副钵一般为全真道士担任，这也是全真道士在明代道教宫观中的重要职责。例如，明代北京白云观虽然为正一道或净明道士管理，但主钵与副钵均为全真道士。全真道士何道全赴丹阳万寿宫任主钵时，教内外人士均向其请教内丹修炼。由此可见，明代全真道士在传播内丹修炼术方面所起到的重要作用。

明代全真教云游挂单制度的建立是其回归传统宗风的另一重要特征。全真教从创始人王重阳开始便强调云游问道对内丹修炼的重要性，但此时教徒云游访师并未与宫观丛林制度结合起来。明代全真道士不受统治者的重视，多隐修于山野，云水于江湖。在明代全真宫观中，云游访师显然已经制度化，成为全真教宫观丛林制度的重要组成部分。① 例如，陆道和《全真清规》中对全真道士云游挂单所需的礼仪制度做有清楚细致的描述。何道全《随机应化录》一书专门讲述了其在全国各地云游期间对内丹修炼的体悟。另外，在明代一些道观碑刻中经常发现一些云游全真道士题名，如明代楼观台宗圣宫的《重修三清殿记》便是由"昔授华山郝祖道教事云水道人五阳方演惠书"，其碑阴还题名有"吕公洞云游道人康演云、王演书、王道安"②；吕梁《重修三阳山希夷祖师庵记》题名有"云水全真道人刘守道、张守青"

---

① 张广保：《明代初期（1368—1434）全真教南北宗风研究》，青松出版社 2010 年版，第 12 页。

② 王忠信编：《楼观台道教碑石》，三秦出版社 1995 年版，第 169—170 页。

等。① 还有前文研究的明代全真道士陈风便、荣常存、马真一、郭静中等无不是四处云游参访，求仙问道。

其三，明代全真教崇尚精严的戒行。王重阳在创立全真教时，规定弟子要断绝尘缘，严守戒律，以识心见性、除情去欲、忍耻含垢、苦己利人为宗。② 元代以后，全真教在皇帝的支持下，政治地位大大提高。但是其上层道士的生活逐渐奢靡腐化，戒律松弛，居华丽宫观，过安乐生活。明朝成立以后，政府针对僧道不守戒律，背离本俗的行为制定了严格宗教政策进行限制，如洪武二十七年（1394），朱元璋下令："僧道俱不许奔走于外及交构有司，以书称为题疏，强求人财。其一二人于崇山深谷修禅及学全真者听，三四人勿许。仍毋得创庵堂。若游方问道，必自备道里费，毋索取于民。僧道有妻妾者，诸人许捶逐，相容隐者罪之，愿还俗者听。"③ 规定僧道不得娶妻，不得求财。还强调全真道士隐居修炼不得超过三人，不得创建庵堂，此法令与全真道早期"道伴不过三人""茅屋不过三间"④ 的清规如出一辙。明初政府的宗教政策对全真道回归传教初期的精严戒律起到了外部促进作用，而从另一个方面来说，明代全真道在丧失上层社会支持的困境下，精严的戒行对全真教维护教团组织威信与取信于世俗民众显得尤为重要。例如白斋道人张太素粗衣粝食却滋味四十余年，凡见非礼之物色，望望然去之，截然以修养为己任。⑤ 还阳真人郭静中每日行功过格来自察善恶、自勉自醒。与弟子傅山，无论祈雨还是行医，皆不受钱财，

---

① 《重修三阳山希夷祖师庵记》，现立于山西省吕梁市离石区凤山道院钟楼旁边。

② （元）李道谦：《甘水仙源录》卷2，《道藏》，上海书店出版社1988年影印本，第19册，第740页。

③ 《明太祖实录》卷231，"中研院"历史语言研究所1962年校印本，第3372页。

④ （元）段志坚编：《清和真人北游语录》卷2，《道藏》，上海书店出版社1988年版，第33册，第162页。

⑤ 《天坛修造白斋道人张太素行实之碑》，此碑现立于王屋山天坛总仙宫。

深受民间百姓爱戴。平遥栖真庵全真道人朱守丹也因"提挈纲领，戒律精严"受到称赞。明末清初王常月发扬光大的龙门律宗更是以持戒为首要功行。龙门律宗的这一特点适应了当时社会环境，对教团的组织也具有极强的维系与巩固作用，最终使其发展成为明清以来全真教内第一大宗门。

此外，明代许多全真道士都表现出奇异的行迹，这也是向传统回归修道的一种表现。从全真教创教时期起，奇行异迹就成为全真道士获得合法性认可及自我身份认同的标志与传教策略。从王重阳到全真七子，这样的奇异修道行为屡见不鲜。① 明代全真道士有意地回归这种传统，奇行异迹成为全真道吸引门徒和传教的重要手段，如张三丰真人，其不修边幅，又号张邋遢，寒暑唯一衲一蓑；全真道士陈风便年既及髦，童颜儿齿，步履若飞，常挂铁牌于胸，驱役雷霆，祈祷契勘，持以行事，其应如响。其终日如醉，人称"痴呆子"；何道全的师傅牛皮董往来城市，言事多征验。冬夏不着衣，唯裹牛皮，人呼为"牛皮董"；金辉派始祖齐本守，赤足，着褴褛之衣，每日仅食糠秕一摄；茅山乾元观的阎希言在武当山修行时，凿洞而居，不理头发，人称"阎蓬头"。其隆冬在河中洗澡，汗出如蒸；李彻度上身不穿衣，即使严冬大雪，他也赤身为常，人称"赤肚子"。明代全真道士的这些奇行异迹不但吸引民间的大量信徒，而且逐渐影响了一批文化精英。于是，教史之整理，教理之阐发，丹法之讨论，皆人才辈出，为全真教的复兴奠定了基础。

----

① 王岗：《明代江南士绅精英与茅山全真道的兴起》，赵卫东《全真教研究》（第二辑），齐鲁书社 2011 年版，第 43 页；陈耀庭：《全真弘道三论》，卢国龙《全真弘道集》，青松出版社 2004 年版，第 6—7 页。

三 面向民间的发展策略

明初，朱元璋认为正一道"益人伦，厚风俗，其功大矣哉"，任命正一天师掌管天下道教事，并将国家祭祀的重任委托给他们。而元代盛极一时的全真道此时被排除于道教管理机构之外，政治地位远低于正一道。张广保先生指出："明代新的政治形势无疑直接影响全真教的发展，促使它们积极向社会下层渗透，以补偿其丧失的上层空间。今天在明清小说、民间宗教宝卷都能经常发现全真教徒活动的痕迹。"① 因此，这一时期全真道在向民间社会各阶层渗透的过程中，必然在传教策略上向民间社会靠近。

首先明代全真道在面向民间社会发展的最重要特征就是兼修正一道的法术与科仪。全真道虽然是以内丹修持为核心的道教宗派，但其生存于民间社会之中，必须有吸引广大的民众的方法，满足民众宗教需要的手段。而民间大众对道教最大的需求是祈雨、度亡、祛邪等道教法术与仪式。据刘仲宇先生研究，早期全真道便参与各种道法科仪的演示，王重阳及诸弟子经常从事祈禳度亡一类的法事，全真宫观还会设禳襘之坛来进行道法科仪类活动。② 到了明代，全真道主要在民间社会传承与发展，道教法术与斋醮科仪更是其生活来源的保证。此外，明代寺观合并，道教内部全真、正一相互影响，相互融摄，这也给全真道士学习正一科仪、法术提供了便利条件。因此，我们发现明代许多全真道士在修习内丹的同时还兼修正一的斋醮科仪与符箓法术。如前章提到的全真道士陈风便，挂铁牌于胸，驱役雷霆，凡居民水旱

---

① 张广保：《明代全真教的宗系分化与派字谱的形成》，赵卫东《全真道研究》第一辑，齐鲁书社 2011 年版，第 204 页。

② 刘仲宇：《近代全真仪式初探》，卢国龙《全真弘道集》，青松出版社 2004 年版，第 160—164 页。

疾疫，有祷必应，所用即为雷法。还有郭静中祈雨时亦用五雷法。其登坛以掌中雷印拊手，一拍则霹雳随起大雨如注，被民间称之为雨师爷。还有一些全真道士直接以正一门下弟子自称，如山东沂山东镇庙全真道士唐教玉，其墓碑上为"天师门下拜授上清三洞五雷经箓兼三五都功太平辅化仙卿"；① 山西全真龙门派道士杨真宝自称"龙虎山真人府箓、授本年修真经箓、弟子九天金阙神霄侍御大夫、南昌炼度玉府尚书□□□□驱邪□岳先生，七气真人、黄录院事"。② 与此同时，斋醮科仪更是明代全真宫观的主要经济来源，如介休后土庙的全真道士经常在庙内为民众开坛建醮，至今仍保存着明代做斋醮科仪的坛场。平遥栖真庵全真道士朱守丹"招集羽属，安钵检藏，符禁铄魔，燃九幽之镫，建三天之醮，凡道门事务无不为之"。这些例子均说明了明代全真道士在民间行法事科仪与符箓法术已成为常态。特别是到了万历时期，明皇室完全抛开了对全真道的偏见，开始任用全真道士主持皇家的斋醮仪式。泰山三阳观全真道士昝复明为郑贵妃作清醮一百二十分位，佑保贵妃圣躬康泰，皇子平安；周玄贞受皇命主持放灯施食之典；李玄成受皇命在武当山凝虚观启建金箓七昼夜。修设普天大醮三千六百分位，每日静夜拜礼斗母，伏愿玄真锡佑，斗母覃恩。

其次，内丹理论的简约化是明代全真道面向世俗社会发展的重要特征。全真教是以内丹修持为核心而创立起来的道派，其内丹炼养术在向明代世俗社会传播时，也做了某种程度的改造，即由道教根本证道之术改变为以养生延命为目的的养生术。③ 内丹炼养不再讲求长生

---

① 赵卫东：《沂山东镇庙及其宗派传承》，赵卫东《全真道研究》（第二辑），齐鲁书社 2011 年版，第 300 页。

② 李晶明主编：《三晋石刻大全》（盂县卷），三晋出版社 2010 年版，第 152 页。

③ 张广保：《明代初期（1368—1434）全真教南北宗风研究》，青松出版社 2010 年版，第 4 页。

成仙，而是希望延年益寿、祛病健体。因此，明代还出现了许多专门针对某些疾病治疗的修炼功法，这在缺医少药的民间社会中是极为实用的。此外，为了方便在世俗社会传播，明代全真道的内丹功法还改变传统，尽去隐语喻词之秘文，使得语言通俗易懂，易于文化程度不高的民间大众修习。例如明初王道渊《还真集》中将鼎器、药物、火候的众多异名罗列出来，指出身中卦象为火候之比喻，子午为冬夏二至、卯酉为春秋二分等也皆是譬喻身、心、意等。明代内丹理论发展合流的集大成之著作《性命圭旨》也是化曳辞隐语为通俗，变隐秘之学为公开探讨。① 这样一来，明代的内丹术不再是上层社会的专利，底层社会的民众也通过不同方式参与内丹术的修炼中来。明清以来，蓬勃发展的民间宗教与道教内丹术在世俗社会中普及不无关系。还有在这一时期，作为妇女身体与心性自我修炼的一种内丹法"女丹"开始出现。② 这也是全真教内丹炼养术在民间社会传播过程中的重要体现。明清时期，女性成为宗教活动的重要参与者，而女丹术的出现对全真教在世俗社会吸引女性信众起到了重要作用。

　　最后，全真道在神灵信仰方面的包容性也是其能在明代世俗社会发展的重要因素。全真道从创建伊始就讲求三教圆融，对儒、释二教的神灵有着很好的包容态度，对于公祀或民祀的祖先、圣人，以及英雄人物均崇敬有加。元代时，全真道士姜善信就曾借儒兴道，将儒家的尧舜禹庙改造增修为道观。明代中期以后，全真道更是接手了大量

---

　　① 李远国：《论〈性命圭旨〉的理论与内炼法》，《道学研究》2012 年第 2 期。
　　② 戴思博认为女丹出现应在 18 世纪中期。刘迅通过对明末女性存思治疗实践方面道书的研究，认为女丹在 17 世纪初期已经出现了。参见刘迅《显真映圣：晚清时期的道教娘娘画、宫廷眷顾、命妇虔信与宫观扩张》，张广保编《多重视野下的西方全真教研究》，齐鲁书社 2013 年版，第 274—275 页。笔者赞同此观点，在明末傅山抄录的明代《丹亭真人养真秘籍》后即附有女真丹，亦说明明代女丹已开始流传。

难以为继的官祀或民祀庙宇，从而在民间迅速扩张了自己的势力，如前章提到的山西晋祠、将军庙、长者庙等。明代全真道在进入这些民间庙宇的同时，也接纳了庙宇中供奉的大量民俗信仰神灵。这种开放的、世俗的神灵结构使全真道信仰更加接近世俗民众的生活，从而更好地融入乡土社会，迅速实现了在民间的复兴。

第二节　明代全真教的影响

一　对明代世俗社会的影响

（一）内丹炼养术对明代世俗社会的影响

全真教是以内丹修炼为根本的道教宗派，其内丹术在明代世俗社会过程中，修炼目的逐渐从长生成仙转变为延年益寿、祛病健体，内丹理论也变得简约易懂，易学易用。因此，明代社会对内丹炼养术接纳的深度与广度在中国历史上都堪称空前绝后。其时社会各阶层，上至皇帝、藩王，中至知识精英，下达底层民众都有不少成员，通过不同方式参与内丹术的修炼与传播。①

首先，以明代皇室为例，明宪宗对全真道士李道纯、蔡志颐、高宗周等人编集的内丹著作摘录《全真群仙集》钟爱有加。不但重新编订此书，亲写《御制群仙集序》《御制群仙集后序》，还根据该书有关

---

① 张广保：《明代初期（1368—1434）全真教南北宗风研究》，青松出版社 2010 年版，第 4 页。

的全真祖师的编次及全真内丹功法，命工状其形象，亲令宫内画师为该书增绘大量彩色插图。① 明世宗崇尚道教，广搜方书。全真道士孙玄清将《灵宝秘诀》《金液大还丹集》等内丹书口诀进献，大获封赏。② 明神宗母亲孝定李太后命人所钞的三教功德书《宝善卷》中亦摘录了大量金丹南宗的丹经道书。③ 除此之外，明代各地藩王热衷内丹术者亦不在少数，如万历年间吉安王朱常淳拜全真道士伍守阳为师，起法名为朱太和，学习伍柳派内丹功法。④ 明代靖江王后裔朱约佶将内丹修炼体悟著为《观化集》一卷。其他资助印刷内丹著作的藩王更是数不胜数。⑤

其次，明代士绅与知识精英阶层对内丹修炼也有很高的热情，《参同契》与《悟真篇》在明代士人中流传甚广。特别是明代中期以后，政治黑暗，一些文化精英被排挤出政治中心，政治上失意与无奈，使他们内心深处那种对超越性的追求只有在内丹修炼生活中得到释放和升华。例如，明代文坛后七子之一的王世贞，其为人正直清介，恃才傲物，先是公开反对严嵩，后又开罪于张居正，两次被罢官，只能回归乡里，在他周围聚集了一批不得意的江南文人士绅。⑥ 这些知识精英对道教的闭关修炼生活非常热衷，他们在政治上失意，认为精神层面上，由于其文化修养的境界高于其他人，在宗教修行上，他们自认

---

① 王育成：《明代彩绘全真宗祖图研究》，中国社会科学出版社 2003 年版，第 6 页。

② 郭清礼：《金山派始祖孙玄清生平考述》，《中国道教》2011 年第 4 期。

③ 王育成：《明代彩绘全真宗祖图研究》，中国社会科学出版社 2003 年版，第 37 页。

④ （明）伍守阳：《仙佛合宗语录》，《藏外道书》，巴蜀书社 1992 年影印本，第 5 册，第 639 页。

⑤ 参见 Richard G. Wang, *The Ming Pringe and Daoism*, Oxford：Oxford University Press, 2012, pp. 68 – 71.

⑥ 这些文人集团代表的是在晚明极端专制而"反智"氛围浓厚的时代里，重视自我追求与个人价值的肯定，因而政治上始终处于被压制地位的文士群体。参见孙卫国《16 世纪两类士大夫的代表：文人王世贞和相臣张居正》，《中国社会历史评论》，2005 年，第 189、191 页。

为也应该更顺理成章地成为"种民",也较他人更易超越而证仙了道。而阎希言开创的茅山乾元观全真道派,正符合了他们的生活情趣,尤其是乾元观道士的环堵修炼方式,更是深深吸引着他们,很多文人士绅开始拜全真道士为师学习环堵之法。① 当然,在明代还是有很多文人士大夫是出于养生延年的考虑而修习内丹的,如天启年间的吏部尚书赵南星,便是因为年老体衰希望延年益寿而向全真道士郭静中学习内丹修炼之术。此外,还有一些明代知识分子通过内丹修炼来体悟人生,从而汲取内丹心性学中的思想养分。例如,明代兴起的阳明学派,其创始人王守仁不但践行类似道教内丹的修养方法,并在其"致良知"学说中融进不少道教内丹思想。其弟子朱得之以道教内丹理论来解说理学修养,还写了一本专讲内丹心学的书。②

再次,对于生活在下层社会的普通民众,经过简化了的内丹术同样对其很有吸引力。明代内丹修炼方法介绍的清楚明白,尽去隐喻。并且还有专门针对某些疾病治疗的修炼功法,简单易学,这在缺医少药的民间社会中是极易流行的。而民间的内丹修炼术往往是通过师徒相传的方法传承,从而结成了各种类型的民间社团,其中有一部分便演变成了民间宗教。例如,明代产生的民间教派黄天教,其宝卷中多次出现全真道的名目,并继承全真教"兼修性命""三教圆融"的部分宗旨,在修炼的指导思想、方法上也深受全真教的影响。这种影响的实质是金丹南宗与全真教融合的结果,体现了道教内丹派在民间演

---

① 王岗:《明代江南士绅精英与茅山全真道的兴起》,赵卫东《全真教研究》(第二辑),齐鲁书社 2011 年版,第 46—47 页。
② 卿希泰、詹石窗主编:《中国道教思想史》,人民出版社 2009 年版,第 3 册,第 510—513 页。

变的特点。① 由此可见，明代蓬勃发展的民间宗教与道教内丹炼养术的广泛传播有密切关系。

最后，明清时期道教的一些养生方法，随着内丹学的普及而在民间迅速流传。一些医家与养生家纷纷著书立说对道教养生方法中的四时调摄、健身延养、饮馔服食、起居卫生等进行研究与阐释，形成了中国式的健身体系，这其中亦有全真道士的贡献。例如，丘处机《摄生消息论》在融合前人成果的基础上，强调以四时消长及阴阳变化来分析不同季节的起居、饮食、精神调养、防病治病等，认为顺应自然、依时摄养是养生的重要法则。② 这种养生理念与方法对全真道在世俗社会的兴盛发展有一定作用，其中许多观点至今仍有重要的指导意义。还有，如明代道士冷谦③的《修龄要旨》一书，其内容多述养生调摄的理论和具体方法，对当时社会民众的养生健身具有重要的参考价值。

（二）全真教信仰对明代世俗社会的影响

首先，全真教信仰对明代乡土社会中的民间信仰产生了重要影响。前文提到明代中期以后，全真道在民间全面复苏，将许多民间信仰庙宇纳入自己的信仰体系之中。这种开放式神灵结构使全真道信仰更加接近世俗民众的生活，从而更好地融入了乡土社会。但是，全真道对民间信仰的接收与吸纳并不是原封不动的，而是一种对民间信仰的改

---

① 马西沙、韩秉方：《中国民间宗教史》（上册），中国社会科学出版社 2004 年版，第 348—349 页。

② 赖炜芳、黄永锋：《丘处机〈摄生消息论〉析略》，《道教文化研究》（第 23 辑），生活·读书·新知三联书店 2008 年版，第 38 页。

③ 冷谦，明代道士，知音，善鼓瑟，以黄冠隐吴山，洪武时召为协律郎。葛玄亮《朝天宫重建全真堂记》云："考之国初，圣祖楹图一时，周颠仙、冷协律、张三丰、尹蓬头皆以霞绡云佩之姿，从驾临阵，浮波立浪。"因此，冷谦极可能为金丹南宗道士。（明）葛寅亮：《金陵玄观志》卷 1，《续修四库全书》，上海古籍出版社 2002 年影印本，第 719 册，第 143 页。

造和升华，使其更能适应与服务社会，如明代中期，全真道士在济南马山隔马丰施侯庙内修建了玉皇殿、后土殿、灵官殿等，又将碧霞元君信仰引入马山，不但丰富与发展了马山原有的隔马丰施侯信仰，同时也是对明中期以来在民间兴起的碧霞元君信仰的顺应，为马山隔马丰施侯庙带来新气象。①

其次，全真道信仰对明代社会民俗的影响。各地全真道观在岁时节庆与祖师诞辰之日都会举办盛大的道会。这些道会不仅是道教内部人员的活动，而且还有地方社会的乡绅名流与信教群众的参与。久而久之，这些大型的全真教节庆活动便演变成为带有地方民俗色彩的种种道教庙会。其中，最著名的要数北京白云观庆祝丘处机诞辰的"燕九节"。明蒋一葵《长安客话》载"（丘）真人生于金皇统八年（1148）戊辰正月十九日，自元以来历数百禩，京畿黎庶每于是日致浆祠下，不啻归市"②；《帝京景物略》亦载："今都人正月十九，致浆祠下，游冶纷沓，走马蒲博，谓之燕九节。又曰宴丘。相传是日，真人必来，或化冠绅，或化游士冶女，或化乞丐。故羽士十百，结圜松下，冀幸一遇之。"③《万历野获编补遗》在描写白云观燕九节时则云："游人塞途，四方全真道人不期而集者不下数万，状貌诡异，衣冠瑰僻，分曹而谈出世之业。"④ 由此可见，明代白云观的"燕九节"十分繁荣，已成为京城重要的民俗活动。而且，燕九节不仅限于北京白云观，其影响逐步向四周地区浸润，京城周边的良乡、顺义等地，民众在正

---

① 赵卫东：《全真道与民间信仰之间的互动》，赵卫东《全真道研究》（第一辑），齐鲁书社 2011 年版，第 165 页。

② （明）蒋一葵：《长安客话》，北京古籍出版社 2001 年版，第 65 页。

③ （明）刘侗、于奕正：《帝京景物略》，北京古籍出版社 2001 年版，第 138 页。

④ （明）沈德符：《万历野获编补遗》卷 3，《续修四库全书》，上海古籍出版社 2002 年影印本，第 1174 册，第 781 页。

月十九争相登高，谓之"逛燕九"。在丘处机的家乡山东栖霞地区亦有一些道观举行纪念邱祖的燕九节。清初，燕九节还随着南迁驻军传入广州。正月十九，广州人结伙游览城内道观三元宫，举行各种民俗活动。

最后，全真道信仰对明代文学的影响。明清是我国小说史上最繁盛的时期，而对明代世俗社会产生深刻影响的全真道信仰自然对一些明代小说的创作产生影响，其中，最著名的就是四大名著之一《西游记》。据柳存仁先生研究，《西游记》中所引的一些韵文是来自元代全真道士所写的诗词，小说中的许多用词也显出了全真思想与内丹术语的痕迹。① 此外，全真信仰与明代戏剧也有着密切关系。元代杂剧受全真信仰影响很深，其神仙度脱剧多与全真宗师密切相关。明代戏剧承元之余绪，同样有很多反映全真信仰的剧目，如贾仲明的《吕洞宾桃柳升仙梦》与《丘长春三度碧桃花》；杨景贤的《马丹阳三度刘行首》等；② 明代的这些小说与戏剧对全真道思想的吸收主要来源于明代社会的世俗生活，而这些全真思想随着戏曲的传播会为更多民众熟知，从而又加深了全真信仰对明代世俗生活的影响。

二 明代全真道对正一诸派的影响

明代全真教与正一诸派相互影响，相互融摄。在全真道兼修符箓道派法术与科仪的同时，正一等符箓道派也在诸多方面深受全真道的影响。

首先，全真教内丹修炼对明代正一派的影响。正一道从第三十代天师张继先即开始提倡习学内丹，以内炼为本，符箓为用。到了明代，

---

① ［澳］柳存仁：《和风堂文集》，上海古籍出版社 1991 年版，第 1319—1382 页。
② 李艳：《明清道教与戏剧研究》，巴蜀书社 2006 年版，第 71—72 页。

正一道高道们更加重视对内丹修习。第四十三代天师张宇初曾从得全真北派内丹之传的刘渊然学习，还将古今内外丹经诗诀编为《丹纂要》一书。其在《道门十规》中云："近世以禅为性宗，道为命宗，全真为性命双修，正一则惟习科教。孰知学道之本，非性命二事而何？虽科教之设，亦唯性命之学而已。若夫修己利人，济幽度显，非明性命根基，曷得功行全备？"认为各派道士都要注重修炼内丹，"以坐圜守静为要"。① 除张宇初外，龙虎山兼修内丹的正一高道还有邓仲修、张友霖，他们都曾师从金志扬炼习内丹。② 张宇初、邓仲修、张友霖等均属于明初朝天宫高道集团的成员，在正一教门中影响很大，在他们的推动下，明代正一派修习内丹风气甚为浓厚。

其次，全真教风对明代正一派的影响。明初，贵盛下的正一道戒律松弛、作风日趋腐化。针对这些弊端，正一天师张宇初欲图推广金元全真道风于整个道教界，以全真的戒规来整肃正一教风。他在《道门十规》中提出修道之人首先要遵照白祖师、冯尊师堂规，持戒苦修，收习身心。需"择山水明秀、形全气固之地，创立庵舍，风餐露宿，水迹云踪。草衣木食，箪食瓢饮，但获止饥蔽寒而已"，"其补破遮寒，乞食化衣，真功苦行，槁木死灰，乃磨厉身心"。③ 同时，他提出修道之人还要注重云游访师。"遇名山洞府，挂搭安单，参谒明眼师匠，问道亲师，切究性命根宗，深探道德之要。"④ 此外，针对教团内部侵占公财、贪污腐化等情况，他提出了完善宫观管理制度的建议。

---

① （明）张宇初：《道门十规》，《道藏》，上海书店出版社 1988 年影印本，第 32 册，第 146 页。

② 张广保：《明代初期（1368—1434）全真教南北宗风研究》，青松出版社 2010 年版，第 43—44 页。

③ （明）张宇初：《道门十规》，《道藏》，上海书店出版社 1988 年影印本，第 32 册，第 148 页。

④ 同上书，153 页。

指出宫观住持之士："必得高年德耆，刚方正直之士，言行端庄，问学明博，足为丛林之师表，福地之皈依者任之。"① 宫观金谷田粮须"公同出纳，明白登载"，不得出卖常住土地，各蓄私财。"如钱粮所不敷，或资于经醮，或藉以题注"。② 对于不遵守丛林仪范的行为"悉依责罚"。以上这些宫观丛林制度，大多为全真派所创，在张宇初的推崇下，对明代正一道宫观制度影响颇深。

最后，明代全真教与净明、清微等派的相互融合。明代道教有一个显著的特征就是教派的融合趋势。许多高道都身兼多个道派的传承。最典型的就是净明道的赵宜真、刘渊然师徒。他们的身份虽然是净明道士，但兼有全真派的传承。赵宜真《原阳子法语》以论心性、内丹为主，其主张的丹法大略与全真北宗一致。③ 刘渊然一系李得晟住持全真祖庭白云观时，还将赵宜真、刘渊然、邵以正等形象绘于全真道祖师之后。此外，还有武当山全真道张道贵、张守真一系，明时，他们逐渐与清微派融合，形成了武当清微派。

---

① （明）张宇初：《道门十规》，《道藏》，上海书店出版社 1988 年影印本，第 32 册，150 页。

② 同上书，第 151 页。

③ 任继愈主编：《中国道教史》，中国社会科学出版社 1999 年版，第 830 页。

结　语

　　元代中期以后，盛极一时的全真教由于上层的腐化，以及元廷宗教政策的改变，开始走向衰落。明朝建立伊始，统治者重用来自南方的正一道，全真道被排除出道教管理机构，丧失了上层的发展空间，而政府的宗教控制政策也使全真教发展受到了诸多限制。面对种种不利因素，全真道并没有消亡。他们回归创教伊始的清修传统，或隐修于山野，或云水于江湖，生活艰苦，戒行精严，在民间社会顽强地传承与发展。明代中期以后，随着国家宗教政策的松动，全真教开始从民间社会逐步复苏。他们利用"三教圆融"的信仰优势进入了大量的官祀庙宇与民间神祠，实现了在民间社会的扩张；为了在民间社会生存发展，全真道士多兼修正一的法术与斋醮科仪，"安钵检藏，符禁錬魔，燃九幽之镫，建三天之醮，凡道门事务无不为之"，很好地适应了世俗社会民众对道教的需求；同时，全真道安身立命的内丹炼养术在传播过程中逐渐简约化，并且演变成为延年益寿、祛病健体的养生术，在明代世俗社会流传甚广。明代全真道在发展策略上的变化，使得其与世俗社会结合更为紧密，从而在民间蓬勃发展。这一时期，全真宗派字谱的兴起与传播，强化了全真教各系统的内部认同。成熟的云游挂单与宫观丛林制度又使各地全真道士联系在一起。到了嘉靖、万历时期，全真道影响力日趋扩大，逐渐得到了上至王公重臣，下至士绅百姓的广泛认同，明皇室也开始任用全真道士主持皇家的斋醮科仪。明代全真道实现了由衰落走向复兴。

明代全真教的历史，由于史料缺失，教内主要依据清代龙门律宗文献《金盖心灯》记载，认为明代全真教处于沉抑状态，直到清初，龙门律宗祖师王常月北上京师，被顺治皇帝赐为国师，奉旨说戒于北京白云观，三次传戒共度龙门弟子一千余人，才奠定了全真"龙门中兴"的基础。但是，目前发现的明代碑刻、方志、文集资料表明，在明代中期以后，清初王常月"龙门中兴"之前，全国各地的全真教团纷纷兴起与传播，到了明代后期，全真教实际上已经形成了遍地开花的复兴局面。这些全真教团不仅有龙门派，华山派的传承亦十分活跃。例如本文所述的隆阳宫一系的龙门派早在宣德时期便进入北京白云观传承道派；正德年间的介休后土庙道派从"德"字辈开始传续龙门派字谱达数百年；许昌天宝宫的全真道派将元代真大道宫观改为全真道。弘治年间，他们从华山派字谱的第一代"志"字辈开始传承华山派，在河南中部地区形成了一个华山派的传播区域。这些明代的全真道派均有着独立的传承体系，彼此之间并无密切联系，呈现出多源分散的特点。以龙门派为例，直到清代前期，龙门派内部尚未形成关于本派起源的统一认识。除了广泛流传的龙门律宗传承谱系之外，还有华山马真一、王清正一系华山起源说，山东马山李常明一系传承谱系，河南卫辉广福万寿宫王道晋一系传承谱系，等等。因此，王常月对清代全真中兴的贡献远没有记载的那么大，清代全真教的中兴局面并不仅仅依靠龙门律宗一系的法脉传承，明代全真教在各地的兴起为其奠定了重要基础。从这个方面来说，明代全真道的复兴在全真教的发展史上的意义重大。

附录　碑刻录文

重修汾东王庙记

宣授太原路提举学校官弋毂撰。

中书省左右司员外郎冯冕书丹。

宣差五路万户府参议田伯英篆额。

书曰：望秩于山川，祀之有品秩，所以报功、崇德、正人心，实国家之大事，圣王之所重也。是以天子然后祀天地，诸侯则各祭其境内山川百神、邱陵坟衍，及圣贤之尝有功有德于民者。故五岳牲醴视三公，四渎视诸侯，其余视伯、子、男。其或品秩之不明，尊卑之杂糅，则虽粢盛丰洁，牲栓肥腯，神其享之乎？王始封为唐，子燮更国号为晋，文王之孙，武王之子，成王之母弟，生有手文之征，幼承剪桐之封，盖天启之也。故箕子曰：唐叔之后必大，历世四十，历年六百。其间贤智之君继作。如文侯之复东周，文公之霸诸侯，献襄之启土，平悼之好德，所以藩屏王室而泽润生民者，不为不多。则其奕世之血食于此邦也，宜矣。古无原庙制，今王之祠于此者，意其后世子孙以国号因晋水而为之耶？抑邦人思其遗恩余烈而为之耶？按《晋阳志》载《魏书·地形志》云："晋阳有晋王祠。"然则王祠在此，其来远矣。自晋天福六年封兴安王，迨宋天圣后改封汾东王，又复建女郎祠于水源之西，东向。熙宁中始加昭济圣母号，则其品秩既明矣。王殿南百余步为三门。又南二百步许为景清门。门之外东折数十步，合南北驿路，则庙之制又甚雄且壮矣。居民利其出入之便，又当圣母殿开道而东，制三门焉。王之祠日就颓圮而弗修，祀事废坠而弗举。因循逮于兵后累政，惟求山水游观之乐。而向之尊王之意，邈不知省，可胜叹哉！总管李公由山西两路宣慰使承特旨来殿是邦，牒诉之余，讲明典礼，修举百神之祀。如李晋王、狄梁公墓，台骀、狐突、窦鸣犊诸庙，悉为完护，以谓王之庙制，尤甚委靡，而特为厘正之礼也。加之中书右丞张君勉以兴滞补弊之语，适与公意合，遂敦请道者班公守中住持以图完复之渐。即以其事具奏。天子嘉其意，特降优诏，俾加营护，仍诸路掌教真人张公以札付今提点庙事。先是殿宇摧毁，神位迫窄，废坏皆补完而更新之。内外列以宫侍、卿大夫、武卫如王者仪。又创寝殿于其后，多植松柏，里人化之乐助用者，惟恐其后。又志书载《水经注》云："昔智伯遏水以灌晋阳。"后人因之蓄以为沼。沼西际山枕水为祠，齐天保中大起楼观，祠西山上有望川亭。祠中两泉，北名善利，南名难老，皆作亭以庇之。祠南大池西岸有流杯池，池上曰均福堂，堂后曰仁智轩。其南曰涌雪亭。池中岛上曰清华堂，亭曰环翠。邦人岁时行乐者甚夥，储香火之资，以为祠中补葺费。然则景清门之北为游观之所者，甚丽且幽敞矣。今王殿之外，虽未能尽如旧制，诚能继承公意营葺不已，足为他日完复张本。一日公语仆曰：

庙制之举略见端绪，将文诸石，以志其梗概，使人不忘前贤之功德，知祀事之有品秩，尊卑之不可杂糅，则聊以明典礼，正人心，以维风化之本。仆曰：此固有益于人者多矣。敢下承命。遂捃拾前说之可考者，而粗书之。至元丁卯岁孟秋朔日，汝阳弋彀载拜谨记。

忠显校尉太原路总管府判官　也先　不花

武节将军太原路总管府治中　宝合　中

朝请大夫太原路同知总管府事　谢　仲温

嘉议大夫太原路都总管兼府尹劝农使李德辉

宣差太原路都达鲁花赤活立及

至元四年八月□日太原路教门提点充本宫住持赐紫冲玄大师杜志美

太原路教门提举都道录充本宫提点赐紫明真大师李志端

晋祠住持提点大师班守忠、知宫温志和、樊志全，副知宫□□□立石

碑阴

晋祠等村乡老冀宝等、耆老燕德等，今准簿尉文字，该准县衙关文备奉太原总府指挥将德等勾来取勘晋祠惠远庙四至界畔根脚等事。承此，德等依奉将晋祠庙宇四至界畔开写前去。并是端的中□，别无争差，今开申于后：东至草参亭，出入至官街，并诸人见住屋后大泊堰为界。南至小神沟旧墙，并碓臼北景清门根脚为界，出入通奉圣寺道。西至神山大亭台后为界。北至旧大井南神清观院墙为界。右德等今将四至开写在前，并是得宝，如虚当罪，无词伏取处分。至元四年二月。

晋祠镇耆老儒人户燕德等状，匠人孙福、任□，军户孙元、郑□、乔椿、□□，打捕户赵□，李显、王荣、贾福、智惠、颉宝、王成，晋祠村乡老军户冀宝，耆老李忠、秦庆、郭时，索村乡老军户郭元，耆老张福、白通，民户要□，民户赵□、李城、魏元、张顺、王□，赤桥耆老王明、任□、□□□。

皇帝圣旨里太原路总管府会到先钦奉诏书内一款：五岳四渎，名山大川，历代圣帝明王、忠臣烈士，载在祀典者，所在官司，岁时致祭等事。又钦奉皇帝御宝圣旨节文：晋祠庙系祝延圣寿祈福之地，除钦依外，承奉中书左三部符文。备奉中书省札付见行令大师班提点修晋祠庙宇等事，据本庙知宾道士□仲□并告本庙四至界畔，乞照详事。为此行下平晋县取会本管地面邻右村、分主首耆老，自来知识人等。勘当四至，端的备细，开写画图，贴说保结申来，去后回该申移关本县主簿兼尉张天福就便勘当。今准来文，发到晋祠镇并邻右索村、赤桥等村儒户军民人匠打捕站赤诸色人等。燕德、冀宝等三十四人，年各七十，及□有八旬之上，自系本土自来久居人氏，备知本处起建晋祠庙宇四至根脚。为此，于燕德、冀宝等处取勘到晋祠庙宇四至界畔，并是端的，别无争差，得今执结文状，粘连前去县司保结是宝。今将四至开申于后，乞照验事。总府照得先呈，本庙元旧四至再下平晋县取勘，去后来申，有晋祠镇邻右等村耆老具系自来本土久居人氏，知识本庙根脚。燕德、冀宝等三十四人勘当到本庙元旧西至与所呈相同。除已行下平晋县照会外，今将元勘当到四至界畔，结□文状，录连前去，承此。仰住持提点班大师照依坐去堪当到四至内，从便修葺，无令诸色人等侵占，别至引惹，须至指挥。

东至草参亭，出入至官街，并诸人见住屋后大泊堰为界。南至小神沟旧墙，并碓臼北景清门根脚为界，出入通奉圣寺道。西至神山大亭台后为界。北至旧大井南神清观院墙为界。

右下晋祠庙班提点准此。至元四年七月二十五日。

宣差奉御王德真，宣差赵璧、秦□□，修宫平晋县簿尉张天福。

（碑现存于太原晋祠）

创建西溪观记

忠显校尉前同知绛州事攸中孚书丹并篆。

太中大夫河东山西道提刑按察使史杠撰。

昔黄帝问道广成子，始有道之名。涉五帝，历三代，至于周，有老子出焉。著书五千言，而道教始兴。降及战国，有列子、庄子发明老子之道，或□处，或为吏，或以言闻，或以书鸣，皆古之达道之大贤圣。嬴秦始立老子祠，逮汉武时，司马迁者，九流之说，秉要执本，清虚无为，至于利身接物，务崇不竞，谓之道家者流。桓帝因之设华盖璇珞于后宫，晋惠帝更作楼观焉。隋唐之世，奉道尤崇，由斯流传既远，而天下京府郡邑，以至村落，无处不立宫观。争巧辉金，灿碧相胜，风化所使，是知上有好者，必有甚焉者矣。原倚郭阳曲县治之北，距城几三舍许，有乡曰太平，有里曰高村，里有观焉，额号西溪，寔玄真子杜公之所创也。公讳志元，玄真其自号也。公百井人，世业耕稼，土著右族，自童稚嬉戏，未尝忤物，沉默寡言。甫几冠，路遇一相者，曰此子仙风道骨，尘俗污染，下手已迟。如此有悟，遂礼代州神岗观至德广玄大师张公为师。广玄之于门人也，先诚敬而后才德。一见公为有道器可教，每就善端发见处致曲焉，公拳拳服膺，退省默有所得。公事师七年后，辞师游方，乃一钵一衲，含淳抱朴，寻真访道，天下名山大川，胜概福地，罕有不到。继至望台，筑环堵居之，日止一食，苦节修炼，穷理尽性，以至于命，欲终身焉。尽夜胁不沾席者数载，一方无老幼，皆敬异之。一日心神悟解，朗如明镜，灼知见在未来之事。逮晚节曳杖还乡里，是时有玄门信士、本县长官王安上并卢家庄康坚、侄男康立与高村人众、王评事辈，见其精于进道，日深一日。众议躬请，于是愿施地者有之，舍财物者有之，助木植者、效功力者又有之。既而视地形胜，宽衍爽垲，东挟大盂，南吞百井，西跨梁鸿，北枕赤塘，川原秀拔，土脉沃壤，而境与神会，缘随愿谐。公乃经之营之，披荆棘，剔荒秽，执畚锸，围垣墉，□木石，构栋宇。仅十余年，厥功吉成，首建太上老君之殿，左右列玄中堂、灵官堂，像设尊严，金碧焕烂，彩色丹腰，璨然可观。净室云堂，香庖环庑，松坛柏径，药圃蔬畦，井湢库厩，粗得其所居。人瞻仰，莫不欢喜归礼，虽宏丽未及，诚可为国家朝夕香火，祝延圣寿之所，上士颐神养素之地，众人祈真集福之境也。若夫修真之士，优游步趋，栖息服炼，隳肢体，黜聪明，抱中和之气，养纯一之性，圆通明彻，虚室生白。庑几尸居而龙见，渊默而雷声，寔于斯有待矣。居是观者而不为，能不负兴造者之意乎！落成之后，公之高弟卢志通状其本末，托予方外友宁和大师王公信之求予润文，辞不获已，遂摭其实而编次之，以为之记云。

维大元国至元十五年，岁次戊寅，中冬上旬晦。

本观住持　李志徽、侯志正，师侄段道信立石。在府王道忠刊石、武福亨刊石。

碑阴

赐紫冲和大师太原东局玉晨观宗主乐志融。

赐紫宁和大师太原路玄学提举三洞讲经师城隍庙王志安。

□□□□路道藏经提领洁素大师何道渊。

本观玄真子门人：赐紫法录玄静大师本观知观卢志通、晞和子李志微，门人：宗志玉、芦志仪、杨道隐、宗道远、王宝童、元真童、段道信，门人：傅道宁。

下院　百井五岳庙住持远尘子侯志正；寿阳县北张坊保真观远尘子刘志深，门人：张志宽、杨志素、郭仙童。

法亲　至孝北社保真庵冲和散人杜守春，门人王守柔、范守元、□守一；汉村五岳观住持王志冲；罗阴太微观卢志洞；全道庵耿守净；榆社县□井清微观侯道仪；素真庵刘守真；阪泉山圣祖庙住持萧道冲；辛庄村卿云观全真子李志朴，门人张居敬；罗阴清□观玄通子刘志常；岚漪安和子贺志冲。

白公懿，妻张氏、赵氏，男白珛、白玘。寿阳县□胡庄进士崔□，妻杨氏。

功德主康坚，妻王氏，长男康宝妻，妻胡氏；康邦，妻李氏，长男康仲威，妻胡氏，男□□；都维那康弁，妻郭氏、韩氏、张氏，长男康宁，妻王氏，男□张，重孙 太平无□。

副功德主康千，妻樊氏；长子施地都维那康立，妻张氏；弟康云，妻刘氏；弟康定，妻季氏；男康英，妻马氏，都维那立石碑；侄男康玉，妻李氏；重孙康聚妻罗氏。

辛庄都维那苗秀，妻王氏；苗玉，妻□氏；弟□僧。

祖父赤唐务官苗进，妻段氏；男太平乡百户苗□，妻□氏；孙男苗豪，妻马氏；重孙□童；太平乡提控苗□□妻严氏。

副都维那祖父智海，妻郝氏；男智远，妻□氏；弟智□，妻祁氏；次弟□□。

范南祖父□□□，妻张氏，男□□□□□□□□□。

高村社长杜仪、马贵、男马璘、成晋□张提领妻陈氏、高村征行千户王天铎、白村县令张裕弟张祐、务官乐仲夆、弟乐仲思、百井杜玉、大盂张福、杜□、宋庆、安□、张聚。

高村助缘人李玉、王用璋、刘显、樊聚；提控王林、男王贵、佐衙□顺、李才、郑仲钦、羚狐清、萩贤、萩玉；社□李信、王顺：万户张忠、李珎、李□、张□、张成、杜□、严成、柴元甫、赵海、刘元、张亨、赵林、赵广、武□元、赵民。□地社长康秀、康子成、□政、□庆、安□□、康玉、□元、郭清、郭卜、郭聚、□揖。范南边玉；社长□秀、郑海、边荣、郭慎。土碾村常□□。西具元亨。府北关宗振。□村张□。

白村助缘人：都军程春、李柔、田亨、杨祺、药珪、赵祺、覃胜、药瑞、药钰、常贵、杨智。攻医王天用、药□；攻医王天祐、□先生、贾珪、智秀、贺玉、王顺。百井□山、务官贾秀、社□冀钦。张村孙智、贾稳、杜秀、□子三、杨千、李顺、冯荣、孙荣、冯友。罗阴李安。

至孝社段德秀、段珎、段□。社长兰润、兰全、兰海、曾德甲、刘信、段三、张子玉、王季、郑明、郑□、郑贵、姚成、田成。至孝店王信、张德、陈福立、杜庆、路通、吉宽。汉村杜显、杜福、杜德宽、赵玉。□庄村王通、王定、王才、张林。

寿阳县雷□村刘海、刘澄。盂州凌井南社□城□男□□。秀容县坡头刘穰、侄男刘顺。□晋县寺庄白子玉。汉村百户祁仲。故县李仲、刘海、刘中、张千、张德。张村耿实。石领村重和庵杨守真。本观常住□□买到碾子一盘。

（碑存山西阳曲县杏沟村）

白西里重建岱岳庙碑记

大同路儒学教授陈泰来撰。

朝散大夫同签徽政院事冯诚书。

宣授太古栖云门下持授泰定虚白文逸真人，管领诸路道教事，孙大方篆。

合名山大川，惟岱宗为极尊；徧天下祀典，惟岱宗为极盛。上自国家，下及生人，明而阴阳，幽而鬼神，实主宰是。自天子达于庶人，通得祀之。阳曲太平其乡，白西其里，距府百里许，赤塘关口，崩崖断巷，在乾坎一隅，宋金以来，尝建岱祠以镇之。奈岁久代更，屡经兵烬，鞠为瓦砾，因之以刍牧，加之以耕垦，继之以漂沫，基之削也滋甚。至元廿九年，纠首管勾耆老贾珪、药旺、药镇、赵顺、田兴、段伯元、常全、田仲和等聚议咸曰："是祠残废，百有余年，每祭享间，云车风马，暴露原野，非所以致崇极之意。"乃发诚鸠资，首建正殿，榱题有四，间架有五，脊鳞万瓦，溜翅重檐，上栋下宇，焕然一新。东望蕊罗之峰，南揖浮图之山。梁鸿之屿肘其西，织机之危枕其北。地灵人杰，为北川一都会。然肇造云初，善缘未艾，非遇道行高世、材干绝伦之人，未易兴举。有辛庄郭大师讳道亨者，本里郭珍之嗣，府南关太清观主王道坚之高弟也。洁身励操，少私寡欲，玄门翘楚，宜膺修造主之任。大德五年冬，敦请住持以董其事，师亦幡然从之，躬承诸老草创之余，积年狂潦冲突之后，陵谷迁改，百无一存。虽欲凿空以为有，因坏以为成，运独以服众，戛戛乎其难哉！师乃用诚意感神明，善道化人心，指海为誓，力以兴复。自许由是，屏除其所未屏，平治其所不平。故基缺陷者，起而隆之，东崖口覆者，增而崇之。其版筑土功为甚繁，当时门徒畏惮其劳苦者，皆相率逃亡而去。独师孑然一身，挫锐解纷之不暇，胝手胼足而不辞。又得管勾常全、药伯通、贾世昌、田仲和、段贵、药世英等为之戮力协心，效劳贾勇，辇木于山，埏瓦于陶，材用辐凑，百废俱兴。惟师方鸠僝功，闻风慕义，富口输财，贫者输力，多多益办，故源源而来，非待人助，神亦相之耳。大德六年，西堂就绪，其椽有二，其间有七。七年，塑像妆銮，帝座中尊，左佑圣，右炳灵，涂金间碧，威灵气焰，赫然动人。至大元年，次构宾寮香积，三间两厦，东西对峙，彩绘鲜明。二年，西庑壁绘七十四司，北殿子孙司分，西南则茔域之地附焉。四年，东堂成，亦绘九曜星官、十二元辰、二十八宿，北殿巡山太保，南则三清殿附焉。自是三门垣墉，庖库井圃，碢碾之属，莫不完具。漕运木植，二百馀车，工缗钞券，一千余定，食用米麦，五百余硕，经始于壬寅冬，吉成于△△△。冀北以来，一人而已。度门弟二人，曰宗德，曰宗礼。一日介从兄学师郭景贤谒文以志本末，窃惟土木之功非难，兴建之人为难，或有假名修祠而实图利私室家之囊橐者，有立志不坚而始锐中废者，有浮浪四方而身无住泊之乡者，皆不足言有道之士。惟师以清净高尚之资，绝淫欲贪嗔之累，戒行通神，不以财利动心，发大誓愿，成巨因缘。用能凿空以为有，因坏以为成，运独以服众，化荆榛而宫宇，变朽腐而神奇，时愈艰施愈广，身愈孤事愈立，非吾师不能显檀越之善，非檀越岂能遂吾师之志哉！是用表而出之，以为流俗反道败德者之戒，故永歌之。其歌曰：

蓬玄洞天盘蛟虬，天门突兀东滨陬。泰山云雨起岩幽，神通广大遍九州。岁时响答祈洪庥，白里东西民居稠。乾维古迹几春秋，高者瓦砾下渠沟。炉烟扫地贻神羞，谁能出手效增修。神仙郭公今巢由，指天誓日运良筹。芥视富贵如云浮，纤毫尘累绝薰犹。迨天未雨而绸缪，筑崖百堵无时休。运土畚锸森戈矛，门人放旷禅分忧。奔逃如水东西流，惟师独力窘应酬。何殊巨浪横孤舟，须达长者争点头。挥金倒廪如山丘，辇输材木无停辀。埏埴冶铸副需求，幻出珠宫与蜃楼。六鳌海上驾瀛洲，圣容端冕复凝旒。丹青金碧惊人眸，瞻前寡侣后宾俦。功成名遂真菟裘，烜赫声名亘古留。飘然紫气构青牛，鲲鹏九万逍遥游。

维大元延祐六年九月吉日记。本庙提举郭道亨立石。

崇师寿龄子管志通字和叔，门人孙大方、王道坚。

宣授太古栖云门下，持授泰定虚白文逸真人管领诸路道教事。孙大方师弟敬授帖木儿不花大王令旨，次授本宫提点观复崇妙大师王道坚，门人郭道亨，孙杨宗德、刘宗礼。

帝师下管领大河迤西襄八酥油人□僧正汝奴八。

当里奴胜院请经沙门惠安□□□□□□□□□。

辛庄卿云观提点张居敬门人刘怀三、石怀宝、刘怀□、张怀安。

高村西溪观讲经安和大师宗志王师，侄李道思。

中□□三清观讲经□道□□道润、王道宁。

定襄南邢重阳观三洞讲经师白道初，门人居庄、居仁。

冀宁路阳曲县阴阳教谕当里药思明，当里阴阳二宅学生贾从顺。

古丰安仲祥，男安圣镌。王子成解德，张一□。

碑阴

白西都造主：李翥、张珌、药伯善、陈荣、贾国用、药子珽、兰德宽、刘泽、田玉、药德元、赵三夫、杨庄、段和卿、杨世荣、李仲祥、药仲贤、王子珌、段德荣、段珌、药伯达、贾子珽、贺贵、杨就、赵聚、张仲宽、赵□亨、□□裕、杨世亨、段乘、常广、贾从善、常仲美、智伯英、药从政、贺春、赵□、王仲和、药臣、常完、药子安、赵宽、杨世通、张仲贤、贺遵道、李旺、郅从义、李元、田洛、药德修、田子秀、药文庆、药能。当里王□见、药海、药子政、药廷信、药世英、常友、陈贵、芦广、药大顺、贾从义、李从立、刘广、药从周、药文显、药德就、段文智。本庙纠首田仲和、药华英、药德元、贾从义。南庙纠首赵玉、药宝、李旺、药伯达、药子政、药思明、药文显、田世宽、杨安、贾国用、杨世通。泥瓦匠□郁。铁匠赵宽。食首赵仲亨。

都功德主：父药邦，母张氏、□氏，药彦，妻傅氏、妻王氏，男和卿，□氏，文显，赵氏、白氏，文庆，王氏，孙男德就，王氏，德成，药氏，德秀，□氏，重孙惠民，贾氏。父杨□，母郭氏、王氏、刘氏、□氏，杨琪，赵氏，男世通，刘氏，世亨，高氏，世荣，郑氏，孙男惟贤，惟德，王氏、药氏，惟贞，惟忠，惟善，惟孝，王氏，白氏，孙斑、实。父张琪，刘氏，张威，郭氏，张真，刘氏，张贵，赵氏，仲宽，段氏，张仲贤，李氏，孙男思义，思让，白氏、李氏，思温，思礼，王氏、段氏，思敬，思仁，梁氏、李氏，思智，白氏、□氏。父冯贵，留氏、阴氏，冯珌，留氏，男周卿，留氏，伯玉，李氏，孙男良甫，郑氏。父田亨，杨氏，兄田甫，李氏，田仲和，张氏，男子裕，杨氏，男伯祥，冯氏，伯通，尚氏，孙男□夫，□氏，吉夫，赵氏，庆夫，□氏，瑞夫，李氏，女燕，重孙仁泰、仁峰。父药旺，母杨氏，伯通，张氏，伯达，□氏，伯善，张氏，男德元，郑氏，德威，任氏，德卉，贾氏，德全，王氏，孙男从信，从顺，狐氏，从礼，阴氏，从义，马氏，从周，药惠，杨氏，重孙继祖、宝□、小宝、巧奇。父药镇，母李氏，药世英，乔氏，男百户药弼，文远，杨氏、任氏，文信，文甫，贾氏，文整，文懿，王氏，田氏，孙男君玉、君璋。父田仔，梁氏，兄世荣，常氏，田世宽，康氏、杨氏、刘郎妇、康郎妇，男君瑞，高氏、郅氏，君祥，李氏，孙男思敬，齐氏，思温，李氏，思义，思让。阴阳二宅父贾珪，段氏，贾世昌，兰氏，贾国周，药氏，男从义，从善，从周，从礼，从信，从顺，从道，从□，从福，从宽，孙男仁卿，□卿，汉卿，文卿，仁杰，仁美，仁兴，仁甫。

副功德主：故父药天顺，故母丐氏，药子政，高氏，男药广，丐氏，药春，赵氏，孙男宗孝，□氏，宗道，贾氏。父药珎，母张氏，药子安，窦氏，药子斑，李氏，男思恩，张氏，思让，王氏，大姐王，二姐杨，孙男大耳，陈氏，大郎□氏，大用□氏，大翼□氏，大全，赵氏。父陈通，母药氏，陈荣，杨氏，男子实，赵氏，孙男国宝，贾氏，国聚，药氏，女□□□□。父赵顺，母田氏，男赵仲亨，马氏，白氏，孙男卉杰，康氏，卉□，□氏，重孙□斑，女常郎□，□□妇，王郎妇。祖父药瑞，祖母张氏，男国用，石氏，国宝，赵氏，孙男德安，党氏，德齐，杨氏，重孙干臣，张氏，孝臣，王氏，顺臣，□氏。段伯元，药氏，李氏，男段珎，赵氏，药氏，段贵，□氏，周氏，段秀，赵氏，郭氏，段和郎，药氏，孙男段□，文□，张氏，文鼎，仁美，贾氏，仲宝，文实，田氏，梁氏，文智，仁广，李氏，重孙的宋，药氏。高村：父王贵，母瞿氏，王国用，段氏，男仲峰，姚氏，仲祥，何氏，仲和，贾氏，仲恩，杨氏，孙男宗义，宗让，宗信，彦才，彦良，赵氏，张氏，彦通，郭氏，张氏，彦享，冯氏，福同，□氏。父常贵，李氏，常玞，呼氏，德用，高氏，常具，贾氏，常玉，呼氏，常友，李氏，仲美，常琳，赵氏，杨氏，仲祥，常成，郭氏，何氏，仲玘，常就，张氏，杨氏，孙男从义，居仁，居信，居实。父赵成，母杨氏，男赵胜，药氏，王氏，赵旺，李氏，赵具，马氏，孙男居仁，□氏，居敬，何氏，居义，郑氏，居信，留氏，居就，□氏，居让，□氏，重孙思林，□氏，大姐，二姐，三姐，四姐，五姐，六姐，七姐。

都副维那：父贾玫，王氏，子政，刘氏，子廷，任氏，男思义，刘氏，思恩，宋氏，思让，张氏，思忠，药氏，思敬，药氏，孙男通甫，药氏，允中，常氏，允正，李氏，允信，□氏，允才，□氏，重孙季月。父赵和，母刘氏，赵贵，刘氏，惠夫，张氏，仲祥，仲禄，王氏，赵聚，李氏，男卉英，卉贤，卉良，卉昌，卉峰，卉用，妇贾氏，李氏，刘氏，智氏，狐氏，孙男子明，常氏，子孝，药氏，子裕，子实，子温，子柔。祖父中选儒人李畴，郑氏，父李胜，母杜氏，男李旺，杨氏，孙男思忠，贾氏，思恭，赵氏，思温，□氏，思敬，□氏。父常满，刘氏，叔父常金，武氏，常完，李氏，男常仲禄，李氏，常仲恩，杨氏，王氏，孙男忽匿，木璘。父蔡胜，母李氏，蔡旺，王氏，杜氏，杨氏，男仲成，张氏，田氏，仲威，□氏，仲长，张氏，孙男蔡文，王氏，蔡行，李氏，蔡忠，蔡信。父邢孝，刘氏，兄邢居义，全氏，邢让，李氏，男卉荣，卉见，马氏，李氏，卉广，卉亨，郭氏，张氏，子和，子顺，子通，李氏，彭氏，孙男呆厮，张氏，药安，任氏，药宁，张氏，任氏，男药温，药广，彭氏，罗氏，药仪，药智，李氏，贾氏，药恭，药显，高氏，任氏，孙男药积，药裕，药改，药实，元贞，兄僧。祖父刘玞，祖母卢氏，男仲祥，宋氏，李氏，马氏，孙氏，张氏，孙男府丰赡库副使刘华卿，李氏，荣氏，刘汉卿，孙氏，女云童，重孙宗敬，药氏，宗义，女近颖，望见。祖父郝显，寇氏，伯父郝孝，张氏，父郝琮，张氏，男郝仲全，李氏，兄郝仲实，仲宽，兄郝仲安，宋氏，孙男彦成，李氏，彦良，彦通，彦才。

助缘人：白西杨旺，张让，刘润，杨安，康廷实，刘□□，白东。食首：张伯威，男张义，在府□□，智稳，尚仲玉，郅和卿，郑子实，高春享，薛□□，李胜，□辅之，李本，和德宝，武义，蔡□，白彦通，王子实，和显，尚伯威，郑万，郑□，张仲宽，李和之，冯仲峰，张伯通，郑德就，郑□□，何郅彦，梁国祥，李仲禄，冯仲文，任德宝，尚□。辛庄村留琮，张伯成，郅伯通，张伯和，郅广，王琮，留德宝，赵仲和，郅珪，张伯□，郭宝，郅贵，薛明，张贵，张满，石仲宝，郅子□，高村，张大友，马铺头，王从政，马大翼，杜君璋，杨信，刘大亨，王□□，张具，王巨川，王永年，马元振，狐思，狐□，李和具，阴文敬，张大洛，刘大懿，张大翼，狐□，王副使，张德文，张德亨，张德贞。南宗王钦□，西关社，王伯通，赵德宝，马信，崔吉，杨伯通，杨□□，刘春，李实，赵仲玉，杨义，任仲明，□峰，安南，张泰，张才，肖仲恩，张济民，王信。石岭村，郭的礼，全国宝，张仁卿，刘仲玉，刘仲美，郭德信，姚惠夫，郭德周，宋文鼎，刘文卿。思西村李福，男李辅卿。归朝村郑□，杨稳，杨文甫，高廷玉，庵仲和，高实，白□□，白信卿，白敬夫，杨威，高伯玉，张子安，杨琮，白辉，李辉，王元庆，王彬卿，张温，杨仲□。大盂康珪，康子实，田子实，刘济川，白和甫，要□。景庄景仲文，李天佑，景仲具。田庄刘□□。大河令狐宽，康温，齐全，令狐智，齐仲宝，康稳，狐子通，齐良臣，齐仲威，狐伯通，齐□□。田庄刘子成，刘仲玉，任伯通，刘伯刘。方山范家堡。白水村郭懿，郭赟，张彦良，郭仲喜，闫祥甫，郑伯川，张孝，康赟美。坡头乔子敬，赵济，赵时中，赵子安，王顺甫，赵孰，赵旺，赵元庆，段子和，白东。铁匠李君瑞，男李元。北郑村李思□。郁利村李仲福，张氏，男李安，张氏。宣授教坊司古□冯宣朝，男冯显才。

（碑存阳曲县北白村）

重修上凤山希夷庙记

（明）许孟和

石州三阳山，在州北二里而近，乃宋希夷先生蝉蜕之所也。山有土穴二，世传希夷尝居于此。按《宋史》，希夷姓陈氏，名抟，字图南，自号扶摇子，五季末宋初亳州人。方四岁，戏涡水侧，遇青衣妪，抱置怀中乳之。聪慧日益，性好睡，明易数之学，有图天下之志，尝曰："大丈夫不为一世之主，必为百世之仙。"因过宋，值太祖于酒肆中，诧曰："此方面大耳者，异日必贵。"作归隐诗曰："十年踪迹走红尘，回首青山入梦频。紫陌纵荣争及睡，朱门虽富不如贫。愁闻剑戟扶危主，闷听笙歌聒醉人。收拾旧书归旧隐，野花啼鸟一般春。"入武当山，辟谷练气廿余年。徙居华山云台观，周世宗召至禁中，以其好睡，令净扫一室以居之，闭户月余不出，人或以为死，及启户视之，其鼾息如雷，赐号曰"白云先生"。久之，乘白驴入汴，至洛阳，闻太祖登极，大笑堕驴曰："天下自是定矣。"宋太宗雍熙元年十月召至，以野服见，戴华阳巾，草履黑绦，不类凡俗。因问历数，则答曰："且睡且睡。"直待五更三点，至时间之，则曰："已言之矣。"问建都，则曰："一汴、二杭、三闽、四广。"寻请还华山。诗曰："华山高处是吾宫，出即凌虚跨晓风。台殿不将金锁闭，来时自有白云封。"

赐号"希夷先生"。日与蜀之季真八百游,八百自称神仙,年八百岁,曰:"吾动则日八百里。"故杨诚斋讥之,"有步行犹是地行仙"之句。再召,则辞曰:"九重仙诏,休教丹凤唧来;一片野心,已被白云留住。"终不起。其相法尤精,弟子种放初往见之,作樵夫,拜于庭下,希夷挽之而上,曰:"君岂樵者邪?二十年后,当为显官。"放曰:"某为道义而来,官禄非所愿也。"希夷笑曰:"君骨相当尔。"太宗太平兴国六年,上闻召见放,以老母辞,赐予甚厚。诏曰:"使天下知朕厚逸民,旌孝子,而相劝为善也。"仍命长吏旌其事。真宗朝,张齐贤言放隐居求志,孝友之行,可砺薄俗,召为左司谏,表求归山,因改右谏议大夫,授给事中,作七言诗二章,钱于龙图阁,随手引登,如明皇之优李白焉。隐居终南之豹林谷东明峰,结草庐以讲习为务,后进从之甚众。传《易》道于穆伯长,伯长传李挺之,挺之传邵雍,邵雍传其子伯温,至其孙溥,始不得其传焉。张忠定公咏少时谒见,欲分华山一半同隐,希夷曰:"公有官爵,未可议此,天子望君如失火家待君救,岂可不赴也。"以笔墨蜀笺遗之。公后帅蜀,作诗赠之曰:"性愚不肯住山林,刚要清流拟致君。今日星驰剑南檄,回头惭愧华山云。"故两镇杭益,皆有善政。钱宣靖公若水,十岁能属文,希夷一见以为有仙风道骨,请麻衣道者共相之,拥炉以火箸书,"佐不得"三字,徐曰:"急流中涌退人也。"真宗朝任枢副,年四十致仕,皆如其言。端拱初,先生命弟子张超凿石为室,化形莲花峰下,此见诸史传者也。

洪武戊午秋,仆典教玉亭,其故老则传希夷居室之草场街。尝扫秃帚乞食于市,面垢不洗,洗辄雨,人以为雨谶。后居三阳之岭,有女奴日馈饭食,忽陕右人过,见而拜之,作诗曰:"古洞岩前碧水流,白云缭绕凤山头。几年不见先生面,今见先生在石州。"

遂蝉蜕于穴。乡人瘗其骨于山右二百步。元季有州达鲁花赤浊龙者，闻其异，发视之，见其骸，仍趺坐于座，令人舁出整之，既而首忽堕地而解，髑髅大如斗而色赤，土人以纸裹香于傍，经宿尽赤。将帅荆子伦亦欲往视，土人辞以不知而瘗之。华山道士累欲盗其骨以还陕，至吉、隰而不能进，复送瘗于兹。此闻诸土人之说也，岂希夷羽化之后，而复神游于石乎？呜呼！仆闻道家者流，欲其精神专一，动合无形，以虚无为本，以因循为用，能究万物之情，而不为万物先后，此神仙之要道也；又岂若吾儒之践履笃实，而可以传名于万古哉！然世之人每喜闻而乐道者，得非以其；若会点之狂，而其名尤彰于宋乎？且希夷一隐士也，或以为居于亳，或以为居于石，至于九江陈氏家世业儒，往往亦冒其名以眩流俗，岂吾儒之事业果不如仙道之可传久哉？是可伤也已！是可叹也已！山有旧庙，元季毁于兵，国朝洪武甲子，天真观道人王混然与道者张仲谦，重建祠以祀之，因砻石走其徒王敏道请记，仆因摭《宋史》之文著于前，复纪其土人之说著于后，俾刊诸石，以俟后之博雅君子，操大手笔者，有所采择；亦以祛后人之惑云。

（康熙《永宁州志》）

白云观重修记

资德大夫正治上卿礼部尚书前太子宾客兼国子祭酒毗陵胡溇撰

中顺大夫京府丞前翰林编修东吴朱孔扬书丹

正一嗣教崇修志道葆素演法真人嗣汉四十五代天师张懋丞篆额

白云观在都城西南三里许，乃长春丘真人藏蜕之所，岁久倾圮。洪武二十七年，太宗文皇帝居潜邸时，命中官董工，重建前后二殿、廊庑厨库，及道侣藏修之室，落成于次年正月十九日。适真人降诞之辰，太宗文皇帝车驾亲临降香。越明年是日，仁宗昭皇帝为世子时，亦诣观瞻礼，屡建金箓大斋。永乐四年，命道录司右正一李时中为住持。宣德十年，今上皇帝命右玄义倪正道为住持。正道先受业于崇真万寿宫。永乐十五年，太宗文皇帝创建洪恩灵济宫，选道流之静重贞洁者焚修，正道预焉。宣德元年，四十四代天师张宇清保任前职。越十年，奉命住持兹观。重念古迹灵坛，地附都城，平衍爽垲，西顾则岗峦起伏，萦纡环抱，若龙飞凤舞朝拱之状，真胜境也，其香火之盛，岂偶然哉。宣德三年，御马监太监刘顺，发心备材命工，创建三清大殿，妆塑圣像。正统三年，正道罄倾衣盂之赀，及募司苑局内官曹铨，法名道宝，及内使康全安等；惠安伯张升、修武伯沈清、中军都督胡荣、广东参议杨春、都指挥刘智、指挥李林、周乐、李昱、潘升、胡隆、千户于信、许义、杨勉等，各捐己赀，建造玉皇宝阁。其应奉圣像，悉道宝一力妆塑。及修葺前后殿宇，焕然一新。正统五年，复建处顺堂，以奉长春真人；暨营方丈道舍、厨库钵堂，以居四方修真之士。正统八年三月，建衍庆殿于玉皇阁之前，奉侍玄天上帝。重修四帅殿及山门，仍建灵星门于外。初，观基隘窄，则易民地以广之，缭以周垣，树植嘉木，以为荫映。规模廊大，雄伟壮丽，金碧交辉，兹观至是始克大备，视旧有加矣。正道住持迨今，越八寒暑，兴废举坠，撤旧更新，夙夜勤劳，董治其事。规材量费，无间风雨，审视程督，故能成此美构，闳耀京师，可谓不负朝廷之委托，而有功于兹教者也。或曰：道家以无为为宗，今兹营建皆涉于有为，则非道矣。然经不云乎，道常无为而无不为。凡诸动作虽涉于有，为而无之之意，即无为耳。今正道承朝廷之委任，顺事势之自然，亦岂有意而为之者哉？因并书以为记。正统九年岁次甲子春二月吉日。

碑阴

□□□题十方檀信官□□士本观执事道众。

御马监太监刘顺法名三宝义成、司苑局内官曹铨法名道宝、内使黄林、康全安、彭□、樊雍、申得明、马普寅、张□、□福、国戚彭城伯张昶、惠安伯张昇、中军都督胡荣、修武伯沈清、广东参议杨春、都指挥刘智、指挥李昱、李林、周乐、潘昇、胡隆、唐盛、王整。千户于信、许义、杨勉、韦卫中、宋□、路道明、顾达、路通、王瑄、丁泉、张成、车政。百户王敬、刘忠、房胜、曹忠、杨广。工部所丞王才、房山县知县王安、阴阳官庞敬。□士徐道安、凌道广、项新、俞淳、张林、顾海、顾恂、王真。庶士刘得全、李福玉、鲁福敬、鲁福信、鲁福智、靳尚玄、李守玄、张世荣、伍普广、房玄用、何尚□、孔言、邹道□、邹道昌、周崇忠、金福真、杜福果、董可名、姚可道、潘普广、纪明道、杜道清、潘大林、田大□、贾杰、贾鑑、贾俊、倪敬、倪兴、倪谅、董恕、董敬、董让、董政、董敏、董典、白友、张春、王泽、张刚、□□、□兴、沈铭、陆成、陆文、毛銮、李胜、陈杰、马成、司□、曹礼、祝贵、梁成、许贯、李显、王福、王安、刘兴、吴秉旺、孙福林、李顺、王敏、倪忠、倪整、黄浩、姚真、王兴、孟喜、朱兴、刘可兴。夫人潘氏善德、信女□氏妙安、张氏崇真、刘氏妙香、花氏妙道、刘氏妙源、赵氏妙善、杨氏妙辛、何氏妙通、张氏妙贤、刘氏妙□、武氏、麻氏、李氏、宋氏惠秀、严氏妙山、王氏懿玄、周氏妙寿、沈氏道清、王妙海。

本观执事道众：提举斋道□惟□、都管金惟新、监斋魏景霄、都表邸宗源、副表朱可源、知库黄柏青、知宾孙惟亨、魏惟康、直岁谭可清、□仲良、主钵张常真、王常安、知堂王惟宗、郝永昌、李常惠、李守一、赵惟善、王思中、安惟宁、司文中、张惟顺、吴惟庆、刘源静、孙惟真、张惟冲、柏惟源、陈道顺、王可中、赵文昱、姚洞岩、潘通□、赵玄真、谭通海、姚道兴、赵守信、刘理和、禄道林、张迪真、李永祥、赵道清、齐景怡、□永延、刘守明、阎仲明、刘自然、王自贤、□自端、冯景真、李景福、董景昌、姚得荣、赵景山、卢得明、李通澄、杜安静、朱安然、王景玉、赵永真、王得成、苏□□、王清岩、高志□、张福成、赵福增、朱道玉、马守清、郭□□、常志真、朱道宁、张道山、　□□姚无、魏志清、禄道中、宁海州李胜。

木工叶□、李伯通、刘海。瓦工徐道安、白成、石工刘海、林信、雕銮雷□。漆匠田福安。铸匠周道明。盱江张景真□。

（《北图拓片册》）

重修三阳山希夷祖师庵碑记

希夷祖师，赵宋之隐士也。亳州人，陈其姓，抟其名，图南其字，道号扶摇子，乃太祖御赐之徽号也。生李唐之季，世豪迈绝伦。先为儒业，精天文地理易数妙术，无不览之，卓然超乎之世外。遇五季之乱，黔黎涂炭，慨有安天下之志。尝曰大丈夫自当图王霸业，为一世之主，以安元元。否则当学道希仙为万世之师，以阐圣教，岂可虚度乎。当是时，宋太祖龙飞汴京，以当天运安民之任，天命已定。遂伸前志，拂袖归隐大岳太和山，入室修炼。学黄老九转之方，得七返金液之诀，师云："入室何独异，金花日日开。灵苗从地出，香蕊向天来。欲募天中宝，应当动世财。蓬莱瑶洞里，醖就九还杯。"二十余年，丹成宝就，济物利人，此仙家内外上乘灵丹妙道也。位登天仙，功成名遂，朝谒三境霄汉，无拘往来蓬瀛。入梦时有年有月，神化者显圣显凡。一日诵常清静经，释五龙之难。恭诣师前，曰："师缘华岳耳。"乘龙至华山之顶，养道晦迹，不洁仕进。虽太祖太宗优诏，褒奖弗纳，终不屈志屑就。后游于石州，垢面蓬头，和同市廛，货药化饭为由，药达病者，痼疾痊除。斋供酒饭者，庆安倍利。人或以利市神仙，莫能测度。岁久郡人濡其德泽，动静非凡，崇诚供奉。后有弟子遇而拜之请奉，云："麟凤不世出，神仙不常见。"遂观察州之东北三阳山，厥形云凤，脉穴在顶，凿洞昇霞了道，真壳存焉。洪武癸亥，本州判官车福成朝京遇祖师阳神化现，相其语由，忽失所在。□任本州保仕路安远请命，道士王混然建祠，每岁四月十六享祀。永乐初，本州学正梁道诚引余等祭其仙骸，长大色如丹砂，用香纸绵果衣葬于旧隐凤山右石椁之中，上建祠以祀之。正统丙寅，本山道士孙云际，玉亭人也，继守仙庵，请斋苦行，符药济人，郡人德之。云际怀念久矣，因中秋夜静与门弟子乔浩静、师浩明、郭浩兴、议曰："祖庵岁远朽漏，可同志重修。"弟子诺而备斋，选田会众，遝迮云集，以今胜事，独立难成，赖檀信助缘如何。众皆欣应，各捐财帛，命匠与工增其旧制，宏其殿宇。宣德己酉，庵左建成九天应元雷声普化天尊宝殿，诸真师众雷箓师将严庄护法，至感至灵，神化莫测，显应难量。遇旱时祷之甘澍，阳久则祈之朗霁。消灾度厄，集福延生，赏善罚恶，毫分无差。真官灵祠，崇宁土地，五龙五道，需其万亿，咸自经营。庵右金阙玄元老君混元正派、南北五祖七真、玉帝宝殿，诸曜星宿。西殿三官四圣，马赵温关，祠堂数座，金碧晃耀，璨然一新，为一境之壮观。更植树果花卉，绿柳森郁，敬安神栖。郡中士君子谓余曰："孙先生道德深重，惫勤数载，获成胜事，以耳目见知足，以俯仰一世，固无昧其美德。切虑岁远，言湮不能不以兴怀，愿立石以记之，传之永久。"余惟孙先生笃志好道之士也。然道之为道，包罗天地，斡旋化机，调理四时，迴度五常，流祥布福，养育群生，视之不见，听之不闻，仰之则弥高弥远，祷之则有感有通。高妙难明，惟诚可格，岂可轻易哉！较吾儒夫子之道体用，异同于养心。异于施为，同于至道者，惟陈希夷祖师。神化昭彰，至真而已。进士张显撰，玄都羽客元卿敬书。

大明景泰元年，岁在庚午，八月吉日，本山道士孙云际，门人赵浩然、乔浩静、师浩明、郭浩兴、侯浩丛、王浩忠、胡浩朗、王浩良立石。

本州知州范寅，同知邵勤、王哲，判官王址，吏目樊珪，学正李巽，训导王琏，阴阳典术吴琮，道正翟云庵，凤山修真道士孙浩远，门人冯以正、张以顺、武以敬。

彩画本山黄篆圣像功德 任河南永宁县知县于渊，室人高氏，男于太、于振、于茂、于坦。刊造本山常住云龙牌道士郭道真。

玄师张常真，玄都观道众：张云潭、李云真、李景岩、任浩清、贾浩辉、梁浩玄、刘浩源、邢浩澈、刘浩昇、刘浩澄、贺浩怡、王浩庆、白浩素、任以诚、张以宁、安以和。

本州义民张雷，本州老人任仕彬、王克茂、张福、姚志得、王瑄、李存吉、韩整，天城卫总旗刘宪，石匠贺文友，弟贺文信刊。

碑阴

在城东街施钱人：白仕全、王福、李文峰、李文信、牛翯、王仕全、王化能、康文胜、李俊、白素、张四、王仕安、邢三、张三老、董表、许陈、王振、李原、曹池、张得胜、李克智、孟春、宋福全、张义、许俊、许义、王玘、武荣、高文俊、高文智、王文胜、白盛、武胤、高原、王宣、刘祥、郭荣、高满、李表、大郭泰、李振、李宣、二郭泰、武大孝、王羽。

青阳都：吴敬、李原、郭五、吴鉴、李刚、吴振、李进孝、吴印、李福、吴仲禄、吴进孝、吴中、吴玘、吴进善、李进广、吴进原、李进义、吴进让、李进成、吴仲林、吴宣、吴鳞。

东关厢：乔斌、师本、孙太智、师完、李景芳、李景春、李景祥、乔太刚、乔大祥、师得林、师得胜、孙典。

在城南街人：张解、姚志行、孙全、任俨、梁恕林、任骥、王铎、王玉、车克名、冯鑑、刘智友、王志刚、高峕、张福贵、张福仲、姚三、张福全、杨志友、南张鉴、刘甫、马希原、魏杲。

赵李下都施香火地人：父贾四，母郝氏，男贾大兴、贾大旺、贾盛、孙贾表、贾正、贾万、贾方。

安业坊施香火地人：父安文贵，母梁氏，男安宁、安泰、安裕，孙安威、安定。

青阳都施香火地人：车文质，室任氏，男车通、车泰。

赵李下都施木植人：冯惠、冯胜、冯大本、冯大义、冯大典、杨才、杨义。

归化都老人：张福，侄张全，男张信、张本。助工人：贾守道、王大青、宋三、宋胜。

云水全真道人刘守道、赵克真、张守清、房圆真、贾青山。

女善人：梁妙全、陈妙真、张妙秀、邢妙真。

户房吏马原、雷茂，平阳府临汾县客人李纯，相王都助石人张大柔。

（碑存于吕梁凤山道院）

石州三阳云凤山云际孙先生功行记

伏闻宇宙间形气互相依附，而其中运行不息者，有理存焉。故得气清而能明其理，兼善则为神圣，为上智，独善则为隐君子，为列仙。若玉亭云际孙先生是其人也。自幼之年颖萃若老成人，虽群儿中不同戏者，父母察知是于□□非俗，常怀慕道之心。父母念□此子休误他。他日必有所成。七岁发心，许于玄都万寿宫出家。至二七岁，恭诣三阳山希夷道场，清斋苦行，暨从师矣。习诵本教，洞悟玄机，诚一不二，四十余年，符药济人，善功非一。笃志悫蕙于香火，朝暮侍奉于万灵。守持经箓，慕道修真，郡人遐迩道化，敬奉仰之，无不忻欣焉。先于正统戊午赴京，请给在□朝天宫，遇四十五代天师亲授上清三洞五雷经箓道法。白云观长春祖师嗣法六代玄师张常真亲授正真之道，钵堂二载，复还本山。舍其衣钵十方重修三清、玉帝、玄元、五祖七真、雷声宝殿，三官、四圣真官灵祠。严前古洞，崇宁土地、玉龙、五道神庙，玄门道典、三教经书、诸真圣像千百卷、尊。道场法乐，无不备息。堂宇一新，壮观圣境，至此者无不瞻礼乎？每遇岁旱雨泽愆期，本州太守率僚属里老人等，请祷者立应，即变丰年。或天灾疫疠请祈禳，即得灾病消除，人民安泰。常发慈悲之念，□祭炼于幽魂。忠孝仁义，弘阐玄风，众皆莫不欢鼓焉！予惟仙道者德行为本，修炼于先。予与先生心契有年，不能备述我先生道德崇高之大概，而且粗略我先生之道行也。他日功成行满，羽化云腾，位证真仙，与道长存，非予所可量也。先生勉之。

景泰六年中元吉辰太原余遵道撰，门人师浩明焚香书录。

门人　赵浩然、乔浩净、师浩明、郭浩典、王浩忠、姜浩渊、王浩良、苏浩春，门孙　毛以翔、任以信。石匠　贺志旺。

（石碣存于吕梁凤山道院）

重修三阳云凤山昊天通明宝殿记

上清三洞五雷经箓弟子、玉府右卿行诸司院府事、臣孙云际，恭惟昊天玉皇大天尊执符御历，开天立地，至道至尊，为三界诸天诸佛之师，万圣千真之祖，圣德神功无穷无极。讲按《本行集经》，皆诸天帝请问，乃元始金口宣传经云："若有众生，孝养父母，恭敬三宝，竭忠于君，不杀不盗，奉戒持斋，冥心大道，生尊重心，特诵是经。敕下周流沙界，遍传十方，万圣俱来覆护。"乃上帝之宝训，人世之稀闻，若先缘积，幸得闻圣理，即当遵奉戒。祖天师张真人赞玉帝功德之大，天中之天，帝中之帝，巍巍大范，无能尽也。其屡世持经造像，感应神化，利济群生之道，若虚空大以难量，备已详传。今石州云凤山者，乃宋希夷昇霞了道福地，实修真冲举之乡，每睹红光瑞现，紫雾蒙山，白云缭绕，异香馥闻，鸾鹤翱翔。有本山清虚云际孙先生同汾阳刘守道、十方施主，于宣德己酉发起建弥罗宝殿。帝像瑞严，上塑光严妙乐国王圣父天尊，宝月光皇后圣母元君。启问者，五老上帝，左右侍从，四大真人。两壁彩上清十一大曜、十二元辰、三十二天天帝，灵妃玉女、□□金童。每岁正月初九日，请命清高道众，斋沐身心，修设庆贺大□□上帝圣诞之辰。普请三界圣真，或三日、七日、九日、九夜，燃灯烧香，祗延妙馔，拜朝三官之宝忏，诵太上诸品之仙经。行诸法事，延奉星真，设放三阳祭炼施食，普济仙灵师友、法界孤魂，超难冥途，人天托化，专伸上荐。

显考篆名玄演，本命辛亥相六月二十七日丑时建生。在世为善，念佛崇奉三教，行平等忠孝仁慈，广施医药，爱老怜负，真诚信义，守持斋戒，始终如一，寿年八十二岁，于景泰二年二月二十一日未时在家善化。大德深恩，无能答报，燃灯烧香，诵经礼忏，早超丹天。已显妣乔氏妣妙善，本人乙卯相八月二十三日午时建生，在世恭敬三宝，仁慈爱物，孝敬祖宗，柔顺和睦，贞列温良，寿年六十四岁于正统三年三月初二日卯时念佛善化。母在世之时，垂语云：夜梦红日昇腾，见金首龙儿，寻来食乳，乳觉。久之后育子，出家学道，苦志修行，想念哀哀。父母生育劬劳，欲报深恩，昊天罔极，思慕音容，焚香书于云宫。大愿皇基永固，道德兴隆，文武忠良，高迁禄位，雨顺风调，民安物阜者矣。

大明景泰七年正月初九日北京白云观长春真人法孙守中道人书。

祖父孙成甫、祖母高氏神主等灵速登南方丹天世界无极光明自然之乡。

玄都万寿宫前道正贾守岩，天宁寺禅僧守政门人玄德、玄海。

授经篆四十五代天师张懋丞，传法师丁道坚。

天坛羽化传道师张常真，本山前修造宗师王混然。

启教宗师孙云际，门人乔浩静、赵浩然、师浩明、姜浩渊、郭浩兴、王浩忠、胡浩朗、王浩良、苏浩春，门孙毛以翔、史以得、任以信。

金轮如意赵玄坛，崇宁护国关真君，地祇上将温元帅，正一斗口马灵官，永远照护。同成大道。

凤山上有先天大圣后天圣母殿修真道人孙浩□，门人冯以正。

白马仙洞有先天大圣诸天圣母殿焚香善人李普友、任普存。

□□灵泉有先天大圣后诸天圣母殿焚香善人高文贵，老人张福安、宁贾，大典李进义、李宣。

本州青龙东石匠贺仓，男贺志旺，孙贺出家。

（石碣存于吕梁凤山道院）

重修三阳云凤山三官四圣殿感应记

上清三洞五雷经篆弟子玉府右卿行诸司院府事、臣孙云际，恭闻三清上圣分神教化于三官四圣真君，皆从玄元之气，随方设教，利济群生。于开光太初之前，九土无极世界旸谷之坛、洞阴之馆说法演教，开度人天。上禀三清之命，下隶九地生灵，应修仙佛从三官而保举，官职富贵须凭三会积修缘。至于边夷下贱、飞禽走兽、万类含灵，皆属于三官之考察，每遇正月十五日上元天官令节，中元七月十五日中元地官令节，十月十五日下元水官令节。此三元之辰，善恶童子，四直功曹，奏人功过，录人罪福，可以广陈供养，虔备香灯，恭诣灵坛醮献。三官圣众，斗府星真，诵经礼忏，诸恶莫作，众善奉行，求信佛可证，求官禄高迁，求富贵荣显，求延年永寿。有本山古迹圣殿，年遐岁远，复逮重兴，内塑三官大帝、北极四圣真君。壁彩三百六十感应天尊，南北二斗，左右马赵温关，日夜香灯。善似光中影，应如谷里声，三元神供护，万圣眼同明，无灾亦无障，永保道心清。

大明景泰七年正月十五日清虚志元先生孙云际焚香稽首谨志。门弟子：赵浩然、乔浩静、师浩明、郭浩兴、王浩忠、姜浩渊、王浩良、苏浩春、胡浩朗，门孙：史以得、毛以翔、任以信。

玄都前道正贾守岩。亲授箓四十五代天师张懋丞。天坛昇霞度师张常真。传法派师丁道坚。

青阳都施钱人李进义，男李章、李震。青竜东石匠贺仓，男贺志旺，孙贺出家。

（石碣存于吕梁凤山道院）

张三丰遗迹记

赐宣德八年癸丑曹鼐榜进士，陕西参知政事，前嘉议大夫、吏部右侍郎，南阳张用瀚识。

赐正统十年乙丑商辂榜进士、任翰林院修撰，陈仓刘俊篆额。

宝鸡县儒学教谕罗山张谦书丹。

凤翔宝鸡县县丞郗筒、马良立石。

予幼稚时闻先父均州知州、赠吏部侍郎公语人曰："真仙陕西宝鸡人，大元中于吾河南开封府鹿邑太清宫出家。吾先世开封之柘城县人。柘城与鹿邑近犬牙相住，吾家离宫仅十五里。真仙与吾高祖荣相识，常往来于家，托为施主、最亲密，亦爱重吾父叔廉公勤学。

元末，吾父避兵来郏邑，占籍为是邑人。真仙洪武中亦来邑之西关玉阳观，与道士李白云老先生交甚厚，旅寓数月。时吾年方十三，在观读书。真仙问曰：'汝谁家子也？'吾答曰：'故父柘城张叔廉，因避兵徙家于此。'真仙曰：'我乃张玄玄，昔在柘城时，多扰汝家。有张荣者，汝几世祖也？'吾答曰：'荣，高祖也。'真仙曰：'我曾见其始生也。汝可勉力读书，后当官至五品。'越月，真仙北行。吾同白云先生送至邑之北关外。别后，见真仙之行，足不履地，时人已异之。永乐初，太宗文皇帝入正大统，遣礼科都给事中胡公濙赍香书遍历天下名山访求之。时吾以儒官荐升詹事府主簿，与公备言少时曾识真仙之由，公遂荐吾同往寻之。至武当山均州，久之弗遇，公回京复奏。上仍遣公往，必欲得真仙出而一见，特升吾为均州守，命伺鹤驭。朝夕来临，历数十年，终不果愿。"予时虽幼稚，闻斯言常记之于心。兹适分巡至宝鸡，公暇乃游真仙旧时修真洞。因成俚语一首，复跋于后云：一自飞升近百春，陵原仙洞已生尘。烟消丹室空存鼎，花满桃园不见人。金阙几回朝望气，蓬莱何处夜修真。家君出守因相识，久俟云车谒紫宸。

宝鸡县知县巴县贺英，主簿清江傅顾，典史宝应许翔，儒学训导内丘李浚。

大明天顺六年岁次壬午九月吉旦立。

碑阴

致仕官王珉、沈平、张瑄、贾浩然、陈焕、陈龙、吴祥。训科张辅。训术王琦。僧会悯无方，道会司署印道士谈冲碧。举人张抚、杨翀、杨祥。监生李英、吴能、彭琮、杜兴。壬午科解元吴献。生员党彬、贾蕭、王安、郭旻、张辉、孙锡、张杰、姚珞 杨恕 丁珂 李童 胡浩、徐琳、田峻、关钏、陈善、程弢、吕臣、赵溥、翟义、俱聪、高厚 张锐。吏典陈遑、萧昇、张礼、张鑑、申浩、周清。金台观住持傅本宗，道士孙庸玉、张冲明。教读刘□。陈仓驿署印医生张礼。凤翔石匠秦昇镌。

（碑存宝鸡金台观）

重修晋祠庙记

赐进士文林郎巡按山西监察御史庆阳茂彪撰记并立石

赐进士文林郎巡按山西监察御史淳安许闾篆额并书丹

出城西南四十里，有邑曰太原。民俗淳厚，科辨易集，邑之美者也。去邑西南八里余，有庙曰晋祠，神通显赫，有祷辄应，庙之灵者也。庙据邑之胜处，背庚向甲，后倚悬瓮之山，嶵嵂而森耸。前横汾河之水，淳涵而衍迤。其土饶沃可耕，其谷窈深可庐，二泉皆出瓮山之麓，默经庙前。汇而为池，来则泌沸深沉，隐然不可穷其源。引而为渠，去则奔浦浩荡，沛然莫可遏其势。有类费隐之道，卷之则退藏于微密，放之则弥乎宇宙者也。上盖二亭，右曰难老，左曰善利。灌溉腴田二百余顷。旱则祷而即雨，民多获其惠利，故历代崇祀靡替。我朝明诏有司，时祀尤谨。顷余钦承上命，巡按是藩。今夏六月三十日以巡历郡邑，归自平阳。道经是处。时亢阳盛暑，禾稻焦枯，民心遑遑，将无攸赖。余遂祷于祠下，祝曰：民为邦本，食乃民天，今旱若兹，实忧饥馑。政或不节，刑或未清，致此咎征，岂无所自。官当有过，民实堪怜，愿降甘霖，以活民命。祝毕，顷刻间云雾四兴，风雷交作，沛然雨集，骤若盆倾，如是者连日。禾苗以之而复苏，炎热以之而顿解。因雨阻止，徘徊庙宇，见其柱饰雕落，水阁倾欹，默兴修葺之念。既归行台，会同寅江浙许公和仲，偕三司方面诸公，备道其事。佥谓晋祠之神利泽及民者广，庙宇弗葺，何以答灵贶而召福佑也哉？况正统间有勅修葺祀典神庙，昭布郡邑，举而行之，夫岂不宜？于是令有司聚材鸠工，重为修理。欹者扶之，圮者补之，雕落者妆而饰之。旧未有水阁之过亭也，今则肇建之，俾无上雨旁风之震凌。昔未有周垣之栏槛也，今则始设之。俾无牧竖樵青之亵渎。规制完美，丹垩炳明。跂翼翚飞，有严有伟，邦人士女观瞻一新。用俾山水增辉，休征畅达，五谷丰稔，百姓讴歌。兹既成功，众谓宜勒贞珉，以垂有永。窃惟治民事神，有司职分。惟诚有以事乎神，斯政有以治乎民：故武王望祭巡河及岳，而美颂周诗。葛伯不祀，仇饷殃民，而恶载殷罚。是则以前人之敬忽，为后人之劝惩也，昭昭矣。况是祠乃三晋之名山，为一方之胜境，载在祀典，素为有灵。乃者旱干一祷，而甘泽随施。弊陋一修，而丰穰即应。则其所以崇奉而昭答之者，容可缓乎？是则修理之举，虽为余发心以倡之，而实群公协力以成之者也。继是凡以来政于斯者，宜远取周葛得失之鉴，近体群公作兴之心，嗣而葺之。不惟斯庙之胜，永新而弗替，抑见斯民之福，亦永锡而无穷矣。故述其概，以记岁月云。大明天顺五年，岁在辛巳，秋七月初吉记。

山西布政司左布政使张茂、右布政使谢佑，左参政魏琳、右参政刘福，左参议杨学、右参议徐行。山西按察司按察使王允，副使张征，佥事张宏、朱瑄、吕正、祝□、钱俊。

山西都司都指挥使朱志，同知刘源、田春，佥事宫□、李泰、江涌、吴淮、于璙、周能。

太原府知府殷谦，同知周复、张翼，通判□英、冯□，推官刘泰，检校常琇，太原县知县徐纯，县丞申昱。

（碑存太原晋祠）

重修紫微观记

庚午科乡贡进士仕陕西西安府耀州富平县儒学教谕同郡骞聪振纪撰。

吏部听选监生同郡、杨冕、文中篆，路戬、文胜书。

紫微观，居辽阳郡城之东，远城六十余里。山深而僻历，路隘而崎岖。东有五指名山，西有太行巨岭，北倚□□□□□巍，南临清水之淘淘。傍无民居，户无尘杂，诚养道思性之佳境也。其观之设，自古有之，□规模狭窄，不足以□礼事□，□□场卑陋，不足以动人观视。前之居是观而为道者，不过度延岁月，徒拥虚誉而已，岂有留心于是之人哉？□□□□观道士王公守靖，以本郡九城里父王公、庶母、杨氏之次子，自幼投礼是观道流杨玉嵩为师范之门，精通经典□□□□，□本□之性，绝外诱之私，尊崇教法，轻视凡华。凡有得于檀越之财物，皆施之于殿宇，未尝轻用之于一己，□□□□之赀利，皆用之于圣像，未尝妄费于一己。因旧殿陈腐，今则创建转角殿三间，重修后殿三间，三门三间，砌□□□□□□神容于二殿，又因钟小不鸣，新造大钟一颗，重七百余斤。使昔焉倾圮不足以称人之瞻仰者，今则如翚斯飞，□□乎五指之乡。俾昔焉敝坏不足以耸人之观望者，今则巍然焕然，拔萃乎一郡之中。俾郡东之士庶，得有所瞻仰而

□□□□□□□也。兹焉功告成矣，苟不请文为记，以彰不朽之功，何以表励后人哉？于是守靖因予出自儒林，买帛求文，以示悠久。而予以为道教之设，其来远矣。自伯阳度关之后，而道法漫散于中国，然而道德之光辉不可得而亲见矣。□□□□圣止之地，以萃其景仰之心，必有法门传道之徒，以尊乎圣教之妙，斯足为道德光显之助焉。然观宇□□复□，守靖之善意，而从事于斯者，岂徒尚宫室之美观也哉？深造自得，以求夫道理之归，专心致志，验乎事为之□□□□□增辉，法门显耀，予于紫微观之道众有望焉。予以本郡乡贡之腐儒，素与守靖之相知，今因其请，姑述旧闻为记，以□永□云。

大明成化四年，岁次戊子，秋九月吉旦。

本观住持道士王守靖，门人王海宽、王海兴、李海受，道□王海盛。本州寂虚宫道正司官道正王一真，直隶顺德府沙河县石匠吴冈镌。平阳府和津县石匠申□，本州石匠杨虎、杨全。

（碑存左权紫微观）

重修紫微观记

奉直大夫陕西徽州知州致仕辽阳孟泰撰，儒学廪膳生员杨讷篆额，张惠书丹。

辽州东北六十里许有山，山下有观，列太行左，五指山右，山势如浪水之形，地基若瑞云之蔼，因名曰："波云山紫微观。"峰崇岭秀，泉甘土肥，表群山而奇众土，境幽雅而肖蓬莱。亘古暨今多年，开山创业有人，由来广大其基址，增辉道业，盖造殿廊，塑画神像，俾斯境比隆于昔者，迭有人焉。南殿一所，黄箓一堂，道土窦守清盖画。三门、西殿、法器、云房，其徒王海忠修置。王洞钦，海忠弟子也，本州故县里人，成化十五年，父王五、母张氏舍送出家。投礼以来，不尘俗之贪也，不声色之迩也，助师继祖，多修良因。若南殿虽立，守清未就而卒，洞钦则修理完足，内塑十王，以满其愿。前项功德海忠非独为之，洞钦则同心协赞，左右维持，以全其事。庙像装饰，巍然焕然，使人礼之敬之，去恶从善。畏之奉之，不作非为。噫！守清有功，海忠有力，足其事而成其功者，洞钦也！守清终无议矣，海忠修真异常，州牧重之，使护道正司印二十余年，至成化甲辰岁，有司贡上，蒙领命为道正。洞钦存师志，迹师行，次年请给度牒为道士。师徒沐宠，积功德之所致也。兹者事毕告成，欲勒绩于石，以垂不朽，征予记□。道教之流，劝人为善，今洞钦承继如此，呼我群迷，中道而行，风移俗化，光前列后，山观益隆。每于波云紫微之下，朝暮恭颂祝延圣寿，以俾皇图永固，帝道遐昌，与天地、日月、山河同其悠久。若洞钦师徒，诚道士中达本者也，予故不辞而为之说。

时大明成化二十二年，岁次丙午，孟冬上澣吉旦。

道正王海忠，门人道士王洞钦，门徒窦永兴、李永常同立。

奉训大夫本州知州胡源，承务郎同知魏弘，征仕郎州判油恭，致政官张钦、路戡，迪功郎吏目张继先，儒学训导王弘，阴阳官张乾，生员张敏、路肃，省祭官窦闰，阴阳生窦镛，医官王能，僧正弘缘，纠首施主王诚，男王文贵，石匠杨彪、杨全、杨富、杨厚镌。

（碑存左权紫微观）

天宝宫碑

有老氏之宫曰天宝，处郑许之间，其地曰石固，西望嵩高，诸山皆悠然在目，东南距石梁河仅一舍许。虽地非明胜，而其徒居之，亦足以避远嚣哗，而事于其道焉。盖创自宋天历间，历元而废，我朝洪武间道士刘希真复之，正统间王士昌修之，景泰间陈洞岩、王道然继之，成化间王泰然又继之。殿堂像设、符箓鼎炉、鼓钟之类，凡为老氏之法者俱备。于是始与所谓西之山东南之河相称，不惟其徒居之，足以事于其道。凡四方宾客行经郑许之间，西之韩南之楚者皆有所舍。今上即作诏毁天下新创寺观，宝奉行性谨，而天宝特以古志所载，得不毁曩者，常从宾客一再至焉，读宋元以来名人硕士所为碑刻，慨然感其兴废之故。今住宫道士牛志道磨巨石为碑，请宝文以刻之。其言谓前代之创者皆托诸碑以传，我朝自镏氏至于今，复之修之继之又继之者，则未有所托。曷其传乎，非碑之难，名人硕士之难也。弘治辛亥六月六日，今太子少保大司马钧阳马公以召赴阙，道经于此。宝适往钱，与在坐志道具以告，公徘徊顾瞻良久之，谓志道宜亟图固当属于宝者。宝谢不敏，且起而言曰：老氏以清净逍遥为道，故其宫要避远嚣哗，苟不得名胜之地，亦必望山距河，如天宝者，始可以居其徒，其所以复之修之继之又继之，勤勤恳恳，更相付授，不肯失坠者，凡以为其法为其道，计而乃今为之碑，欲托名硕之文而传焉，若有意于世俗之名，何哉！岂其不足于彼而顾籍于此，与不足于彼而不知反足籍于此，而不知归惑也。其传焉，不为重其不传焉，不为轻无文焉，可也。虽然吾事于此而语于彼，其与不足于彼而不知反籍乎？此而不归者奚异，苟以其徒为惑，则吾以甚惑矣。文乌足为轻重哉，昔者羊之狠石，其得名也，以诸葛孔明之一距；无为之奇石，其得名也，以米元章之一拜，彼一距一拜之间，尚足以为重而传焉，况其大乎。如宝不肖，固不足齿，而马公之名位勋庸焯焯，于时今日所以徘徊顾瞻，而属之宝，亦不可谓，偶然耳矣。盖世有足以为重而必传者，固不在乎碑之有无也，既以复公乃退而为之记俾刻焉，若欲求老氏之道，请问诸其徒，考老氏之法，请观诸其宫，足矣！弘治壬子九月九日。奉训大夫裕州知州钱塘许纶书，承务郎许州同知长洲施文显篆额，大梁郝升镌字。

（碑现存于许昌天宝宫）

明故真默子姜君墓志

真默子姓姜氏，讳浩渊，字克深。世为太原石州长林都人。父海，母吴氏，生三子，长曰湖，次曰清，季即君也。君始生八阅月，父亡，母孀居，守节不二，勤劳持家，庄产赖以不坠。君奋年多疾病困苦之，曰必弃俗出家乃吉，遂寻迹三阳凤山投礼孙君云际为师，授正一教法符诀。凡道教经书，靡不深究。于利锁名牵，超然解脱。天顺元年，因请给度牒，北上京师，君时年十八岁，见都下车骑轩冕，声华煊赫，举不能移其志。又投礼张良洞全真崔君常熊为师，受抱元守一之道，修真养性之诀，性天因而开悟，似回出于尘埃之表者。成化二年遇例出粟赈济。成化四年于三阳凤山下起建玄帝殿宇，以奉香火。旁设余房，以延宾客，修置药饵，以济贫民。成化十九年，师孙君羽化，本州阴阳典术车公雷、致仕知县安公定各捐资塑师像于岩洞中，君庐于师岩傍，三年同处，不接人事。因益修善事，成善缘。又于厕宇傍新建楼三间，上塑天尊真人像，晨钟暮鼓，香火绵绵，其精勤修道之心，至老而不衰也。门徒胡以鸾辈，恐君行实久而湮没，因次第之，以讫夫将来云者。

大明正德三年，岁次戊辰，仲夏吉日。

赐进士文林郎河南道监察御史里人车梁撰并书。

门徒胡以鸾、任以仲，孙李纯森、苏纯良、师纯旆、阎纯徕、吴纯材、张纯相。

石匠贺琮镌立石。

（碑现存吕梁凤山道院）

许州天宝宫增修记

赐进士第朝议大夫山东布政司右参议致仕前兵部郎中钧阳徐永撰。

吏部听选官许昌石梁居士王侃书。

赐进士第奉直大夫钧州知州历城祝寿篆。

天下洞天福地琳宫累阙，其经始兴废、继续增益，心皆流之有道力者焉。经始也，壖垤填穴而成伟观，剪棘斧楛而成茂林。兴废也，彻去蔽亏而为净界，除却荒秽而为清幽。继续增益也，由百□而亿瓦，由数椽而万柱，非有道力者不能也。许昌之西北有镇曰石固，镇南有宫曰天宝，虽无重山迭岭，深溪曲涧，然东南去村落各五里余，北去镇三里余，川平野回，泉甘土肥，林木乔密，花草聚茂，寔中州道场之甲胜也！始于宋，废于元，国朝道流之有道力者刘希真兴于洪武间，王士昌、陈洞岩、王泰然继续于正统、景泰间，王道然、牛志道增益于成化、弘治间，比前则加大焉。正德丙寅，志道羽化，其徒谭一淮、权一衡、牛一鄘悲而且惧，曰：吾师之业吾固能继守之，不有所增益，何以□□之徒乎？于是焚修益填，耕作益勤，综理益周，修建益□，凡殿庑丈室、庖廪田庄，有者葺治之，无者建置之，竭力率心集十余年，比前则又加大焉。丙子春将征余文，记其所增益者，刻诸□石。适余同年友侍御□阳袁公经行少憩，遂遗书以恳余。忆□年时□□先子梅□先生数游于此，其□额多先子之所书篆者，景物多先子之所题咏者，不能不抚然于兴怀。况一淮辈不但皆有道力，而为业为教又异乎彼而同乎我，□可以记，袁公□意是□此见也。余虽鄙陋不文，其可辞乎？夫为老氏之教有专事游览募化者，率不耕织，而衣食于彼之教，固非于吾之道□非也。而其宫旧有田地十亩，今增至数百亩，道流于焚修之暇，并力合作，耕耘刈钦，野而稛载，入而廪积，国赋以输，晨暮以给，宾客以供，营作工食，亦于是乎而取足，名虽列六民，实则同乎四民，此其可记者也。有专事吐纳导炼者，异迹于深山密林之中，于彼之教□是于吾之道无益也。而其宫东南接许，东北接长葛，西南接钧，西北接□，名臣达官、骚人游客之经行京师汴□者，悉□心于此，茗香酒洌，菜珍蔬□，具壶□□□□安凡□□□□日□驻□宿，名虽方外寞然之流，实则宾主朋友之伦，此又可记者也。是故耕而食，织而衣，□有欲也，而能专守乎玄祖冲虚之教，则无欲焉。□其冠，□其衣，□无为也，而能暗合乎吾□日用之常，则有为焉。其葺治旧有者不重记，新建三清殿三间，黄箓殿七间，东西庑百十楹，方丈七楹，斋厨三楹，新增田百余亩，皆一淮、一衡、一鄘之道力也。

宜备记之，使后之徒有所观，感其兴起而又有大所增益。吾见志道之道力不在泰然下，一淮辈道力不在志道下，而后之徒之道力不在一淮辈下也。

赐进士第奉训大夫许州知州□□□

赐进士第判许州事史□□

赐进士第判钧州事□□□

大明正德十三年，岁次丁丑，春三月十六日，本宫谭一淮，副宫权一衡立。

碑阴

本宫道众：赵志英、王志□、张一珉、常一璇、姜一真、程一清、华一秀、罗一玫、魏一魁、王一伦、武一乡、刘一太、陈一□、王一□、戴一厚、张无瑕、王无斐、李无暗、张一林、魏无绍、张无袭、马无驰、张无为、李一琦、朱无瑀、王无尘、岳一森、牛无相、郑无垒、郭无极、武无征、翟无穷、张无严、刘无□、岳无姓、张无疑、牛一白、宗一兰、沈无常、王无偏、宗无矫、王无彻、白无霓、宗无损、张无贫、陈无躁、李无顶、葛无同、郑无踪、潘无私、朱无垢、刘无过、朱无脆、道遇、杨无寒、李无□、赵无亏、张无音、郑无□、董无骏、张无勤、无乐、郭无歉、王无悉、潘无际、潘无疑、聂无方、杨无疆、郑尚平、牛尚秋、张尚和、李尚玄、马无郭。

清虚宫住持蒋志诚、顾志谧、牛一进、周一松；清真观住持孙崇昕、冯崇瓓、陈崇洋、霍崇高；钧州万寿宫住持景崇高、郭王环、陈崇太；聚仙观住持马一涞、魏无空、赵无伤、谷无量；白乐宫住持尹一洪、冯一新、戚一良、马无驭；新郑县太清宫住持赵太虚、王清□、白清然；郾城县洞志观住持戴志谅、赵一元、李一清、马一□；龙泉观住持刘本会、苏崇奉、杨崇臣、牛一锦；暖泉观住持董玄禄、董静朝、张玄洪、李玄真；王□庙住持张一宁、李无限、张无廷、宋尚信；龙王庙住持李得真、肖清月、李清安、程一霄。

（碑现存于许昌天宝宫）

创建献楼记

后土庙旧有乐栅三间，因其敝坏矮窄不戬，正德丙子春，邑耆梁公讳智等，欲建楼广阔而重修之。奈城下有三清观，与乐栅相近，建乐楼愈高而神愈下，可乎？士民薛君雄谓众曰："改三清阁筑基，与献楼同合为一，中则分之。起三清圣像于崇楼之极，前列万圣朝元，后奏献以奉后土，则神上而乐下，使人心安而神妥也。"众如其言。本庙道士张德深，告请四方贤士，共建斯楼。梁公施白金数百余两以董其事，由是施财数者数十人，十数者百余人，五数者数百人，两数者不下千余人也。遂采绵山之木，卜日鸠工，以建崇楼。夫富者施其财，贫者助其力，工者斗其巧，三载之功，其费也大矣。是楼也，上接云霄，下连中镇，金碧丹彩，覆檐深邃，则神有所依，洋洋乎如在其上，如在其左右也。人心以安，知所畏敬，而至诚足以感神明也。过客来宾，或奉祀，或登眺，东瞻汉郭林宗之巨冢，西睹唐助国圣母之神祠，宋文潞公之墓道，南观绵峰麓晋介之推之茂木，北望汾水之汪洋，孰不曰美哉？斯楼诚一方之胜景也。嘱余记之。盖闻燔柴以祀天，瘞埋以祭地，起建崇楼，敬神之至也。神之享，曰敬而已。《鲁论》有云："吾不与祭如不祭。"信斯言也。

大明正德十四年，岁次己卯，中秋之吉。

邑人强恕子郭海东之撰并书及题额。

庆成王府殿下奇㳗、奇漂、奇澂、表棋、表樱、表桎、表枳、表枞、表植、表□，仪宾李廷奎，校尉李钦。

承事郎知介休县事王天佑，阴阳学署印生李侃，都功德主梁智。

纠首梁温、梁冠、梁原、梁彝、侯冠、赵胤、梁忍、梁带、赵文增、梁池、梁万钟、罗章、薛雄、梁珍、董惟精、郭经、侯文、梁绘、梁儒、梁甫、梁强、董环、梁巨海、梁时熙、李洪兰、梁又新、梁实。

本庙道士张德深，石匠大宋里吉公敬，仝石。

（碑存介休后土庙）

重修阳台万寿宫三清殿记

赐进士出身致仕东昌府同知前翰林修撰覃怀郡人何瑭撰文。

天坛山麓有宫曰阳台万寿宫，之中有殿曰三清。始创年岁无考，殿之重修则唐玄宗开元二年也。自开元迄今，上下几八百年矣。梁栋楹柱，多朽腐损坏，殿岌岌欲压。宫住持道士杨福常恒以为忧，欲撤而新，则劳费重大，力有未能。乃谋抽换其梁栋楹柱之朽腐损坏者。召梓人计之，见其纵横结架，大牙支柱，抽换难于措手，皆错愕莫敢承任。正德八年，新乐全真孟景阳以游览至宫，住持闻其精于梓艺也，乃以为请，景阳慨然许之，复以材费重大，谋募众力为之。时安阳全真杨景明在坐，亦以赞相为己任。材木既具，次第抽换，复饰以金碧，将成，而杨住持物故。弟子张寿阳嗣主宫事，继志不怠，至正德十年落成。殿宇完美，无异新修，金碧相辉，远近快睹。众咸谓：宜纪于石，以示久远。乃因全真冯崇霞征言于予。予惟太上之道以冲虚恬淡为宗，以敦朴俭约为尚，宫殿之崇敞钜丽，似非所欲，自后人尊奉之心论之，则又有不得不然者，其道盖并行而不悖也。窃尝论天下之事，成败兴废莫不有数，然皆存乎其人。大而世道将乱，或有才德出众之人以救其乱；小而一物将坏，或有技艺出众之人以补其坏，似皆非偶然者。孟景阳志慕玄宗，梓匠非所业也，而工巧精妙有寻常梓人不易及者。宫殿之起费补坏乃出于其手，岂偶然也哉？书云：若考作室，乃弗肯，矧肯构？则谓之不尚乎！若住持福常、寿阳，全真景阳、景明之重修兹殿，于其教可谓子之干蛊者矣。是可嘉也，已故记以记以示后之人，俾无忘。

本县施主翟贤，男监生翟良臣。

郑府承奉司秦恕，典善赵喜、傅成、马勉、李贡、张伯禄、李贤、李周、丁堂、郑章、何朝玉、何秀。

时大明正德庚辰春季月吉日，孟景阳、杨景明同立石。

石匠张世隆，男张添右刊。

三洞讲师幽微子张道岩，嗣□弟子张常安书丹并篆额。

碑阴

霍师堂 王守德、杨常珏、张太弼、闫太珵、王碧霞、王和羽。

紫微宫 刘静云、王净川、原真方、李真孝、党真洪、周宜安、侯真汝、王常廉、王得仙、王真浩。

奉仙宫住持高道海，门徒闫得庆。应道玄，门徒杨崇善。张刘寺僧人圆素。

太清宫住持白道昌，门徒王玄玺、杨朝宗。

总仙宫住持张太素，徒冯清善、王清泽、乔清鉴、张宜贞、侯宜□。

三公庙　杨太聪　徒陈清鸾。

本宫道士王福顺、刘寿仙、陈高玄、张玄风、库头曹政、李寿仙、蔡玄□、张玄明、郭寿海、乐生张寿保、陈寿□、陈玄宗。

（碑现存王屋山阳台宫）

天坛修造白斋道人张公太素行实之碑

王屋山天坛大顶总仙宫修造白斋道人张公太素行实之碑，嵩山隐者临川理贯撰。

按状，师姓张氏，俗□珊□，派名太素，别号古拙子。籍占山西平阳府蒲州万泉县绵上乡丁樊村人，父讳宣，祖讳孝文，世以耕读不仕。母氏姚，生师于大明正统十年乙丑岁十一月十四日，未一周，父卒，母改适田氏，就养□□□氏，及成童出□传□，通诗书，既冠，娶卫氏女。完聚以祖籍补戍山东临清卫役。性嗜酒，百杯不醉。在行伍间，为识字把总，日日以酣饮为乐。忽一夕，梦一道士头戴纯阳二字，及觉心似有省，次日始安，独行北□滩孤绝处，素无人迹所到，心下仿佛如有所失。忽见一全真道人，心即踊跃，跪礼求点度者数次，道人固辞，仍恳告，即出袖中笔索示，道人遂书颂于掌上，颂曰："告彼天宫大德贤，好参父母未生前，休□情性终朝饮，莫纵身心昼夜眠。百岁光阴如□□，千年岁月默头间，等闲蹉过同常辈，一失人身万劫难。"遂同回首，至中

· 303 ·

途，忽不见，独自惆怅而归。又一夕，梦虚空竖翻竿一根，极高大，上又天盘，盘上有数道士，皆冠服执笏如朝礼状，旋绕盘上。复有人来召云，请赴法司考问，曰："考什么？"答曰："考千字文。"觉来心如有得。一日同戍者，招饮肆中，心不乐酒，唯食淡面三盂。时有张千兵辅在席，举脔肉强之食，食毕即面色如土，徐仆地，良久方苏，众皆惊讶。自此后，遂却荤味淡食。此始，凡人之是非，绝口不谈，贸易市物，虽其所索而售之，竟不知校。故人以白斋目之，如是出入戎伍中卅余年，事上处众，鲜有败事。族中选壮丁代戍，得宁家休息。生子一人名景实，亦完娶成继。遂慨然心慕出尘，拉同母弟田九畴偕行，由是鞿云杖月，带露巾霜，自晋土而历秦中，陟终南，登太华，访商山峰，皆因缘未辏，乃出关，遍嵩、洛、淮、汲，皆未惬意。闻覃怀济渎盘谷之胜，复渡河迤逦而来，由是得入王屋山，见山水奇绝，知为十大洞天之首，暂憩于阳台宫白云洞。此弘治六年也。闻玉泉庵程公守然，道风高卓，乃完真堂蜕质张公常真之高弟也。邂逅间，遇程公于紫微宫，拜叙间，公举以此宫有道藏经，可以检讨。师问："藏经云何？"公答曰："凡修身治国，众举超脱，皆具于此以千字文纪篇首，次第而寻之可见。"师嘿颔之，正合梦中之谶。因本宫先进范公太阳之举，遂礼程公为师，嗣派太素，弟名太希，授以返还无为之旨。径往砥门山，结庵精进，颇有肯綮。因自揣曰："此身本自农家，况出入行伍中，素无为善积累之功，惟自操笔染纸，安能事事合理耶？设无外功相资，或难其进。"八月中旬，乃澡心陟坛，徘徊畅望，时庭除草莽蔽目，绝无人迹，闻殿内钟鼓之声，心自默忖，或者因缘在此，可立外功。八年正月十五日，清斋宿坛，时值大会四方，朝谒者□拥而进，夜半时分，仙鸡鼓翅喔喔然，三唱而止，众皆惊异，窃谓太希曰："三清殿虽隘陋，已有名分，但昊天上帝主持世界，可无殿乎？"谋诸下方院住持刘公静云，欲于西北峻坡建一小殿，奉安上帝。刘公然之，遂矢心告天，刻意修造。乃集门徒薛清溁等，论曰此事："虽云善念，工程实非小可，亦非平地之比，且无供厨之水，设不劳苦身心，胼手胝足，焉能建此大功！尔等愿否？"众皆一词允诺。遂遍叩十方，兼得黄守阳为之助缘，檀越马刚等协力经理，始工于十一年正月。虽片瓦箦土，皆自山下运自其上。于十五日，比前现金色圆相，光中竖皂纛，现玄帝身容。仰见空中青鸾一□，口吐白气一丈许，旋绕飞鸣良久□去。二月十三日，坛中如雷声响者半时许。无何，七月天旱，诸处泉涸，众欲辍工。师夜祷于坛前，明站台前古松二株，忽黑雾如盖罩之，水下如注，以器贮之，可充一日之用，他则月明如昼。如是者一十八夕，得雨方止，青鸾白鹤不时飞绕。正德元年八月，落成上梁之际，霞光瑞气，纲缊盘结，此天人交感，积诚以致之而然也。复虑山高风猛，雾露湮菌，用铜瓦铁脊为经久计。铸造上帝铜像于汴城土台前。立厂开炉之际，霞光紫气直冲太虚，倾城王公士庶，莫不兴叹，施金珠者争先稽颡，工完迭顶，崇奉正殿三楹，上帝主之。两庑七楹，以天将配之，厥工甫完。四年三月，郑府令旨召赴怀庆玉清宫，助缘怀庆玉皇宝阁。功完，退隐于西阳山，结庵栖息。自念景入桑榆，以谢绝人事自期。十年九月，汴城周府胙城王并三府辅国将军因疾祷于天坛，启许重新诸殿，遣亲士张玩，赍令旨、香信、盒帛，敦请复修大顶总仙宫三清诸殿，恳辞弗获，遂至山□，同黄守阳、孙深、罗伦、马刚、韩鼎等协赞。十月初一日始工，十五日坛内震响，如沉雷重鼓之声，震动山谷，众皆俯伏感激，愿输财力，乐为之助。本年三月初一日，师清晨登殿焚香，请神退位，将撤旧殿，忽于东日晶峰现五色圆光三轮，踰时方罢。八月初四日落成，视旧之制大有径庭矣。自正德丙子至嘉靖癸未甫入载而焕然一新。兹已工完，将欲退隐，门人王清芳、冯清善恐师之行日久而泯，无以为将来者告，具礼征文，且似与太素有方外久要之好，奚容缄喙于乎！

道存乎天理，理具于人心，世未有厥心不减而能口合乎天理者。盖世之人，烛理者少，昧理者多。夫谁肯反其昧而变其明者，传曰："果能此道矣，虽愚必明，虽柔必强。"太素昔年富力强，出入辕门，驰骋声利，耽迷酒色，竟不知其天理人欲为何物。一旦猛省，褒然参玄，粗衣粝食，却嗜昧，四十余年矣。凡见非礼之物色，望望然去之，截然以修养为己任，口非所谓反昧变明，焉能积诚尽精，上格乎天，下感乎人，而于绝顶孤峰，不啻剑门之险，而能建此大功德，营此大事业乎！此后进步烟霞，栖身岩穴，传精神，服天气，嗽金茎，饮玉浆，燕息寥廓，出入冥无，夫谁可得而望后尘哉。后之口者，亦将有感于是，而兴起是心，则又此山之灵，永永而不坠。其谁曰："不自太素之所造端欤！"若夫山路之崎险，经营之劳瘁，财物之费浩，则又具于十难诗中，以倡明之也。若夫师之实行，非此可悉，此特撮其状概耳，于是乎书。

十难诗以告来者云。

因缘难：久慕真风自三思，内功外行要相维。遍寻福地无几会，遂入天坛欲作为。增价心须逢伯乐，知音遂是得钟期。也知善念天当佑，枯木春来想发枝。

人力难：一身一己势茕然，况峰非常缔造缘。绝顶又非平地比，悬空直与碧霄连。弟兄尚尔分人我，父子犹然说后先。设若有缘来赴会，也须存恤诲惓惓。

钱粮难：立意欲重新此山，可知际遇是时艰。素无积蓄耕桑计，元不经营货利间。赤手空拳开口易，寒颜冷面告人难。一文一尺并升合，仰望檀那为笑拚。

米面难：谷麦虽云自外搬，要成米面实艰难。操舂每日无时息，挨磨从朝至夜阑。背汗成浆三伏苦，脚趹裂口五更酸。又无官府相催逼，自是人心不肯闲。

衣鞋难：峭壁悬崖断复连，上来下去几千千。烧灰斸土身先舍，运水搬柴夜不眠。石笋掇磨鞋□烂，树杈抓挂里衿穿。雪霜风雨无停止，谁为镌缝百线连。

木殖难：坛台耸在半虚空，材木那堪上不□。宋桷故于中下取，栋梁须得豫章充。深沟砍斫虽云易，峭壁拖□最是恫。一木千工犹未就，看来何日得成功。

运水难：攗泥造饭水为先，自古惟资太乙泉。沁下池中惟点滴，挑来顶上最盘绕。柳坞沟里未云远，王母洞前亦易干。历尽几多艰险处，幸然人命保完全。

烧造难：埏埴须寻好土坡，复能有土水无多。堶窑垒石身躯险，挑水寻柴脚版磨。百结衲衣无领袖，三餐粝食少调和。陶融水火方成器，始得功勋达大罗。

颜料难：殿宇虽然一样新，又须涂□托丹青。妆銮彩绘功夫巧，缕切锤泥色相停。铜线石青施不少，银朱金铂用非零。年摩月弄荧煌日，人杰从来说地灵。

成就难：当时率意偶兴工，今日方能保始终。道众辛勤皆有行，梓人竖造已成功。万灵朝谒都仙府，五岳钦尊大化宫。更祝十方檀越众，寿山福海永无穷。

大明嘉靖三年，岁次甲申，孟冬朔旦，门徒王清芳、冯清善。

碑阴

长春真人仙派传授图

道德通玄净，真常守太清。

一阳微复本，合教永延明。

张公真常

道号无为子，蓟州人，生于大明洪武丙辰九月廿四日。少习韬略，从太宗皇帝北征有功，拜武略将军职。侍□出□金门，历事三圣，朱紫赫然。未尝以骄傲加诸身，自念富贵若浮云耳，如身后何。宣德丙午，具本恳辞，乞骸骨归林下，上允其请，以男忠袭爵。遂布衣疏食，礼西山隆阳宫全真陈公风便为师，授以金液还丹之旨。晚归王屋山完真堂修炼，内外充备，于正统己巳十一月十六日仙化。景泰三年，门人程守然等建灵宫于堂之艮方。有碑记载尤祥，此特撮其大概，以见授受之来源云。

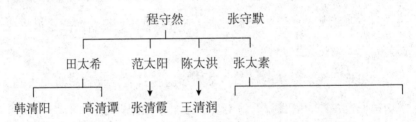

□□□领尊宿刘静云、丘真环，本宫道众略开在后：

杨净元、王净□、闫真□、杨真月、王真义、□真亮、侯真甫、党真洪、李来中、侯真玄、王真□、牛真机、□真玘、赵真礼、贺真朝、郭真鸾、赵真瓒、冯真□、王真□、田真建、杨□凌、王真兔、许真瑞、尹真贤、常真济、王真□、王真庆、张常羽、秦常海、陈常福、赵常方、李常□、李常山、郭常禄、赵常富、周常安、贾常名、白常弼、□常兰、卫常谦、郭常运、安常肖、王常明、王常安、吴常现、吕常果、张常朝、赵常净、李常□、王常宣、刘常江、蔡常先、李常然、杨常杲、吕常强、张常从、燕常□、张常舜、蔡常先、孟常□、郜常俊、陈常迎、党常太、赵常崇、蔡常泽、张常智、丘常□、赵常文、李常□、□常印、张常绅、苑常进、李常受、原常毅、任常伦、张常绘、路常通、冯常裕、白常稳、李常和、王常潭、高常宏、张常贵、□常威、蒋常书、郭常在、李常亨、李常廷、张宜玄、郭守其、黄守坤、吴守堂、原守定、董守金、丘崇合、范守冲、王守登、李守佃、郭守经、赵守佃、周守茂、杨守从、张守□、□守章、王守清、杨守威、毛微德、郭守书、聂微□、冯微原、□微良、马清肖、李廷中、杨本中、郭真远、□庆中、苑一中、崔通杲、史通其、李常儒、王常存、任通明、□常和、郭常进、贾常佐、冯通鉴、孟通志、芦通玄、郭通义、程口阳、袁玄清、孙常礼、张守一、成尚真、乔玄京、陈受清、郭受海、张玄风、张玄明、靳常时、肖玄书。

本府道纪司王净□，本县道会司道会阎得敬。玉清宫住持蔡口其、冯真清。河内县万善镇信女李□□、男张锦，信女善人张氏、男唐臣。孟县南庄村官妆塑玄帝功德主行宝、行廷瑞、行继宗、行□、行厚，王温、王宗、王瑾、王计、郭伦、郭太、郭禹、李宝、李江、李孝、杨恭、□□宪、赵文、韩顶、韩楚。本县承留里李平、李党、孔环。届养村李实，中公里张平，王庄村李良、王彦成。郑府仪卫司旗手所小旗孙让，典膳张福。

汴城祚城王府天坛大顶善事□□□□□□。

计开口建后殿基址铜铁像器：

正殿三间，东天将殿三间，西四间，东西阔口丈九尺，南北长七丈三尺，上下高口丈四尺。玉帝大铜像一尊重四千二百斤，小像四尊共二千斤，真人玉女四尊重四千斤，花瓶一对重二百斤，花二树重二拾斤，灯盏一个一百斤，钵一个十斤，炉二个、烛台一对一百二十斤，门钉三付一百□十斤，大圆镜一面一千斤，鼎一口一千斤，钟一颗一千斤，脊兽一千斤，铁鼎二口一千斤，铁瓦不计其数。正殿四圣玉女泥像六尊，泥像天将三十六尊。

重建前殿增广功程开具在后:

原地基东西阔八丈三尺,外增二丈四尺,南北阔七丈,外增五尺,东北角新展长二丈五尺,东西阔四丈。旧殿三间今改作五间,东小殿一间今改作三间,右小殿一间今作三间,东庑四间今改作五间,西庑四间今作五间。三清旧铜像三尊重五千斤,真人玉女四尊重二千斤,雷祖二尊三千斤,古铜花瓶、香炉五百斤,钟一颗一千斤,王母一尊一千斤,元君一尊一千斤。旧殿廊大小一十八间今改作三十二间,新旧铜像共一十二尊,泥像共五十尊。瑶台三级从新甃砌如旧,台前竖琉璃四明香亭一座,上安铜宝瓶。玄帝殿旧二间今改作三间,泥像七尊,铜镜一面重四百斤,殿西竖清虚门一间,东口建救苦殿二间,泥像一十七尊,御爱松下口口殿一间,铁像四尊,泥像六尊。三官殿三间,泥像十一尊,大顶前后铜像共铜像共二十一尊,泥像一百三十六尊。前后殿廊大小四十三间,铜像并铜器脊兽共四万二百五十斤。

(碑存济源王屋山)

重建后土庙记

介邑县□□□□□济门迤西有后土氏行宫,创建无可考焉。宋孝武帝大明元年,梁武帝大同二年,皆重修之。□□□□尉迟敬德,在此经累宿。古老相传曰南有阵巷口,今存之,信不诬矣。宋仁宗皇祐元年,敕修之□□□□地震废坏。延祐戊午,本庙提点李道荣重建。是则屡代修饬,奉祀不衰。逮我国朝洪武□□□□会辛秀颜又重修之。左有真武庙,右有三官祠,迄今百余年来,俱被风霾所敝。夫殿宇倾頹，神□□□无所祀，秋报春祈有未便也。邑之寿官梁公讳智曰："前有三清献楼相连，巍峨高耸，有欺庙貌，必□□□构可也。"于是同志者薛君雄、董君惟精等，以倡其首。署印道士张德深告请合邑贤良善士，各施金□□□砖瓦木，植工于正德辛巳，则三庙筑基广阔，焕然一新。重檐转角，金碧辉煌，龙翻凤翥，倍增于昔。复□□□庑献亭，铁铸以醮炉香鼎，以壮观也。古圣帝明王，英君义主，我太祖高皇帝，仁□□□，悉教民立社以祀后土。以其有生成之功，育养万民之德，故施者如归市，一载而成功。今将施财姓名□□石以彰，以示后来者矣。因采碑石未便，延今记之。

嘉靖十三年岁次甲午仲春之吉，邑人郭海撰并书及题额。

承事郎知县李其松，迪功郎县丞刘萧，将仕郎主簿解鲁，儒学教谕蔡凤翔，训导陈鹄，巡抚甘肃都御使张□。

乡宦梁定、阎佐、吉元真、温□、马骧、董镇梁、燕瘁、张余庆。

监生张习、文宗道、张余泽、王诰、文观光，良医张承恩，生员马腾翼、郭致中。

都纠首梁智，众纠首梁带、薛雄、梁珍、罗章，医官侯文、董惟精、梁恕、赵廷亿、梁绘、董环、孟怀善、梁强、郭经、梁又新、李洪兰。

本庙道会祖师赵洞、海门人韩福霓、王福宏，门徒韩德源、张德深、高德济，门徒李通桂、吕通相、郝通楔、胡通枢同立石。

石匠吉公敬。

（碑存介休后土庙）

白斋张先生修建记

王屋天坛山天坛总仙宫白斋张先生十方修建碑记。

赐进士出身嘉靖□□□□□□□□□

山西白斋张先生，弘治六年癸丑冬，来游天坛，乐其山水，遂结庐隐居。至十一年戊午遂发心募缘，于坛顶修建玉皇殿三间，南向；又于殿前建天将殿左三间，右四间，东西向。至正德改元丙寅，始讫功。四年己巳，奉郑懿王令旨，召修本府玉清宫、虚皇阁，功完复回天坛隐居。十年乙亥，省城周府胙城王孙、辅国将军因有疾祷于天坛有感，遣使赍书币命先生崇修天坛顶之三清殿，铁瓦铜脊五间，元君殿、王母殿各三间，俱南向。左右列南北斗殿各五间，东西向。中修轩辕授道三级瑶台一座，台下旧又建玄帝殿、三官殿、救苦殿各三间，四圣殿一间，左右云堂共六间，东西向。各殿凡铸塑圣像凡一百三十有四尊。坛下道院又建仙官殿三间，廊庑二十间，道院门徒所居方丈四十余间。至明年忱讫功。嘉靖四年乙酉，本府孟县善士耿埙等请先生下山，于郡城北沁河上修建石桥，未完而先生去世矣。门徒薛清潆、冯清善等恐其师修建之功久而泯没也，乃来请曰："先师往年修建玉皇殿，执事幸赐之言，今勒之石矣，后修建虚皇阁及三清等殿，尚未有记。望赐以言，庶先师之功行久而弥彰也。"吾友任遐龄、宋文祥助为之，请文祥具事之始末以告，予既不得辞，乃为之言曰："吾闻道家之教，以性命为宗，以精神为本，虽治天下国家，犹以为士苴绪余，则修建之事可知矣。白斋先生殚虑竭力于此，何耶？门徒又汲汲然图不朽于此，夫岂亦有意乎？抑吾又闻，太上有言，有之以为利，无之以为用。有也者，治天下国家及修建之类也，道之末也。无也者，性命精神之谓也，道之本也。非本不立，非末不彰。观天之道，必以日月星辰之文，观地之道，必以山川草木之形，观人之道，必以治平兴建之迹，此之谓也。白斋勤劳于修建，门徒汲汲于碑记，其有见于此乎？"乃撰次其事而系以斯言。呜呼！有道之士，其亦有感于斯言也乎？是为记。

时大明嘉靖十四年，岁次乙未，□月上旬吉日。

郑府承奉傅□□□□□□

怀庆府推官壬辰进士广州程□□

怀庆府玉清宫冯真清□□□□□

（碑存济源王屋山）

重修耀州孙真人祈嗣神岩记

山东按察司金事 郡人乾谷辛珍撰文。

郡人五山左思恭 书篆。

吾耀孙真人，自唐迄今，无虑千祀，祷疾祈嗣，大檀灵响。五台山之北峰，松柏蔚然者，仙隐之洞，祷疾之所。鸟道东寻二三里，玄㟏遂谷，阒然而幽深者，则祈嗣岩也。每岁二月二日，为赛祷之期，然自春徂夏，赍锦帛而走香火者，殆无虚日，岩谷蹊径壅塞，至不能容，洞之左右渐次辟拓，殿堂屋宇凡略备矣。独祈嗣岩，危陂陡涧，尚尔险狭。旧有殿五楹，而行者惴至者弗憩也。乃今年秋七月，秦王殿下，命内相张公沂捐金马若干，畀主祀事，羽人李崇霄、杨教龄相宜增饰。于殿前展地砌基，广一丈五尺，袤十丈，殿内增塑三清、四帝、二后，子孙神祠内增塑众神，殿西创建上帝殿两楹，内塑众神，大小钟两口，石供桌一座。于是轩豁完美，足以仰答神庥，大慰群情矣。十月告迄工，崇霄问记于余，将以章秦王殿下祷祀之诚也。予惟真人玄机秘化，神妙莫测，其灵贶藏于隐微，而功用往往宣露。自王公大人，下及黎庶之贱，或梦寐授药，问之则曰："我耀州东山孙道士也。"或曰："我姓孙，到耀州问之自知。"废疾者，膝行至寝洞中，中夜梦真人咄啐之，卒之，疾者瘳、跛者起也。妇人久不育，再拜恳祈，明年报赛者踵至，不育者存绝者继也。是皆岁岁显著，人人共睹，而不可诬者。呜呼，天地间，此理殆难言也。是故神感所被，不限封域；盛德日新，无所终极。秦王殿下效征万众，诚发一衷。此举也，光增山曲，美播灵感矣。勒之坚珉，俾四方来世，有所考信焉。于是乎记。

本州生员安夏。醴泉县功德主卢鼒，男卢坤、卢阁。本州南关张永兴，男张迁。

嘉靖岁次甲辰仲冬十有二日，本山道士李崇霄、杨教龄立石。

署道正司赵教镒、本洞道士王教鹤、赵演斌、董演济、伍演继、张演仓。南峰住持李崇玉、焦崇月。三原县功德主刘虎、刘山。富平石工高廷圭、高廷瑞，男高思、高添绪、高添秩镌字。

（碑现存耀县药王山）

明世宗谕旨碑

皇帝敕谕官员军民诸色人等：

朕惟河南王屋天坛，方古圣仙师修真成道之所，前代建立祠宇以致崇奉。我朝正统间，尝钦赐敕命道经。比朕临御以来，亦尝遣祀及颁降诸品经，诰其彰灵显异，上以佑护皇家，下以福庇生民。但阅岁既久，殿宇圮坏。近该秉一真人陶典真奉命进香建醮，随即捐资修葺，焕然增新，足为永奉香火之地。及又奏称本山盘踞周回数百余里，山田多被豪强侵占，并间杂人等时常混扰作践，不畏法度。兹特降敕晓谕，仍令有司置碑书勒，以垂永久。凡一应军民、诸色人等，敢有似前侵占山田及往来搅扰、作践等项，违犯的必治以重罪不饶。仍添设提点一员，职专焚修，着令严饬下人巡逻守护，虔洁香火，以称朕崇玄奉真至意。故谕。

嘉靖二十七年四月二十七日。

（碑存济源济渎庙）

重修静明宫殿门记

夫记也者，所以纪其事也。事而弗纪，则美于前者弗彰，盛于后者弗传也耶。昔人云：策功茂实，勒碑刻铭，良有以也。孙先生，讳思邈，古京兆华原郡人也，少而勤学，日诵千余言，周宣帝时，以王事靡监，遂隐居静明宫，思真炼神，心固无欲。及隋唐，累征不仕，年九十余端然而坐，谓其人曰："我为世人所逼，隐于洞府，修真养性，不亦可乎。"州之东，漆水之左，有五台焉，台之北有鉴峰焉。地之灵异，环山川而莫加焉者矣，先生栖身于斯，祈禳者，无不获效焉。时嘉靖二十八年。韩府国主妃韩氏、刘氏遣引礼刘阳会祈嗣于神，果得弄璋之喜，遂施白金以增辉殿宇，门庭焕然改观，不亦有光也哉，其□工道人焦崇月。落成于辛亥清明之日，则先生文学义术益彰彰矣。勒之于石，所以纪其岁月时事以垂之千万世云。

时嘉靖三十年春，二月吉日。儒学生员刘邦佐书。赐进士第知耀州事奉直大夫知州刘洛生。从仕郎判官马应利，将仕郎吏目傅台，儒学训导朱继范、房世明。礼房吏王静。

碑阴

耀州五台山记

东街：杨德华、安奇德、宋邦荣、马腾汉、左守愚、侯良甫、左添绪、左思齐、左口、胡成、郑廷绪、郑光普、胡得泉、刘溢渭、耿天济、邹尚义、胡伦、刘兰。北街：古达、文宗周、文浦。男：文炳、宋廷吉。男：宋邦宁、杨邦辅、文晖、李珠。横水里王宜村：赵经、武尚来。窑子头：杨大禄。丈八村：董克用。同官：洛门同氏。南陵下：刘宗、男刘邦其。南街：张守义、雷自东、段来、贺廷真、雷永质、杨子贵。惠家原：焦绪经、王尚德、焦宗义、焦付表、焦付兰、焦宗甫、焦付工、王尚峰、王尚左、杨廷儒、侯廷瑞、王付用。

本州致政：曹琛、室人袁氏。男：曹希曾、曹希闵。孙：曹桂、曹柱、曹洛阳。重孙：曹已西。三原县：杨邦甫、杨邦经、邦现、张朝臣、马新原、马经原、马负图。横水里：安伯厚、雷廷琮、室人焦氏、男雷孟冬。唐家堰义官：袁金。富平县礠头：杨廷桂、杨旺、宋克吕。陈炉村：张济民。寺沟村：宋添德、任舜臣。河东村：雷祥、雷济均、李朝用、李朝正、焦济远、焦世杰、杨浦、焦孝、雷邦彦、焦时彦、雷邦位、雷邦成、魏经、焦彪、李彦忠、李彦爵、焦世宗、苟廷吉、李汝贤、李汝能、李汝直、武峰仁、武正、武峰礼、毛廷相、李邦彦、雷朝水、雷朝女、焦尚节。三家村：张文礼。邠州宜禄镇：鱼成已、孟汉、李朝珍、简成魁、尚朝珍、王宗器、孟吉、孟良弼、尚纯、王汝亨、尚網、孟希哄。孙家原：信女李氏。男：张现、张虎、张素。孙：张腾交、张长儿、李门刘氏。男：李仲得、焦良湖、张柬、张聚。信女张门李氏、男张世爵。延安府槐树庄：张芮、张文安。判官庄：侯宁、侯廷白、侯自名、侯世臣。泾阳县修桥居士：杨朝周。北峪里：董禄。庆阳府山河：王四、蔺善同。助工居士：赵孟真、王朝用、丘义春、孟春、梅廷其。华州罗汶桥：屈进礼。男：屈可久。咸宁县：胥廷季。泾阳县：董禄。本州西街：王杰。孝家庄：雷朝祖、马应魁。上高堰：张伯仓、李进孝、刘彦章。镇靖堡军舍：赵岩。

　　本宫住持：焦崇月。徒侄：李教书、李教愚、雷教刊、范教纯、陈教鸾、范教净、齐教隆、董教荣、雷教印。师孙：焦演阔、李演信、焦演盈、丑演锡、焦演玫、侯演政、刘演道、赵演孜、李演儒、薛演海、张演增、焦演洽、左演维。焦演质、杨演女、雷演化、王演治、乔演绪、杨演浩、雷演志、董演浪、苟演禄。重孙：马全忍、焦全舍、丑全福、武全桂、焦全默、焦全照、樊全烈、焦全勋、王全无、范全玘、杨全然。

　　画匠：王乙成、王九成。油匠：佛成。铁匠：乔堂、男乔孟东。

砖匠：雷尚丹、男雷柱。石匠：齐彦章、男齐溢。太白观护印道官：董演济。皇明宗室：诚植、诚标、诚楪。男李家子。

（碑存耀县药王山）

重修太宁宫殿并创建三门记

　　县城北有后土庙焉，其来远矣。中堂为太宁宫，东序为真武殿，西序为三官殿。历代以来因其废坏而修饰者盖亦屡矣，然皆未之增益也。迨我朝正德丙子岁，本邑义士梁公讳智者，首倡重建，增以献亭、乐楼并两廊焉，考之两楣碑记者可知也。然楼殿虽饰而土阶犹存，两廊虽建而神像未置，规制虽伟而三门尚未之建也。下有三清观，联木斯庙，几于废坏，皆不得而不修者也。今去梁智公修饰后几四十载，而其所修饰者渐为剥落，已弗若于初矣。惟时复有义士梁时道、罗朋者，约诸纠首而谓之曰：建庙所以妥神，而庙貌之弗隆非所以展诚敬而致孝享也。乃各出资财，于工之未完者为之补葺焉，于门之未有者为之创建焉，于三清观之废坏者为之改旧为新焉。且于庙之东廊也，塑以九耀星君，盖取其文明之义也；于庙之西廊也，塑以三曹考校，盖取其劝戒之义也。兹举也，督工者诸纠首公也，募缘者本宫住持道士张通晓、吕通相也。由是概邑之人悉义此举而助其财者千余人焉。岂非诸公之义有所感激而然哉！其工始于嘉靖之丙辰，而落成于嘉靖之己未。夫以难举之功而成之，若是之速者，虽神之灵应而□□，亦诸公见事□勤有以致之矣。据今而论之，自文明之取义于九曜也，而本邑之文风振焉；自劝戒之取义于三曹也，而本邑之风俗厚焉。

□□□公之建庙立神其意不亦测乎，其功不亦伟乎。兹者异成功甚速，睹庙貌之益隆，故以作事之始末而铭刻之，以垂不朽。

嘉靖四十年，岁次辛酉季，秋之吉，庠生敬庵燕民望撰。东桥张腾汉书。东谷梁祚篆。

住持吕通相、张通晓，门徒李玄□、李玄□，署印道士□玄□

（碑现存介休后土庙）

重修紫微观记

乙卯贡士香泉杨道之篆，杨辨之□。甲午科乡进士奉直大夫见泉杨动之撰，儒学廪员裕泉杨思之书。

州治之东五十里为南岔村，北一里许有观名紫微。迤东八里是为西五指，予先人世业茔寝所在也。紫微屹于山之前后，山峰耸秀，溪涧轩豁，且殿宇层叠，缬黄迥异，为辽绝胜之境。以其幽邃僻静，先人时肄业焉。辛卯岁，叔父对峰君讳永福者，计赴礼闱，率诸子侄课试于此，予侧讲末逾月，但觉神心怡旷，情意飘洒，视庠塾之效顿殊，岂非境域奇特，自可养人冲澹之志耶？岁戊戌，对峰君授卫辉府节推，予散居城市，恋想思念，未尝少置。乃乙卯岁，予承乏，亦拜推河南府，登古少林，从两院藩臬诸公骈集，极目称赏，而予嘉乐之情尤至。每公务道经，必令侍吏先驱，留数从骑，憩舍焉，因得于紫微之深然也。然则紫微之于辽，其中州之少林乎？闲雅清奇之尚同，欣慕好爱之心一。未几，予擢守畿辅，以事忤大司寇，直之□□大廷，各谢政归，得纵意田野间，追寻对峰君岁昔之训。散步紫微，忽见殿宇稍异，询其故实，道人李崇禄、李崇玄出所私增葺。故事观前有阁，归立数仞，久而疏漏湮漫，禄、玄移置正殿之后，改建前殿并护法之殿。左右三门，崇玄又于殿内塑青龙、白虎、朱雀、玄武四像，造石供桌四张，厥功匪轻。先是，本观师尊窦继宁于正德庚午间，曾建灵宝殿三楹，地基逼近山坡，每因山水泛涨，腐败挠折。嘉靖甲申，师伯道正窦洞景、师王洞才移修正殿左，复于右建三楹，规制如左，是为三清。节次补修殿墙、越台，无令颓毁。前造石香楼一座，构工纪石，未果，卒。其徒崇禄、崇玄继厥志。然则洞景继继宁之心而起，崇玄继成洞景之心，自后宁无继崇玄之心而起者乎？予每见古迹，感慨兴亡，当时盛饰观美荡然，所存者斯地耳，斯观也，宁不期千百载如今日乎？发天地之藏，泄造化之秘，虽天之妙要，其构斫壮丽，以快进士之搂，亦不可无者，因缁黄蕃衍之故，而少之也哉？斯举也，崇玄请予长兄香泉纪其事，兄无暇，命予为之，因奋笔以叙其始末云。

大明嘉靖四十一年，岁次壬戌，三月吉旦。

紫微观修造护印道士李崇玄，门徒萧教俊、李教信，法孙杨演道、张演檀同立。奉直大夫本州知州朱文，承务郎同知胡章，从仕郎判官张应真，将仕佐郎吏目刘拜定，阴阳官王之楚。护印僧杜成美、普廷，护印道士王崇霄。本州石匠崔廷，男崔国兴、崔国旺、崔国□镌。

重修耶输神祠钟楼碑记

东水沙门万寿山书撰

详夫耶输神祠者，其来远矣。始自周而至今，经万而有余，留墓冢显于遗炭之景，建宝塔而存于千年之名，是于前代之间，始立正殿一所，内塑妆耶输圣像容仪，两壁彩绘十地修行故事，次建两庑，东则三大士菩萨，二八罗汉，西则子孙圣母，侍列诸神，概本县凡有官员士夫及富民人等，有缺子嗣者敬来求之，必获应验，叙的子嗣，满愿随心者矣。此庙起盖年深，摧残颓毁，屡代重修，不计其数也。近于嘉靖三十二年，发心众纠首人等熔造镢一颗，敬发晨昏。又于三十三年仍发诚心，续盖钟楼一所，不日而完成也，更有座庙地基，南北五十步，东西四十步，器用之物，俱不具此。恐后无凭，欲刻贞珉，垂为不朽云。

本县知县张稽古，县丞马惟化，主簿栾深。

西汾州平遥干坑里造钟盖楼纠首并众信人：白侃、白纪、董良佑、白世廞、邢庆、邢子金、白尧顺。

时嘉靖四十一年，岁次壬戌，孟冬吉旦立。

起意人道会司道会武真义，师祖郭教碧，门徒郭演秀，化缘人秦演玄，门徒吕全清，门徒刘真口、陈真口。

罗庄里石匠李进，男李仁库。陶同村观音堂真月。干坑里木匠李友、邢子清、邢子名、邢子秀。达蒲里丹青孔大用、孔见。王家庄观侯全真门徒。谨志。

碑阴

积善坊梁侃李氏、男梁汝□妻侯氏、男王吉忠妻张氏、男王黑子陆斗、杨永泰妻王氏、男杨英、杨才三斗、万全右卫长官白廷祥刘氏米壹斗、白登妻陈氏男白元鼎贰斗、白维妻李氏男白元仁三斗、白彦用妻张氏男白流江伍斗、白强妻张氏木头壹根、白桂春梁氏肆斗、董银周妻师氏男董鼎贰斗、白孟利高氏贰斗、董良进王氏贰斗、白世友乔氏男白思贵贰斗、张从仪胡氏贰斗、陈良胜耿氏贰斗、董悦张氏三钱、赵村高刘氏壹斗、崔尚志段氏伍钱、梁汝秀妻郝氏米壹斗、张从贤陈氏贰斗、姚尚圯杨氏伍钱、朝即陈氏伍钱、郭时仓张氏壹钱、郭时傲侯彦朝霍氏、周秀大金钱壹佰、罗庄里王奇凤成氏王泽张氏壹斗、史彦忠梁氏壹斗、董续张氏壹斗、董美李氏壹斗、邢保薛氏壹斗、李天付刘氏、邢泽李氏、邢廷武白氏、王伟田氏、邢洗雷氏、邢廷祥王氏、邢廷宰张氏、王仅郝氏、侯廷在相氏侯廷付葵氏、登妙善白妙善耿喜、刘妙善左妙善雷妙善、成妙善宋妙善张妙善、郝妙善白纪男、白彦钦张氏白周儿壹钱、白世敖郭氏白、思灵张氏大儿银壹钱捌分、白尧顺李氏男傅鱼儿、杨氏小巴子、三小子壹钱伍分、刑庆史妙真男刑子公、刑庆金果氏男刑廷祥王氏王迟、木匠孔禄。

（碑存平遥干坑南神庙）

修晋祠诸庙记

晋叔虞剪桐封地，子燮因地号国，祠因以名，故至今称之。附于祠者，庙凡有八：圣母祠、王皇庙、三清庙，泰山庙、苗裔庙、台骀庙、药王庙、真君庙，皆有利于民者也，故祠之。亭榭凡十二：清华堂、环翠亭、均福堂、仁智轩、涌雪亭、流杯亭、宝墨堂、善利泉亭、难老泉亭、望川亭、读书台、景清门，皆壮观乎祠者也，故建之。岁久年淹，存废不一。自嘉靖二十七年予倡议督工修叔虞祠、善利、难老亭，建读书台、望川亭，而他事尚未遑焉。至四十年，晋府宁河王府捐金百余两，督同儒官智周，乡民张廷瓒、郭崇富等修圣母正殿。四十一年，宁化王府捐金督同把总杨宝等重修殿前神桥。嘉靖四十二年，乡民王文泰等敦请善友杨廷才、道士程贞一募缘聚财，建重楼于难老泉之上，俗名"梳洗楼"。父老传闻旧有基址，疑即古之均福堂地也。复以余力修惠远门、八字墙、唐御制碑亭、碑坊、甬道，鼎新革故，一时焕然。邑人锦衣千户王君贞吉出俸金，易碑石，乃率众面请余以记之。余以晋祠为晋阳第一名区，代显灵异，即加增饰。盛世明王，名公巨卿，勒之金石，载之典籍，纪之非不详矣。余何容喙？余惟以大概论之，古者洁尝所以崇报蒸祀，壮宫宇所以栖神明，神得所栖，祀事乃虔。惟晋祠北冲云朔，南引河东，东瞰汾榆，西扼离石。其间枕石漱流，吞云吐月，风轮水阁，激雪渍雷。至于松柯虬屈，柏干龙蟠，四时景态，百咏不穷，岂特资邀游，供憩赏，息珍禽，育乔木已耶。尝闻凌霄起阁，而帝子兴王，鸡鸣敕山而金陵增气。是可以观风，可以镇俗，可以壮封疆，可以饰太平。此又以形胜云尔。至若善利龙淳，难老神潢，波分燕尾，塍迭鱼鳞，灌溉千家，膏腴百里。或水旱作沴，而雨旸非时，则有祷辄应。或六气肆厉而九师失灵，则无叩不响。一方民庶，阴受其赐，而不知其利于民者，又何如？是故璇台享神而夏后水祚，汾阴祀土而汉室隆符。公羊传曰：山川能润乎百里者，天子秩而祀之。望于山川，遍于群神，以保我民社，以佑我国家，有是哉，所系之重也。然则兹举也，其容或废乎哉？惟时知县王公世业、县丞杨松、主簿李铸、典史李崇信，皆守有是土，而振作兴理者也。儒学教渝冀璇，训导刘惟极。则朱洪济，皆周旋祀典，而乐观厥成者也。因并书之以望夫后之人，后人有感于余言，而咸使如今日焉。庶不使后之人复望夫后人也。

大明隆庆元年，岁次丁卯，季夏吉旦立石。

赐进士中宪大夫浙江按察司副使邑人高汝行撰，男府庠生高一麟。

承务郎山西布政司理问邑人杨迁书，舍碑都功德主庠生王佳。

文林郎知太原县事知县褚宾，迪功郎县丞贾应祯，将仕郎主簿刘朴。

赐进士河南左布政使榆次寇阳，户部福建司主事王缉，广平府道判王纬，沁州知州任□，隰州同知张存礼。

赐进士榆次县知县董三迁，文水县知县李秀，主簿赵儒，典史赵镗。沁州守御千户所百户申举。

钦差镇守陕西地方都督郭□，镇守延绥都督郭□，固原游击赵九思，延绥领兵游击李希清。

宁化府奉国将军知煤，宁河府镇国将军表杲。

钦差固原中路入卫游击将军都指挥佥事王绍勋。

本镇纠首杜明、杨迁、武军、郭崇花、李丰、李芳、牛琰、李廷琇、庞龙、郭陆、张天信、罗天佑、张仲海、高云鹰、张思德、程贵、罗智远。

本庙住持道士赵净喜，徒程真一、郝真润；何净礼，门徒高真□；署印道官李真良撰额，师曹净性。

（碑现存太原晋祠）

重修城隍庙记

邑士武敬修篆并镌。

本县城隍庙，其来远矣。迨嘉靖戊戌遭回禄之变，邑人已重修焉，然苟完毕，而未美，仍旧矣而未宏，居邑者咸以为欠。纠首温宝等捐资募众，复为经营。大门、仪门咸加修饰，东西建二司，两廊增为四十余间。乐楼高耸，厨舍广设，视昔美且宏焉。金碧辉煌，映一方之景象；规模恢阔，昭四境之光华。固足以为神之栖依，亦足以为民之信仰。事既成，属予记之。予唯庙之创建，其方位之所□，兴废之所由，前记载之详矣，兹无容赘。但闻古之建邦置邑，必先设官分职，以治乎民；又必立祠奉祭，以事乎神。盖官以理乎明，神以司乎幽，幽明兼济，然后政成而人和也。我国家统一区宇，其于人神之制，尤为详密，故邑必有宰使膺乎治民之责，亦必有城隍，使操乎祸福之柄，所以格神人而理幽显者焉矣。由是观之，城隍乃邑之正神，民之司命，祀典之所最先而崇奉旨所当裕者也，岂淫祠滥祀之可比乎！夫子尝云：“敬鬼神而远之。”夫敬也者，祭其所当祭；而远也者，不当渎其所不可祭也。然民之所当敬事而祭祷者，孰有过于城隍之神耶？先正有言神也者，聪明而正直者也。盖明为正人，而幽为正神，此理之常，无足怪者。今吾邑城隍庙，民屡年修葺，鼓舞而忘倦者，谅必有聪明正直之神潜乎而默感其衷者矣。自兹以往，吾见栖神有所，事神有常，神将为之福善而祸淫焉。使之善有所劝而恶有所惩也，为之御灾而捍患也，使之水旱无愆而雨阳时若也，为吾民者宁不阴受其赐耶？是役也，始于嘉靖四十五年，历隆庆四年而工告毕。适黎阳于公司直、富川刘公旁、汜南高公钧，相继宰邑，凡治民事神之典，靡不饬举。于是幽明兼理，神人协和。予辈乐观厥成焉。遂为之记。

大明隆庆六年闰二月吉旦，邑人乡进士乐天薛凤鸣撰。

介休县知县襄城高钧，举人贾公俨，县丞咸阳张朝用、董菪，典史束鹿李朝官、武奋孝，儒学教谕铜梁仁楚，训导肤施李子民，本庙道士高德济，徒孙张玄焕、张玄炜、张玄耀。

纠首：温宝、罗开、任时用、范时仁、宋秦、石光普、贾晖、宋应元、侯时善、董养济、赵元奇、董元铭、董航、张四教。

（碑存介休市城隍庙）

许州天宝宫重修真武殿碑记

赐进士第中宪大夫太仆寺少卿诏进赞治尹前礼科都给事中襄城慎轩辛自修撰文。

赐进士第奉训大夫知许州事前南京刑部郎中云岳朱一松篆额。

承务郎许州同知竹岩傅承问书丹。

修病卧山中，免丧，年余不能北上。隆庆壬申，始谋谒铨事，乃以三月七日力疾就道，二日次许昌之石固，里人吴君简以郡守命，馆予于天宝宫之道院。是日阴雨晦冥，体中辄愦愦，又勉行数里，忡眩不欲前，乃复回天宝宿焉。诘旦，吴君邀予礼祖师新殿，盖以祠真武而俗称为祖师，云殿阶级崇峻，梯以木始，上重檐石柱，规制宏敞，瞻拜对越，肃然起敬。已降自左阶行庑下，观元人吴大中及我朝邵文庄公二碑，邵碑出公手书，字画苍古，丰神遒劲，凛凛然，如对文庄也。吴君进曰："兹役也，长葛义民胡洗首拓旧宇，广为九楹，工垂就而洗卒。本店叶银、丘见夫暨住持杨尚来结社输赀，以毕其事，终始盖半阅岁矣。今役甫竣，而公来此地，殊非偶偶，幸一言以记成事。"予曰："昔文庄治许，文章政事卓冠一时，今考其记载，天宝之文，尚以名言为逊。修何人也，敢从事于其后哉？矧真武神祠，我文皇敕建于太和山者，宫殿巍峨，不可胜记，而此方复模仿为之，意义更属不经，又何记为。修遂以是日决归志南矣。"今又一载且半，吴君数以叶、丘来申前意。予曰："尔辈营构之劳，年垂一纪，工料之需费以千记。今问记于予者，一岁中五□往返，诸义民之笃于敬神视世俗，可谓有加矣。然好祠尚鬼，名教所阙，修真炼性，白日飞升之说，学孔氏者不能道，予何以为言哉？亦惟即尔辈一念敬神之心，相与订正之尔矣。"夫今之敬神者，不特大姓名族有此钜举巳也，即愚夫愚妇负□□□人，一闻天柱玉虚之役，即摩顶燃指，轻数千里而奔越恐后。所以然者，非曰神威鉴赫，祸福不爽乎！吾毕此生之力以为敬，则福缘善果萃于厥躬，而祸机远矣。习俗既久，渍染日深，虽以名人硕士，缨冠曳履者流，亦往往为之而不顾。然于敬神之义要，皆诞谩无当，且神之福人也，非曰作善降祥乎；其祸人也，非曰作不善降殃乎。福不曰敬而曰善，乃知为善即所以为敬也；祸不曰不敬而曰不善，乃知不善即所以为不敬也。人苟知善之当为，有臣职者思为竭忠，有子道者思以尽孝。居上则慈，勿逞淫威以济私，为下则顺，勿效奸顽以梗法。兄弟相爱而不相犹，亲党相睦而不相病。富则厚施而不责其报，贫者自守而不陷于非。有是数者而不致恭于神，是为积终身之善，行一朝之敬，神信而福随之者宜也。若乃臣作威作福，子违承顺，宦则毒民，下则凌上，同气阋墙，相知按剑，黩赏务得，侵人利己，有是数者而不致恭于神，是谓行一朝之敬，掩终身之不善，虽破家成创建之工，捐躯行济度之惠，只遗笑达人，重为神羞尔，岂得为义举哉！吴君儒行而知道者，诚不俟予言尔银尔。夫归语诸同侪，果累终身之善而行一朝之敬者乎，抑以一朝之敬而掩终身之不善乎。反之于心，质之于神，有善则毋丧厥善，有敬则毋忝厥敬，日有孳孳，无愧斯言。度一乡好善之风以励薄俗而激来世也。若徒感于祸福说，而不知反其所自善，只与市利等耳。岂惟神不尔福，抑岂之所望于尔辈者哉！乃若天宝之兴废，与形胜之清旷，则又具载文庄公记中，兹不敢复赘云。

大明万历二年，岁在甲戌，拾月吉日。

从仕郎许州判官彭若果，将仕郎许州吏目陈汝肤，许州儒学学正前临洮府通判王珤，训导郭翰、郑维藩，郡人教授牛耕莘，乡进士中兵马指挥王进朝，生员王希曾、谢广夫、张启。

（碑存许昌天宝宫）

登景福洞天

混沌分来万物均，如何景福独专神。

三峰天意巉岩异，□惧娄公探蹑真。七十洞通蓬岛近，八三潭沸鹊桥邻。桃源仙境谁云伪，花鸟声中长易新。丘公遗世道心坚，还向龙门洞里眠。羲卦台前调日月，仙皇阁上燮坤乾。旱乘鸾鹤鞭风雨，晴赏云林啸虎鸢。我欲岩头神室炼，颈祈心法一相传。

大明万历四年春正吉旦，善士冯江等上祝国祚灵长、民安物阜以识不朽云。郡庠月轩□琢修之顿首撰书。

陇州进香善士：马江、马体抻、李门徐氏、王朝江、沈仲禄。庠生：周宗镐、石璇、庞栖凤、石涵、石渤。信官：闫求寿、周即、冯科、闫门于氏。信士：晁天禄、严朝经、李应时、王世珍、王廷霞、荀朝海、王平、陈应峰、梁栋、李朝先、黄大经、李六。醮首：杨柱、李简、晁仲林、安朝林、张士真、李心正、张玉、蒋登云、任郑甫、闫司长、杨万仓、闫瑞、王甫林、冯芝、房良、安朝山、张朝玉、木应春、郭天禄、张真、荀进礼、荆遇春、王玳、解士典、王安、张霞、薛义全、马一明、王笙、王朝海、白朝林、苟瑀、赵万库、魏朋、苟朝选、马世民、苏彦钊、王子云、祁恩、王大科、王永受、赵谷务、成进甫、史廷甫、苟从德、李万湖、赵登科、贾孟氏、杨万敖、薛湖、侯登云、闫崇福、闫玘、陈得林、姚成、杜士春、蒲应常、马祥、邹邦化、郭天祥、俱尚恩、俱尚泽、赵孟春、张那儒、沈宾、王容宽、杨朝科、李潘、杨一乾、马惟心、李馨芳、荆正、张文成、景朝江、苟潘、白汝林、张宗仁、赵应文、王怀清、徐应奉、韩吉、王文清、刘士太、李芳、李守成、薛应德、薛应真、冯倩、廖得清。

羽士□真祥，本洞住持刘演成、梅演祥、萧演福，徒弟刘全玉，徒孙陈真喜，道友□□□、□□□。石工李尚仁、刘尚贤、张守德。

（碑存陇县龙门洞）

介休县重修后土庙碑

金妆圣像碑记

尝谓天开于子，阴阳成其象；地辟于丑，刚柔胚其基。由是□始□□人物攸□是。天地者，万物之父母，万物者，天地之子孙也。人混然中处，均被生成之德，宜□祈报之典，故常□□玉帝山川之祀。武王有皇天后土之祈，孔子有上下神祇之祷。介邑城上建后土、玄帝、三官诸庙，以定□□，盖取诸此耳。且中立后土以奠尊位，辅以玄帝则□□□□，弼以三官则总领功过。要毗赞相生成，维持覆载，不为无益。故集材以建庙，塑像以祈祷，非□□也。其创建于唐，敕封于宋，重修于我朝，永和宗藩。自是以来，时和年丰，民安物阜，神恒着其威灵，人咸仰其显应。万历乙亥，纠首士民梁君正春等偕本庙署

· 329 ·

道士会事李□□共□□诚约起醮会，迄今三载，会事已终，咸愿输财重整三庙尊神。盖欲金玉其冠裳，粉饰其□□，□建三元神阁、三殿栏杆，务俾焕然一新，庶神明乐有所依，祀祷永为定所。请予为文以纪始末。□□疑之曰：天位乎上，地位乎下，施生相倚，覆载同功，使有后土而无皇天，不几于重地而遗天，□□于三圣之所行耶？□而思之，南有皇天之阁，斯北有后土之庙，盖以地而配天也。神虽两在而不侧，人当因时而致祭，如此则天地各飨其诚，人民并受其福，千万世之下可恃之以永赖矣。或曰："神不歆非类，天地至尊，惟天子得以祭之，虽诸侯莫僭也，况庶人乎？"殊不知孝妇禁三春之雨，忠臣飞六月之霜，恶人斋戒沐浴犹□□祀上帝，上帝且飨，则后土可知矣。今介休巨邑，人才迭兴，岂无斋戒沐浴，祀则受福者乎？兹者恭候。邑侯薛翁、少尹刘翁、判簿朱翁、莲幕强翁体天地好生之德，用离照以临民，法坤厚而载物，两造备而彼此称平，三祷行而井霖随降，指日乔迁则调元赞化，霖雨乎介邑者必将霖雨乎天下矣。□□补哉。是举也，经始于万历三年二月二十日，落成于万历五年□月二日，民各输其财，辟工各□，其能成□之速信乎，人力不至于此也。谨记，并铭曰：厥位向阳，厥工坚刚，厥材孔硕，厥时孔良，殿宇楼阁，巍巍堂堂，金容玉质，穆穆皇皇，在感斯应，无忧弗彰，御灾捍旱，祛善抑强，洋洋如在，血食一方，万世永纪，受福无疆。

时大明万历六年，岁次戊寅，新正之吉。

介休县儒学训导迁安新阳张思仁撰。近竹梁正春篆。云峰武敬修书并镌。

文林郎知介休县事霸州靖庵薛臣。县丞狄道诚轩刘继绅。主簿巨鹿介斋朱珂。典史泾阳双柏强仲义。儒学教谕□□冲谷冯□谟。训导太原□斋张拱宿。□成王府宗室松麓新□。虔诚纠首梁怍、梁体英、李万材，督工纠首郭正弘、梁正春、罗钰。□□工首张珽、钮荣、赵国英、罗天英、朱□邦、赵永秀、温应春、杨贵、王明道同立。本宫道士李玄灿、郭玄□、李玄灯，门徒赵静□、李静□。

（碑存介休后土庙）

紫微观重修南殿记

前任蓝田县主薄五指居人凤石杨尔明撰书，后学洪漳傅明道篆额。

创建与修葺，异名而同事，异举而同功。夫创建者，创自草时，其力甚艰。日久风雨所摧，因循苟且，坐视其坏而莫之顾者比比也。几以惜啬财力，视人之作为何如耳？紫微观创自宋元以前，宏伟壮丽，莫之与京，修葺亦不知其几。余自髫□以来，六七十余禩，工役有三。嘉靖年间，道正李氏崇玄，建灵神殿及二翼门，飞翚楠翼，□可适观，家君通守，已记其事。□万□千日教伦，李氏葺三官殿三楹，丹垩完密，无似记之。迨今皇上践阼之二十有一祀，时和物丰，百废振举，囿于光天下。之下莫不策蹇磨铅，以自鼓舞，求称圣天子之德意。于是寒族演春、仝德及骞全成、豆全偈共举是役，兴人之所不能兴。南殿摧圯殆甚，彼司守者颓然安寝，若捐己赀，一完旧而是新之。其间塑像少毁，有马圈大商杜继忠，复施银三拾余两，焕然辉煌，内外夺目。演春等复丐予为文。噫！盛哉！无似浅时，无所比数，区区守株兔，犹不足以登士论，矧数记兴作，垂永久□，不重贻笑于土君子，而贻讥于亿万年士人舆论耶？第是役也，寒族人及附近诸有志者为之，朝夕耳目所及睹，乌得辞亦乌敢辞。以今某等所兴是役，当与前代创建并论。盖南殿自百余年废毁，而若新之，所废不啻二百金，其视摧圮之久而因循苟且者，何如？其视惜财力而作为无可取，何如？方今海宇宴然，四隅无虞。虽北虏南缅少肆桀骜，然不时剪除，民之乐土，而感熙洽之世者，得无继是役而兴起者乎？

万历二十一年，岁在癸巳，仲冬望日。

奉直大夫知辽州事贵阳孙枝华。承务郎同知王之臣。儒学学正平虏郭应奎。

署印道士郝演澄。修造道士豆教棋、李教儒、杨教梅、王教清、韩演书、张演坛、闻演秋、路演经、杨演春、杨演道、王□□、杨□□、杨全真、路全行、杨全德、骞全成、豆全偈、郭全江、□□□、杨全美、李全□、豆真用、杨真光、任直□、王真先、豆真礼。石匠杨进仁、杨进礼、杨汝节、杨汝经全镌。

（碑存左权紫微观）

重修后土圣母祠记

介治之西北隅，地脉与城相连，高敞爽垲。远近不能蔽翳，超然可以寄耳，目于高山大川之外，且荫荫郁郁，环抱有风气。虽城市哉，俨然有山林之景，可以栖神而妥灵。余亦尝一至其所，土人告我此有后土圣母祠，东序玄帝，西序二官，其下两庑、献亭、乐楼、三门，泊老太上阁相为倚角而枝辅焉。余亦曰："此宜有此祠宇，创建不知起于何时，重修者亦屡矣，奈岁久易湮。殿阁之剥落，妆饰之糟瘁，墙垣之倾□窟穴，始未尝不完美而后陵迟颓毁也。"善士梁君廷伴等恻然有慨于衷，因鸠集众，众先出囊资不等为冕倡，仍偕善士梁君正威、本祠黄冠王玄炯，募缘于迩遐得白金百两许，大起而修饰润色之。昔之剥落者、糟瘁者、倾□而窟穴者，焕然完固而新洁，殆与地之高爽、景之荫郁者两相辉映云。赵子曰："吾闻之漆园生曰，凡物无不成也，无不毁也，无不毁也，无不成也。其成也，乃所以为毁也，其毁也，乃所以为成也。成毁之说，虽有起毁而为成，成岂不以人哉！"梁、董二生来启余曰："廷伴等之功亦伟矣，敢假一言以记岁月。"余为之叙其初尾。以成毁之说以告俾后之人，有所感而兴焉，时其修葺，丰其祭祀，以祈神贶，以报神庥，世世神欣享，民安悦，以垂不朽。是役也，始于壬辰之春三月，成于甲午之春三月，若合符节。

万历二十二年甲午之秋七月吉日。榆关举人舜在父、赵璇撰，庠生赵云风书。

知介休县事关中王正已，县丞关中李赋讷，主簿关中吴国东，典史关中陈邦登，儒学教谕榆关赵璇，训导郑崇雅。

庠生梁铁、董光德、梁镇邦、梁国瓒、梁国俊。

纠首梁天佑、梁体乾、梁廷全、朱正毅、赵朴、薛尧智、梁汝恩、梁祥、梁廷伴、梁正威、梁彦□、罗永□、侯崇支、梁汉宁、张光先、梁廷友、梁廷宪、梁德盛、梁崇德、董□、朱世风、梁崇乙、梁正己、梁正权、杨九思、孟崇祥、孟应□。

知庙道士王玄炯、李玄灯，道士郝静墉，道士王真铖。

石匠赵时付、张秀、赵守义，丹青温利，男温元儒、温元厚、温尚明、温良忠、李遂。塑匠王浩、王郎、王汉、王尚贤、王尚德。木匠王天禄、乔鲁、钮永真、王盛思、男王全忠。铁匠王廷善。泥水匠段和。

（碑存介休后土庙）

· 333 ·

重修献殿碑记

圣母祠前原建献殿□荒芜后，岁久年淹，台基塌毁，栋宇将颓，乡耆张经等每议修葺□□□。万历二十二年，春夏不雨，邑侯李公毋轸念民瘼祷于祠，邑庠生智烈等赞礼毕，即乘□□命，遂以□□□□，各捐己资，觅匠兴修。于基址则整饬使平，环绕檐台悉座方石。以栋□□□□□棘无少倾欹。至若堂阶起为层迭，垣墙易于砖砌。焕然一新，足壮瞻仰□□□□，立贞珉以纪永久，请予记之。予谓献殿何为而设也，窃意因时奉祀□□□□□。《传》曰：山川有能润乎百里者，天子秩而祀之。我圣母水泽无涯，灌溉腴田二百余顷，或年逢荒旱，祷雨屡应，斯民沾□□无不□□□□社，佑我同宗者岂浅鲜哉！以故历代崇祀□□。迨我朝明诏，邑侯时祀尤谨。现此方之人久沐神庥，忍不报赛于每岁七月□日，□□□□享献，凡尔酒既清献于此殿，粢盛既洁献于此殿，牺牲既成献于此殿□□□□□，纵备均将敬献于何地？矧其内御制敕碑有三，有奚敢令坏乎？呜呼！□□□□□□曰：存旧为新节乎费，兴废补弊饬乎典，崇祀报本寓乎敬。一事而众□□□□□。事乃经始于万历甲午季夏，落成于乙未季秋。遂书此以识。

大明万历二十四年，岁次丙申，夏五月吉旦。万历乙酉科举人邑人阎国宠撰文。

文林郎知太原县事睢阳李宁一立石。迪功郎县丞延州王谕□典史安塞康栋，儒学教谕襄陵李彦杰，训导长治崔启，大同张烨，邑庠生智烈书。住持贾净荣、李真良、高真敬、贾真□、刘常衍、李常□、高常照、李常荣、刘守志。

（碑存太原晋祠）

龙王山新建玄天上帝宫记

王山在冀永宁州城北百余里，东峙太行，南屏条霍，孟门浩浩而西沃，恒岳连云而北枕。层峦叠巘，茏𪾢霄汉，古柏苍松蓊郁，奇花异卉万品，诚三晋之形胜，北方之伟观也。中一峰孤峻，上有玄帝庙一楹，肇创始末无所稽。至万历九年，海岳效灵，半山涌出井泉，其味若醴，居民病者饮之即愈。至于水旱灾异，祷辄响应。繇是精英感格，进香者络绎不绝，翰财者云蒸辏聚。乡民樊应秋等，洗心誓众，竭诚修理焉。山巅建正殿三楹，中塑玄帝圣像，夕露为珠网，朝霞为丹腹，洋洋乎，俨然上帝之汝临也。殿前万仞壁立，飞翩难栖，乃砌石为梯，凿石为槛，俾对越者攀缘以上。三天门屹□洞深，渊然莫测，乃驾桥为梁，卫以栏杆，过之者罔弗悚息畏慑。且也削崔嵬以构院宇，傍岩洞以寓攸托。或盘纡而转鸟道，或蹑蹬而升嵚峨，巍巍嶐嶐。入其境者，肃乎祛烦嚣而定心宇矣。州人李先春辈，雅称善施，于殿梯下竖石牌一座，扁其额曰"朝圣"，壮胜境也。征余为记，余不能文，谨按祀典所载及太祖高皇帝改正岳镇海渎神号暨成祖文皇帝武当山建宫崇报事宜，益信玄帝为北极正神，非他淫祠者伦，国家敦崇祀典亦非谄也。矧兹龙山，自开辟以来，俨然屹立，一旦英爽之气明演勿照，不假募化而乐施者万万，无待

· 335 ·

劝诱而趋事者源源。土木一兴，自山蓘以至州治，一时葺造宫观者罗列星布，皆鸿材钜植，金碧辉煌，虽不能与南顶方轨并迹，即其规模壮丽，制度突敞，亦足以妥神灵而耸具瞻矣！噫嘻，岂偶然哉！意者山川之兴自有定敷，冥冥之中阴有□宰其□者，不则何亿万祀镇静之山，独于今日灵异邪。《易·系》所谓："惟神也，故能通天下之志。"又曰："不疾而速，不行而至。"兹其验与，于戏，感应之理，捷如桴鼓，在造化固自然矣。弟谈幽明，于儒者之喙侣涉惑世，然于愚民未必无小补也。盖愚民志在福利，供神必拜，拜则善心辄生，恶心辄屏息，善心一生，由是而尽忠尽孝，由是而恭敬信友，推之仁民爱物，悉一念之善以充之也。一人既善，千万人则之皆善，将见和气充溢，雨旸时若，札厉罔作，螟螣潜迹，其有补于世俗岂鲜浅哉！若夫舍百龄于中身，徇肌肤于猛鸷，乃浮屠事也，余不敢望于斯世斯民，因为之记。

大明万历二十七年，岁次己亥，秋七月上浣吉。

陕西高台所学正郡人张敦彝熏沐谨识，侄 生员张铭鼎书篆。

碑阴

龙王山重修玄帝宫松窝纠首题名记：本山住持僧人净务，门徒 道降，玄门 李常稳。张朝领、张朝聚、马士兰、张朝现、张朝元、张存玘、张朝江、李禄、张灿、张基、张碧、张武、张珍、张存德、林宗善、刘汝舟、张存务、张存升、冯立、张法、张演、张裕、张合、张整。在城助缘人：王均、薛荣、张格。松窝村信士：冯汝明、男起志、李邦泰、刘汝言、张九栋、高达、郝天科、李虎行、张伟，郭玘、男大有、大用、雷时管，任立、男登云、登雾、张桥、张德宽、刘邦春、宋钦、李廷花、男朝登、刘朝纪、张德宽、张九爱、张九珠、辛登科、贺世清、贺世明、贺世臣、李大付、男通、高丁未、男明新、明正、明德、刘汝金、张柬、任应魁、李曾、刘汝威、刘川、男增德、增重。

石匠：本州贺布孟、冯汝州。陕西白水石匠：李登何、冯世君、李守即、李闰、李守爵、田邦运。

在城建牌纠首人冯起志、□□□、□□□仝立。

（碑存方山县北武当山）

重修吕公祠碑记

赐进士出身，嘉议大夫礼部右侍郎兼翰林院侍读学士协理，詹事府事教习庶吉士，前右春坊掌坊事右庶子记注起居管理，诰勅吴郡顾秉谦撰文。

赐进士第奉政大夫右春坊右庶子兼翰林院侍读管理，诰勅充东宫讲读官眉山王毓宗篆额。

特进荣禄大夫左柱国少保兼太子太保掌后军都督府事兼管右府印务英国公古卞张惟贤书丹。

都城之巽方，有纯阳吕公祠地最胜，星台峙其北，水鉴莹其南，曲径通幽，远山映秀，真仙灵所栖也。祠建成化初年，其间修举不一。嘉靖中有锦衣卫千户陆君桧捐赀集，助扩旧宇而一新之。历六十年为万历壬子，上允讲道经周全真之请，颁降帑金，葺治而复存，锦衣卫千户陈君纪仰助不亚于陆君桧，遂以四十二年甲寅工竣，具奏敕赐护国永安宫，命韩静慎永守香火，陈君偕住持，属记于余。

余诵法孔子雅不好神仙异道，然惟孔子浮云富贵，仙家蝉蜕，根尘其旨，固自不殊。而纯阳宫灵通妙应，若与余有夙愿者。余己卯试南都，鸾请公，公赠诗曰："扬鞭策马上瀛洲，春夜应登南华楼。"是秋，果举于乡。壬辰春，余与数子会文于公祠，齐心祈梦，梦得三鸭，鸭者甲也，果登甲三人，而余以落第归。又三年，乙未复会文于公之祠，又祈梦，梦又得三鸭，余与王、杜二君同举，果亦三人焉。余寻改庶吉士，入翰林，与上瀛洲之句又如持券。余故谓公，若有夙缘也。迄今二十年，余且叨陪邦礼，为庶常师。回视昔年会文祈梦时，恍焉如昨。余因有慨于世之巍科肮仕，煊赫一时以大快其心志者，是惟未得之。则若嫣然一得之，而犹嚼蜡矣。及其稍稍粘恋而损名玷节，则犹之乎鸩毒矣。昔公遇卢生于邯郸道中，黄粱一饭，瞬息百年，梦觉之关，一言点化，即成大道。乃知漂浪爱河，流吹欲海，为尘缘所汩者，梦境也。不离尘缘，而自有一段洒然脱然之思者，觉境也。觉境即仙境也。梦为鸟而飞于天，梦为鱼而沉于渊。方其梦也，不知其梦也。觉而后知其梦也。余恶之昔之祈梦者为非梦，而今之非梦为真梦耶。余今乞身归里，自放于山烟水月之间，庶几邯郸梦后觉万境皆虚，不必谒公之祠，瞻公之像，犹冷然御风矣。若公神游八极，无在无不在，是祠也。而果足公之逍遥哉。祠有正殿三间，文昌殿三间，老君殿五间，东配殿三间，西配殿三间，山门三座，垂华门三座。道房全修，重新栋宇者，前有锦衣陆，后有锦衣陈。而皆当癸丑、甲申之岁，六十年气运一转若成数，云虽然一丸在炉，一局烂柯，六十年新故迭迁，亦一梦也。余欲修身外之身，先觉梦中之梦。遂不辞而为之记。

时万历四十一年，岁在癸丑，孟春吉旦。

碑阴

奏请过讲道经全真法师周玄贞。监管重修锦衣卫西司房理刑千户陈纪，长男陈儒曾，次男陈儒孟。本宫焚修香火道士韩静慎，徒弟宗真德，徒孙赵常存。

（碑文录自《北图拓片册》）

重修四圣殿并钟楼记

天宝宫在许禹之界，有云创自天宝年，有云肇自天历间，其来旧矣。余昔应□东都，过而问之，殿宇巍峨，廊庑整饬，四圣在前，钟楼列东，掩映松篁，诚哉！碧殿琳宫之中，有邵文庄公碑记，兰阳尹陈公题曰："洞天福地，足纪已。"余昔间屋庭徐，同宇杨君顾而言曰："天宝宫三圣殿并钟楼，殿露圣像，楼露钟形，历年多矣，风雨飘摇，颓圮殊□，昔日景色。"儒臣萧君讳楼、寿官杨君讳山，睹殿宇之颠覆，动修整之善念，约社数人捐赀重修。钟楼修于癸亥冬，四圣殿修于甲子春，砖瓦木石，举更新之，厥功告成。住持胡道讲不忍没其善，欲勒碑刻铭，愿求其记，余曰："修殿修楼，善念也，立石似为名矣！"同宇曰："非为名也，为神也，为后世计也。"此殿此楼安必常新不毁，立石于今，□几名垂不朽百世之下，观其石，则曰：某善人某善人曾修于昔，前人重修于前，今人重修于今，今人重修于今，后人亦复重修于后矣，今人触目兴善，岂徒为一时声□哉！殿楼万古不至于泯没者，未必不赖状石以鼓之也，是为记。

乡进士山西夏县知县禹郡觐宸张升一撰，许州生员同宇杨国栋书并篆。

社众董三光、常进升、谭守金、侯木、侯大宝、侯自新、翟九思、王守房、赵香、程守银，本宫谢道臻。

天启四季，岁次甲子，四月朔吉旦立。

碑阴

助粮姓氏肖应冬、胡一从、刘子春、魏邦言、魏世杰、马守印、侯子明、蔡湖、李眷孟、孙东明。

本宫助粮张道问、张道孚、蔡道香、杜道长、李崇、高崇美、杨崇召，本宫效劳陈尚本、王崇晓、王教林、鹿教淳。

禹州石匠郭自锦仝立。

（碑存许昌天宝宫）

重修后土庙碑记

则闻神道设教，先王所以愚民。庙貌时新，君子用将明信。故报德报功，具载祀典。而宫寝殿宇，实系式凭。矧兹后土古迹□□□敕赐太宁，创建□更，世代修葺，迄现累朝，位次乾地，翊配皇天，盖取诸坤承之义焉。为崔嵬峻峙，爽垲轩赛，居尝金壁焕照牛斗，丹奎□着灵霞，□双其内。内苍松翠柏，氤氲郁葱，隐隐隆隆，赫若神威震熠，灵爽玄通，陟降上下，直摄人精气之□者。□□壮一方胜揽，浔浔佑四境生灵。宇内人蔑不尸祝，骏奔一似宾卢头之赴诸天者。然兼以左统玄武，右总三官，下建九曜三曹，恭制明肃，于以福善祸淫，如响应云。无奈岁久剥落，瘁风雨敝坏，属者城垣砌毁，水渍行宫。纠首梁廷儒辈咸为恻然，督请住持道士岳静岭募缘重修，遍恳檀越，各输囊橐不等，其以□诚竭愿惟均也。一整饬间，而庙貌较前增烨，神道视昔弥弘矣。诸君戮力之功不可少也，善士福利之报宁有既耶？工竣镌之贞珉，盛事垂于永世。

本邑举人孺慕梁忻熏沐谨撰，三清观道士宋真銮书。

时天启七年，岁次疆圉之治，单阏八月中秋吉日立。

原任巡按福建监察御史乔承诏同男施银拾两。原任兵科右给事中董承业施银三两。奉政大夫河南卫辉府清军同知郭王化同男生员郭如昆、郭如仑、郭如岗全施银三两。追授训导阎希圣，男省祭官阎三益、举人阎嗣科全施银三两。

纠首梁廷儒、梁正贵、梁懋德、梁廷国、梁正风、梁诚明、梁行德、梁国桐、梁清丰。

本庙道士岳静岭，门徒段真□、萧真□、冀真炼。侄赵真镭、徒翟常浬。

（碑存介休后土庙）

创建栖真庵碑记

有明之末，盗氛孔炽，楚均州房竹闲据为巢穴。连年累岁，骚扰靡宁，海内朝山者裹足艮趾，概不敢进。而武当黄冠大半散逸，糊口于四方矣。蜡烛涧何子一贯缘在汾阳，来建玄帝宫殿于石盘山。遇仙坪张子守性缘在平遥，来建玄帝宫殿于十里铺。何子登橐方兴，不谂于众，为金宪荣公所逐，狼狈南遁。廉张子道行高，移牒趣诣西顶以主其事，再辞不允，至则筹划指挥，昏旭罔怠，工甫及半，积劳殒生。其徒郭子太明继之垂成不禄，徒孙窦子清白又继之。平邑大工则有朱守丹、李子诚莲暨徒苏子宣福、杨子太宾，在协力共图，不日告竣。两地同时举事，同时落成。在汾者余已叙其巅末，久诸石矣。在平者砻碣以待，几欲属稿，为尤所敓。朱子踵门求之，至再、至三。会余入春善病，近方霍然，日苦应酬，向晦漏下数十刻，始籥镫泼墨，以应其请。按玄帝降生净乐国之日，乃神农氏之末年，长而慕道，入山苦修，感无极紫元君授以法要，经四十二年而道果圆成。天诏下敓，位隆北极。世儒稽古未详，猥以净乐为外国，遂有太子越海东游之语。不知净乐即春秋所称有麋之国，如黄帝生于有熊之国之类是也。今均州南有乐都村，又东有净乐王茔冢。据古史仙传，净乐国即均州无可疑者。武当记曰："玄帝刻刻不离大顶，无时不在南岩。"今汾、平两邑，香火甚盛。凡有祈祷，灵应如响，安知玄帝云车暂驻不暂，离七十二峰而北游汾水之阳乎？余往岁皋狼之役，取道平邑，假憩道院，则见环以土堡，冠以雉堞，独蹲旷野，客至如归，不觉生欢喜心。细询庙祝，最先立玉虚大殿以奉金容，次建玉皇阁、东华堂、前门、中殿、灵官黑虎二殿，以及十方斋堂，复券窑洞数十余为静室。起于丁亥，终于乙巳，日月一十九稔，厥工始毕此一役也。张子首开其端，朱子卒竟其绪。内立药局，修合奇方，丸散兼施，活人无数，则李子主之；外构茶寮，椒浆并设，夏无喝喝，冬辟寒威，则苏子主之。而且高悬钟板，接引行脚，茶舍之傍。卓关帝祠并左右小厦若干，如张两翼，为旅人息肩所。商贩往来络绎不绝，一一手额而去。在昔圣贤，自度度人，自利利他，不过尔尔，三子方之，可以无愧然。庵名栖真者何？余闻道家有全真、正一二门，亦犹释氏之有顿、渐分南北宗也。然全真之教昉于东华教主、少阳君，兴于王重阳，盛于丘长春。考重阳子崛起一时，继三祖于既往，启七真于将来，可谓鼎鼎奇男子，区区天蜚云，举踞席南宫，乌足以酬其功德哉！尝绎夫真之旨，而推广之。三光恒明，四序不忒，天之真也。春生夏长，岳峙川流，地之真也。他若青林紫字，不假煤楮，一气结成，号曰真经，黄芽白雪，犬食化龙，鸡吞变凤，号曰真丹。鞭风策电，入水不濡，投火不焦，号曰真人。真之时义大矣哉。今朱子提挈纲领，戒律精严，虔礼皇坛，祝厘讽诵而未已也。复招集羽属，安钵检藏，符禁炼魔，燃九幽之镫，建三天之醮，凡道门事务无不为之。以真题庵意，或在是欤？异日，上苍鉴观，高人辈出，有若重阳祖师之分梨十化，大振山门，亦未可知。即指此地为秦川之刘蒋，燕观之白云，谁曰不宜。余僭濡笔而志其略，至慨作慕引之贤绅，首倡檀施之信士，悉附碑阴以传不朽云。

　　奉直大夫内翰林秘书院侍读纂修明史副总裁予致郡人朱之俊薰沐谨撰，汾阳邑庠廪生相里东藩薰沐谨书。

（光绪《平遥县志》）

三清观重修碑记

　　邑中西北隅三清观，历年滋远，不可考矣。其位背坎向离，久为全真焚修之地。中正殿三楹，居三清圣像，左右两廊，居人天□□□神，□有献亭外有门庑，规制亦称备矣。惜其基址卑下，中堂狭隘，更兼以迩年山水暴涨，骎骎乎，有倾圮之虞，殊非所以明□□□□报也。住持□□□慨欲更新其事。纠首梁公双丰、复顺、复瑞等，佥同心倡率，各输厚赀，遂饬旧图新。地势加以崇高，院宇益以广阔，□□□□□□□轮奂之奇，廊楹增七成九备，霞明玉映之盛，以至门栏牖壁，斋沐戒饬之所，靡不金碧交辉，丹垩流翠。今日之观大□□□□□也。其经始在顺治十五年二月，落成于康熙二年五月，阅六载而鼎工告竣。游其下者，恍如琼楼玉宇，贝阙琳宫，三清昭昭之神，将实式凭之矣。诸君倡率之力诚不可没也。兹镌石垂永，属余言志之。夫上世蒙蒙，无极于以生太极□□□□□□□□元始上清之说也，迨青牛过函谷守雌立训，尼父亦有犹龙之称，道教之尊三清也，固也。乃溢而为黄□□□□□□□□□□□牝之门为天地根，而谱汇箓籍则万灵统是焉，且下元黄箓五姓得而祀之，已推乎尊卑之分，为百族之依也。□□□□□□□□□于民御灾捍患者与焉。今观左右辅弼暨星辰、岳渎风雷雨师之属，无不灿然具备，更及于皇王师相古帝名臣，□□□□□□□□□□于此哉。乃或以道教崇尚玄虚如飞仙变化之术、丹药符箓之技、祷祀醮祭之法、沉沦鬼狱之论，见讥□哲为正□□□□□□□□□真而黄龙之事不旋踵、不益彰神宵宝箓之为诬乎，余意不然。汉文躬行黄老，几致刑措，顾其用之者何如，□□□□□□□□之□□慢鬼神而亵之也，向令积年名胜，任其倾颓，吾人妥侑之心有恫乎。不安者矣，吾心不安，而谓神永享。于是□今殿宇□□□□□□□矣，外而鸟革翚飞，内而珠星碧月，则神有所依，神有所依而吾人妥侑之心以慰，非今日大快事也。耶信□诸君□□□□□不可□□闷宫之颂曰："新庙奕奕，奚斯所作。"盖以表经营之功，为将来之劝，今犹行古之道也，夫用是差次其姓氏□。

赐同进士出身户部观政王章灿熏沐谨撰，府庠生员梁云第熏沐谨书。

大清康熙二年，岁在癸卯，仲夏上吉镌石。

（碑存介休后土庙）

重修南神庙碑记

庙之有碑，犹国之有史，所以昭信纪实，敬神垂远，使后人不□□其事也。盖南神庙之建立，由来久矣。其规制宏远完美，固难经之以岁月侵之，以风雨渐渐，□坏殿宇，如是何以栖神。故必遍为修□，□□□缺坏，或扶其偏倚，或华其檐阿，勒之贞石，所以昭信也。□道士纯一质直而好义，凡庙之田有所收成，□以修筑栋宇，瞻给往来，秋毫之微不私于己，恻然□庙之□废，经营□□，不避寒暑，人知能完其工也。□德兼优之玉泉公悯纯一之有志，自捐其资以成就其□□为，而玉泉□操行谊素，为乡□□□信服。故豪者献财，巧者献技，贫者献力，而庙为之成。故志之所□纪实也。迄于今殿庑□光者□□鼎建，□真□美，光耀云霄，炳烺眉□，焕然一新，神安其位，金碧辉煌，献□□文集□□大会，非其所以敬神乎。□人之所甚不□者，财之费而其所弗堪者，力之劳也。□□之人纯俭节用，有唐元之风，慷慨好义，仿佛乎□干木之遗烈，况夫山川秀丽，人物豪侠，故仗义输财者如是，踊跃恐后者如是，是不□小费者□□弘烈也，下恤暂劳者以遗久安也。纯一思所以垂久远，□□□记于余，余曰诺，请书诸石，以告将来。

时康熙，岁次己亥，孟夏吉旦，邑庠生梁霄熏沐□拜撰并书。

师祖刘正□，侄徒□本二。孙吴仁常，侄徒郝义财、田义□；刘仁景，门徒郝义经，孙刘礼□；阴仁□，孙雷礼靖；安仁宽，徒孙义祥。

（碑存平遥源相寺）

殷太師忠烈公祀田记

盖闻两间之正气，在天为日星，在地为河岳，在人则为忠孝节烈。此皆历万古而不朽者也。何则？在天无不覆，地无不载，在人无不□□□□□□□□□□□□哀，惟赖圣贤之徒，忠孝节烈之辈，起而正人心，维世运，则其功诚足以补天地之所不及，是以俎豆万年而庙祀弗替也。粤稽□□□□□□□□□□□王子比干殷太师者，其所处之势甚难，其所存之心甚苦，其保安社稷之志甚坚，当日君心回惑，感格无由，或去或奴，何忍缄默。□□□□□□□□□□，以冀夫王之一悟，则其志之坚，其心之苦为何如？虽其势不能挽回，而其望君王之圣明，是忠也。念祖宗之血食，是孝也。□□□□□□□□□□□□成仁。俾闻风者，顽贤懦立，固可以正人心，维世运，赆□坠，与日星并其明，河流同其洁，山岳齐其高，则其俎豆万年，□□□□□□□□□□□□马鬣，封太师之墓，有林泉岗道祭祀之地亩。后魏元帝，南迁鸾旗。至此，因墓立庙，唐太宗祀以太牢，追谥忠烈公，制益崇。元泰定□□□□□□□□□□□亩。明成化中，知汲县事卢讳信者，详请奏入祀典，祭田益广。本朝康熙三年，督院刘公、抚院张公捐俸修葺庙宇。嗣后，守庙祀者开垦恢扩约计祭田二十顷。不意人心不古，竟有佃户典当，□□□□□□□□□□□□王。正月，余奉命莅临牧野邑宰，因查及太师蒸尝地，竭蹄清理，判还所侵祀地一顷三十亩，其无从稽察者，犹难更仆数。然即念现在之祀地有壹□□□□□□□□□□□□，亦足以奉酒醴而荐馨香。诚恐余离任后，复遭侵占，道人清白，请勒贞珉，便有所考究，后之官斯土者，复从而维持之。庶奉祀之地，□□□□□□□□□□□，存于宇宙间，则所以正人心而维世运，良非浅鲜，是余所深望也，夫爰为之记。

康熙六十年岁，次辛丑，中秋谷旦。

河南卫辉府汲县知县南州欧阳维藩撰。

浙东镜湖倪长化书。

碑阴

殷太师忠烈庙祭田地亩记

始自周武王封墓，铜盘铭云："左林右泉，前岗后道，田至分明，历代追崇，祀典悠存。"今于康熙二十年二月十五日，蒙县主欧阳老爷清查本庙祭田，出示禁约几条，祭田不许豪强侵占，佃户偷当等情，如有无力耕种者，将所种之地退还归庙住持收管，印册本庙存照。计开，护庙佃户隋廷章等租种祭田地共计五顷七十一亩，薛家屯佃户鲁天真等租种祭田地共八顷十二亩，住持秦一溱自种籽粒地三顷六十亩零。三宗共计现今成熟地一十七顷拾三亩有零。奉县清查，勒石永传不朽。

培栽柏树记

康熙十四年三月吉日，蒙功德主老四王千岁施香火银五十两，住持栽培柏树共计一百六十九株，浇灌成林，□有所归，立石垂名，永传千古。清康熙六十年一月住持道人秦一溇立石。

　　救赐广福万寿宫兼理殷太师忠烈庙道宗源流碑记

　　壹代祖：元升，元世祖皇帝敕封广福万寿宫，赐号演化真人；贰代祖：道熙，号静应弘仁全德真人；叁代祖：志冲，赐号太乙修真保和真人；肆代祖：萧辅道，蒙哥皇帝福荫秉唆鲁古唐妃赐号广福真人；伍代祖：萧抱珍，忽必烈大王赐号微妙大师兼理忠烈太师庙；陆代祖：张善渊，己卯年正月蒙旨宣授道门提点右赐真靖大师；柒代祖：高昌龄，蒙旨宣授本宫首座保真崇德大师；捌代祖：萧全佑，戊戌年二月蒙皇后懿旨赐号承化纯一真人；玖代祖：王志坦，乙巳年五月蒙赐紫金冠纯真大师；拾代祖：王道晋，明太祖皇帝裁革封号立道纪司管理六邑道教事；拾壹代祖：李德泽，任道纪司管理六邑道教事；拾贰代祖：李通明，弘治九年奉汝王旨醮祭景星祈天永命；拾叁代祖：谢玄思，任道纪司管理六邑道教事；拾肆代祖：闫静安，任道纪司奉王旨醮祭景星。拾伍代祖：张真宝，任道纪司，二祖陶真安分管景龙观仍理忠烈庙。拾陆代祖：周常永，潞简王替道醮祭景星祈天永命；拾柒代祖：萧守庆，醮祭景星，二祖李守宗；拾捌代祖：李太仁，部牒道士祈天永命募缘重修忠烈太师庙；拾玖代师：李清白，整理本庙祭田管理万寿宫分院城隍庙轮流香火事。大清康熙六十年，岁次辛丑，仲秋谷旦，贰拾代弟子掌院住持秦一溇。

　　　　　　　　　　　　　　　　　（碑存卫辉比干庙）

介休重修城隍庙碑

贾子曰："礼义者，尊之未然之前；法禁者，制之已然之后。若夫礼义不及防而□，法禁不能制者，其惟鬼神可以治之乎！"方今国家祀典学官而外，尤重城隍。有司既有常举，而里巷小民祈请赛会，只畏弥甚，不独一邑为然，本邑庙址创始洪武中厥，后屡圮屡修。至本朝顺治间，增建寝宫、献亭、乐楼、两廊及斋宿、官厅、道院规模益备。历五十余载，渐就颓削，是时方重葺学官。一二有志者，乃遂奋然并修城隍，鸠工集众越十年，既竣，请余序记其事。余揖而告之曰："辛苦诸君子克偕兹工，邑之观瞻于斯乎，在且亦之所以立庙之意乎。"余考城隍二字始见于易，犹言城池云尔，非以为神也。而后世乃立庙端祀，至随郡县，其阶秩以为是真司，能生杀祸福人者，余不知果有是否然，人亦既信其真能生我杀我祸福我也。虽有愚顽强悍之夫，一闻城隍之名，辄骇汗慑。伏于是知庙中不必有城隍，而人心自有城隍。故曰："圣人以神道设教，岂不然乎！"介本唐魏遗民，驯扰易治。然岁时饮财，立社奔走，兹庙殆无虚日，则其慑伏敬畏，亦概可知矣。而频年□太平日人休养生息，介之人莫不安居而乐业，谨乎礼重祀法郎以为神之赐，又似无不可者，头庙毁不葺如，神灵何固，宜诸君子之亟亟而议修也。是役也，经始康熙十八年，落成雍正二年孟冬。虽丹□□□颇□于旧，而高明肃穆，俾入其中者，拜跪瞻仰，益有所惊心动魄，而不自已。然则城隍之祀真当与学校并重，而修而葺之其于立庙初意，尤为大有功也。又岂□观□之美已□，既以为诸君子告因，笔而为之□，其诸君子及倡义捐资姓氏，兹不具载，载在碑阴可考。

赐进士第钦取吏部候补主政戊子顺天分试敕赠文林郎知直隶大名府浚县事加三级又加二级梁通洛撰，雍正癸卯恩科礼部进士马尔瑧谨书。

纠首 董协清、董砚龄、梁子朝、梁子蕃、张佩、董奕著、温文琳、关秩叙、董协和、侯国祯。

勤劳 薛全性、吴邦相、宋福龙、阎绍祖、郭朝唐、高夺魁、梁含卿、郭崇盛、王祚新、赵连器、李进才、侯英才、阎维祖、王璋、郭崇茂、赵有昌、胡进祚、郝喜周、李天英、刘嘉德。

师祖张守椿、张守材、张守朴、张守极、张守棖，师刘太煊、卢太爌、张太煊、梁太□、郑太炜、郭太煌，徒张清垲、武清坟、任清圻、宋清垣、胡清培、郭清（堟）、宋清墉、郭清封、张清（土斗）、张清圣，孙钮一锽、任一鋕、温一（釯）、乔一铎、文一□、文一锦、董一铸、武一鋐、宋一□，曾孙史阳□、郝阳□、刘阳□。住持道士胡清培、郝清（堟），徒宋一镇、温一（釯）、董一（金常）、武一鋐，曾孙王阳□、任阳□。

选择阴阳官：王家佐、胡圣选。石匠：赵吉凰 徒 王金佩、张奇新、杨秀生、张质、张秉让、赵弘祚。

大清雍正二年八月吉旦。

（碑存介休城隍庙）

新建土神庙碑记

粤稽《土皇经》云："一气初分，二仪交感，三才定仁，四象分方，五行布仁，而土则居于中央，主于四季，□乎四旁，是五行之中有土，犹五常之中有信也。"语其体，广博深厚，论其德载生□□，大而万□百□，无不是籍小而经营，建造之靡不是需，则是土神之于人为甚功，而人于土神之□祀也，明矣。邑人素无知尊□，每值建造之余，辄迎神于家，邀黄冠羽客辈设坛以祭，是也，第恐院宇弗□，粢盛弗洁，神若有知，必将吐矣，其能享兹渎祀乎。若然则人于土神宜专祠也，又明矣。介邑百神有祠而土神无祠，余深以为缺典，常欲与二三知己商酌建立，未几以薄职微员秉铎延陵、寻复升授山左之东皋，簿书鞅掌之劳，道路跋涉之艰，宦海苍茫未遑再举，然此心不无耻之耳。辛亥岁，余以致政归里，间居林下，适有纠首谭世英以建土神祠宇来相就正，余不觉跃然兴曰："噫嘻，子之此举可谓实获我心矣。"其以有鉴于家祭之非礼也，盍亟经营以妥神位。英等择吉，筑基于城之西北隅，建殿三楹，与□□、白衣二阁相并祀。而暮鼓晨钟、香火焚修亦俱令二阁住持相并理，经始于雍正己酉之申月，落成于庚戌之戌月。是役也，砖瓦木石之资不无籍于十方檀那之力，而鸠工花材经书区处则纠首英等之功居多。今而后，神有专祠，人□渎祀，凡有兴作，入祠报赛，□知神乐人悦，降福降康，永荷神庥于勿替，以视昔之邀黄冠羽客祀神于私室之中者，大相径庭矣。爰乐为之记，以志其不朽盛事，所有捐金督工共襄是举者，并相勒之碑阴，用垂永久云。

岁进士出身文林郎山东济南府济东县知县、前大同府广灵县儒学教谕加二级纪录四次邑人梁洲拜手撰，李梦星书。

纠首：梁瞻、梁辉隆、梁迪同、梁斗辉、梁姜焕、梁琪泽、梁溶、梁星灿、梁文远、梁以兰、梁参映、梁梦余、梁锦杼、荆生芝、张廷栋、张兰馨、谭世英、张文辰、师福仁、许美德、韩国富、张士升、钮一德、董文熙、常福、张国栋、王一富、王福□、白正□、高现辅、张起柱、郑国选、王国柏、李裕才、裴世福、胡贵奇、谭福□、黄□

贵、武达、宋奇俊、何□富、李淮馨、罗国富、安□、郝士泰、温福财、谭福典、□进玉、曹福贵。

木匠：胡宝珠、乔玉、高□标；石匠：王金佩、张质。

石匠：文义兴、□奉明、□继同。

住持：羽士王一镇，徒张阳浩，孙冀来柱。

雍正十年，岁次壬子，子月谷旦。

（碑存介休后土庙）

重修城隍庙外石阶并前岁庄严行像碑

从来建修之□，□必其功之大也。惟事所当，为人所欲为必不可己者，一旦起而行之，斯足□□时传后世耳。吾邑城隍庙规□□□，诸如人意，惟门临东市，故照墙两旁角楼砖砌高约仞许，隔内外也。奈日久滑落，都人士礼神不便，有碍出入。□欲谋诸石工改为□□□□。因去岁庄严行像，重修暖阁，皆出王君炯、萧君有纶、梁君宪中诸人之手，复与商之，以酌可否？孰意不谋不合，诸君皆以□此，□□春三月，捐资倡导，不日告竣，功虽不大，实为盛事，落成后欲文以志之，用彰德善。金曰：今兹之举，固事所当，为人所欲为，而不可不为者也。以事为之，事尽不可不为之，责而为之，以慊乎人人之心。俾后之瞻其庙者、拜其像者，以时事至而聚议于其中者，咸拾级而登，从容而上，复其地以称□，传其事于不朽，足矣！焉用文为。虽然诸君固不欲自居其功，而日月逝矣，虑没众施者之意。金曰："虑及此也，则立之，然去岁之施者，未曾表而著，岂今岁之施者，独不可以灭而没乎？今有一举两得之意，如前事已过，不必详序，弟因此及彼，务使捐施至意，得附而彰□无□议□，碑分两面，书名犹不甚狭也。"意至矣，尽□□君之意不可及矣，敬谢不敏，爰笔记之，用以为文永垂不朽。

儒学生员李建言熏沐谨书谨撰，道会司道会郭来楷熏沐谨书。

介休县知县陆之惠捐银拾两，杨际春捐银拾两，萧有纶捐银拾两张□□捐银拾两，王□深捐银拾两，梁宪中捐银拾两，范□印捐银捌两，慎余堂捐银□两，宋步璟化银□两，梁瑷捐化银□两，监生李汜捐银陆两，介宾李生瑞捐银贰两，王相清，□御桂捐银陆两，万育堂捐银贰两，任怀□捐银陆两，郭遐龄捐银□两，范政捐银□两，宋勤伟捐银□两，东街二班社捐银贰两四钱。

住持道会司郭来楷，侄张复炆、王复熿，徒王复照、侯复熺，徒孙詹本堨、高本基、侯本堁、任本（土严）、石本台、石本塲、张本城、温本璽、安本城，曾孙高和鉴、范和银、张和铃、宋和金、王和镥、范和镛、宋和钟、孟和铭，玄孙李教滨。

大清嘉庆十九年，岁次甲戌，桂月仲秋谷旦立。

（碑存介休城隍庙）

主要参考文献

一　相关古籍

1.《中华道藏》，华夏出版社 2004 年标点本。

2.《道藏》，上海书店出版社 1988 年影印本。

3.《藏外道书》，巴蜀书社 1992 年影印本。

4.《道藏精华》，台北自由出版社 1989 年影印本。

5.《三洞拾遗》，黄山书社 2005 年影印本。

6.《隋书》，中华书局 1973 年标点本。

7.《宋史》，中华书局 1977 年标点本。

8.《明史》，中华书局 1974 年标点本。

9.《明实录》，台北"中研院"历史语言研究所校印 1962 年影印本。

10.《明会典》，《文渊阁四库全书》，上海古籍出版社 1987 年影印本。

11.《大明律》，法律出版社 1999 年标点本。

12. 程钜夫:《程雪楼集》，中国书店 2011 年影刊洪武本。

13. 董仲舒:《春秋繁露》，上海古籍出版社 1989 年标点本。

14. 方回：《桐江续集》，《文渊阁四库全书》，上海古籍出版社 1987 年影印本。

15. 傅山：《傅山全书》，山西人民出版社 1991 年标点本。

16. 傅山：《霜红龛集》，山西人民出版社 1985 年影印本。

17. 高攀龙：《高子遗书》，《文渊阁四库全书》，上海古籍出版社 1987 年影印本。

18. 葛寅亮：《金陵玄观志》，《续修四库全书》，上海古籍出版社 2002 年影印本。

19. 顾起元：《懒真草堂集·文集》，《四库禁毁书丛刊补编》，北京出版社 2005 年影印本。

20. 何乔远：《名山藏》，江苏广陵古籍刻印社 1993 年影印本。

21. 何塘：《柏斋集》，《景印文渊阁四库全书》，上海古籍出版社 1987 年影印本。

22. 蒋一葵：《长安客话》，北京古籍出版社 2001 年标点本。

23. 孔宪易校注：《如梦录》，中州古籍出版社 1984 年版标点本。

24. 黎靖德编：《朱子语类》，中华书局 1994 年标点本。

25. 刘侗、于奕正：《帝京景物略》，北京古籍出版社 1983 年标点本。

26. 刘锦藻：《清朝续文献通考》，台湾新兴书局 1965 年影印本。

27. 刘履：《风雅翼》，《文渊阁四库全书》，上海古籍出版社 1987 年影印本。

28. 潘之恒：《亘史钞》，《四库全书存目丛书》，齐鲁书社 1997 年影印本。

29. 钱伯城主编：《全明文》，上海古籍出版社 1992 年标点本。

30. 钱谦益：《牧斋初学集》，上海古籍出版社 1985 年标点本。

31. 释大闻：《释鉴稽古略续集》，《续修四库全书》，上海古籍出版社 2002 年影印本。

32. 沈德符：《万历野获编补遗》，《续修四库全书》，上海古籍出版社 2002 年影印本。

33. 王士性：《广志绎》，中华书局 1981 年标点本。

34. 王世贞：《弇山堂别集》，中华书局 1985 年标点本。

35. 王世贞：《弇州山人续稿》，《文渊阁四库全书》，上海古籍出版社 1987 年影印本。

36. 王恽：《秋涧集》，《景印文渊阁四库全书》，上海古籍出版社 1987 年影印本。

37. 王守仁：《王阳明全集》，上海古籍出版社 1992 年点校本。

38. 王圻：《王侍御类稿》，《四库全书存目丛书》，齐鲁书社 1997 年影印本。

39. 吴澄：《吴文正公集》，《元人文集珍本丛刊》，台北新文丰出版公司 1985 年影印本。

40. 徐一夔等：《明集礼》，《景印文渊阁四库全书》，上海古籍出版社 1987 年影印本。

41. 熊文举：《雪堂先生文集》，《北京图书馆古籍珍本丛刊》，书目文献出版社 1998 年影印本。

42. 徐珂：《清稗类钞》，商务印书馆 2010 年标点本。

43. 俞汝楫：《礼部志稿》，《景印文渊阁四库全书》，上海古籍出版社 1987 年影印本。

44. 于敏中：《日下旧闻考》，北京古籍出版社 1981 年标点本。

45. 永瑢等：《四库全书总目提要》，《万有文库》，商务印书馆 1937 年影印本。

46. 余继登：《皇明典故纪闻》，《续修四库全书》本，上海古籍出版社 2002 年影印本。

47. 俞正燮：《癸巳存稿》，辽宁教育出版社 2003 年标点本。

48. 朱约佶：《观化集》，《四库全书存目丛书补编》，齐鲁书社 2001 年影印本。

49. 赵弼：《效颦集》，古典文学出版社 1957 年标点本。

50. 朱国祯：《油幢小品》，中华书局 1959 年版。

51. 朱约佶：《观化集》，《四库全书存目丛书补编》，齐鲁书社 2001 年影印本。

52. 朱载玮编：《金丹正理大全》，国家图书馆出版社 2014 年影印明刻本。

53. 朱有燉：《诚斋录》，《续修四库全书》，上海古籍出版社 2002 年影印本。

54. 朱之俊：《朱沧起先生诗文集》，《清代诗文集汇编》，上海古籍出版社 2011 年影印本。

55. 郑玄注、贾公彦疏：《周礼注疏》，上海古籍出版社 1990 年标点本。

56. 郑元勋：《媚幽阁文娱》，上海杂志公司 1936 年标点本。

57. 赵南星：《赵忠毅公诗文集》，《四库禁毁书丛刊》，北京出版社 1997 年影印本。

58. 张岱：《夜航船》，浙江古籍出版社 2012 年标点本。

59. 弘治《贵州图经新志》，《中国地方志集成》，巴蜀书社 2006 年影印本。

60. 正德《朝邑县志》，《中国地方志集成》，凤凰出版社 2007 年影印本。

61. 嘉靖《太原县志》,《天一阁藏明代方志选刊》,上海古籍出版社 1985 年影印本。

62. 嘉靖《重修三原志》,《中国地方志集成》,凤凰出版社 2007 年影印本。

63. 嘉靖《四川总志》,《北京图书馆古籍珍本丛刊》,书目文献出版社 1998 年影印本。

64. 崇祯《松江府志》,《日本藏中国罕见地方志丛刊》,书目文献出版社 1991 年影印本。

65. 顺治《卫辉府志》,国家图书馆数字方志。

66. 顺治《河南通志》,国家图书馆数字方志。

67. 康熙《房山县志》,国家图书馆古籍馆家谱地方志阅览室藏微缩胶卷。

68. 康熙《内乡县志》,台北成文出版社 1977 年影印本。

69. 康熙《山海关志》,董耀会主编《秦皇岛历代志书校注》,中国审计出版社 2001 年标点本。

70. 雍正《陕西通志》,《中国省志丛编》,台北华文书局 1969 年影印本。

71. 雍正《山东通志》,江苏广陵古籍刻印社 1986 年影印本。

72. 乾隆《元和县志》,《中国地方志集成》,凤凰出版社 2008 年影印本。

73. 乾隆《延庆州志》卷 7《坛壝祠庙》,国家图书馆数字方志。

74. 乾隆《赤城县志》,《中国方志丛书》,台北成文出版社 1976 年影印本。

75. 乾隆《江南通志》,《中国地方志集成》,凤凰出版社 2011 年影印本。

76. 嘉庆《崆峒山志》，《中国方志丛书》，台北成文出版社 1970 年影印本。

77. 嘉庆《徽县志》，《中国方志丛书》，台北成文出版社 1976 年影印本。

78. 道光《阳曲县志》，《中国方志丛书》，台北成文出版社 1976 年影印本。

79. 道光《滕县志》，《中国地方志集成》，凤凰出版社 2004 年影印本。

80. 同治《衡阳县志》，《中国方志丛书》，台北成文出版社 1980 年影印本。

81. 光绪《顺天府志》，北京古籍出版社 1987 年标点本。

82. 光绪《鹿邑县志》，《中国方志丛书》，台北成文出版社 1976 年影印本。

83. 光绪《肥城县志》，《中国地方志集成》，凤凰出版社 2004 年影印本。

84. 光绪《长清县志》，《中国方志丛书》，台北成文出版社 1986 年影印本。

85. 光绪《永宁州志》，国家图书馆数字方志。

86. 光绪《寿阳县志》，《中国方志丛书》，台北成文出版社 1976 年影印本。

87. 光绪《平遥县志》，《中国地方志集成》，凤凰出版社 2005 年影印本。

88. 民国《获嘉县志》，国家图书馆数字方志。

89. 民国《许昌县志》，《中国方志丛书》，台北成文出版社 1977 年影印本。

90. 民国《房山县志》，《中国方志丛书》，台北成文出版社 1985
    年影印本。

91. 民国《宝鸡县志》，《中国方志丛书》，台北成文出版社 1970
    年影印本。

92. 白永贞：《铁刹山志》，辽宁人民出版社 2001 年标点本。

93. 毕沅：《关中胜迹图志》，《丛书集成续编》，台北新文丰出版
    公司 1988 年影印本。

94. 北京图书馆金石组编：《北京图书馆藏中国历代石刻拓本汇
    编》，中州古籍出版社 1990 年版。

95. 陈垣编纂：《道家金石略》，文物出版社 1988 年版。

96. 陈显远编：《汉中碑石》，三秦出版社 1996 年版。

97. 国家文物局主编：《中国文物地图集》，中国地图出版社 2006
    年版。

98. 胡聘之：《山右石刻丛编》，《石刻史料新编》，台北新文丰出
    版公司 1977 年影印本。

99. 黄宗昌：《崂山志》，《中国名山圣迹志丛刊》，文海出版社
    1971 年影印本。

100. 侯文正、张厚余、方涛：《傅山诗文选注》，山西人民出版社
     1985 年版。

101. 刘泽民、李玉明总主编：《三晋石刻大全》，三晋出版社 2010
     年至 2014 年版。

102. 李濂：《汴京遗迹志》，《文渊阁四库全书》，上海古籍出版社
     1987 年影印本。

103. 刘兆鹤、王西平：《重阳宫道教碑石》，三秦出版社 1998
     年版。

104. 刘大鹏：《晋祠志》，山西人民出版社 2003 年标点本。

105. 李诩：《续吴郡志》，《中国方志丛书》，台北成文出版社 1983 年影印本。

106. 李桐：《五峰山志》，《中华山水志丛刊》，线装书局 2004 年影印本。

107. 史景怡主编：《寿阳碑碣》，山西古籍出版社 2007 年版。

108. 唐仲冕：《岱览校点集注》，泰山出版社 2007 年标点本。

109. 王宗昱编：《金元全真教石刻新编》，北京大学出版社 2005 年版。

110. 吴亚魁：《江南道教碑记集》，上海辞书出版社 2008 年版。

111. 王忠信编：《楼观台道教碑石》，三秦出版社 1995 年版。

112. 王友怀主编：《咸阳碑刻》，三秦出版社 2003 年版。

113. 吴敏霞主编：《户县碑刻》，三秦出版社 2005 年版。

114. 王堉昌：《汾阳县金石类编》，山西古籍出版社 2000 年版。

115. 熊象阶：《浚县金石录》，《石刻史料新编》，台北新文丰出版公司 1979 年影印本。

116. 萧霁虹主编：《云南道教碑刻》，中国社会科学出版社 2014 年版。

117. 庄严居士：《道统源流》，道统源流编辑处 1929 年印行。

118. 周宗颐：《太清宫志》，高明见《道教海上名山——东海崂山》，宗教文化出版社 2007 年版。

119. 张晋平编著：《晋中碑刻选粹》，山西古籍出版社 2001 年版。

120. 赵卫东主编：《山东道教碑刻集》（青州、昌乐、博山、临朐卷），齐鲁书社 2010 年版。

121. 张鸿杰主编：《咸阳碑石》，三秦出版社 1990 年版。

122. 吴钢主编：《华山碑石》，三秦出版社 1995 年版。

123. 中国佛教协会、中国佛教图书文物馆：《房山石经》，华夏出版社 2000 年版。

二 今人论著

1. 陈国符：《道藏源流考》，中华书局 2012 年版。

2. 陈垣：《南宋初河北新道教考》，中华书局 1962 年版。

3. 常建华：《明代宗族研究》，上海人民出版社 2005 年版。

4. 葛剑雄主编：《中国人口史》，复旦大学出版社 2005 年版。

5. 景安宁：《道教全真派宫观、造像与祖师》，中华书局 2012 年版。

6. 黄兆汉：《明道士张三丰考》，台湾学生书局 1988 年版。

7. 李远国：《神霄雷法：道教神霄派沿革与思想》，四川人民出版社 2003 年版。

8. 刘仲宇：《道教法术》，上海文化出版社 2002 年版。

9. 刘玉生、熊君祥编著：《方城览胜》，方城县内部资料 2002 年版。

10. 柳存仁：《和风堂文集》，上海古籍出版社 1991 年版。

11. 马西沙、韩秉方：《中国民间宗教史》，中国社会科学出版社 2004 年版。

12. 卿希泰主编：《中国道教》，知识出版社 1994 年版。

13. 卿希泰、詹石窗主编：《中国道教思想史》，人民出版社 2009 年版。

14. 卿希泰主编：《中国道教史》，四川人民出版社 1996 年版。

15. 仇非：《新修崆峒山志》，甘肃人民出版社 1996 年版。

16. 任继愈主编：《中国道教史》，中国社会科学出版社 1999 年版。

17. 王志忠：《明清全真教论稿》，巴蜀书社 2000 年版。

18. 王育成：《明代彩绘全真宗祖图研究》，中国社会科学出版社 2003 年版。

19. 王光德、杨立志：《武当道教史略》，华文出版社 1993 年版。

20. 吴亚魁：《江南全真道教》，上海古籍出版社 2012 年版。

21. 徐一士：《近代笔记过眼录》，山西古籍出版社 1996 年版。

22. 张广保：《明代初期（1368—1434）全真教南北宗风研究》，青松出版社 2010 年版。

23. 张广保编：《多重视野下的西方全真教研究》，齐鲁书社 2013 年版。

24. 赵卫东：《金元全真道教史论》，齐鲁书社 2010 年版。

25. 赵轶峰：《明代国家宗教管理制度与政策研究》，中国社会科学出版社 2008 年版。

26. 赵克生：《明朝嘉靖时期国家祭礼改制》，社会科学文献出版社 2006 年版。

27. 张文主编：《丘处机与龙门洞》，陕西人民出版社 1999 年版。

28. 白谦慎：《傅山的友人韩霖事迹补遗》，《山西大学学报》1995 年第 2 期。

29. 陈兵：《明代全真道》，《世界宗教研究》1992 年第 1 期。

30. 陈智超：《许昌天宝宫访碑记》，《中国史研究动态》1986 年第 6 期。

31. 陈智超：《金元真大道教史补》，《历史研究》1986 年第 6 期。

32. 陈耀庭：《全真弘道三论》，卢国龙《全真弘道集》，青松出版社 2004 年版。

33. 陈文龙：《试论山西介休后土庙道教建筑群之管理》，《世界宗教文化》2010 年第 4 期。

34. 丁培仁：《〈金盖心灯〉卷一质疑》，陈鼓应《道家文化研究》第 23 辑，生活·读书·新知三联书店 2008 年版。

35. 樊光春：《明清时期西北地区全真道主要宗派梳理》，赵卫东《全真道研究》第一辑，齐鲁书社 2011 年版。

36. 樊光春：《碑刻所见陕西佳县白云观全真道龙门派传承》，陈鼓应《道教文化研究》第 23 辑，生活·读书·新知三联书店 2008 年版。

37. 范恩君：《〈碧霞元君护世弘济妙经〉考辨》，《宗教学研究》2006 年第 1 期。

38. 房泽水：《道教圣地——五峰山洞真观》，《山东文史集萃》（民族宗教卷），山东人民出版社 1998 年版。

39. 郭武：《关于道教全真派传入云南的几个问题》，《思想战线》1994 年第 6 期。

40. 郭武：《赵宜真、刘渊然与明清净明道》，《世界宗教研究》2011 年第 1 期。

41. 盖建民：《民间玉皇信仰与道教略论》，《江西社会科学》2000 年第 8 期。

42. 耿玉儒：《历史上比干庙的宗教管理》，《平原大学学报》1993 年第 1 期。

43. 郭清礼：《金山派始祖生平考述》，《中国道教》2011 年第 4 期。

44. 姜守诚：《张三丰宝鸡行迹考》，《东方论坛》2008 年第 2 期。

45. 刘仲宇：《近代全真仪式初探》，卢国龙《全真弘道集》，青松出版社 2004 年版。

46. 李远国：《论〈性命圭旨〉的理论与内炼法》，《道学研究》2012 年第 2 期。

47. 赖炜芳、黄永锋：《丘处机〈摄生消息论〉析略》，《道教文化研究》第 23 辑，生活·读书·新知三联书店 2008 年版。

48. 梅莉：《清代武当山全真龙门派的中兴与武当山宫观的复修》，熊铁基《第一届全真道与老庄学国际学术研讨会论文集》，华中师范大学出版社 2009 年版。

49. 卿希泰：《武当清微派与武当全真派》，《社会科学研究》1995 年第 6 期。

50. 秦国帅：《全真道与乡土社会融合模式初探》，赵卫东《全真道研究》第二辑，齐鲁书社 2011 年版。

51. 秦国帅：《明清以来（1368—1949）泰山道派考略》，《中国道教》2011 年第 3 期。

52. 乔新华：《借儒兴道：从元代全真教改造山西尧舜禹庙看其兴盛的独特路径》，《世界宗教研究》2012 年第 4 期。

53. 史福岭：《许昌天宝宫及其前期兴衰的宗教政治背景》，《中原文物》2007 年第 4 期。

54. 王卡：《诸真宗派源流校读记》，熊铁基《全真道与老庄学国际学术研讨会论文集》，华中师范大学出版社 2009 年版。

55. 王卡：《雍正皇帝与紫阳真人》，《宗教学研究》2013 年第 1、2 期。

56. 王岗：《明代江南士绅精英与茅山全真道的兴起》，赵卫东《全真教研究》第二辑，齐鲁书社 2011 年版。

57. 王岗：《明末清初云南本地的龙门派谱系》，近现代中国社会文化中的全真道国际学术研讨会论文，加州大学伯克利分校，2007 年。

58. 王岗：《明代王侯与道教关系探究：以兰州和昆明为例》，黎志添《道教研究与中国宗教文化》，香港中华书局 2003 年版。

59. 王志忠：《龙门派源流考略》，《世界宗教研究》1997 年第 2 期。

60. 汪桂平：《明末道士马真一生平行实考》，《世界宗教研究》2014 年第 1 期。

61. 王雪枝：《易州龙兴观现存元明两代碑铭镌文传录补正》，《宗教学研究》2012 年第 1 期。

62. 王百岁：《甘肃省成县金莲洞石窟与全真道》，《宗教学研究》2014 年第 2 期。

63. 尹志华：《清初全真道传戒新探》，赵卫东《全真道研究》第一辑，齐鲁书社 2011 年版。

64. 尹志华：《清初全真道初探》，赵卫东《全真道研究》第二辑，齐鲁书社 2011 年版。

65. 杨立志：《明代武当山全真道碑刻考略》，熊铁基《第二届全真道与老庄学国际学术研讨会论文集》，华中师范大学出版社 2013 年版。

66. 杨立志：《万历国舅修道武当》，《武当》2010 年第 10、11 期。

67. 张广保：《明代的国家宫观与国家祭典》，赵卫东《全真道研究》第二辑，齐鲁书社 2011 年版。

68. 张广保：《明代全真教的宗派分化与派字谱的形成》，赵卫东《全真道研究》第一辑，齐鲁书社 2011 年版。

69. 赵卫东：《全真道与民间信仰之间的互动》，赵卫东《全真道研究》第一辑，齐鲁书社 2011 年版。

70. 赵卫东：《沂山东镇庙及其宗派传承》，赵卫东《全真道研究》第二辑，齐鲁书社 2011 年版。

71. 赵卫东：《青州全真修真宫考》，《宗教学研究》2008 年第 4 期。

72. 赵卫东：《泰山三阳观及其与明万历宫廷之关系》，陈鼓应《道家文化研究》第 23 辑，生活·读书·新知三联书店 2008 年版。

73. 周郢：《陶山护国永宁宫与万历宫闱——兼述新发现的周玄贞史料》，《中国道教》2013 年第 2 期。

74. 张琰：《泰山全真道与社会研究》，博士学位论文，中国人民大学，2011 年。

75. 张卫红：《罗念庵与道家道教关系》，《中国哲学史》2008 年第 2 期。

76. 张雪松：《被发明的传统——晚明佛教宗派的复兴与佛教谱学的成立》，《哲学门》2012 年第 2 期。

77. 张泽洪：《元明清时期全真道在西南地区的传播》，《文史哲》2015 年第 5 期。

78. ［日］森由利亚：《全真龙门派系谱考》，道教文化研究会编《道教文化への展望》，平和出版社 1994 年版。

79. ［日］森由利亚：《明代全真道与坐钵》，卢国龙《全真弘道集》，青松出版社 2004 年版。

80. ［日］岩村忍解说：《玄风庆会图说文》，《天理图书馆善本丛书》，东京八木书房 1981 年版。

81. ［日］松元善海：《中国村落制度史的研究》，东京岩波书店
    1977 年版。

82. ［美］康豹：《元代全真道士的史观与宗教认同——以玄风庆
    会图为例》，《燕京学报》新十五期。

83. ［美］康豹：《多面相的神仙——永乐宫的吕洞宾信仰》，齐
    鲁书社 2010 年版。

84. ［法］高万桑：《全真道的环堵考》，卢国龙《全真弘道集》，
    青松出版社 2004 年版。

85. Monica Esposito, "The Longmen School and its Controversial History
    during the Qing Dynasty", John Lagerwey: *Religion and Chinese So-
    ciety*, Vol. 2, Chinese University of Hong Kong press, 2004.

86. Richard G. Wang, *The Ming Pringe and Daoism*, Oxford: Oxford Uni-
    versity Press, 2012.

后 记

本书是我在博士学位论文的基础上修改而成的。选择明代全真道作为博士论文题目是缘于我曾经参与的山西道教碑刻调查项目，初衷是希望利用这些田野调查的新材料来充实明代全真道研究。但是写作过程中，史料的匮乏还是给研究带来很大的障碍。特别是对于一个初学者来说，费尽力气也仅仅写出了明代全真道的部分体系，离把握明代全真道的全貌还相去甚远。论文虽然有着诸多问题与缺陷，但总算是我三年求学生涯的一个总结，我还是决定将其付梓。一是希望能得到学术界各位专家的批评与指导；二是抛砖引玉，希望学术界能出现更多关于明代全真道的新发现与新研究。

本书能够出版，最应感谢的是我的导师王卡先生。王老师大学问、真性情，为人通达、豪爽、率真。他睿智深刻的思想、渊博的学识和严谨的治学态度都给我留下了深刻的印象。本书从选题、框架设计、撰写初稿到最终定稿，每个步骤都凝聚了他的心血。尤其是在修改过程中，从篇章到句读，王老师都仔细地一一修改，令弟子深受感动。2016 年年末，我到北京参加学术会议，向王老师提及出版博士论文的打算，并希望出版时他能为我作序。王老师欣然应允。没想到几个月后，王老师在西藏意外离世。噩耗传来，悲痛万分。在拉萨参加完王老师追悼会后的很长一段时间，我的内心都无法释怀。回想求学期间王老师从研究方法到治学态度、从做学问到做人所给予我的悉心教诲，我将铭记终身。

感谢中国社会科学院世界宗教研究所的诸位老师与同学。汪桂平老师、戈国龙老师、曾传辉老师经常对我的学业进行指导；李志鸿老师、于光老师、林巧薇师姐对我的学习、生活都给予了关心和帮助；刘志师兄、胡百涛师兄、何建朝师弟，同窗王玉鹏、李晓瞳，多为我操办学业上的繁琐事务，真诚地感谢诸位师友的关心和帮助！

北京大学的张广保教授在明代全真道研究领域中成果丰硕，本书的研究深受他所发表的几篇长文的影响。在本书修改过程中，他经常对我进行指导和鼓励，并为我提供研究资料。山东师范大学的赵卫东教授指导我碑刻研究，并亲自教我拓片制作。在此一并致以深深的感谢！在论文评阅与答辩中，中国社会科学院世界宗教研究所的马西沙教授、曾传辉教授，北京大学的王宗昱教授，深圳大学的李大华教授，北京师范大学的强昱教授等均对我的书稿提出许多宝贵的修改意见和建议。本书的第五章初稿曾提交 2014 年在山东省栖霞市举办的"多元视角下的全真道国际学术研讨会"。会议期间，论文得到中央民族大学的尹志华教授、华东师范大学的刘仲宇教授、湖北汽车工业大学的杨立志教授、香港青松观的叶长清先生惠赐修改意见。这些帮助对于本书的修改起到了很大的作用，我将铭刻于心。

感谢我的硕士研究生导师陕西师范大学的吕建福教授，吕老师十数年来一直关心我的生活、学业与成长；感谢我的老领导陕西社科院樊光春先生，樊老师虽然已经退休，但仍不遗余力给予我们后辈提携和帮助；感谢我的师兄陈文龙，我们结伴往山西调研道教碑石，以苦

后 记

为乐，论文所用的部分数据亦有他的辛劳；感谢中国社会科学出版社的郭晓鸿编审，没有她的辛勤付出，本书出版不会如此顺利。

最后，我还要感谢我的父母、妻子以及多年来在我求学、工作道路上不断给予我鼓励与支持的亲人、好友、同门、同事。在我的心中，他们永远是最重要的。

张 方

2018 年 6 月 16 日于古城西安怡心居